O COMPLÔ PARA DESTRUIR A DEMOCRACIA

BEST-SELLER INTERNACIONAL

O COMPLÔ PARA

COMO PUTIN E SEUS ESPIÕES ESTÃO MINANDO

DESTRUIR A

A AMÉRICA E DESMANTELANDO O OCIDENTE

DEMOCRACIA

MALCOLM NANCE
PREFÁCIO DE ROB REINER

Alta Cult
— Editora —
Rio de Janeiro, 2019

O Complô para Destruir a Democracia
Copyright © 2019 da Starlin Alta Editora e Consultoria Eireli. ISBN: 978-85-508-0454-5

Translated from original The Plot to Destroy Democracy. Copyright © 2018 by Malcolm W. Nance. ISBN 978-0-31648-481-7. This translation is published and sold by permission of Hachette Book Group, Inc., the owner of all rights to publish and sell the same. PORTUGUESE language edition published by Starlin Alta Editora e Consultoria Eireli, Copyright © 2019 by Starlin Alta Editora e Consultoria Eireli.

Todos os direitos estão reservados e protegidos por Lei. Nenhuma parte deste livro, sem autorização prévia por escrito da editora, poderá ser reproduzida ou transmitida. A violação dos Direitos Autorais é crime estabelecido na Lei nº 9.610/98 e com punição de acordo com o artigo 184 do Código Penal.

A editora não se responsabiliza pelo conteúdo da obra, formulada exclusivamente pelo(s) autor(es).

Marcas Registradas: Todos os termos mencionados e reconhecidos como Marca Registrada e/ou Comercial são de responsabilidade de seus proprietários. A editora informa não estar associada a nenhum produto e/ou fornecedor apresentado no livro.

Impresso no Brasil — 1ª Edição, 2019 — Edição revisada conforme o Acordo Ortográfico da Língua Portuguesa de 2009.

Publique seu livro com a Alta Books. Para mais informações envie um e-mail para autoria@altabooks.com.br

Obra disponível para venda corporativa e/ou personalizada. Para mais informações, fale com projetos@altabooks.com.br

Produção Editorial Editora Alta Books Gerência Editorial Anderson Vieira	Produtora Editorial Juliana de Oliveira	Marketing Editorial marketing@altabooks.com.br Editor de Aquisição José Rugeri j.rugeri@altabooks.com.br	Vendas Atacado e Varejo Daniele Fonseca Viviane Paiva comercial@altabooks.com.br	Ouvidoria ouvidoria@altabooks.com.br
Equipe Editorial	Adriano Barros Bianca Teodoro Ian Verçosa	Illysabelle Trajano Kelry Oliveira Keyciane Botelho	Maria de Lourdes Borges Paulo Gomes Thales Silva	Thauan Gomes Thiê Alves
Tradução Wendy Campos	Copidesque Igor Farias	Revisão Gramatical Gabriella Araújo Hellen Suzuki	Revisão Técnica Flavio Barbosa Doutor em Ciência Política pela UFJF com CAPES/PDSE na Prague University of Economics	Diagramação Lucia Quaresma

Erratas e arquivos de apoio: No site da editora relatamos, com a devida correção, qualquer erro encontrado em nossos livros, bem como disponibilizamos arquivos de apoio se aplicáveis à obra em questão.

Acesse o site www.altabooks.com.br e procure pelo título do livro desejado para ter acesso às erratas, aos arquivos de apoio e/ou a outros conteúdos aplicáveis à obra.

Suporte Técnico: A obra é comercializada na forma em que está, sem direito a suporte técnico ou orientação pessoal/exclusiva ao leitor.

A editora não se responsabiliza pela manutenção, atualização e idioma dos sites referidos pelos autores nesta obra.

Dados Internacionais de Catalogação na Publicação (CIP) de acordo com ISBD

N176c Nance, Malcolm
           O Complô para Destruir a Democracia: como Putin e Seus Espiões Estão Minando a América e Desmantelando o Ocidente / Malcolm Nance ; traduzido por Wendy Campos. - Rio de Janeiro : Alta Books, 2019.
           352 p. ; 17cm x 24cm.

           Tradução de: The Plot to Destroy Democracy: How Putin and His Spies Are Undermining America and Dismantling the West
           Inclui índice.
           ISBN: 978-85-508-0454-5

           1. Ciências políticas. 2. Democracia. I. Campos, Wendy. II. Título.

2019-115   CDD 320
                                                             CDU 32

Elaborado por Vagner Rodolfo da Silva - CRB-8/9410

Rua Viúva Cláudio, 291 — Bairro Industrial do Jacaré
CEP: 20.970-031 — Rio de Janeiro (RJ)
Tels.: (21) 3278-8069 / 3278-8419
www.altabooks.com.br — altabooks@altabooks.com.br
www.facebook.com/altabooks — www.instagram.com/altabooks

Sumário

Prefácio   vii

Introdução   1

PARTE I   Ursos Cibernéticos   5

1. Na Linha de Fogo   7

2. Reportando-se a Moscou   27

3. Tornar a Rússia Grande Outra Vez   41

4. A Filosofia de Putin   65

5. Rússia em Ascensão, EUA em Queda   77

PARTE II   Balas, Mentiras, Laptops e Espiões   95

6. Medidas Ativas   97

7. Fake News   123

8. A Internet Research Agency e as
   Armas Cibernéticas Russas   139

9. Hail Hydra!   163

vi   O COMPLÔ PARA DESTRUIR A DEMOCRACIA

10. O Eixo da Autocracia   193

11. Operação GRIZZLY GLOBAL   201

PARTE III   EUA Sitiados ... e o Inimigo É Interno   227

12. A Cabeça de Ponte do Ataque Russo aos EUA   229

13. A Quinta Coluna Norte-americana   249

14. Um Ato Desleal   269

Epílogo: "A Liberdade É uma Luz"   295

Agradecimentos   301

Notas   303

Índice   339

Prefácio

Em 2016, os Estados Unidos foram atacados por uma força inimiga estrangeira. Mas, diferente do bombardeio japonês a Pearl Harbor e do atentado da Al-Qaeda ao World Trade Center, o ataque da Rússia atingiu em cheio o coração da democracia: a liberdade e a imparcialidade do sistema eleitoral norte-americano. O objetivo dessa agressão foi destruir a autonomia do sistema que os norte-americanos tanto prezam e que ostentam como um exemplo para o mundo há mais de 240 anos. De modo furtivo, através da imprensa estatal e das agências de inteligência, a Rússia conseguiu influenciar a eleição de 2016 com o claro propósito de favorecer seu candidato preferido, Donald J. Trump. O Kremlin, aproveitando a abertura da sociedade norte-americana, mobilizou ex-espiões da KGB para disseminar chantagens, mentiras e propagandas através de mídias sociais e agentes de influência. Os partidários de Putin (xenófobos, neonazistas, fascistas e racistas) sempre se empenharam em uma só missão: usar as liberdades do povo norte-americano para paralisar, atacar e destruir a democracia a partir de ações internas e externas.

A eleição de um autocrata narcisista, infantiloide e calculista só comprova o sucesso da empreitada do Kremlin. O desprezo de Donald Trump aos valores de inclusão, às leis e ao Estado de Direito e o seu hesitante apoio à OTAN e à União Europeia vem reforçando a posição da Rússia no cenário mundial.

Benjamin Franklin, um dos heróis da independência norte-americana, uma vez se perguntou o que teria levado Benedict Arnold a pensar em vender a liberdade de 3 milhões de norte-americanos para o Rei George em troca de 20 mil libras. Hoje, enfrentamos uma outra questão: por que um empreendedor imobiliário fracassado, transformado em apresentador de *reality show*, caiu nas graças de um autocrata no comando de uma cleptocracia? Será que algum dia descobriremos que a liberdade de 320 milhões de norte-americanos foi vendida ao Kremlin por 20 bilhões de rublos?

Até o momento, os Estados Unidos e a Europa vêm resistindo aos reiterados ataques aos pilares da democracia. Mas o povo deve ser o pilar mais sólido de todos. É o povo que precisa estar atento aos alertas sobre os riscos que continuam e continuarão ameaçando o estimado sistema de governo norte-americano. Para essa tarefa, não poderíamos ter um Paul Revere melhor do que Malcolm Nance.

—Rob Reiner

Introdução

Um dos maiores sonhos da antiga União Soviética era levar ao poder um ideólogo norte-americano altamente sugestionável que servisse aos interesses do Kremlin. Durante quase um século, a Rússia desejou influenciar a política norte-americana para prejudicar gravemente a economia e as alianças do país com a OTAN e alçar a União Soviética ao status de única superpotência mundial. Essa ideia de um presidente dos Estados Unidos controlado pelo Kremlin sobreviveu à própria União Soviética.

Em 2012, foi posto em ação um plano que definia a eleição presidencial norte-americana de 2016 como alvo de uma gigantesca operação cibernética de influência, possivelmente em coordenação com a campanha de Trump. A trama começou efetivamente com a invasão dos servidores do Comitê Nacional do Partido Democrata, do qual foram roubadas várias informações cruciais para derrotar Hillary Clinton na corrida presidencial dos Estados Unidos. No devido tempo, esse plano viria a beneficiar o candidato escolhido pela Rússia, Donald Trump.

Em 8 de novembro de 2016, a eleição presidencial norte-americana culminou no que poderia ser considerada a maior operação de inteligência de todos os tempos. Nesse ataque russo à eleição norte-americana, um adversário estratégico utilizou a internet para influenciar um número suficiente de eleitores a escolher o candidato preferido do Kremlin — e convenceu mais de 40% da população do país de que eles não tinham nada a ver com isso.

Eu estava decidido a encontrar outras informações para esclarecer como a inteligência russa utilizou táticas de guerra cibernética para influenciar as eleições, os referendos e a opinião política de acordo com seus objetivos. Minha investigação demonstrou que a inteligência russa vem atacando outros países com esses pacotes de *malwares* há quase uma década. A ação dos hackers na eleição de 2016 foi apenas fachada de uma operação bem maior. Descobri que havia muitas atividades envolvendo a participação dos CYBER BEARS (Ursos Cibernéticos) russos — um termo que designa hackers nacionalistas, criminosos ligados aos setores de inteligência — em muitas ações que visavam mudar as regras do jogo. A ação hacker de 2016 foi o início de uma campanha global de ideação de uma "Nova Ordem Mundial" que passaria a ser uma "Ordem Mundial Russa". No âmbito do FBI (*Federal Bureau of Investigation*) e da CIA (*Central Intelligence Agency*), a operação da Rússia contra os Estados Unidos recebeu o codinome GRIZZLY STEPPE. Em meu livro anterior, *The Plot to Hack America*, chamei essa ofensiva de Operação LUCKY-7, uma referência à sorte extraordinária de que os espiões russos precisavam.

A próxima fase da campanha russa — o complô para destruir a democracia — é melhor descrita como GLOBAL GRIZZLY. O grande plano seria retomar a antiga meta soviética de desacreditar e destruir de uma vez por todas a ideia de democracia ocidental. Desta vez, os norte-americanos seriam mobilizados, por meio de seu ódio aos muçulmanos (e ao seu primeiro presidente afro-americano, Barack Obama), a alinhar suas similaridades culturais, o oposto do que ocorrera nas políticas da Guerra Fria. Na trama GLOBAL GRIZZLY, as reivindicações comuns aos nacionalistas brancos e etnocentristas seriam consolidadas através de uma ordem política marcada pelo autoritarismo, pelo antiliberalismo e pelo incentivo ao sucesso dos super-ricos.

Em 2016, a Operação GLOBAL GRIZZLY se desenrolou bem diante de nossos olhos. Foi a implementação de uma nova forma de guerra assimétrica em grande escala. Mesmo sendo uma superpotência militar, a Rússia continuava sendo um dinossauro econômico, com exceção da produção de combustível fóssil. Para derrotar uma economia superior, como os Estados Unidos, a Rússia abriu um novo *front* com potencial para debilitar seu adversário democrático. Sua opção foi ampliar seu domínio no campo de batalha de informação.

Neste livro, revelo a estratégia utilizada pela Rússia para derrotar as maiores democracias do mundo e minar as principais estruturas de governança do mundo ocidental. A beleza singular desta trama, cujas origens remontam à União Soviética dos tempos de Stalin, é que os russos envolvidos nesse xadrez político vêm se aproveitando das tecnologias e liberdades dos ocidentais para cravar um verdadeiro punhal no coração da governança democrática. A Rússia vislumbrou a oportunidade de aliciar os partidos políticos dos Estados Unidos e da Europa para destruírem sua própria democracia.

Em essência, *O Complô para Destruir a Democracia* é uma narrativa ágil que combina elementos de *thrillers* de espionagem com uma avaliação da Inteligência Nacional dos Estados Unidos e uma análise profunda dos perigos que inimigos estrangeiros e domésticos impõem à nação. Entretanto, essa caçada ainda não terminou. Todos os personagens continuam em cena, e um obstinado investigador, o ex-diretor do FBI Robert Mueller, continua no seu encalço. Não se engane: a democracia nos tempos de Trump e Putin está em retrocesso e caminha para a extinção. Mas com a devida conscientização, determinação e dedicação aos princípios tão valorizados pelo povo norte-americano, esse processo pode ser revertido.

PARTE I

Ursos Cibernéticos

CAPÍTULO 1

Na Linha de Fogo

Em 8 de novembro de 2016, Vladimir Putin se tornou o primeiro presidente russo dos Estados Unidos. Aquela que poderia ser chamada de a maior operação de inteligência da história mundial foi executada e o resultado foi a vitória do candidato apoiado por Moscou. Putin não se importava com o que aconteceria a seguir. Ele tinha certeza de que, com Trump no poder, o povo norte-americano estaria tão mergulhado no caos que não se preocuparia em como reagir, se é que reagiria. Esse é o calcanhar de Aquiles da democracia: ela requer consenso, processo e tempo. Putin não se prende a nada disso. Ele havia ordenado e executado uma audaciosa missão política. Seus espiões cibernéticos, a mídia controlada pelo Estado e sua rica elite global — os oligarcas — obtiveram êxito em influenciar a opinião pública norte-americana de forma tão profunda que a sociedade passou a negar veementemente qualquer evidência de que a operação tivesse ocorrido. Como disseram Baudelaire e Keyser Söze: *"Que la plus belle des ruses du diable est de vous persuader qu'il n'existe pas! ... O melhor truque do diabo foi convencer o mundo de que ele não existe."*

O Partido Republicano, majoritário no Congresso dos Estados Unidos, vinha se dedicando nos últimos oito anos a destruir qualquer ação positiva do presidente Barack Obama. Hillary Clinton, sua secretária de Estado, era apontada como a candidata do Partido Democrata e tudo indicava que seria a próxima presidente dos Estados Unidos. O ódio pessoal de Putin a ambos parecia ser o principal fator de motivação para sua intervenção. Mas a sorte estava ao seu lado em 2016, quando os personagens e os cenários que a Rússia tanto cultivava havia mais de uma década entraram em cena para pôr em prática uma mudança muito maior do que o presidente dos Estados Unidos. A Rússia se aproveitou de uma leve suspeita em relação à Hillary Clinton e usou como arma o argumento já ventilado pelo Partido Republicano: "Mas... e os e-mails de Hillary." A Rússia explorou as reiteradas investigações sobre os e-mails de Hillary que foram descobertos em um servidor privado em sua casa protegida pelo Serviço Secreto. Foi um alvo fácil. Quando a eleição terminou, os Estados Unidos estavam divididos.

A Rússia conseguiu impor seu poder assimétrico para eleger Donald J. Trump ao cargo mais importante do Ocidente, e a realidade era melhor do que jamais sonhara. A Lei de Magnitsky e as sanções da Crimeia foram revogadas. Os investimentos russos voltaram a ser altamente desejados, mas para concretizar o sonho de Putin o real objetivo precisava ser atingido: era necessário pôr um fim à democracia liberal nos Estados Unidos e na Europa e provocar o renascimento do conservadorismo em todo o mundo.

Não foi uma tarefa tão difícil, apesar dos riscos de se realizar uma missão integrada de inteligência contra a principal superpotência do mundo. Assim como nos ataques do 11 de Setembro, os políticos e o povo norte-americano simplesmente não tinham imaginação para acreditar que Putin ousaria algo tão intrusivo. A Inteligência dos Estados Unidos tinha a imaginação e sabia que tanto Moscou quanto Pequim eram capazes de tal façanha, no entanto, os líderes militares e da inteligência dependem dos políticos para reagir. Tudo que podiam fazer era emitir alertas até perderem o fôlego, mas à inteligência cabe alertar; os políticos devem agir.

No fim das contas, Putin venceu com a ajuda dos norte-americanos, que se agarraram aos próprios valores. A mídia auxiliou imensamente ao transformar e-mails inócuos roubados de um servidor inseguro de um partido em uma crise nacional na qual as vítimas foram tratadas como suspeitas. Para os apoiadores de Trump, isso comprovava tudo que eles sempre suspeitaram a respeito de Hillary Clinton — ela escondeu e-mails, logo, era uma mentirosa. Não importava que os eleitores de Trump tivessem escolhido um homem que apoiava abertamente a supremacia branca, rejeitava a diversidade, abominava a integração global, ignorava sua própria corrupção e arregimentou sua própria família e equipe como nobreza a ser adorada. Os eleitores de Trump encaravam essas características como pontos fortes. Eles viam o nepotismo, os favorecimentos e todo o excesso como virtudes de um típico tubarão da política e dos negócios. Se ele se opunha verbalmente a todos os avanços dos Estados Unidos na direção da igualdade e da expansão econômica mundial desde 1964 e havia sido eleito com esse discurso, tanto melhor que ele mantivesse essas posições. *Por todos os meios necessários* era o inconfundível lema de Trump para a eleição de 2016. A inteligência russa também vivia de acordo com esse lema. Os espiões da Praça Vermelha eram audaciosos o bastante, mas o verdadeiro escândalo era que os apoiadores de Trump não viam nada de errado nisso.

Os eleitores de Trump o elegeram fielmente apesar de saberem que a Rússia havia interferido no processo eleitoral. Eles não se importavam que o surpreendente nível de devoção incondicional de Trump a Putin fosse suspeito. Isso. Não. Fez. Diferença. Trump havia criado um culto à personalidade entre a classe de brancos pobres de forma que ela idolatrava cada palavra sua e se recusava a acreditar em qualquer declaração negativa contra ele. Isso funcionou muito bem para Putin. O objetivo original do novo presidente russo dos Estados Unidos era apenas fazer com que os EUA se consumissem em sectarismo para desbancar o país no mercado global e recuperar a supremacia econômica russa. Agora, com a eleição de Trump, os Estados Unidos se tornariam um país fundamentalmente disfuncional. Mais importante, a Rússia conquistaria um aliado que liberaria os ilícitos bilhões roubados pela administração Obama através de sanções. Levara décadas para a Rússia arrecadar aquelas centenas de bilhões de dólares com a pilhagem dos bens da antiga União Soviética. Liquidar estaleiros e aeroportos russos e vender tudo, de tanques a fábricas de produtos químicos, era um negócio difícil, em que apenas os mais durões conseguiam sobreviver. Liderada por um ex-oficial da KGB, a Rússia estava prestes a embarcar rumo a uma nova era de liderança global. No entanto, os norte-americanos estavam muito hesitantes e o "Yes, we can!" ["Sim, nós podemos!"] de Barack Obama dividiu a nação de tal forma que bastou um empurrãozinho — financeiro e ideológico — para deslocar os EUA para a órbita de Moscou. Era um alvo difícil; se ele errasse, a oportunidade poderia se perder para sempre; mas Vladimir Putin ousou disparar — e acertou em cheio na eleição presidencial norte-americana de 2016.

Pegadas de Ursos

O complô para hackear os EUA, que recebeu do FBI o codinome de Operação GRIZZLY STEPPE, foi executado no início do verão de 2015. Os hackers da inteligência militar russa colocaram em prática um plano de longo prazo para invadir os servidores do Comitê Nacional Democrata (DNC). Era tecnicamente simples. O GRU (*Glavnoye Razvedyvatel'noye Upravleniye*, ou Departamento Central de Inteligência) aproveitou a precária segurança dos computadores dos norte-americanos para permitir que seus espiões acessassem os servidores. Os espiões do exército russo "circularam" à vontade durante 7 a 10 meses até que a ameaça fosse detectada. Copiaram o que quiseram e não deixaram nenhum recanto do DNC intocado. Algum membro da comunidade de inteligência dos EUA deve ter notado as tentativas. Em setembro de 2015, o FBI enviou ao DNC um aviso indicando que seus sistemas de computadores estavam sendo sondados por um agente estrangeiro não identificado. O DNC fez verificações superficiais e não detectou nada de anormal. Já era tarde demais. Os espiões militares russos se camuflaram no sistema e operavam de modo quase invisível. Eles utilizaram um método de ciberataque conhecido como Advanced Persistent Threat-29 (ATP-29 ou Ameaça Persistente Avançada). O pacote de hacking é tão conhecido que recebeu diversos nomes de diferentes empresas, mas o apelido que pegou foi o cunhado pela empresa de segurança cibernética CrowdStrike: COZY BEAR. Os responsáveis pelo *software* eram uma célula de soldados de inteligência do exército russo que usava um pacote altamente sofisticado de *malwares* em seus ataques. Essa não foi a primeira vez que o GRU empregou o COZY BEAR. Ele foi usado muitas vezes ao redor do mundo e para invadir os servidores da Casa Branca e do Pentágono em 2014 e 2015. Esse era o sistema de invasão preferido do GRU. E invadir uma agência civil como o DNC foi brincadeira de criança. No passado, ele já havia conseguido acessar os *logins* dos funcionários da Casa Branca; portanto, um partido político norte-americano era moleza.

No entanto, enquanto o GRU obtinha livre acesso ao DNC, um ataque muito específico era realizado por outro recurso de espionagem conhecido como APT-28 ou FANCY BEAR. Esse *malware* pertencia aos espiões da agência de inteligência russa, o FSB. O Serviço Federal de Segurança — FSB — era o herdeiro de todo o legado e do conhecimento corporativo da abominável agência de espionagem soviética, a KGB. A mudança da sigla ocorreu com a queda da

URSS. Na verdade, depois que a Rússia se desfez da sua ideologia comunista, a antiga KGB se tornou muito mais poderosa em capacidade computacional. No mundo da cibersegurança, todos sabiam que o FANCY BEAR era controlado pela agência de segurança da Rússia, o FSB. A única diferença entre o atual FSB (e sua agência de serviços clandestinos no exterior, o SVR — Serviço de Inteligência Estrangeiro) e a impiedosa KGB é que o FSB tem um orçamento muito maior e mais margem de manobra para operações no exterior.

O FSB IGNOROU a equipe do GRU na invasão ao DNC e roubou uma única pasta, bem específica, sobre pesquisa de oposição usando o *software* FANCY BEAR. Uma pasta de pesquisa de oposição contém toda a sujeira que um partido político coleta sobre seus oponentes. Os republicanos tinham 17 candidatos, e os democratas mantinham pastas sobre cada um deles, mas o FSB roubou apenas a pasta de uma pessoa: Donald J. Trump.

Em junho de 2016, o CEO da CrowdStrike, Dmitri Alperovitch, publicou um estudo sobre a invasão ao DNC. O artigo intitulado *Bears in the Midst: Intrusion into Democratic National Committee* [Ursos Infiltrados: Invasão ao Comitê Nacional Democrata, em tradução livre] acusava publicamente espiões russos de comandarem o ataque cibernético ao DNC. O artigo foi bem recebido na comunidade de segurança cibernética, mas detratores no Partido Republicano, particularmente os ligados ao então líder Donald Trump, não concordaram com as descobertas de Dmitri.

Alguns dias depois do relatório da CrowdStrike, um blog do Wordpress escrito por alguém usando o apelido "Guccifer 2.0" surgiu na internet. O autor alegava ter acessado os servidores do DNC sozinho, um "hacker solitário". Os especialistas em segurança cibernética imediatamente desconfiaram, porque esse nome parecia uma homenagem a "Guccifer", um prolífico hacker romeno que reiteradamente lia e publicava e-mails de Colin Powell e de outros expoentes. Tendo em vista que o verdadeiro Guccifer estava trancafiado em uma prisão nos EUA e cooperando com o FBI, quem seria esse cara? Jornalistas e especialistas em cibersegurança rapidamente imaginaram que o autor do blog provavelmente era russo, em razão da pouca compreensão do idioma romeno e da utilização de um teclado russo. Não importava, Guccifer 2.0 começou a publicar os dados roubados nos ataques cibernéticos do COZY BEAR/FANCY BEAR. Primeiro, ele divulgou relatórios financeiros do DNC, um "dossiê sobre Hillary Clinton" e outros materiais que só poderiam ter vindo dos computadores do DNC. No entanto, o personagem Guccifer foi recebido com ceticismo e escárnio. Fora do mundo da segurança cibernética, sua história perdia força. Mas isso mudou imediatamente quando a organização WikiLeaks, de Julian Assange, anunciou que detinha os e-mails do DNC. O efeito foi avassalador. Toda a mídia global parou e prestou atenção.

EM 22 DE JULHO DE 2016, o WikiLeaks inundou a mídia global com 19.252 e-mails de altos funcionários do DNC, incluindo o diretor de comunicações e a cúpula da equipe financeira. O material parecia conter principalmente discussões com o propósito de dividir o Partido Democrata, revelando as opiniões da presidente Debbie Wasserman Schultz sobre Bernie Sanders e Hillary Clinton. Schultz era amiga pessoal de Hillary, e seu apoio à candidata não chegou a surpreender, mas a divulgação dos e-mails foi programada para ocorrer um pouco antes da Convenção Nacional Democrata, na Filadélfia. A intenção do vazamento era clara — afastar a facção de Bernie Sanders dos demais democratas e prejudicar Hillary Clinton entre os eleitores independentes e progressistas. Funcionou como mágica. Na manhã do primeiro dia da convenção, os partidários de Bernie Sanders debandaram, organizaram ruidosos protestos e até gritaram publicamente o apelido que Donald Trump dera para a candidata indicada pelo partido: "Crooked Hillary" [Hillary Impostora].

Na sexta-feira antes da convenção do Partido Democrata na Filadélfia, eu estava na cidade para fornecer análises e comentários relacionados a possíveis ameaças terroristas e de segurança à convenção. Como analista de contraterrorismo da MSNBC, eu circulava livremente pelo estúdio improvisado. O estúdio temporário tinha uma vista elevada e deslumbrante para o Independence Hall. Senti o orgulho de Jefferson, Franklin e dos outros tantos que reiteradamente escreveram história naquele local. Pairava no ar uma sensação de júbilo e inevitabilidade, indicando que os Estados Unidos rejeitariam categoricamente o ódio, o fanatismo e a crueldade demonstrados na semana anterior durante a convenção republicana.

A Convenção Republicana em Cleveland, e seu processo para nomear o autoproclamado bilionário Donald J. Trump como candidato a presidente, foi um visceral desfile de ressentimento, rejeição e apelos quase abertos ao racismo. Tornou-se evidente para todos que o assistiam, até mesmo para um republicano de longa data como eu, que o partido estava disposto a lutar da forma mais suja possível e a chafurdar na lama o máximo que pudesse — e talvez até a ir um passo além. A convenção foi descrita com precisão como um festival de ódio generalizado.

Enquanto a Convenção Republicana se desenrolava, inúmeras peripécias para se livrar de Trump foram tentadas e rejeitadas pelo *establishment* do partido. No final, os republicanos indicaram a pessoa indiscutivelmente mais desagregadora como candidato a presidente desde Abraham Lincoln — e sabemos muito bem o final dessa história.

Consequentemente, o Partido Democrata estava determinado a transmitir um ar de cooperação, força através da diversidade, compaixão e amor. O *slogan* da primeira-dama Michelle Obama: *"When they go low, we go high"* ["Quando eles jogam sujo, nós mantemos a dignidade", em tradução livre] encontraria eco dentre os partidários de Hillary Clinton. A ideia era reunir os eleitores de Bernie Sanders aos de Hillary na defesa de um interesse comum, repetindo o gesto de Hillary na indicação de Barack Obama em 2008. Todos esperavam ansiosamente por uma festa animada.

No estúdio nos arredores do Independence Hall, fiquei atento para o caso de um grupo ou indivíduo terrorista tentar invadir a festa de Hillary com armas, bombas ou coisa pior. Não havia indícios de ameaça terrorista, mas durante quase quatro meses eu estava ciente de um tipo diferente de ameaça. Como parte da minha série de estudos sobre contraterrorismo, eu estava trabalhando no manuscrito de um novo livro intitulado *Hacking ISIS*. O livro foi escrito em coautoria com meu pesquisador-chefe Chris Sampson. Nós trabalhávamos no manuscrito havia mais de um ano para fornecer uma análise profunda sobre o sucesso do grupo terrorista em se apoderar das redes sociais. Ao pesquisar as táticas do Estado Islâmico (mais conhecido pelo acrônimo em inglês ISIS — *Islamic State of Iraq and Syria*), nos deparamos com duas ações que pareciam incompatíveis com a capacidade dos terroristas: a invasão da TV5 em Paris, uma grande rede de televisão que transmite internacionalmente para todo o mundo francófono, e a da Bolsa de Valores de Varsóvia. Na superfície, ambas as ações pareciam ter sido realizadas por hackers do grupo terrorista Estado Islâmico, mas a análise forense confirmou que a ação era obra do FANCY BEAR. Assisti com interesse quando a notícia sobre os "achados" do WikiLeaks foi divulgada. Uma rápida olhada nos dados me revelou que eles detinham as informações roubadas do DNC pelo COZY e pelo FANCY BEAR. O WikiLeaks nitidamente atuava como lavanderia russa para o material roubado.

Imediatamente, ficou claro para mim e para meus colegas da Inteligência dos EUA que uma gigantesca operação de guerra cibernética estava em andamento. Fui o primeiro a declarar publicamente em rede nacional de televisão que os Estados Unidos haviam sido vítimas de um amplo ataque de guerra cibernética e política. Meu aviso incansável era, na realidade, uma avaliação de inteligência. Meu sinal de alerta se baseava em minha experiência como agente operacional de coleções criptológicas na Inteligência Naval. Herdei o legado dos decifradores de códigos e analistas que foram capazes de perceber as trilhas de indícios que levaram a numerosas vitórias, como na Batalha de Midway e na Operação Tempestade no Deserto, e a fracassos como os de Pearl Harbor e do 11 de Setembro. Embora minha experiência profissional fosse dedicada a países do Oriente Médio que financiavam o terrorismo e guerras como as da Líbia, da Síria e do Afeganistão, eu era um fruto do mundo de espionagem da Guerra Fria. Quando fui introduzido ao mundo dos códigos e palavras ultrassecretas, os primeiros relatórios que li não eram sobre espiões líbios, assassinos de Saddam ou agentes iranianos do Vevak — mas sim uma sólida doutrinação de contrainteligência sobre as atividades e operações da antiga agência de inteligência russa, a *Komitet Gosudarstvennoy Bezopasnosti* (a KGB). A KGB era uma ameaça mundial durante a Guerra Fria e mobilizava todos os agentes e analistas de inteligência no Ocidente. Sua capacidade de identificar, seduzir e transformar profissionais de inteligência em espiões capazes de trair sua própria pátria era lendária. O lema da contrainteligência era: "Cuidado com os Ursos. Os Ursos Estão em Toda Parte!" Suas forças militares eram nossos principais alvos, mas seus espiões eram muito menos visíveis e insidiosos. O lema era verdadeiro. Durante a maior parte da minha carreira, a KGB (e seus sucessores, o FSB e o SVR) estava literalmente em todos os lugares a que nossas missões nos levavam. Um *souk* em Marraquexe, um café na Casbá de Argel, um banheiro masculino em Nápoles ou um bar em Port Said: lá estava ela. A KGB sabia onde os norte-americanos estavam e tinha ativos ou agentes à espreita para vigiar, agir e recrutar. Os oficiais e propagandistas da KGB criticavam rotineiramente as atividades militares norte-americanas, financiavam terroristas do IRA (por meio de um dos meus alvos, a Líbia) e administravam campos de treinamento de insurgentes palestinos nos desertos da Síria e nos campos de refugiados ao sul do Líbano. Eles apoiavam ditadores e déspotas em todo o hemisfério oriental. Anualmente, éramos informados sobre as operações de inteligência russa associadas aos nossos alvos no mundo todo, do Iraque à Espanha.

Quando juntei dois mais dois em relação à invasão no DNC, ao blog Guccifer 2.0 e ao vazamento de dados do WikiLeaks, a imagem que se formou foi a de uma operação de guerra de informação russa ao estilo da antiga KGB, em grande escala. E ela só poderia ter um objetivo — eleger Donald Trump como presidente. Era corajoso. Era ousado e só poderia ter sido comandado por Vladimir Putin. Alertei e repeti minhas conclusões incansavelmente durante toda a campanha. No entanto, havia muito ceticismo. Eu não estava sozinho em minha análise das migalhas de pão. Mas a mídia de notícias se interessava mais pelos e-mails do que pela sua fonte. Quanto mais dados roubados eram divulgados, mais vorazmente a mídia cobria a história. As notícias na televisão e na internet, dominadas pelos relatos de "e-mails", pouco fizeram em termos de análise crítica. Os e-mails em si não revelavam nada. Mas eram o assunto do momento. Após um hiato de um mês (tempo necessário para enviar os dados ao WikiLeaks), Guccifer 2.0 voltou à cena para trabalhar em conjunto com o WikiLeaks. Eles divulgaram documentos recém-roubados que revelavam que outra instituição do Partido Democrata havia sido hackeada. Dessa vez, fora o Comitê Congressional de Campanha Democrata (DCCC). Além disso, um padrão perturbador estava emergindo: quando Donald Trump fazia discursos reclamando sobre um determinado assunto, em poucos dias os e-mails do DNC e do DCCC sobre esse assunto chegavam à mídia de notícias, divulgados tanto por Guccifer 2.0 quanto pelo WikiLeaks. Por exemplo, os e-mails sobre as primárias da Pensilvânia e da Flórida foram divulgados logo depois que Trump os mencionou. Quando ele menosprezou Nancy Pelosi, um grande lote de documentos sobre ela foi liberado. A inundação continuou, e bases de dados inteiras do DNC para New Hampshire, Ohio, Illinois e Carolina do Norte chegaram ao público — todos estados democratas afirmando que Trump acabaria vencendo. Passei dias na televisão alertando sobre a guerra cibernética destinada a destruir o Partido Democrata e a influenciar a eleição a favor de Donald Trump. Exceto pela MSNBC, a mídia de notícias ignorou solenemente a história de espionagem que se desdobrava diante de seus olhos e aguardou ansiosamente a liberação de novos documentos roubados.

Em 21 de agosto, Roger Stone, um ardiloso impostor republicano nixoniano, insinuou que possuía informações privilegiadas sobre publicações do WikiLeaks relacionadas a John Podesta, chefe de campanha da equipe de Hillary. Ele tuitou: "a hora de Podesta chegará".[1] Uma declaração como essa na época foi desconcertante, mas parecia mais um clássico prenúncio de Stone de que outro truque sujo político estava a caminho. Algumas semanas depois, esse se tornaria um dos primeiros de muitos sinais indicando um possível complô entre os partidários de Trump e a Rússia por intermédio de sua lavanderia, o WikiLeaks.

Como um relógio, em meados de setembro de 2016, um novo site chamado "DC Leaks", suspeito de ser outro *front* russo, publicou e-mails de John Podesta. Alguns incluíam mensagens para Hillary Clinton, mas não expunham nada mais sinistro do que uma receita de risoto. E isso foi o de menos. Setembro e outubro trouxeram uma infindável enxurrada de vazamentos. O DC Leaks divulgou a agenda dos principais funcionários de Hillary e uma cópia do passaporte de Michelle Obama.[2] Cada um dos vazamentos parecia sincronizado com a má notícia que a equipe Trump estava alardeando no momento.

O impacto da enxurrada de e-mails roubados manteve a mídia dos EUA sobrecarregada com a cobertura diária da crise do Partido Democrata. Mesmo que fossem extremamente favoráveis e que nenhum deles viesse do servidor de e-mail de Hillary Clinton, a mídia devorava tudo.

Caçadores de Espiões do Mundo, Uni-vos!

Logo após a divulgação dos dados por Guccifer 2.0, uma pergunta séria ecoou em alto e bom som em meio aos especialistas mundiais mais esclarecidos: "A equipe de Trump estava trabalhando com a Rússia?" O fato de que a equipe de Trump insistia em remover um item central da plataforma com relação ao armamento da Ucrânia despertou indignação. Esse era um desejo há muito acalentado pela Rússia e que nunca havia sido sequer cogitado. Será que agora...

Em ação coordenada ou não, tanto a Rússia quanto os republicanos atuaram com maestria no escândalo dos e-mails. Inicialmente concebida como uma manobra para pressionar Hillary sob a alegação de interesse de segurança nacional durante as audiências de Benghazi, os republicanos trabalhariam em sincronia com a mídia conservadora na questão dos e-mails. Sites como o InfoWars e o Breitbart News afirmaram que todas as divulgações de e-mails evidenciavam uma intenção criminosa. Eles encararam cada e-mail como prova de que toda a sistemática de Hillary era indiscutivelmente corrupta.

Em 4 de outubro de 2016, quando Donald Trump acusou a *The Clinton Foundation* de corrupção, Guccifer 2.0 alegou ter hackeado os servidores da fundação. Os documentos eram, na verdade, do lote do DCCC, mas os republicanos e a mídia trataram isso como fato incontestável. Trump alardeou a notícia mesmo depois que foi revelado que sua própria fundação havia sido usada para canalizar dinheiro para os cofres de sua família.

Se Trump não fazia parte de uma conspiração com a Rússia, sua boca não lhe favoreceu. Já em 27 de julho de 2016, apenas 48 horas após a abertura da convenção do Partido Democrata, Trump apelou a Moscou para hackear e divulgar ainda mais e-mails. Trump declarou: "A propósito, se eles hackearam, provavelmente têm os 33 mil e-mails dela. Eu espero que sim. Eles provavelmente têm os 33 mil e-mails que ela perdeu e deletou... Rússia, se estiver ouvindo, espero que consiga encontrar os 30 mil e-mails que estão faltando."

Para as agências e profissionais de inteligência e contrainteligência dos EUA, essa declaração seria um ponto-chave para coletar as informações que levariam à mais grave investigação de segurança nacional da história norte-americana. A pergunta que pairava no ar passou a ser: havia norte-americanos trabalhando em conjunto com uma agência de inteligência estrangeira para eleger um presidente? Sem o conhecimento de Donald Trump e do público norte-americano, a caçada dos espiões à conspiração com a Rússia já estava em andamento.

Trump já era suspeito de ser um ativo russo muito antes de seu discurso "Rússia, se estiver ouvindo". John Brennan, o obstinado diretor da CIA de fala mansa que trabalhava para o serviço clandestino havia mais de 25 anos, certamente tinha suas suspeitas. Ele ocupou o cargo de chefe da estação da CIA na Arábia Saudita e se especializou em contraterrorismo. No entanto, ele era um espião da velha escola. Fora muito bem treinado em operações da inteligência russa. Como diretor da CIA durante as eleições de 2016, qualquer informação relacionada às peripécias russas durante o pleito seria de sua competência. No início de 2016, ele foi informado sobre o ataque cibernético ao DNC e os esforços russos para cooptar membros da campanha de Trump. Brennan encarregou a equipe da agência designada para tratar questões envolvendo a Rússia que trabalhasse em conjunto com a Agência de Segurança Nacional (NSA, acrônimo em inglês para *National Security Agency*) para analisar todas as informações disponíveis e informar o presidente Obama. Ele enviou analistas para agências de inteligência do mundo todo em busca de informações. Logo, três agências de inteligência estrangeiras aliadas trariam a ele e ao diretor de Inteligência Nacional, James Clapper, dados de inteligência inequívocos de que a Rússia investia pesado para vencer a eleição para Donald Trump.

A inteligência dos EUA e os caçadores de espiões da contrainteligência do FBI agora entendiam que estavam lidando com algo completamente diferente dos agentes de ciberespionagem envolvidos na invasão ao DNC. Nós, agentes da inteligência, desconfiamos de coincidências. No mundo dos espiões, coincidências simplesmente não existem. Eu cunhei a expressão Lei de Nance para lembrar aos novos agentes que, nas sombras da espionagem, "toda coincidência exige muito planejamento". Em meados do verão, a comunidade de inteligência foi inundada com mais uma série de coincidências que geraram "Alertas Vermelhos". Alerta Vermelho era um termo de contrainteligência da época da Guerra Fria para designar a suspeita ou a detecção de medidas ativas da inteligência russa. Um conjunto de alertas vermelhos se destacava: o FBI e outras agências descobriram que membros da campanha de Trump estavam se reunindo com os russos em praticamente todos os lugares. E, para piorar, eles negavam que as reuniões estivessem acontecendo. Até o dia da eleição, pelo menos 12 altos funcionários administrativos ou de campanha realizaram 19 reuniões pessoais e/ou se comunicaram pelo menos 51 vezes com russos associados ao Kremlin. A maioria deles negava a existência desses contatos até serem confrontados; depois, passavam a alegar coincidência. Obviamente, eles estavam escondendo alguma coisa. Mas o quê?

Caos Tempestuoso

O Departamento de Segurança Nacional (NSB, acrônimo em inglês para *National Security Branch*) do FBI é formado por um grupo de agentes de contraespionagem altamente especializados em caçar espiões e terroristas inimigos nos Estados Unidos. Por quase 80 anos, o NSB e seus antecessores rastrearam as ameaças de espionagem que chegavam à costa norte-americana. De agentes comunistas soviéticos enviados por Stalin a sabotadores nazistas destacados por Hitler e células adormecidas da Al-Qaeda e do ISIS, o NSB tem uma tarefa: observar, rastrear, detectar e capturar agentes inimigos.

No início da primavera de 2016, dados de inteligência fluíam entre a CIA e a NSA, dando conta de que algo mais se desenrolava junto com a invasão do DNC. Logo vieram relatos de que alguns norte-americanos mantinham contato com ativos e agentes russos conhecidos. A mídia britânica noticiou a troca de inteligência de sinais (conhecida pelo acrônimo SIGINT) entre o órgão britânico *General Communications Headquarters* (GCHQ)[3] e a agência norte-americana NSA. As agências irmãs da OTAN na Europa também alertavam que possuíam inteligência sólida indicando que alguns norte-americanos mantinham comunicação com conhecidos agentes de inteligência russos. O diretor do GCHQ transmitiu pessoalmente essas informações ao diretor de Inteligência Nacional, James Clapper; ao diretor da CIA, John Brennan, e ao diretor da NSA, o almirante Michael Rogers.

Em março de 2016, o jovem defensor de Trump, George Papadopoulos, chamou a atenção do FBI e da CIA. Papadopoulos era conselheiro sênior de política externa de Donald Trump e esteve presente em uma reunião com Trump e Jeff Sessions em meados de março de 2016. De acordo com o *The New York Times*, Papadopoulos revelou inadvertidamente seu papel em um complô quando se gabou de suas conexões com a Rússia, durante uma reunião informal em Londres com o diplomata australiano Alexander Downer. Papadopoulos disse a Downer que a Rússia tinha milhares de e-mails de Hillary Clinton e insinuou que eles beneficiariam a campanha. Papadopoulos entrou em contato com um cidadão maltês, Joseph Mifsud. Mifsud conhecera Papadopoulos no início de março, mas, na ocasião, não lhe deu atenção. Assim que Mifsud descobriu que Papadopoulos era um dos conselheiros da campanha de Trump, seu interesse aumentou. Eles elaboraram um esquema para marcar um encontro entre Trump e Putin. Mifsud coordenou uma reunião com uma jovem que ele chamou de "sobrinha", Olga Polonskaya. Ela estava acompanhada de Ivan Timofeev, chefe de um fórum acadêmico russo ligado ao Ministério das Relações Exteriores do Kremlin. O australiano ficou alarmado que um norte-americano pudesse cair em uma armadilha de espionagem tão óbvia. Downer relataria o caso aos seus superiores, que então passariam para agentes australianos e para a inteligência dos EUA. O FBI começou a investigar Papadopoulos como um potencial ativo russo. Um tempo depois, Papadopoulos seria questionado sobre esses contatos e, como praticamente todos os outros membros da equipe de Trump, mentiria.[4] Só depois de ser preso pelo FBI, ele confessou o plano.

Quase ao mesmo tempo, outro assessor de política externa de Trump, Carter Page, afirmava ser um especialista mundial na indústria de energia da Rússia, embora ninguém jamais tivesse ouvido falar dele. Page dizia ter trabalhado por sete anos para a instituição financeira Merrill Lynch em Londres e Moscou. Também afirmava ter sido designado para atuar no Lynch em Nova York como "diretor de operações do *Energy and Power Group* do Merrill Lynch". O que se sabe é que Page trabalhou por três anos em Moscou coordenando a fusão entre a Gazprom e a RAO UES. Essas relações foram fundamentais para convencer Trump de suas credenciais. Trump o incluiu na equipe de campanha como especialista na Rússia. Trump chegou a mencionar seu nome quando perguntado sobre os membros de sua equipe de política externa. Em setembro de 2016, seu nome ganharia relevância ao ser citado em um dossiê secreto desenvolvido pelo ex-agente do Serviço Secreto Britânico (MI-6), Christopher Steele. Steele elaborou um documento de 35 páginas com rumores e observações sobre Donald Trump e sua campanha, com base em informações coletadas por seus ex-contatos de espionagem. Ele transformou essas pistas em um dossiê para a Fusion GPS, um grupo de pesquisa política contratado inicialmente por doadores conservadores trabalhando para Ted Cruz, e depois por doadores democratas. No dossiê de Steele, o nome de Page surgiu relacionado a um contrato de petróleo entre a Exxon e a colossal petroleira russa Rosneft. Quando isso se tornou público, Page rapidamente deixou a campanha.

Após as investigações, os caçadores de espiões do FBI determinaram que esses dois funcionários de nível inferior eram os menores contatos. Uma investigação conduzida pelo *The New York Times* sobre Paul Manafort, chefe de campanha de Trump, expôs seus laços com o Kremlin indicando seus negócios ilícitos na Ucrânia. O ex-diretor da Agência de Inteligência da Defesa, Michael Flynn, ganhou dezenas de milhares de dólares falando ao *Russia Today*. Ele chegou a se sentar ao lado de Putin e do chefe do Partido Verde norte-americano, Jill Stein, no jantar de comemoração ao 10º aniversário do jornal.[5] Outros norte-americanos de escalão mais alto se reuniram secretamente com os russos e foram pegos mentindo sobre esses encontros, incluindo o procurador-geral Jeff Sessions e o genro do presidente, Jared Kushner. Descobriu-se que todos mantiveram contato com Moscou. A inteligência dos EUA e o FBI agora assumiam o caso.

Enquanto a mídia refletia sobre as coincidências, a comunidade de inteligência mundial trabalhava incansavelmente para capturar os autores das invasões. Uma dessas agências era o Serviço Geral de Inteligência e Segurança da Holanda (*Algemene Inlichtingen en Veiligheidsdienst* ou AVID). O AVID era um aliado da inteligência europeia que mantinha uma divisão de guerra cibernética altamente respeitada. Nasceu de um programa pequeno e confidencial que desenvolveu uma capacidade altamente especializada em guerra cibernética para combater operações de inteligência russas. O AVID integrava um acordo internacional de compartilhamento de inteligência entre os países da OTAN que alocava metas estabelecidas pelas duas principais potências em inteligência de sinais, a NSA e a GCHQ. Cada nação tinha seus pontos fortes e fracos. Quando uma exploração altamente refinada era necessária, todas as nações da OTAN contribuíam. Em operações cibernéticas, o AVID era excepcional e recebeu uma das missões mais complicadas do mundo — hackear os escritórios da própria inteligência russa. A história de como os holandeses conseguiram invadir o FSB foi noticiada em primeira mão pelo jornal local *de Volkskrant*. Durante vários anos, o AVID se concentrou nas operações russas de guerra cibernética relacionadas ao FSB.[6] Em resposta às ações dos hackers russos contra a OTAN, o Pentágono, a Casa Branca e a França, os holandeses desenvolveram ferramentas e técnicas de exploração altamente especializadas que permitiam rastrear geograficamente os sistemas de inteligência dos militares russos. Os holandeses criaram uma "Unidade Cibernética Mista de Sinais de Inteligência (JSCU)", formada por funcionários federais civis e militares encarregados de atacar redes hostis. Sua especialidade era o COZY BEAR. Usando metodologias secretas, eles conseguiram identificar a localização dos servidores em um prédio em Moscou. Em um golpe de mestre, eles contra-hackearam as câmeras de segurança em um andar específico do prédio e observaram os espiões russos usando o sistema.[7]

O diretor da CIA, John Brennan, transmitiu os dados de inteligência da AVID e de outras agências sobre a campanha russa para James Clapper. A imagem retratada pela inteligência era perturbadora. Revelava que a Rússia conduzia uma operação gigantesca de medidas ativas contra a eleição dos Estados Unidos. Conforme as informações começaram a chegar às principais agências de inteligência, John Brennan se tornou responsável por processar as informações que seriam reportadas ao presidente Obama. O diretor de Inteligência Nacional, James Clapper, era o coordenador geral e gerente de políticas das 17 agências de inteligência dos

EUA que estavam coletando as informações. Brennan e Clapper concordavam que o ataque russo exigia uma enérgica resposta norte-americana. Em 4 de agosto de 2016, sob a direção de Obama, Brennan telefonou pessoalmente para o diretor da agência de inteligência russa, o chefe do FSB, Aleksandr Bortnikov. De acordo com seu depoimento perante o Comitê de Inteligência da Câmara, Brennan advertiu Bortnikov de que os Estados Unidos estavam cientes de suas operações e que isso prejudicaria as relações entre os dois países. Aparentemente, Putin conhecia muito bem os norte-americanos. Em setembro, as divulgações de e-mails coordenadas pelos russos e pelo WikiLeaks se intensificaram. Como o ex-diretor diria mais tarde ao Comitê de Inteligência da Câmara: "Deve ficar claro para todos que a Rússia interferiu descaradamente em nosso processo de eleição presidencial de 2016 e que eles realizaram essas atividades apesar de nossos fortes protestos e avisos explícitos de que não deveriam fazê-lo..."[8]

Brennan então foi destacado por Clapper e pelo presidente Obama para notificar os principais membros do Congresso — a "Gangue dos Oito" — sobre o que estava acontecendo.[9] Quando apresentou os indícios de que uma operação russa de medidas ativas estava ocorrendo em larga escala, Brennan foi designado pela Casa Branca para, em coordenação com a comunidade de inteligência, determinar a extensão e o impacto da influência da Rússia. Brennan cumpriu sua tarefa, apresentou uma série de relatórios e promoveu um intenso contato telefônico na tentativa de convencer os principais líderes do país de que os Estados Unidos haviam sido atacados.

De acordo com o *The New York Times*, apenas o líder da maioria no Senado, Mitch McConnell, se opôs. Ele trabalhou ativamente para manter o nome da Rússia fora de uma carta conjunta denunciando a invasão. McConnell, como Trump, se recusava a acreditar em grande parte dos dados sobre a participação da inteligência na invasão cibernética.

No final de julho, as suspeitas se alastraram entre os ex-profissionais de inteligência que trabalhavam na mídia e na campanha de Hillary Clinton. Embora muitos de nós não tivessem acesso a todas as informações em poder da CIA e da NSA, era nítido que os indícios noticiados pela mídia e os rumores entre ex-colegas dando conta de atividades suspeitas haviam disparado os alarmes.

Michael Morell era um ex-diretor-adjunto da CIA. Ele também atuou como diretor da agência durante três anos até John Brennan assumir o cargo. Morrell era um homem cauteloso, apesar de ser um conselheiro informal da campanha de Hillary Clinton, mantinha suas opiniões para si. Em agosto de 2016, ele também estava percebendo os sinais. As incessantes referências positivas de Trump a Vladimir Putin e o acobertamento da invasão russa o levaram a apoiar publicamente Hillary Clinton no *The New York Times*. Em seu artigo, ele sugeriu que Trump era um "agente involuntário" da inteligência russa. Morrell foi além, acrescentando que Trump "não só é desqualificado para o cargo, como também pode representar uma ameaça à nossa segurança nacional". Um comentário inesperado vindo de um agente da CIA, mas como ex-diretor interino ele fazia parte de um clube extremamente restrito de diretores que ainda tinham acesso a informações sigilosas e uns aos outros. Era mais do que uma sugestão; ele estava oferecendo uma análise não confidencial da avaliação de inteligência da CIA/NSA, que chegaria às mãos do presidente Obama 30 dias depois. Morrell avisou que a Rússia queria Trump como presidente.[10]

Mais tarde, em 2017, um membro do Comitê de Inteligência da Câmara perguntou a John Brennan se ele percebia indícios de uma conspiração entre a campanha de Trump e a Rússia, ao que ele respondeu: "Eu vi informações e inteligência que mereciam ser investigadas [pelo FBI] para determinar se realmente estava ocorrendo cooperação ou conluio... Eu descobri e estou ciente de informações e inteligência que revelaram contatos e interações entre funcionários russos e cidadãos norte-americanos envolvidos na campanha de Trump."[11]

No final do outono, o presidente Obama ficou tão preocupado que deu um passo ousado. Pelo Telefone Vermelho, a linha direta usada para aplacar divergências e evitar conflitos entre os Estados Unidos e os líderes russos, Obama alertou pessoalmente Vladimir Putin de que o país estava ciente da sua operação e que quaisquer atos no dia da eleição seriam considerados de extrema gravidade. Putin não se importou. A missão de hackear as mentes do povo norte-americano foi um sucesso total.

Em 7 de outubro de 2016, o presidente Obama decidiu que o país precisava conhecer os dados de inteligência a respeito da invasão do DNC. Em cadeia nacional de TV, ele declarou que a Rússia coordenara o ataque ao DNC e que a eleição estava em risco. O comunicado de Clapper afirmava que: "A Comunidade de Inteligência dos EUA está certa de que o governo russo determinou a divulgação de e-mails de cidadãos e instituições dos EUA, inclusive de organizações políticas…"[12] Declarou ainda que Vladimir Putin, cujo nome não foi citado, havia ordenado os vazamentos: "Acreditamos, com base no escopo e na confidencialidade dessas ações, que somente o alto escalão do governo russo poderia ter autorizado essas atividades."[13]

Infelizmente, as manchetes do dia não falavam que a liderança da inteligência e da segurança interna estavam acusando a Rússia de interferir nas eleições norte-americanas, mas sim sobre a fita da *Access Hollywood*. Naquele mesmo dia, surgiram notícias de uma fita gravada anos antes, em que Trump confessava agressões sexuais e casos extraconjugais. Trump se gabava de ser um colecionador de mulheres e dizia como se deve agir com elas: "você pode agarrá-las pela buc***". Nem 25 minutos depois de a fita da *Access Hollywood* ser revelada, o WikiLeaks começou a bombardear a internet com e-mails de Podesta recém-roubados, mas a tentativa não rendeu os frutos esperados, pois a mídia estava alvoroçada com os comentários ofensivos de Trump. Um alerta nacional havia soado, mas, graças à natureza lasciva da mídia, o público norte-americano realmente não deu ouvidos.

Trump permaneceu fiel ao seu compromisso de proteger a Rússia. Quando perguntado dois dias depois sobre a invasão russa, ele declarou: "… talvez não tenha existido uma ação hacker!" Enquanto Trump continuava em negação sobre a interferência russa, uma nova ameaça à eleição surgia. Trinta e seis horas após a divulgação da fita da *Access Hollywood*, investigadores da Comissão Eleitoral Federal, do DHS [Departamento de Segurança Interna] e do FBI anunciaram que a Rússia havia invadido os servidores de uma empresa terceirizada encarregada dos registros de eleitores na Flórida.[14] Com o tempo, mais 25 estados também relatariam tentativas de invasão a seus bancos de dados de eleitores.[15] O acesso russo aos registros eleitorais possibilitaria a alteração da filiação partidária e do status de registro, o que poderia impedir o exercício do direito de voto para centenas de milhares de eleitores e influenciar uma eleição acirrada a favor do candidato preferido. A natureza hiperpartidária da campanha levou muitos secretários de Estado a negarem as tentativas de invasão. Tudo isso funcionou em benefício das operações russas para semear o caos na narrativa da eleição de 2016. Na campanha, a pressão da investigação sobre a ação russa estava começando a cobrar seu preço. Durante o último debate presidencial, Hillary Clinton afirmou expressamente que Putin pretendia instalar Trump como um "fantoche", e a única refutação de Trump foi repetir em tom infantil: "Não, o fantoche é você!"[16]

O impacto do WikiLeaks nos meios de comunicação contribuiu imensamente para a percepção de que Hillary Clinton não estava apta para a presidência devido aos reiterados relatos sobre seus e-mails e o servidor privado. Uma nuvem de palavras do Google criada para as notícias sobre Clinton durante a campanha de 2016 mostrava que uma palavra superava todas as outras: "E-MAILS".[17]

Em 8 de novembro de 2016, quase 139 milhões de norte-americanos votaram. No final da noite, ficou claro que Donald J. Trump se tornaria o 45º presidente dos Estados Unidos. Hillary Clinton derrotara Trump no voto popular, vencendo por uma diferença de 2.864.974 votos, mas isso não importava. Os Estados Unidos adotam o sistema de colégio eleitoral, em que um determinado número de votos é atribuído a cada estado. O candidato que receber 270 desses votos vence; a votação popular não é levada em consideração. Trump conquistou 306 votos no colégio eleitoral. Quando os votos finalmente foram computados, Trump havia vencido em três estados críticos, atraindo apenas 77 mil ex-eleitores de Obama na Pensilvânia, em Michigan e no Wisconsin. Quando a poeira da noite da eleição baixou, Trump era o presidente eleito.

A improvável vitória de Donald Trump surpreendeu o mundo. Ninguém achava possível que ele pudesse superar suas poucas chances e passar de astro televisivo a homem mais poderoso do mundo. Uma possibilidade impensável se consolidou. Trump gerou uma onda de "populismo" no interior dos EUA. O feito repercutiu na mídia mundial como a emocionante história de uma onda de conservadorismo norte-americano e de rejeição definitiva aos valores e políticas liberais. Na visão de Trump, para os Estados Unidos, a eleição foi um referendo sobre a verdadeira essência da nação. A "maioria silenciosa" rural havia se rebelado contra as duras marés econômicas e a profanação das tradições, e não buscava nada além de se tornar grande novamente. Durante sua campanha, Donald Trump prometeu um movimento nacionalista "America First!" [Os EUA em Primeiro Lugar] que os levaria de volta a um país que pudessem reconhecer — aquele que existia antes dos direitos civis, dos levantes populares e do politicamente correto. Os EUA de Trump não existiam desde 1963, o ano anterior à promulgação da Lei dos Direitos Civis, que concedeu igualdade plena aos negros e às mulheres; o ano em que o carvão e o aço ainda impulsionavam a locomotiva da sociedade norte-americana. E ele estava decidido a levar o país de volta a essa época.

Aos olhos de seus eleitores, a promessa de um país renovado sob o comando de Donald Trump devolveria à nação de Washington, Lincoln e Reagan a grandeza perdida com Barack Obama. Era uma fantasia baseada em puro ódio contra o primeiro presidente negro. As primeiras sementes sombrias de uma ideologia autoritária foram lançadas no discurso de posse de Trump. Suas palavras descreveram sua visão sombria e distorcida dos Estados Unidos.

O apelo de Trump entre os cidadãos pobres e sem instrução se tornaria um marco em sua campanha. Ele mobilizou uma base de ódio branca que não era vista desde antes da Segunda Guerra Mundial, quando o movimento original "America First" desejava estreitar os laços com a Alemanha nazista e se recusava a aceitar refugiados judeus nos Estados Unidos. Quando disse ao mundo, em uma conferência de imprensa nas primárias de Nevada: "Eu amo as pessoas de baixa instrução", Trump estava mobilizando uma nova base que há muito fora esquecida pela elite governante republicana e que jamais votaria nos democratas — homens e mulheres brancos, pobres e racistas.

A tática de Trump contava com a ignorância, o ódio aos compatriotas e a crença silenciosa dos eleitores de que o nacionalismo branco era um direito. Trump os definia como a "Maioria Silenciosa", tipificada pelo filósofo prussiano do século XIX Alexander von Humboldt. "A visão de mundo mais perigosa é a visão de mundo daqueles que não viram o mundo."[18] Isso significava que grande parte do público norte-americano havia abandonado valores centrais como liberdade para todos, inclusão por meio da diversidade e o poder do Sonho Americano para os imigrantes. A eleição de Trump foi uma tentativa direta de afastar os Estados Unidos de uma democracia que protegesse os direitos das minorias, a definição literal de uma república, em direção a uma nação governada por "um homem forte" — uma autocracia.

CAPÍTULO 2

Reportando-se a Moscou

Democracia é a crença de que juntos podemos tornar cada
geração melhor que a anterior. Trumpismo é a crença
de que apenas um homem, agindo em interesse próprio,
melhorará milagrosamente nossas vidas.

—T-Pain

onald J. Trump é um empreendedor milionário que se imaginava bilionário; um narcisista pernicioso cuja única preocupação era com seu dinheiro e seu ego. Trump foi facilmente conduzido por um cabresto de ouro ao se ver elogiado por suas proezas nos negócios e cercado por mulheres bonitas, e ao vislumbrar riquezas que jamais poderia alcançar. Ele tinha um aspecto diabólico, mas essa aparência era desmentida por sua verdadeira estupidez e seu apelo de pobre menino rico ao "homem comum". Ele era o arquétipo do norte-americano que a antiga organização de Putin, a KGB da era soviética, transformou em espiões, ativos e idiotas úteis por mais de 70 anos.

Para a inteligência russa, os norte-americanos não passam de tolos presunçosos e cheios de si, que acreditam que podem mudar o mundo sozinhos, mas que sempre precisam do dinheiro dos outros para tanto. É uma nação de otários sem força de caráter nem brio. Se a União Soviética tivesse tido os recursos financeiros para se equiparar aos EUA, a ruína norte-americana teria ocorrido antes da derrocada russa. Se a Rússia se apoderasse da riqueza ocidental, os Estados Unidos seriam corroídos como queijo suíço em uma convenção de ratos. Quando a União Soviética caiu e a Rússia herdou bilhões em reservas de petróleo, Putin se propôs a fazer exatamente isso.

Em 2000, o comunismo soviético estava em baixa e o consumo em massa, em alta, impulsionado pela venda de grandes setores da economia soviética. A nova Federação Russa era um híbrido da antiga União Soviética, e amava tanto o autoritarismo quanto o poder econômico moderno. Em 2007, Vladimir Putin já possuía os meios tecnológicos para fazer bom uso de um personagem como Donald Trump.

A inteligência russa passou de uma estrutura composta por velhacos alcoólatras ainda organizada em papeladas para uma organização especializada em tecnologia, muito mais jovem e ágil. Entretanto, algumas velhas técnicas permaneceram como valores centrais — estrangeiros ainda eram avaliados e preparados para serem espiões de Moscou. Abordados e recrutados por agentes da inteligência russa, esses potenciais espiões e ativos eram mantidos em estoque para, quando chegasse a hora, serem convertidos, instruídos e mobilizados para espionar sua própria nação. Os agentes de inteligência são treinados para lidar de maneira diferente com cada ativo em potencial. Um bom oficial de inteligência obtido a partir de fontes humanas é capaz de manipular uma pessoa como Donald Trump, fazendo com que ele — a pobre vítima — atenda aos seus desejos sem sequer perceber, e continue ignorando para quem o agente trabalha e qual é o verdadeiro objetivo da missão do espião. No trabalho de inteligência, essas pessoas são chamadas de *Ativos Involuntários*. Se um ativo descobre que está sendo manipulado, mas considera que as recompensas valem a pena, ele se torna um *Ativo Voluntário*. Outros ativos precisam de muito mais sutileza. Alguns tipos de personalidades trabalharão para um espião ou um propagandista sem nenhum incentivo. Particularmente, quando compartilham das mesmas ideias. Muitas vezes, essas pessoas contribuirão para a causa sem nenhuma objeção, desde que se beneficiem, especialmente se seus esforços forem recompensados com dinheiro; elas são chamadas pela comunidade de inteligência de *Idiotas Úteis*. Os Idiotas Úteis frequentemente são manipulados através de incentivos financeiros ou reconhecimento por sua influência. Aqueles que não buscam recompensas e cooperam por razões puramente ideológicas são chamados de *Companheiros de Viagem*. No antigo sistema de inteligência soviético, os Companheiros de Viagem eram os ativos menos desejáveis. Eram considerados instáveis e, por acreditarem nas mesmas ideias, mas com mais fervor, normalmente defendiam uma linha ideológica mais pura. Pior ainda, caso se voltassem contra os agentes, poderiam causar sérios estragos indo a público e revelando suas operações. Seu eventual arrependimento é ainda mais valorizado por seus sólidos conhecimentos. Sua credibilidade pode ser um risco considerável, mas, em razão da sua alta influência, os Companheiros de Viagem são capazes de acessar áreas que nenhum outro agente de inteligência estrangeira seria capaz em algumas sociedades. Se manejados com cuidado, eles podem se tornar a Quinta Coluna perfeita — funcionários internos que corrompem e sabotam seus próprios países. Entre 2010 e 2016, a Rússia conseguiu criar uma liga de Companheiros de Viagem no Ocidente, incluindo uma nova filial da Quinta Coluna nos EUA.

Mas e quanto ao desafortunado presidente norte-americano? Em que categoria ele se encaixa? A hipótese mais provável é que, para a Rússia, Donald Trump começou como um Idiota Útil e depois se tornou um Ativo Involuntário, mas rapidamente passou a Ativo Voluntário quando percebeu que a Rússia promovia seus interesses.

Trump era crucial para o objetivo de Moscou de romper os laços dos Estados Unidos com seus aliados tradicionais. Trump fez jus a essa expectativa. No primeiro ano de seu mandato, conseguiu insultar praticamente todos os aliados, países vizinhos, órgãos de tratados internacionais e continentes inteiros, como África, Oriente Médio e Ásia. No entanto, Vladimir Putin exercia tanta influência sobre ele que foram necessários 15 meses e um ataque ostensivo com armas químicas para Trump expressar sua primeira crítica leve.

Essa bajulação teve um efeito. No início de 2018, cerca de 65% dos Estados Unidos estavam permanentemente alienados da administração de Trump, já que se tornava cada vez mais óbvio que o foco de Trump era governar apenas para os 35% que compunham o núcleo de seu eleitorado. Mas isso não faz diferença, pois Trump não reconhece como cidadãos aqueles que não votaram nele. Não eleitores e opositores são indignos de sua atenção. Ele quer liderar e recompensar aqueles que o elegeram e só. Políticas foram elaboradas para punir os principais estados azuis [democratas] que ousaram votar em Hillary Clinton. Sua primeira grande vitória legislativa foi a aprovação de um pacote fiscal que previa o corte de um trilhão de dólares em impostos para os mais ricos e aumentos na carga tributária de estados como Califórnia e Nova York; ao mesmo tempo, a medida aliviava a pressão fiscal sobre os estados vermelhos [republicanos] mais pobres, como Alabama e Mississippi.

A história norte-americana estava fadada a produzir um personagem como Trump: um homem que manipula o sistema em benefício próprio e se aproveita do populismo para vencer. Os heróis da independência norte-americana já alertavam sobre esse fenômeno. Mais de dois séculos atrás, em 1792, Alexander Hamilton previu a estratégia de Trump para cindir os EUA. A nova nação era uma sociedade agrária que acabara de passar por um batismo de fogo. Derrotara um gigantesco exército e formara um novo tipo de governo. No entanto, os vencedores dessa batalha eram relativamente ignorantes, propensos a teorias conspiratórias, facilmente ludibriados e, em geral, pessoas humildes que consideravam os ricos e instruídos mais aptos a navegar os mares da política. O fascínio exercido por esses homens instruídos e esclarecidos, apesar de todos os seus defeitos, expôs a suscetibilidade dos EUA a cair em golpes. Segundo Hamilton: "A verdade é inquestionável, o único caminho para uma subversão do sistema republicano do país é exaltar os preconceitos do povo e instigar suas invejas e apreensões, de modo a tumultuar o cenário e provocar uma comoção civil..."[1] Ao longo da história norte-americana, essas confusões e comoções surgiram na forma de rebeliões, confrontos e guerra civil. No entanto, os EUA nunca haviam sido desafiados por um líder com a mesma mentalidade do Rei George III, um monarca que ignorava a voz da maioria, governava em seu pedestal de superioridade e não se importava com as tradições da sociedade livre norte-americana.

Trump sempre foi adepto do jogo do vigarista e levou o extravagante personagem de desenho animado que criou — o lutador "profissional" — para sua campanha. Antes de ingressar na política, Trump comparecia a programas de luta livre e se mostrava grande apreciador do espetáculo de provocar uma plateia repleta de crianças e da massa da classe trabalhadora. Trump interpretava a si mesmo, um sujeito rico e indiferente acenando com um cheque falso de um milhão de dólares para o deleite da plateia. Ele compreendia a postura teatral de entreter o público com heróis e vilões. Foi esse seu teatro sombrio que o conduziu à Casa Branca.

Poucos meses após a eleição, uma república antes célebre por seus valores começou a se afastar do caminho da lei e da justiça, lembrando cada vez mais uma nação unipartidária e uma monarquia totalitária; menos ao estilo do Rei George e mais ao estilo Bórgia — uma família criminosa da Idade Média que defendia seu poder sobre o papado recorrendo a práticas como nepotismo, assassinato, corrupção e fraude.

Em poucos meses, Trump causou mais danos à ordem política mundial promovida pelos EUA do que qualquer outro acontecimento desde a Segunda Guerra Mundial. A diplomacia estava morta. Seu secretário de Estado Rex Tillerson, CEO da Exxon e amigo de Vladimir Putin, durou apenas um ano. Quando Tillerson criticou publicamente a Rússia por um assassinato cometido com armas químicas em Londres, Trump o demitiu via Twitter. Jared Kushner, genro de Trump, e sua esposa Ivanka foram enviados para resolver questões de Estado sem o conhecimento de nenhum diplomata norte-americano. Os militares receberam ordens de preencher essa lacuna, assumindo a posição de principal voz do poder norte-americano. A nação, que antes lidava com uma insurgência terrorista decadente, passou a cogitar uma guerra nuclear com ataques furtivos na península coreana e uma intervenção desastrosa no Irã. O Departamento de Estado alterou sua declaração de missão, removendo a expressão "propagando a democracia" do seu site.

A reputação de Trump junto ao público norte-americano imediatamente entrou em queda livre. Em janeiro de 2018, 53% dos cidadãos classificavam seu governo como um fracasso, 57% declaravam que o país estava indo na direção errada e 61% afirmavam que ele dividira o país. A maioria desaprovava sua maneira de lidar com praticamente todas as políticas do seu governo, de imigração à política externa. Seu índice de aprovação pessoal de 37% foi classificado como um dos menores já registrados, superando o de George W. Bush, que obteve uma das piores classificações após sua desastrosa invasão ao Iraque e a consequente destruição dos últimos vestígios de estabilidade no Oriente Médio. A posição mundial dos Estados Unidos também despencou, e os EUA sob o comando de Bush tinham uma taxa de aprovação de 39%. Na era Barack Obama, esses índices subiram para 55%. Trump quase igualou o status de Bush ao cair para 42% de aprovação em menos de 12 meses.

Mas Donald Trump é movido pelo caos, planejado ou não. Em sua mente, seu estilo ousado de assumir riscos, aperfeiçoado no mercado imobiliário de Nova York, poderia resultar em grandes vitórias políticas e admiração global. Não foi assim, mas no mundo hermeticamente fechado da política conservadora, Trump via apenas sucesso enquanto o resto do mundo enxergava um desastre. Para ele, seu primeiro ano de mandato foi um sucesso avassalador, pois quando visitava cidades como Altoona, na Pensilvânia, era aplaudido por pessoas parecidas com ele, que concordavam com cada palavra sua. Elogios na Fox News, aplausos públicos e homenagens eram suas medidas de sucesso. Enquanto isso, o país enfrentava a realidade de um declínio íngreme, aterrorizante e insano, mas apenas para os 260 milhões de norte-americanos que não votaram nele.

Apagando as Pegadas do Urso: A Demissão do Diretor do FBI James Comey

Agora que segurava as rédeas do poder, Trump achava que podia esconder quaisquer delitos que pudesse ter cometido no passado ou em suas relações com Moscou. O primeiro passo para esconder seu relacionamento com Putin ocorreu no início de fevereiro de 2017, quando o diretor do FBI James Comey foi convidado por Trump para um jantar na Casa Branca. Comey declarou que, durante o evento, o presidente Trump lhe pediu mais de uma vez para interromper a investigação sobre o general Mike Flynn. O general Flynn, ex-diretor da Agência de Inteligência de Defesa, era alvo de uma investigação conduzida pela Segurança Nacional por mentir sobre suas ligações telefônicas com o embaixador russo em dezembro de 2016. A procuradora-geral interina Sally Yates havia informado à Casa Branca que Flynn estava sob risco de chantagem, uma vez que apenas os russos conheciam o conteúdo das conversas e podiam usá-las como ameaça. Durante a conversa, Trump disse a Comey: "Espero que você consiga achar um jeito de deixar isso para lá, deixar Flynn em paz... Ele é uma boa pessoa. Espero que você possa esquecer isso."[2] Comey foi evasivo e, depois de deixar a reunião, prontamente elaborou um memorando detalhando o que Trump havia dito, e informou o ocorrido aos seus adjuntos.

Alguns meses depois, em 9 de maio de 2017, a Casa Branca anunciou que o presidente Trump havia demitido James Comey, uma medida surpreendente. A demissão exigiu que o procurador-geral adjunto, Rod Rosenstein, encontrasse motivos para afastá-lo do cargo. Rosenstein foi instruído a redigir um memorando de duas páginas e meia com a justificativa. A carta de demissão de Comey foi entregue na sede do FBI pelo guarda-costas de longa data de Trump,

Keith Schiller. O memorando mencionava que Comey havia se atrapalhado "ao lidar com a conclusão da investigação sobre os e-mails da secretária [Hillary] Clinton". Essa acusação era absurda, já que o próprio Trump havia se beneficiado dessa forma de lidar com a investigação. Hillary acreditava que a "declaração de Comey", na última semana da eleição, fora crucial, pois deu a impressão de que ela estava sob investigação, o que não era verdade. Na verdade, a Casa Branca de Trump também se enfureceu com Comey por não ter revelado a Trump o teor de seu testemunho antes da audiência sobre a investigação envolvendo Flynn e a Rússia.[3] O mais provável é que Trump tenha se irritado porque não conseguiu impedir a investigação sobre a Rússia e a apuração da suscetibilidade de Mike Flynn à chantagem.

As críticas foram contundentes. Quando a notícia se espalhou, Trump foi inundado por comentários negativos. Sua equipe declarou que ele havia se surpreendido com tamanha indignação. Ele tentou justificar a demissão declarando: "[Comey] não estava fazendo um bom trabalho, foi simplesmente isso. Ele não estava fazendo um bom trabalho." Em sua carta a Comey, Trump afirmou que o diretor do FBI havia lhe dito "em três ocasiões diferentes, que eu não estava sob investigação".[4] Trump presumiu que, como em seu *reality show*, ele poderia demitir pessoas ao seu bel-prazer. Também o surpreendia que os democratas, que criticavam severamente Comey, não o apoiassem ou elogiassem sua atitude. Ele tuitou: "Os democratas disseram algumas das piores coisas sobre James Comey, incluindo o fato de que ele deveria ser demitido, mas agora eles bancam os desolados!"[5]

A tempestade de tuítes de Trump continuou sendo uma mentira igualmente absurda. "Comey perdeu a confiança de quase todos em Washington, republicanos e democratas. Quando as coisas se acalmarem, eles me agradecerão!"[6] Desapontado com a reação contrária do público, Trump recorreu à fantasia e inventou mentiras fantásticas, quase patológicas: "Ele chorou como um bebê e implorou por perdão... e agora ele é juiz e júri. Ele é quem deve ser investigado por seus atos."[7]

Surpreendentemente, no dia seguinte à demissão de Comey, Trump se reuniu na Casa Branca com o ministro das Relações Exteriores da Rússia, Sergei Lavrov, e com o embaixador Sergei Kislyak. Embora, na visão do público, fosse alarmante um encontro com os russos no dia seguinte à tentativa de impedir uma investigação sobre seus contatos com a Rússia, ainda mais surpreendente foi a mídia dos EUA ter sido proibida de cobrir a reunião. Apesar de Trump ter permitido que um fotógrafo da mídia russa entrasse no Salão Oval.[8] Durante a reunião, Trump se gabou a Lavrov sobre como havia se livrado do diretor do FBI: "Eu acabei de demitir o chefe do FBI. Ele era louco, um verdadeiro maluco..."[9] Como se quisesse impressionar os russos, foi além da conta ao declarar: "Eu enfrentei uma grande pressão por causa da Rússia. Agora acabou." O fotógrafo russo tirou fotos de Trump confraternizando com dois diplomatas, como se estivesse contando uma piada. Não foi bem uma piada quando logo depois surgiram relatos de que, durante o mesmo encontro, Trump havia revelado aos russos detalhes de uma missão de espionagem israelense altamente confidencial na Síria.[10]

Se havia dúvidas em relação à intenção de Trump de encobrir a investigação sobre a Rússia em prol do Kremlin e de si mesmo, elas desapareceram em 48 horas. Alguns dias depois, Trump concedeu uma entrevista a Lester Holt, da NBC News. Durante a entrevista, Holt fez uma série de perguntas sobre a demissão do diretor Comey. Trump ficou desconcertado. Se ele tivesse mantido a coerência com a história que o procurador-geral lhe ajudara a fabricar, provavelmente teria se safado. Mas Trump tem um padrão previsível para processar a verdade. Seu padrão usual é: 1) mentir; 2) dissimular; 3) disseminar desinformação; 4) confessar; 5) ameaçar. Depois de tentar inúmeras histórias dizendo que Comey precisava ser demitido por ser odiado pelo FBI, "ele gosta de aparecer e agradar, o FBI está um caos" (mentira), ele então alegou que apenas seguiu a recomendação de Rosenstein (dissimulação). Depois, tentou espalhar mais histórias falsas sobre Comey (desinformação): "Você sabe disso, eu sei disso. Todo mundo sabe disso. Basta analisar o FBI há um ano, estava em crise, há menos de um ano. E ainda não se recuperou dela." Finalmente, sem se dar conta de que estava cometendo perjúrio, Trump disse a verdade:

> TRUMP: O que eu fiz foi demitir Comey. Minha decisão. Não foi...
>
> HOLT: O senhor tomou a decisão antes que eles entrassem na sala.
>
> TRUMP: Eu ia demitir Comey. Aliás, não existe hora boa para esse tipo de coisa.
>
> HOLT: Porque em sua carta o senhor disse: "Eu aceitei a recomendação deles."

TRUMP: Bem, eles também...

HOLT: Então, o senhor já havia tomado a decisão.

TRUMP: Ah, eu iria demiti-lo independentemente da recomendação.[11]

Trump parecia estar completamente alheio ao fato de que contradizia tudo que havia declarado nos últimos dias. Ele também parecia não saber que demitir um diretor do FBI para impedir uma investigação sobre uma suspeita de espionagem é a definição clássica de "obstrução da justiça".[12]

Enredado na armadilha da mídia, Trump afirmou que havia fitas da conversa em uma tentativa de intimidar Comey. Ele não parecia entender que isso também servia como uma possível nova acusação de obstrução da justiça. "É melhor James Comey torcer para que não haja 'fitas' de nossas conversas antes de começar a divulgá-las para a imprensa!"[13] No devido tempo, a Casa Branca teria que admitir que não havia fitas.

Trump estava determinado a se defender da acusação de conluio, mas nunca contestou o fato de querer ser amigo de Putin. Se sua cooptação por Moscou fosse involuntária, sua atitude poderia ser encarada como um compreensível reflexo para se proteger. Mas os comportamentos e defesas de Trump iam muito além de um homem defendendo sua honra. A cada acontecimento, ele deixava claro que defenderia Moscou acima de tudo. Qualquer que tenha sido o efeito imaginado por Trump ao demitir Comey, ele foi ampliado quando o procurador-geral adjunto Rod Rosenstein cedeu à pressão política e nomeou um Conselho Especial para investigar os laços de Trump com a Rússia. Ele não poderia ter escolhido um investigador melhor para a tarefa. Robert Swan Mueller III era um veterano da Guerra do Vietnã, ganhador da Estrela de Prata, procurador federal e ex-diretor do FBI durante os mandatos de três presidentes. Ele havia reorganizado e revitalizado a agência após o 11 de Setembro e era profundamente admirado por toda Washington. Era o último homem que Donald Trump desejaria que o investigasse.

O Conselho Especial queria saber se Trump e sua equipe participaram de uma operação de inteligência estrangeira que pudesse ter prejudicado a democracia norte-americana. Todas as evidências apontavam para um grupo ativo em conspiração com o Kremlin e com laços financeiros mais do que suspeitos. Mueller revisou as anotações de Comey e dedicou-se a contratar uma "tropa de choque" composta pelos principais promotores das áreas de finanças e espionagem. Trump encarava agora um perigo mortal gerado por seu próprio governo, então recorreu à única coisa que sabia fazer — tentou demitir Mueller.

De acordo com o *The New York Times*, menos de 30 dias após a nomeação do Conselho Especial, Trump tentou demiti-lo. O conselheiro da Casa Branca, Donald F. McGahn II, foi convocado e informado de que o procurador-geral adjunto Rod Rosenstein deveria demitir Mueller.[14] Trump ameaçou demitir Rosenstein, caso ele se recusasse a cumprir a ordem, e a nomear a número três da hierarquia, Rachel Brand, para seu lugar. Trump argumentou que Mueller precisava ser demitido em razão de conflito de interesses. Trump disse que Mueller atuara em um processo envolvendo as taxas de golfe do *Trump National Golf Club* de Sterling, na Virgínia, e que isso o desqualificava para investigar sua administração. Trump também afirmou que Mueller trabalhara em um escritório de advocacia que representava seu genro, Jared Kushner. McGahn tentou dissuadir o presidente dessa ideia. Como advogado, ele sabia muito bem que, se cumprisse essa ordem, estaria participando de um crime. McGahn recusou o pedido do presidente e disse que renunciaria.

Trump recuou de sua exigência e, quando perguntado, mentiu para a imprensa, afirmando que a demissão de Mueller nunca havia sido considerada. Ainda assim, Trump decidiu que o Conselho Especial tinha que ser barrado. Ele não se importava que a demissão do diretor do FBI, Comey, tivesse sido incrivelmente prejudicial. Trump era do tipo que demite. Um mês antes, Trump expressara sua frustração sobre a declaração de impedimento do procurador-geral Jeff Sessions para atuar na investigação da Rússia. Mais tarde, Trump declarou em uma entrevista ao *The New York Times* que estava decepcionado com Sessions sobre a questão da Rússia. Declarou: "Sessions nunca deveria ter se afastado, e se ele pretendia se afastar, deveria ter dito-me antes de aceitar o cargo, e eu teria escolhido outra pessoa..."[15]

Por que a Rússia fez isso?

O relatório do diretor de Inteligência Nacional sobre o ciberataque russo concluiu que "os objetivos da Rússia eram minar a fé pública no processo democrático dos EUA, denegrir a imagem da secretária Hillary Clinton e prejudicar sua elegibilidade e possível presidência". O relatório de inteligência dizia: "Indicamos ainda que Putin e o governo russo desenvolveram uma clara preferência pelo presidente eleito Trump."[16]

Essas metas foram alcançadas, mas há uma questão maior pairando sobre toda a controvérsia: o que eles pretendem com a eleição de Donald Trump à presidência? A resposta é simples. Durante décadas, os comunistas soviéticos no Kremlin gastaram bilhões de dólares e executaram inúmeras operações de inteligência tentando alcançar um objetivo: revelar ao mundo que a democracia norte-americana era um sistema de governo obsoleto e inoperante que precisava ser substituído. A União Soviética nunca obteve êxito, mas em 2016 a Rússia conseguiu subjugar os EUA no intervalo de apenas uma eleição, enquanto os norte-americanos e seus agentes ficaram em casa assistindo à TV a cabo e tentando entender o que se passava. A Rússia é uma ditadura liderada por um único e implacável autocrata que só precisou emitir uma ordem para mudar a estrutura do mundo ocidental. Segundo a Rússia, o verdadeiro destino de Trump era ser um dos pilares da mais nova aliança do mundo — o Eixo das Autocracias.

A eleição de Trump levou a uma explosão de atividade do governo russo, inclusive à coordenação de reuniões diretas com funcionários de transição. Todas planejadas para passar ao largo da inteligência dos EUA e dos agentes da lei. Poucos dias depois da posse de Trump, ficou claro que a Casa Branca endossava o objetivo número um de Putin — todas as sanções contra a Rússia seriam suspensas. O denominador comum associado a todos os aspectos das investigações Trump-Rússia era que Moscou estava desesperada para acabar com as sanções pessoais e financeiras impostas contra Vladimir Putin e seus oligarcas. Todas as investigações, incluindo as conduzidas pelo ex-diretor do FBI James Comey, pelo Conselheiro Especial Robert Mueller e pelos Comitês de Inteligência da Câmara e do Senado, encontraram fortes indicadores de que esse era um dos principais motivos do ataque aos Estados Unidos.

Por exemplo, o Departamento de Estado dos EUA, sob o comando de Rex Tillerson, começou a buscar formas de suspender as sanções impostas na era Obama para punir a Rússia por espionagem, hacking e violações do direito internacional, incluindo a invasão da Crimeia e a promoção de uma insurgência étnica russa na Ucrânia. O diplomata aposentado Dan Fried contou ao *The Hill* que quase imediatamente após a administração ter nomeado seus principais funcionários para ocupar o distrito político de Washington "houve uma séria discussão na Casa Branca a favor de rescindir unilateralmente as sanções...".

As sanções norte-americanas não estavam prejudicando a economia russa, mas sim as finanças pessoais dos cidadãos mais abastados de Moscou e de Vladimir Putin. Para a oligarquia russa, os norte-americanos estavam roubando o pão da boca de seus filhos. Embora, na verdade, esse pão fosse um *pain à l'ancienne*, feito em seu Château nos arredores de Mônaco por um mestre padeiro francês, que sabe todas as receitas de Marie Antoinette e usa um forno de pedra de 600 anos, e enviado para Moscou 30 minutos antes de cada refeição no seu jato executivo Gulfstream G650 — mas era o pão deles, mesmo assim. A oligarquia russa precisava da interferência norte-americana para impedir as sanções impostas sobre seu dinheiro sujo e de um aliado no Salão Oval que a ajudasse nesse esforço. Ela encontrou tudo isso em Donald Trump.

No outono de 2017, os noticiários constatariam que praticamente toda a equipe de alto escalão e a família de Trump mantiveram numerosos contatos no mínimo suspeitos com a Rússia. Em menos de três semanas no cargo, o general Michael Flynn, ex-diretor da Agência de Inteligência de Defesa (DIA), renunciaria por mentir sobre telefonemas secretos com o embaixador russo Kislyak. Esse incidente acabaria por obrigá-lo a confessar e declarar-se culpado de acusações criminais decorrentes de mentir para o FBI. Outros foram rapidamente envolvidos, incluindo Jared Kushner, marido de Ivanka Trump. Acredita-se que ele teria solicitado à Rússia uma rede de comunicação segura dentro da embaixada russa para se comunicar sem interceptação pela NSA ou pela CIA. Mais tarde, ele afirmaria que essa não passava de uma proposta inocente para obter informações militares russas sobre as operações na Síria para Trump. Isso levantou suspeitas, porque os militares dos EUA já tinham uma missão formal de contato com os russos em operação em sua base secreta perto de Qamishli, no norte da Síria. Comprovou-se que o procurador-geral Jeff Sessions havia mentido sobre as reuniões com os russos, incluindo com Kislyak, na sua audiência de confirmação no Senado. Paul Manafort e Rick Gates, respectivamente conselheiro/chefe de campanha e vice-chefe de campanha da trupe de Trump, estavam ambos tão impregnados da influência russa que foram acusados de lavagem de recursos que podem ter vindo de um figurão ucraniano pró-Moscou.[17] No início, Manafort foi tão pouco cooperativo que o FBI realizou uma invasão em sua casa, antes do amanhecer, para apreender os documentos que fundamentavam suas acusações.

Gates se declararia culpado. George Papadopoulos foi acusado de mentir para um oficial federal e se declarou culpado junto com Michael Flynn. Muitos relatos surgiriam sobre a participação voluntária do filho, do genro e dos assessores de Trump em esquemas para difamar Hillary Clinton e involuntariamente divulgar propaganda em consonância com o Kremlin.

Com toda essa evidência emergente, o refrão diário de Trump por quase um ano foi: "Não houve conluio. Não houve conluio. Não houve conluio." Não só os EUA não fariam nada em relação à intervenção do Kremlin em seus assuntos, como também possuíam duas alas do governo dedicadas a auxiliá-los através da inação e da descrença. Na Câmara dos Representantes, Devin Nunes, o lacaio de Trump no Comitê Permanente de Inteligência da Câmara, divulgou seu próprio relatório unilateral, exonerando Trump de qualquer conluio e, ao mesmo tempo, concordando com todas as outras descobertas de inteligência indicando que a Rússia fraudara a eleição a seu favor. Enquanto Donald Trump e seus aliados trabalhavam com Moscou e controlavam o Congresso, havia muito pouco a ser feito para impedir a marcha de Putin para repetir seu feito em todo o mundo.

CAPÍTULO 3

Tornar a Rússia Grande Outra Vez

O plano para conquistar os Estados Unidos foi bem executado. Agora, com Trump no poder, Putin facilitaria a ascensão de outros partidos políticos conservadores na Europa e tentaria assumir o controle de vários governos, começando pela França. Uma vez que seu plano fosse concluído, a França, a Áustria, a Hungria e outros se retirariam da União Europeia e da OTAN. Esses novos partidos conservadores restabeleceriam a Europa como um bastião do cristianismo branco ocidental liderado por Vladimir Putin, o Carlos Magno da Praça Vermelha. Marine Le Pen era sua maior esperança, mas, mesmo com sua derrota nas eleições francesas em 2017, outros candidatos surgiam em toda a Europa. Assim como nos EUA, esses populistas cristãos brancos eram uma mistura de fascistas, neonazistas e racistas que incitavam uma onda de ódio por imigrantes da África e do Oriente Médio. A fortaleza Europa precisava de líderes fortes e brancos. E Moscou estava encarregada de promover a ascensão desses líderes.

O sucesso de Trump foi um incentivo para que as lideranças políticas europeia e norte-americana apoiassem a extrema-direita conservadora. Esses conservadores brancos assumiriam as nações ocidentais, reestruturariam as antigas instituições democráticas e se aliariam como autocratas brandos. Moscou contribuiria com esse poder fornecendo orientação ideológica, dinheiro e tudo que fosse necessário. Juntos, a América, a Europa e outros tiranos ao redor do mundo formariam uma aliança política. Essa aliança de nações conservadoras e suas oligarquias em torno do mesmo pensamento acabaria com a velha ordem política nascida em 1945. Na estimativa de Putin, o Ocidente, começando pelos Estados Unidos, seria degradado com a disseminação do caos, do rancor e da cisão interna através da deturpação dos processos eleitorais. A melhor maneira de fazer isso seria manipular as mídias sociais e transformá-las em armas para usá-las em uma enxurrada de ataques voltados para o coração da campanha presidencial norte-americana. Os inimigos naturais da democracia liberal seriam enaltecidos. Essa autodestruição dos Estados Unidos permitiria que uma Rússia liderada por mãos firmes pisasse simbolicamente no túmulo de uma nação norte-americana disfuncional. A Rússia mostraria uma liderança firme e inabalável, prometendo a outras nações, como Turquia, Egito, Líbia e Filipinas, oportunidades de futuras riquezas, caso se unissem à nação que dominaria os mercados quando os EUA ruíssem.

De Pedro, o Grande, a Putin

O desejo da Rússia de controlar o destino do mundo ocidental existe desde antes do nascimento da União Soviética. Suas tentativas de integrar e manipular impérios sempre foram dinâmicas e propensas ao confronto. Os czares tiveram períodos de expansão em que forçaram os limites internacionalmente e reprimiram internamente. Os desejos imperiais da Rússia se intensificaram no século XIX e entraram em conflito direto com o poder britânico, no episódio que seria chamado de Grande Jogo. O Grande Jogo foi uma série de guerras por procuração, promovidas nos campos da diplomacia e inteligência, com o objetivo de obter o controle sobre as rotas comerciais entre o centro e o sul da Ásia, tendo o Afeganistão como ponto central. Um dos principais objetivos britânicos era impedir a Rússia de conquistar portos no Golfo Pérsico para proteger as rotas comerciais britânicas partindo da Índia e da Arábia. Tanto a Rússia quanto a Inglaterra usaram poder militar, missões diplomáticas e subornos para comprar reis, senhores da guerra, e o fanatismo islâmico para expandir zonas de influência política e econômica. No começo do século XX, o jogo tinha diminuído através de acordos que davam à Rússia o domínio na Ásia Central. Após o nascimento da União Soviética em

1917, essas regiões se tornariam Oblasts, os estados administrativos soviéticos. A liderança comunista da União Soviética manteve a influência ditatorial sobre a Rússia e procurou expandir sua influência em todo o mundo, propagando sua ideologia. No final da década de 1930, as três ideologias políticas que dominavam o mundo eram o comunismo da Rússia; o fascismo da Alemanha, da Itália e do seu aliado, o Japão imperialista; e a democracia dos EUA. Havia também monarquias constitucionais e repúblicas liberais, mas a maioria cedeu ou se aliou a uma dessas três grandes ideologias. Os fascistas de Adolf Hitler e Mussolini lançaram um ataque global para tomar a liderança econômica mundial dos EUA, pôr fim ao Império Britânico e destruir o comunismo soviético.

A moderna política externa de Putin está profundamente ligada à sua própria história e à da União Soviética. No entanto, Putin parece se considerar mais como um soberano russo do período clássico. Ele não é como Josef Stalin, o ditador comunista e assassino em massa. Ele se vê mais como Pedro, o Grande.

Pedro I era uma criança quando chegou ao poder através de intrigas palacianas e revoltas do exército, mas acabou por tornar a Rússia uma grande potência diplomática e naval. Ele também incutiria na nação um desejo insaciável, acalentado durante séculos, de ter acesso a portos em mares de água quente. Pedro, quando jovem, queria entender a dinâmica de outras nações. Para tanto, ele viajou clandestinamente pelo Reino Unido e pela Europa Ocidental, e viveu disfarçado como um trabalhador comum em estaleiros, fábricas e outros pontos de crescente tecnologia para ver em primeira mão como a indústria ocidental funcionava. Ele previu uma época em que a Rússia seria uma incubadora de novas tecnologias e ofuscaria os avanços científicos da Europa. Suas campanhas militares contra a Turquia e a Pérsia e a incursão naval de 21 anos nos países bálticos mostravam seu desejo de expandir a posição da Rússia entre as grandes potências. Após ajudar no resgate de marinheiros afogados no Golfo da Finlândia, Pedro adoeceu e acabou morrendo um ano depois. Pedro I era um homem de ação. Um homem venerado por Putin e que transformou sua cidade natal, São Petersburgo, em uma moderna "janela para o Ocidente". Um homem que Putin poderia admirar e usar como modelo. Putin quer que o público russo e seus oponentes acreditem que ele é como a lenda. Fiona Hill e Clifford Gaddy, estudiosos do funcionamento interno da Rússia, acreditam que "Putin está menos interessado em apresentar uma versão particular da realidade do que em ver como os outros reagem às informações".[1] Agora ele se apresenta como o líder de uma Rússia mais imponente e respeitada. Ele entende a psique do seu povo e cativa os cidadãos, manifestando as melhores (e piores) características dos maiores líderes russos, tanto comunistas quanto clássicos.

Depois da Revolução Francesa, algumas elites russas pensavam que a ocidentalização era o caminho certo. O czar Alexander III tentou empreender uma modesta liberalização na Rússia, ao estilo das cortes europeias. Ele havia chegado ao poder após o assassinato de Alexandre II por terroristas anarquistas. A mão pesada de Alexandre III sobre os camponeses levaria à formação de grupos terroristas como o Vontade do Povo (*Naródnaia vólia*), de Sergei Nechayev — uma facção de anarquistas russos que incitavam a revolta contra os czares através de atentados a bomba seletivos, tanto na Rússia como em toda a Europa. As desastrosas operações militares dos czares ao longo do século XIX (como a Guerra da Crimeia e a Russo-Japonesa) e o impopular governo autocrático levaram a uma onda de terrorismo e revoluções. A Rússia sucumbiu a uma revolta liderada pelos comunistas e a União Soviética substituiu séculos de governo czarista. Vladimir Putin pode ter sido treinado pelos comunistas, mas preside uma nação relativamente rica, onde uma grande quantidade de liberdades pessoais foi restaurada. No entanto, ele atuou para que a Rússia se aproximasse da estrutura política autocrática do tempo de Alexandre. Enquanto a França do século XIX adotava o lema "Liberdade, Igualdade, Fraternidade", o czar Nicolau I estabeleceu a ideologia oficial da "Ortodoxia, Autocracia, Nacionalidade". Hoje, os principais valores nacionais de Putin seriam mais bem descritos como "Autocracia, Oligarquia, Dinheiro Global".

No início do século XXI, a Rússia era rica em recursos naturais e vendas de armas que fluíam para o mercado global. Era uma nação respeitada por sua rica classe dominante depois de ter se livrado das restrições do comunismo soviético. No início, muitos viam a cooperação pragmática de Putin com o Ocidente como útil para o desenvolvimento da nascente economia. A Rússia estava aberta a dinheiro, carros velozes e cultura, mas permanecia cautelosa com a invasão estrangeira. A visão inicial de Putin consistia em cooperar com o Ocidente e restringir confrontos. A Rússia descobriu que, em certas questões, poderia trabalhar em parceria com os Estados Unidos. A capacidade terrorista desproporcional demonstrada pela Al-Qaeda nos ataques do 11 de Setembro certamente serviria de modelo para os terroristas chechenos. Era do interesse da Rússia aprender o que pudesse. No entanto, quando o presidente George W. Bush ordenou a invasão do Iraque em 2003, trouxe também o velho temor do Kremlin em relação à prática norte-americana de mudar regimes. No comando do sucessor de Putin, Dmitri Medvedev, a Rússia parecia mais moderada, mas o retorno de Putin à Praça Vermelha, em 2012, marcou o ponto de inflexão a partir do qual a cooperação pragmática começaria a ruir.[2] A Rússia se tornou uma nação liderada por um ex-oficial da KGB. Putin tinha experimentado pessoalmente as dificuldades de lutar com as potências estrangeiras que queriam dividir a Rússia, invadir suas fronteiras e infectá-la com a democracia.

Outra preocupação central para a Rússia eram suas fronteiras inseguras e sua grande população não russa. O país sofrera invasões ao longo dos séculos. Guerras, insurreições e insurgências religiosas já atormentaram a nação. Os gigantescos oceanos da Rússia, as linhas costeiras dos seus mares de água doce e seus tesouros naturais já foram frequentemente violados por invasões estrangeiras. A história da Rússia está repleta de governantes que combateram invasões estrangeiras, como czares limpando o Canato de Astracã; Catarina II lutando contra a invasão otomana na Guerra Russo-Turca e combatendo as frotas suecas; Napoleão batendo nos portões de Moscou e os soviéticos lutando contra a tentativa de Hitler de tomar toda a Rússia Ocidental. Conflitos que reiteradamente invadiam suas fronteiras, consumiam seu povo e seus recursos, além de levarem ao bloqueio do já limitado acesso da Rússia aos mares descongelados. O desafio das fronteiras seguras foi duplicado durante o comunismo soviético. O Kremlin usou impiedosamente sua polícia secreta e sua guarda de fronteira para manter as perigosas influências externas da democracia norte-americana e europeia longe de seu povo. O lema da polícia secreta era simples: "Ninguém entra. E definitivamente ninguém sai." O isolamento da Rússia em relação ao mundo exterior continuou após a queda da Alemanha em 1945. Os soviéticos tomaram o controle de todas as nove nações que ocuparam e de metade da Alemanha. Durante o domínio desse sistema, dizia-se que as pessoas viviam atrás da "Cortina de Ferro". Para os soviéticos, a corrosiva influência do individualismo e do livre-arbítrio associados à democracia era sua maior ameaça. A ideologia ocidental se tornou uma ameaça igual à invasão física. As ideias e culturas liberais, norte-americanas e europeias, contornariam suas fronteiras através da Rádio *Free Europe* e *Liberty*, da BBC e até mesmo da Rádio e TV das Forças Armadas. Os russos combatiam os efeitos da influência norte-americana através do uso agressivo de propaganda, intrigas políticas e mentiras.

O Time Putin

Vladimir Putin tornaria possível a nova visão imperial russa. Há quase duas décadas no poder, ele é o governante mais longevo desde Stalin. Sua popularidade na Rússia continua alta, com um índice de aprovação de 82%. Ele continua sendo o líder supremo. Enquanto muitos russos lamentavam a perda da solidez do autoritarismo comunista, Putin chegou oferecendo uma mão firme como a do comunismo, mas também dinheiro e bens ocidentais. O líder mais popular da Rússia no último século, Putin acredita firmemente que seu destino está conectado ao da Rússia. Ele também acredita que, somente através de sua orientação, a economia de quinta categoria da Rússia poderá se tornar uma superpotência suprema. Quando um jornalista questionou seu monopólio sobre a liderança de seu país, ele respondeu: "Não preciso provar nada a ninguém."[3] Palavras típicas de um autocrata de primeira linha.

Putin é também o líder de uma cleptocracia oligárquica pura. Ele foi apontado quatro vezes pela *Forbes* como a pessoa mais poderosa do mundo e sua biografia oficial foi um trabalho magistral de hagiografia, projetado para pintar uma imagem que todo russo pudesse amar. Criado por uma mãe solteira, Putin foi um bom menino e um filho leal cujo maior desejo era servir a nação na KGB. Segundo relatos apócrifos, aos 13 anos, Vladimir Vladimirovich assistiu a uma apresentação pública de oficiais da KGB e pediu para ingressar na agência. Os oficiais riram de seu fervor e o aconselharam a primeiro se graduar em Direito. Putin seguiu o conselho à risca e formou-se em Direito pela Universidade Estatal de Leningrado. Ele foi selecionado para participar do treinamento no Instituto de Inteligência Andropov, uma homenagem ao primeiro-ministro soviético Yuri Andropov, ex-oficial da KGB que chegou ao topo do Soviete Supremo. Lá, Putin aprendeu a arte da espionagem. Como oficial de inteligência, estudou vigilância, psicologia, recrutamento e como administrar espiões estrangeiros no Ocidente. Os fundamentos do comércio de inteligência incluíam combate corpo a corpo, e Putin se destacou no judô. Após o treinamento, ele seria designado para os escritórios da KGB em Dresden, na Alemanha Oriental. Lá, trabalhou por sete anos, fazendo o trabalho rotineiro de monitorar o governo da Alemanha Ocidental e da Oriental. Mais tarde, seria encarregado de recrutar alemães com acesso ao Ocidente para roubar, comprar ilegalmente e contrabandear tecnologia de computação para uso da KGB. A avançada tecnologia de informação, incluindo os sistemas rudimentares da década de 1980, revolucionaria a geração de relatórios e a criação de bases de dados na KGB. Isso também daria a Putin uma visão inicial de como a tecnologia poderia ser usada contra os inimigos da União Soviética.

Após a queda da União Soviética, Putin retornou a Leningrado, que havia voltado a se chamar São Petersburgo, onde ajudou seu amigo, o prefeito Anatoly Sobchak, a controlar a máfia e a vender bilhões de dólares em ativos da cidade. Hill e Gaddy acreditam que ele era visto pela administração de Yeltsin como um homem que demonstrava lealdade para subir na carreira:

"O Sr. Putin prestou muita atenção aos indivíduos que poderiam promover sua carreira. Ele os estudou, fortaleceu seus laços pessoais e profissionais, fez favores e os manipulou. Permitiu e até encorajou ativamente as pessoas a subestimá-lo, mesmo enquanto conquistava posições influentes e silenciosamente acumulava um poder real."[4]

Putin aplicaria sua experiência em liquidar ativos soviéticos como vice-chefe do Departamento de Administração de Propriedade Presidencial de Boris Yeltsin. Lá, aprendeu uma valiosa lição sobre corrupção. Como oficial da inteligência soviética, ele identificou a necessidade de concentrar a riqueza ilícita em uma pilha de dinheiro que poucos deveriam compartilhar. Qualquer um que não cumprisse as regras dele seria cortado... ou morto. Era simples, refinado e extremamente semelhante ao modo de operação da KGB. Sua recompensa foi ser nomeado diretor do Serviço Federal de Segurança (FSB, sucessor da KGB) por Yeltsin. Depois de se destacar na reconstrução das redes de espionagem, ele foi nomeado primeiro-ministro de Yeltsin, o que o colocou na linha de comando da Rússia. Putin subiu ao topo das pesquisas quando entrou na corrida presidencial. Ele não se apresentava mais como o tímido e despretensioso espião que se transformara em burocrata, mas como um homem forte que combatia o terrorismo. Putin prometeu uma retaliação brutal contra os chechenos, a quem culpou por uma série de misteriosas explosões em prédios de apartamentos que mataram centenas de pessoas em Moscou. Na verdade, os ataques podem ter sido um trabalho conveniente de seus oficiais do FSB. Com exceção dos quatro anos do mandato de Dmitri Medvedev, Putin se tornou o líder mais longevo da Rússia pós-czarista. Até os 18 anos no cargo de primeiro-ministro comunista de Leonid Brezhnev já foram superados pelo longo reinado de Putin.

Putin elaborou cuidadosamente sua imagem como a de um russo comum que construiu seu próprio caminho para a presidência por meio de um foco absoluto, trabalho árduo e um compromisso obstinado com a União Soviética e, depois, com a Nova Mãe Rússia. A Igreja Ortodoxa Russa foi fundamental para o seu sucesso. Logo no início, como diretor do FSB, Putin conquistou seus favores com a restauração da Catedral Ortodoxa Russa de Santa Sofia da Sabedoria de Deus, localizada na infame Praça Lubyanka, ao lado da sede do FSB. Muito distante da era soviética, quando as igrejas foram transformadas em instalações governamentais e os padres eram assassinados na prisão de Lubyanka ou forçados a se tornar informantes. Depois de quase um século de assassinatos e repressão, Putin reconheceu o poderoso apelo de Deus no mundo pós-soviético. Ele se apresenta publicamente como um homem de Deus, muitas vezes rezando em frente a câmeras de televisão. Putin colocou a igreja em um pedestal, mas essa é apenas uma imagem elaborada para seus propósitos políticos. Como todo líder autocrático e propagandista habilidoso, ele também gosta de produzir um fluxo constante de imagens de masculinidade que o retratam como um líder viril que caça baleias, luta com ursos, pilota motocicletas com gangues de motoqueiros, mergulha para resgatar antiguidades e brinca com tigres... geralmente sem camisa.

O Incidente *Kursk*

Em 12 de agosto de 2000, um submarino nuclear russo da classe Oscar, munido com mísseis guiados e número de identificação K-141, mais conhecido como *Kursk*, deixou a base submarina da Marinha Russa em Murmansk. O submarino de casco duplo, construído na década de 1980, zarpou para o mar de Barents para executar manobras de treinamento em conjunto com a Frota do Norte. A embarcação transportava um conjunto completo de torpedos e um arsenal principal com 24 mísseis guiados antinavio SS-N-19 Shipwreck. Às 11h27, um torpedo sofreu uma falha e explodiu na sala de torpedos na proa do submarino. A explosão incendiou o compartimento e matou a equipe do setor de armamento. Um incêndio em um submarino é muito mais perigoso do que uma falha em uma usina nuclear — a fumaça pode matar toda a tripulação em minutos, enquanto a radiação leva dias. A sala de torpedos do submarino foi inundada por dezenas de milhares de litros de água do mar, o que levou a alagamentos em toda a embarcação, arrastando-a pela proa para o fundo do oceano. O capitão tentou injetar ar no sistema de lastro para retirar a água dos tanques, o que faria com que o submarino se lançasse à superfície — uma "medida de emergência" —, na tentativa de emergir a todo custo. Infelizmente, a embarcação sofreu uma falha catastrófica nos sistemas de controle e atingiu o fundo do mar. Então, os demais torpedos e mísseis explodiram. A explosão registrou 3,5 na escala Richter e foi detectada por sensores de terremotos em todo o mundo. Todos os homens a bordo foram dados como mortos.[5]

O comando do submarino naval russo em Murmansk tinha indícios de que um incidente crítico estava ocorrendo no *Kursk*. Uma confusa mensagem do capitão informando que um torpedo não funcionava e pedindo permissão para lançá-lo foi recebida. Em seguida, todas as comunicações de rotina cessaram. O Kremlin foi notificado, e as notícias da tragédia foram transmitidas às famílias na vila naval de Vidyayevo. Quando as notícias foram divulgadas publicamente, começaram as especulações sobre o que havia causado a explosão. Muitos na Rússia diziam que o incidente fora causado por uma colisão com um submarino norte-americano ou britânico. No entanto, todos os submarinos ocidentais foram inspecionados e não apresentavam danos. O Kremlin ordenou que a Marinha tentasse resgatá-los, mas eles não conseguiram içar a embarcação. A OTAN poderia disponibilizar equipamentos muito mais sofisticados, mas Moscou não lhes pediu ajuda. O Kremlin não especulou publicamente sobre a causa do desastre, porém a versão da colisão com um submarino norte-americano dominava os noticiários.

A União Soviética havia ruído apenas uma década antes e a confiança do país nas administrações era próxima de zero. Toda e qualquer teoria da conspiração era levada a sério. Especulações sobre a causa do desastre estavam sendo captadas pela mídia relativamente livre da Rússia. Vários meios de comunicação publicaram histórias sobre sobreviventes batendo no casco e de que a frota russa tinha evidências de que havia um submarino norte-americano na Escócia com danos no casco, mas as escondia do público. Embora os fatos tenham sido negados pelo Kremlin, as mensagens encontradas nos cadáveres mostram que a primeira afirmação era verdadeira. Depois da salvatagem, logo viria à tona a história de que 23 dos 118 homens da tripulação conseguiram se refugiar na seção do reator nuclear e de engenharia, na parte de trás do submarino, enquanto a embarcação permanecia no leito do mar. Transcorreram quatro horas até que eles morressem lentamente por falta de oxigênio. Um oficial escreveu diversos bilhetes e registrou seu destino iminente em um diário de bordo. Outros se despediram de suas famílias em papel e nos próprios corpos.

O noticiário da TV na Rússia começou a dizer que o Kremlin de Putin era incompetente e promovia uma ação deliberada de desinformação. Isso repercutiu de forma mais severa em Putin. Os russos viveram na União Soviética e conheciam uma *dezinformatsiya* ao estilo do Kremlin quando a ouviam. Mas agora que tinham liberdade de expressão e de imprensa, eles poderiam expressar essas queixas. O vice-primeiro-ministro Ilya Klebanov foi forçado a falar à nação e negar publicamente que o Kremlin tivesse realizado uma campanha de desinformação planejada.

O incidente *Kursk* foi o que levou a Rússia a acreditar que a liberdade de imprensa e a liberdade de expressão em uma democracia nascente eram inaceitáveis. Putin sabia que não poderia simplesmente acabar com a mídia. A nação não era mais a União Soviética, mas, para Putin, o indesejado nível de transparência da mídia e das notícias que o criticavam era inaceitável. Elas teriam que ser controladas. A maneira mais fácil seria essencialmente recorrer a uma solução soviética — tornar os meios de comunicação de mídia estatais. Seu ex-conselheiro, Gleb Pavlovsky, declarou ao *Frontline*:

"Eu acho que ele começou a pensar que tudo poderia ser manipulado. Qualquer tipo de imprensa, qualquer programa de TV é sempre uma questão de manipulação. É tudo pago por alguém... E quando, depois disso, os canais de TV — canais de TV liberais — começaram a criticá-lo, ele decidiu que... essa era uma guerra contra ele e ele aceitaria o desafio."[6]

Na nova Rússia, a mídia era propriedade privada, mas com o incentivo correto de bilionários ou de ADVs (Amigos de Vladimir), ele poderia reunir recursos e comprar a mídia russa, uma rede de TV e um jornal por vez. Nos anos seguintes, foi exatamente o que ele fez.

As Revoluções Coloridas

Em 2010, a expansão norte-americana e da OTAN na Europa Oriental e na Ucrânia começou a aborrecer Putin. Em seu primeiro mandato, Putin assumiu o controle da Chechênia e instituiu um senhor da guerra confiável como governador. A estabilidade começou a retornar com o aumento das exportações de petróleo e gás para a Europa, que impulsionou a economia, mas sem muita solidez. Apesar de o petróleo e o gás representarem 50% da receita do país, a família média russa permanecia economicamente oprimida. Mas Putin estava muito cauteloso em pedir ajuda ao Ocidente. Embora sob o comando de Yeltsin a Rússia tivesse participado da Parceria para a Paz, uma iniciativa da OTAN que levara a Rússia a firmar uma aliança tácita com os EUA, Putin sentia que os Estados Unidos estavam jogando pesado agora que a União Soviética havia desaparecido. Os EUA intervinham onde bem entendessem, como na Bósnia e Herzegovina nos anos 1990. Como mencionei, a decisão de George W. Bush de invadir um ex-Estado cliente, o Iraque de Saddam Hussein, corroeu as relações entre EUA e Rússia. Putin acreditava que os EUA não deveriam agir unilateralmente e se opôs aos objetivos do governo Bush. Grande parte da elite política russa sentiu que o governo Bush não havia consultado a Rússia sobre a questão, como fizera seu pai George H. W. Bush durante a primeira guerra do Iraque.[7]

Alguns dos poucos aliados da Rússia estavam sendo seduzidos pelos chamados para se aliarem ao Ocidente, enquanto outros, como a Ucrânia, serviam como amortecedores entre as duas esferas de influência opostas. A democracia estava se espalhando mais rápido do que Putin gostaria e as alianças dessas nações com Washington estavam enfraquecendo o poder que a Rússia exercia sobre elas como ex-estados soviéticos. Uma série de revoluções culturais chamadas de "Revoluções Coloridas" rapidamente deslocou os antigos Estados soviéticos da esfera de Moscou para a da OTAN. Isso preocupou Putin. A primeira foi a Revolução Rosa, na antiga República Socialista Soviética da Geórgia, em 2003. Uma nação predominantemente ortodoxa, a Geórgia buscou estreitar ao máximo seus laços com os Estados Unidos e conseguiu. Foi rapidamente seguida pela Ucrânia, com a Revolução Laranja de 2004. Essa onda de anseio por liberdade e democracia ao estilo ocidental logo se espalhou para os países bálticos, ocupados pela Rússia. Em rápida sucessão, a Letônia, a Lituânia e a Estônia declararam independência em relação à esfera de influência russa. Como um amortecedor contra futuras interferências do Kremlin, os três países se juntaram à União Europeia e à OTAN em 2004.[8] Em 2005, ocorreu a Revolução das Tulipas no Quirguistão, embora esse não tenha sido um fator tão relevante no distanciamento das relações entre EUA e Rússia quanto os dois eventos anteriores; a influência militar de Putin forçou os EUA a evacuarem sua base no aeroporto de Manas em 2013.[9]

Putin estava particularmente preocupado com as regiões da Europa em que viviam populações eslavas de etnia russa ou pró-Rússia. Um grupo era o dos eslavos da Sérvia, parte da antiga Iugoslávia. Eles haviam sofrido uma derrota política humilhante em uma guerra com a OTAN, que injetara a democracia em seu sistema político e depusera os dois líderes ultranacionalistas sérvios, Slobodan Milošević e Ratko Mladić. Ambos seriam então caçados, capturados e enviados ao Tribunal Criminal Internacional em Haia para serem julgados por genocídio. O domínio sérvio sobre a Croácia, a Bósnia e Herzegovina, a Macedônia e Montenegro havia sido quebrado por causa da OTAN, e Moscou não gostou nada disso. Em 2008, o vizinho Kosovo declarou independência e foi ocupado pelas forças da OTAN. Mais uma vez, para Putin, essa foi uma intromissão inaceitável da OTAN em regiões tradicionalmente eslavas da Europa. Já era suficientemente ruim que a Polônia, a Letônia, a Lituânia e a Estônia tivessem aderido à OTAN e fizessem fronteira com seus aliados na Bielorrússia e na Ucrânia. O ano de 2008 trouxe inúmeros confrontos para a Rússia em "regiões não reconhecidas como separatistas", como a Ossétia do Sul e a Abecásia na República da Geórgia.[10] Embora o presidente eleito da Rússia em 2008 fosse Dmitri Medvedev, ele era considerado pela maioria dos russos como um mero substituto até que a Constituição pudesse ser alterada para permitir eleições menos frequentes e que Putin pudesse retornar ao cargo.[11] Enquanto Medvedev guardava seu lugar, os espiões de Putin no FSB, no GRU e no SVR preparavam uma nova estratégia de Guerra Híbrida, uma mistura de ações cibernéticas, operações especiais e inteligência. Eles deveriam realizar missões de guerra política muito parecidas com atos de guerra aberta e repelir a influência da OTAN. A Geórgia foi a primeira unidade no campo de testes da Guerra Híbrida.

Em 2008, a Geórgia havia retomado o comércio com a Abecásia, um pequeno Oblast costeiro a noroeste, logo após a queda do governo do ex-ministro das Relações Exteriores soviético Eduard Shevardnadze. Eduard Shevardnadze havia acenado com tentativas de diálogo com os Estados Unidos e a OTAN. A Geórgia sempre reivindicou a Abecásia, e o governo georgiano reforçou sua presença militar no país. Os separatistas abecasianos se armaram e começaram uma limpeza étnica para eliminar os georgianos da região. Isso levou as forças georgianas a combaterem as forças separatistas. A pedido da Abecásia, a Rússia decidiu intervir e ajudar o Oblast na guerra de 13 meses que se seguiu. As forças militares russas lutaram ao lado dos separatistas com tanques e aviões. Mas durante o ataque russo surgiu um novo elemento, quando os soldados cibernéticos da inteligência russa cortaram todo o acesso da internet da Geórgia com o mundo.[12] O ministro das Relações Exteriores, Sergei Lavrov, tentou justificar as ações do Kremlin. Ele alegou que precisava proteger as pessoas de etnia russa que viviam na Ossétia do Sul e na Abecásia. Entretanto, a ação serviria tanto aos propósitos irredentistas quanto como um tiro de advertência para impedir a Geórgia de ingressar na OTAN. Putin acreditava que os crescentes movimentos democráticos nesses ex-estados russos tinham sido orquestrados e/ou apoiados pelos EUA por meio da CIA e de organizações não governamentais. Ele declarou abertamente que esses movimentos trouxeram as tropas da OTAN e mudanças culturais que os russos consideravam desagradáveis. Os Estados Unidos tinham se dedicado a promover a democracia liberal mundo afora desde o fim da Segunda Guerra Mundial, e a Rússia havia sucumbido à exigência de liberdade. E veja no que isso resultou: a adoção da diversidade étnica norte-americana, a revolução sexual gay e a decadência tentavam desvirtuar a Rússia. Para Putin, os EUA e a Europa representavam fraqueza. Ambos tentaram remover de seu povo a rigidez nacional típica da outrora forte União Soviética. O conselheiro de Putin, Gleb Pavlovsky, dizia acertadamente que Putin era visto como um salvador e um solucionador de problemas pela população, pois batia de frente com os EUA: "Vimos algumas flutuações depois das fortes ações de Putin. Vimos que as pessoas se tornaram patologicamente dependentes de Putin. Em caso de crise, as pessoas esperam dele a solução."[13]

A Revolução Laranja da Ucrânia ocorreu em 2004, quando as pessoas protestaram nas ruas da Praça Maidan depois de uma eleição em que se descobriu que os resultados foram fraudados em favor de Viktor Yanukóvych, um homem forte pró-Moscou cuja campanha havia sido financiada com dinheiro russo. Putin destinou cerca de US$500 bilhões para sua campanha eleitoral e designou "ajudantes de campanha" que "fabricaram a eleição". A eleição foi realizada novamente e o adversário de Yanukóvych, Viktor Yushchenko, venceu. No entanto, antes de vencer o segundo turno, Yushchenko foi envenenado por uma poderosa substância química, a TCDD, uma forma de dioxina, e o belo rosto do ucraniano ficou terrivelmente desfigurado — um aviso de Putin. Em 2010, Yanukóvych concorreu novamente à presidência e venceu por uma pequena margem. Ele continuou com as práticas corruptas de usar a empresa estatal de gás em benefício pessoal. A Rússia manteve a Ucrânia sob sua influência, usando o preço do gás fornecido ao país como incentivo à criação de políticas favoráveis à Rússia. Deve-se notar que um dos principais conselheiros internacionais de Yanukóvych era um norte-americano chamado Paul Manafort.

Em 2008, a Ucrânia iniciou discussões com a União Europeia para criar um Acordo de Associação que acabaria por permitir à Ucrânia um acordo comercial especial com a UE. Em 2013, sob o comando de Yanukóvych, as negociações se intensificaram e a UE impôs algumas condições antes de prosseguir; enquanto isso, Putin oferecia grandes empréstimos e descontos no gás para a Ucrânia caso Yanukóvych não assinasse o acordo. Em fevereiro de 2014, quando os ucranianos souberam da notícia de que Yanukóvych havia desistido do acordo, o número de manifestantes que acampavam na Praça Maidan Nezalezhnosti subiu para dezenas de milhares. Depois de uma séria repressão aos manifestantes, que resultou em muitos feridos e contou com a ação de atiradores de elite sob ordens do governo que mataram mais de cem pessoas, Yanukóvych concordou com novas eleições; no dia seguinte, fugiu para a Rússia.[14]

Após a queda de Yanukóvych, a Rússia destacou tropas para o leste da Ucrânia e forneceu armamento pesado a militantes em Luhansk e Donbas, áreas de fronteira etnicamente russas, armadas pelos russos e instigadas para que esses militantes tomassem posse e separassem essas regiões da Ucrânia. Depois do início do enfrentamento entre as forças separatistas russas e o exército ucraniano, os EUA e a UE acrescentaram um segundo nível de sanções contra Moscou. Em 17 de julho de 2017, com a assistência direta de Moscou, militantes apoiados por russos atacaram e abateram um avião da Malásia, um MH-17 que voava de Amsterdã para Kuala Lumpur. O avião caiu, matando 303 pessoas, entre passageiros e tripulantes. Os EUA e a UE acrescentaram mais sanções contra a Rússia. Essa foi a gota d'água para Putin. Ele estava determinado a tomar a Crimeia da Ucrânia e resolveu pagar para ver. Gleb Pavlovsky declarou à televisão norte-americana:

"... Putin disse que, se a Ucrânia ingressar na OTAN, o fará sem a Crimeia. E ao retornar de uma reunião com Bush [em 2008], Putin começou a engendrar um plano para tomar a Crimeia. Não que ele tenha feito isso pessoalmente; o chefe de gabinete foi encarregado dessa tarefa, e eles elaboraram um plano, e esse plano permaneceu no cofre por sete anos."[15]

Em 2014, a Rússia enviou Forças Especiais sem identificação para tomar edifícios administrativos governamentais na Crimeia. A Crimeia é uma península que fazia parte da Ucrânia, mas tem maioria étnica russa. Alegando oferecer ajuda aos russos em crise, Putin realizou um referendo que violou a Constituição da Ucrânia e anexou o território através da força armada. A ONU não reconheceu a anexação da Crimeia como território russo, e as ações da Rússia resultaram em sanções da UE e dos EUA contra o governo russo.

De acordo com o Escritório do Alto Comissário das Nações Unidas para os Direitos Humanos (ACNUR), desde maio de 2017, o número de mortos decorrentes do conflito da Crimeia corresponde a pelo menos 10.090 pessoas. Além disso, mais de 2.777 civis foram mortos e quase 24 mil pessoas ficaram feridas. O ACNUR estima que mais de 1,6 milhão de pessoas foram deslocadas internamente. Isso provocou outra rodada de pesadas sanções do presidente Obama e da União Europeia. O jogo agora estava definido a favor de um lado específico. A Rússia queria expandir, parar e recuperar seu dinheiro. Obama manteve a OTAN, a UE e suas sanções sobre suas cabeças como a espada de Dâmocles. Putin decidiu mudar completamente a natureza do jogo. Se ele não conseguia se livrar das sanções, se livraria dos sistemas políticos que as impuseram.

O Novo Politburo

Se uma conspiração secreta fosse formada a fim de impulsionar a eleição de Donald Trump, então a câmara estrelada de amigos íntimos de Putin julgaria quais ações tomar. Putin tem um pequeno grupo de assessores, todos ex-espiões da KGB e nativos de São Petersburgo, conhecidos como *Siloviki*, mas que poderiam ser mais bem descritos como os "Quatro Cavaleiros da KGB".

O primeiro dos partidários de Putin é Igor Sechin, presidente da Rosneft, uma empresa de petróleo do governo russo. Na indústria petrolífera, ele é chamado de "Darth Vader do petróleo russo". Putin o nomeou em 2004.[16] Quando Putin era vice-prefeito de São Petersburgo, Sechin atuou como seu chefe de gabinete[17] e líder dos ex-oficiais de inteligência que o cercavam. Ele servira na África como oficial da KGB e tradutor de operações militares em Angola e Moçambique nos anos 1980.

Em 2011, Sechin conseguiu um acordo com o então CEO da Exxon, o agora secretário de Estado Rex Tillerson, para fechar um contrato entre a Rosneft e a Exxon para perfuração de petróleo no Ártico. A ExxonMobil de Tillerson já havia negociado esse acordo com a Yukos. De acordo com Mikhail Khodorkovsky, foi Sechin quem coordenou a tarefa de destruir a Yukos, o que resultou em Khodorkovsky ser forçado a vender suas ações para o Kremlin e fugir da Rússia. Ele também foi acusado de envolvimento na prisão de Vladimir Yevtushenkov, proprietário da empresa de petróleo e gás Bashneft. Como Khodorkovsky, Yevtushenkov foi preso e ficou encarcerado até entregar suas ações da Bashneft ao governo.

O patrimônio líquido de Sechin está próximo de US$200 milhões, mas o valor real é consideravelmente maior graças à sua proximidade com Putin. Não afeito a críticas ou escrutínio público, Sechin processou os meios de comunicação russos *Vedomosti*, *Novaya Gazeta* e RBC por divulgarem que ele e sua esposa Olga haviam se presenteado com um iate de fabricação holandesa de 280 pés ao custo de US$200 milhões, batizado de "St. Princess Olga". Sechin recebeu uma indenização de US$49 milhões do jornal por "difamação". No entanto, tudo o que o jornal fez foi publicar o nome do proprietário do barco.[18]

O segundo cavaleiro é Sergei Borisovich Ivanov, que serviu como chefe de gabinete do Gabinete Executivo Presidencial de dezembro de 2011 a agosto de 2016, um cargo anteriormente ocupado pelo chefe da agência clandestina de inteligência estrangeira (SVR), Sergey Naryshkin. Também ex-oficial da KGB, ele frequentou o Instituto Bandeira Vermelha no início dos anos 1980 e passou quase 20 anos no 3º Departamento da Primeira Diretoria Principal, com foco no Reino Unido, Austrália, Nova Zelândia e Escandinávia. Nessa função, realizou missões de inteligência na Finlândia e no Quênia. Na República Russa, serviu no SVR como primeiro vice-diretor do departamento europeu. Em 1998, ele foi para o FSB para atuar como vice do então diretor Vladimir Putin. Seus deveres incluíam liderar o departamento de análise, previsões e planejamento estratégico. Quando Putin se tornou primeiro-ministro, Ivanov atuou como chefe do Conselho de Segurança da Rússia e como enviado de Putin junto ao presidente dos EUA, George W. Bush.

Um antigo defensor de Putin, Ivanov serviu em diversos cargos de confiança. De 2001 a 2007, atuou como Ministro da Defesa. De 2005 a 2007, ocupou o cargo de vice-primeiro-ministro e o de primeiro vice-primeiro-ministro, de 2007 a 2008. No primeiro governo Medvedev, Ivanov retornou como vice-primeiro-ministro em dezembro de 2011 e permaneceu no governo Putin até 2016. Logo após a invasão do DNC, foi substituído por Anton Vaino em agosto de 2016, em um anúncio ríspido: "O presidente russo, Vladimir Putin, decretou a exoneração de Ivanov de suas funções como chefe da administração presidencial russa."[19] O episódio foi relatado como demissão, mas entre os antigos oficiais da KGB foi encarado como uma transferência tática para mostrar que ele não tinha nada a ver com as operações. Posteriormente, Ivanov foi nomeado para um cargo na área de transportes e política ambiental.

O terceiro cavaleiro é o ex-oficial da KGB e do FSB Viktor Ivanov. Ele atuou como diretor do Serviço Federal Russo para o Controle de Narcóticos (FSKN) de 2008 até a extinção do órgão, em 2016.[20] Foi oficial da KGB e do FSB de 1977 a 2000. Atuou como chefe de assuntos internos e foi nomeado vice-diretor do FSB no governo de Vladimir Putin, no qual trabalhou de abril de 1999 a janeiro de 2000. Em 5 de janeiro de 2000, foi nomeado vice-chefe da administração presidencial, posto que exerceu até assumir o cargo de assessor do presidente, em abril de 2004. Viktor Ivanov foi acusado de usar seu poder e sua influência para controlar os rivais de Putin. Isso incluía a ação para derrubar Mikhail Khodorkovsky, o antigo oligarca encarregado da Yukos, a empresa de exploração de petróleo e gás. Khodorkovsky chegou a ser listado pela *Forbes* como a 16ª pessoa mais rica do mundo e foi um dos oligarcas mais ricos da Rússia até a empresa ser liquidada em 2007.[21] Ivanov também era conhecido por ter ordenado o assassinato do ex-oficial da KGB e crítico de Putin, Alexander Litvinenko; Viktor teria usado um veneno raro chamado polônio-210. Litvinenko acusou Viktor Ivanov de estar envolvido com o crime organizado, notadamente com a gangue Tambovskaya, liderada por Vladimir Kumarin. Viktor Ivanov foi acusado de usar seu poder para ajudar a gangue Tambovskaya a combater sua rival, a Malyshevskaya. Yuri Shvets, colega de Litvinenko, elaborou um dossiê afirmando que, segundo suas fontes, Viktor Ivanov era "a mão que coloca as coisas em ordem". Shvets disse que

Ivanov era notavelmente vingativo contra qualquer um que expusesse informações sobre ele ou, mais importante, Vladimir Putin.[22]

Nikolai Patrushev é o quarto cavaleiro ou membro do *Silovki*. É um ex-oficial da KGB e o sucessor de Putin na agência de inteligência russa, o FSB. Patrushev era chefe do FSB quando "terroristas" explodiram apartamentos na Rússia, matando centenas e convenientemente abrindo caminho para Putin conquistar facilmente a presidência com uma plataforma de contraterrorismo. De fato, seus homens foram até capturados plantando uma dessas bombas. Ele era o chefe dos truques sujos e realizou algumas das campanhas mais agressivas contra os inimigos de Putin. Ele ordenou o assassinato do ex-oficial do FSB Alexander Litvinenko com o isótopo radioativo polônio-210, e era conhecido por matar jornalistas e membros da oposição. Era um oficial da linha mais dura da escola de inteligência da KGB. Seu lema era: "Morte aos inimigos da Rússia." Chamava os agentes da inteligência russa de "nova nobreza" da Federação e, junto com Putin, adotou uma postura de total despreocupação em relação às suas medidas ativas no Ocidente. Depois de uma década administrando o FSB, ele se tornou o chefe do Conselho de Segurança do Estado, no qual assessora Putin e faz com que as agências de inteligência e a oligarquia cumpram as ordens de Moscou sem questionamentos.

Putin nomeou membros dos serviços de segurança para quase todos os cargos-chave no governo e na oligarquia desde seu primeiro mandato. Sua confiança em ex-oficiais da KGB e do FSB daria ao novo governo a sensação de que a comunidade de inteligência estava administrando a Rússia. Os oficiais de inteligência ocuparam posições-chave no programa nacional de reindustrialização e modernização de Putin. Não havia necessidade de comissários políticos, pois eles administravam os ministérios e a indústria. Olga Kryshtanovskaya, diretora do Centro de Estudos de Elite do Instituto de Sociologia da Academia Russa de Ciências, contou à Rádio *Free Europe* qual, na sua opinião, seria o maior desejo desse conselho consultivo de espiões: "Eles querem uma modernização autoritária. Querem um estado autoritário forte, do tipo soviético, mas sem a idiotice soviética. As estúpidas economia e ideologia soviéticas eram os pontos negativos. Eles só pretendem recuperar e preservar o sistema estatal sem separação de poderes."

YEVGENY PRIGOZHIN, também chamado de "Chef de Putin", era um ex-criminoso colorido que passou a operar uma empresa de bufê chamada *Concord Management and Consulting, LLC*. A Concord de fato fornecia serviços de bufê, mas aparentemente Putin queria um fiel escudeiro capaz de operar uma agência "extraoficial" de suporte à inteligência que não pudesse ser associada a ele. Prigozhin começou em São Petersburgo como vendedor de cachorro-quente e cresceu, abrindo o restaurante mais exclusivo da cidade, bem como uma cadeia de fast food. Sua entrada nas operações do governo russo ocorreu quando ele ganhou um contrato de US\$1,6 bilhão para alimentar o exército russo. A simpatia de Putin por chefs aparentemente vem do fato de que seu avô, Spiridon Putin, alegava ter sido chef de Lenin e Stalin na União Soviética. Em algum momento, Prigozhin, um ex-condenado que passara 9 anos em uma colônia penal soviética e prosperara em apenas 11 anos, começou a se envolver em várias operações secretas para o Kremlin. Sua incursão na guerra de informação teve início quando ele abriu uma fábrica de notícias falsas (mais conhecidas como *fake news*) chamada Kharkiv News Agency. Em 2013, a Kharkiv foi incumbida de criar "pessoas" falsas pró-Moscou para inundar páginas de comentários de sites e desacreditar o movimento Euromaidan, que reunia protestos populares de ucranianos que queriam se afastar de Moscou e se aproximar da Europa Ocidental. Putin utilizou Prigozhin para montar e operar todas as operações secretas clandestinamente sob o disfarce de uma agência de notícias civil. Prigozhin foi o responsável por criar a principal geradora de *fake news* no Ocidente, a *Russian Federation Internet Research Agency* (RF-IRA). Ele também administra empresas privadas de segurança na Síria e na Ucrânia e está ligado a militantes armados em regiões de maioria étnica russa, como Donbas e Luhansk, na Ucrânia. Esses mercenários secretos foram ligados a uma base de treinamento secreta russa, semelhante à antiga instalação da Blackwater na Carolina do Norte, ligada à inteligência militar russa. Esses mesmos mercenários seriam abatidos quando ousaram atacar uma base das Forças Especiais dos EUA em 2018.

Dentre os cavaleiros russos de Putin, todos eram ex-membros da KGB, exceto Prigozhin, o ex-criminoso que virou o homem dos truques sujos e da zona cinzenta. Putin e seus conselheiros se reuniram para uma missão nos EUA — uma vitória a ser conquistada agindo como agentes de caso e treinadores de Donald J. Trump. Trump era um personagem impetuoso, arrogante e extravagante. Parecia o homem certo para ajudar a levantar as sanções opressoras impostas por Obama e pela Europa. Todas as evidências da época da KGB e da coleção do FSB mostravam que ele era uma pessoa facilmente manipulável. Trump possuía um insaciável desejo de conquistar o respeito que lhe era negado. Com os sussurros certos nos ouvidos certos, talvez Moscou conseguisse que ele adotasse posições que a maioria dos republicanos norte-americanos acharia odiosas. Mas a OTAN se aproximava das fronteiras da Rússia e tinha que ser contida. A União Europeia, como um organismo, dificultava a vida econômica da Rússia. Se a UE pudesse ser desmantelada através de ofertas sedutoras de acordos comerciais unilaterais com Washington, tanto melhor para Moscou. Donald Trump era um personagem único para a Rússia e para o mundo. Seu programa de TV *O Aprendiz* era amado na Rússia. Trump compareceu ao concurso de Miss Universo 2013 em Moscou na tentativa de beijar o anel de Vladimir Putin. Putin retribuiria o favor tornando-o presidente dos Estados Unidos. Os Quatro Cavaleiros sabiam que ele seria facilmente manipulado.

Baseado no meu conhecimento trabalhando neste campo por anos e nos manuais secretos de inteligência da KGB, Trump era o tipo de recruta que os espiões estavam sempre buscando. Todo espião russo sabia que conservadores gananciosos, narcisistas e egoístas se tornavam os melhores ativos. Quase sempre, eles achavam que podiam lidar com qualquer situação e raramente se preocupavam com algo além dos seus bolsos. Putin combateria qualquer chance de Hillary Clinton se tornar presidente. Se isso significasse correr o risco de passar de uma guerra cibernética para uma guerra armada, paciência. Talvez fosse a hora de criar um pouco de caos nos EUA. O Partido Republicano dos Estados Unidos vinha se movendo lentamente para a extrema-direita havia mais de duas décadas. Muitos de seus membros defendiam a necessidade de um líder nacional forte e poderoso, como Vladimir Putin. Os contatos de Putin com a direita religiosa lhe deram a oportunidade de cooptar todo o partido. Era tentador demais para resistir. Se isso pudesse ser feito nos Estados Unidos, poderia ser feito em qualquer lugar do mundo — exceto na China. Uma cooptação bem-sucedida da direita norte-americana colocaria uma ala inteira de apoiadores dirigindo a nação mais poderosa do mundo e vendo Putin como seu aliado mais próximo. A inteligência russa voltaria e analisaria cada documento e contato feito por Donald Trump desde sua aproximação no final dos anos 1980. Se era possível, por que não tentar?

Planejando a Operação GRIZZLY STEPPE

GRIZZLY STEPPE, a operação para desestabilizar o Ocidente e levar a Rússia ao poder, teria três vértices:

1. A Rússia usaria seus serviços de inteligência e os civis do mercado paralelo de Prigozhin para roubar informações, gerar *Kompromat* [materiais comprometedores] e preparar o campo para a guerra de propaganda política e a intervenção no processo eleitoral de 2016. Esse planejamento começou no final de 2012 e ganharia ímpeto em 2013. Se o candidato preferido de Putin, Donald Trump, não assumisse a liderança, então seriam iniciadas ações para criar o caos e permitir que o Partido Republicano atacasse agressivamente a provável eleita, Hillary Clinton, e a perseguisse pelo resto de sua administração.

2. Os oligarcas e diplomatas russos se espalhariam pelo campo e determinariam quem seriam os líderes e onde a influência, o dinheiro e a amizade dos russos seriam aplicados. Com grandes decisões financeiras na balança, como o acordo da Exxon, haveria muitos norte-americanos dispostos a ajudar Moscou.

3. Cidadãos russos alinhados ao Kremlin e grupos sociais afins espalhariam sua influência para tentar cooptar os norte-americanos da extrema-direita. Os grupos mais procurados dos dois lados do Atlântico incluíam a *National Rifle Association*, gangues de motoqueiros e norte-americanos durões, como o ator Steven Seagal, que, entre outros, exaltaria o apoio da Rússia como um saldo positivo para qualquer conservador. Seria destinado um apoio sutil, mas aberto a grupos conservadores radicais de extrema-direita, como os movimentos separatistas da Califórnia e do Texas, exilados russos que vivem nos Estados Unidos e outros mais extremos, como o movimento neonazista e a Ku Klux Klan, se todos pudessem ser reunidos em uma poderosa coalizão não oficial. Eles alinhariam as perdas culturais dos EUA com o nacionalismo cristão branco que admiravam na Rússia.

Para dar início à sua missão, Putin usaria diplomatas para conferir ao seu plano a aceitabilidade social necessária para os políticos republicanos de classe alta. Assim como os diplomatas da era soviética, que agiam como os principais pontos de contato para identificação, recrutamento e transferência para a KGB, os diplomatas da era moderna também exerciam essa função para o FSB e o SVR. Os diplomatas seriam os primeiros a procurar por norte-americanos que fossem relevantes para a Rússia e que pudessem ser explorados pelos serviços de inteligência. Os principais diplomatas com contatos entre os norte-americanos seriam designados para garantir uma transição suave. Donald Trump é fascinado pela possibilidade de participar da diplomacia norte-americana desde 1987. Ele já havia conhecido o embaixador russo e fizera propostas de construir hotéis no país. Suas visitas durante a era soviética mostravam que sua afabilidade aflorava na presença de diplomatas. Isso deveria ser explorado. Além disso, os diplomatas não eram mais vistos como uma ameaça de inteligência nos Estados Unidos. Esse descuido também ajudaria no recrutamento de norte-americanos de alto nível, que poderiam ajudar sem saber do seu envolvimento em uma gigantesca operação de inteligência contra sua própria nação. Para alguns, bastariam as promessas de acesso ao dinheiro do petróleo para não se importarem. Se havia algo em que os norte-americanos poderiam ser confiáveis era o fato de que ativos, e até agentes, sempre foram facilmente comprados com o dinheiro da Rússia.

Na sua missão de arregimentar norte-americanos, os diplomatas buscavam garantir que os alvos compreendessem a posição de Moscou e como isso poderia beneficiá-los pessoalmente, se conseguissem vender essas posições no Partido Republicano. O homem certo para essa operação seria o embaixador russo nos Estados Unidos, Sergei Kislyak.

Sergei Kislyak serviu como embaixador russo nos Estados Unidos de 2008 a 2017. Foi ministro-adjunto de Relações Exteriores na gestão de Sergei Lavrov. Em 1977, ele começou a atuar no Ministério das Relações Exteriores e subiu na hierarquia como representante comercial durante a era soviética. Tornou-se o primeiro-secretário na embaixada do país em Washington, e logo depois foi nomeado negociador de confiança para tratados de controle de armas nucleares com o governo de Ronald Reagan. Sua formação como físico nuclear permitiu que os norte-americanos confiassem em sua capacidade de entender problemas complexos. Como qualquer diplomata da era soviética, ele era obrigado a cumprir os deveres relacionados à espionagem. Segundo John Beyrle: "Na Washington moderna, ele não teve que fazer [quase] nada, já que os norte-americanos estavam bastante afoitos para se tornar amigos de Vladimir."

Se Kislyak era o agente em campo, então Sergei Lavrov era o figurão por trás dele, diretamente ligado a Putin. Lavrov era um homem quieto e despretensioso, de considerável envergadura. Como ministro das Relações Exteriores da Rússia desde 2004, ele era o principal vértice de diplomacia de Moscou. No entanto, ele tinha outros deveres. Lavrov era um funcionário comunista de carreira. Nascido em 1950, ele cresceu na União Soviética de Stalin e foi o secretário do Komsomol local, a Liga da Juventude Comunista. Estudou e formou-se no Instituto de Relações Internacionais de Moscou em 1972, e foi designado para o Ministério das Relações Exteriores da Rússia, sob o regime do então primeiro-ministro Leonid Brezhnev. Em 1994, ele foi enviado para Nova York como representante da Federação Russa nas Nações Unidas. Ele ganhou fama durante a era Obama como porta-voz da ira de Putin. Seu comportamento diplomático é o de um grande e gordo buldogue, mas ele pode ser franco, direto, impetuoso e muito russo ao se opor às posições dos EUA. Em um artigo da revista *Newsweek*, John Negroponte, ex-embaixador dos EUA nas Nações Unidas, se referiu ao estilo de Lavrov dizendo que "seus dois objetivos eram sempre os mesmos: vetar as coisas para a maior glória da Rússia e derrotar os norte-americanos sempre que possível...".[23] Foi assim que Lavrov ganhou seu apelido de "Sr. Não".

Toda operação de inteligência precisa de financiamento. Putin já tinha o homem certo: Sergei Gorkov era o diretor de um banco estatal de investimentos, o *Vnesheconombank* (VEB). Gorkov se formou em 1994 na mesma escola de inteligência da KGB que Putin. Como ele nunca participou de operações de campo ativas, muitos acreditam que, após o serviço básico, ele foi encarregado de se tornar um banqueiro-espião em uma posição de NOC — *Non-Official Cover* [agente clandestino]. Esses eram os espiões mais incógnitos, pois não tinham vínculos visíveis com suas agências. Ele construiu sua carreira em bancos russos, incluindo o Grupo Financeiro Menatep, sob o comando de Mikhail Khodorkovsky. A gigante do petróleo Yukos integrava o grupo. Em 2002, ele frequentou a Academia Econômica Russa GV Plekhanov. Durante seu tempo de serviço na Menatep-Yukos, ele conseguiu sair limpo de um grande escândalo fiscal que abalou a indústria. Khodorkovsky havia atacado publicamente Putin por corrupção e suborno no governo. Putin fez acusações formais contra a Yukos por evasão fiscal, fraude e corrupção. Khodorkovsky foi preso e cumpriu uma pena de oito anos. Seus ativos da companhia de petróleo foram nacionalizados. Gorkov saiu livre e tornou-se um aliado próximo de Putin.

Em 2008, Gorkov trabalhava para o Sberbank, o banco estatal da Rússia. Como já era de se esperar, o Sberbank é representado nos EUA por Marc Kasowitz, advogado do presidente Trump; Kasowitz foi nomeado advogado-chefe na defesa da empresa russa em uma ação civil federal.[24] Em 2016, Gorkov foi nomeado para dirigir o VEB. O VEB é considerado o banco pessoal de Putin para projetos especiais. Também está sob as sanções dos EUA relacionadas à invasão e anexação da Crimeia pela Rússia e à sua reputação como "O Banco dos Espiões". Muitas atividades da inteligência russa foram financiadas por seus cofres.

A equipe de arregimentadores de Putin apoiaria as operações necessárias para conter a invasão dos Estados Unidos e, particularmente, a odiosa candidata democrata, Hillary Clinton. Os dias de coadjuvante de Obama e sua incessante conversa sobre a disseminação da democracia terminariam em 2016 de uma maneira ou de outra, e as sanções seriam revogadas. A Rússia não responderia às provocações dos EUA. Putin tinha uma visão para desestabilizar o Ocidente. Era um plano de longo prazo. E aconteceria quando ele, Vladimir Vladimirovich Putin, escolhesse. Quando o plano fosse executado, ele Tornaria a Rússia Grande Outra Vez.

CAPÍTULO 4

A Filosofia de Putin

Há muito tempo que a Rússia está instável, com crenças indefinidas sobre o sistema mais vantajoso para uma nação com três quartos de seu território na Ásia, enquanto três quartos de sua população vive na porção europeia. Desde a época da influência do Iluminismo europeu, trazido por Pedro, o Grande, a questão da identidade cultural russa assume o protagonismo do debate. Na era do império neoczarista de Putin, a questão predominante é a seguinte: a Rússia deve aceitar o *status quo* do domínio europeu e norte-americano na ordem mundial ou deve agir para perturbar o centro de gravidade global e forjar sua própria cultura estratégica?

Putin enfrenta o mesmo dilema que muitos russos. Ao longo de um século, os russos foram condicionados a acreditar que a democracia ocidental está destinada a fracassar, mas, quando tiveram a chance de adotá-la, eles o fizeram — e muitos não estão satisfeitos com o resultado caótico. Diversos ex-filósofos comunistas emergiram das ruínas soviéticas e aderiram a uma extravagante miscelânea de crenças sobre o futuro da identidade russa. Alguns surgiram como líderes de pensamento que não apenas influenciaram a elite dominante da Rússia, como também atravessaram o Atlântico e serviram de inspiração para os conservado- res norte-americanos. Para muitos filósofos russos neoczaristas, os tradicionais parceiros socialistas da União Soviética — esquerdistas e europeus terrivelmente liberais — fracassaram no campo de batalha das ideias. Portanto, qualquer tipo de liberalismo é um inimigo mortal que deve ser derrotado. Por isso, eles se associam à direita conservadora e se aproximam do fascismo.

Putin é um governante autocrático e, como todos os czares e ditadores que vieram antes dele no cenário global, é imperativo que ele controle a narrativa com uma filosofia deliberada. Gleb Pavlovsky o descreve da seguinte forma: "Ele age como um professor, como um catedrático. Ele [nos explica] como era a história da Rússia, que valores temos, em que devemos acreditar."[1] Mas, além disso, sob o comando de Putin está um panteão de novos filósofos que lhe ajudam a elaborar a história futura da Rússia e dos Estados Unidos.

Vladislav Surkov era um empresário russo e político de ascendência chechena que serviu como vice-primeiro-ministro da Rússia de 2012 a 2013. Ele foi o "braço direito" de Putin quando atuava como primeiro vice-chefe da administração presidencial russa. Sua carreira começou como guarda-costas de Mikhail Khodorkovsky, na década de 1990.[2] Sob o comando de Putin, Surkov ficou mais conhecido como propagandista do Kremlin. De acordo com Peter Pomerantsev, da revista *The Atlantic*, seu apelido é "Tecnólogo Político de toda a Rússia". Muitos presumem que Surkov é uma *Eminência Parda* — um mentor de bastidores e o verdadeiro responsável por movimentar as engrenagens do poder. Como tecnólogo político, ele fortalece o controle de Putin sobre a Rússia através do poder da mídia. A democracia russa é uma "Democracia Soberana", um termo surkoviano — através da intervenção na mídia, esse sistema reveste a democracia russa com um conjunto de filosofias que difere das outras democracias e que no governo de Putin guarda uma incrível semelhança com a real democracia sempre preconizada na União Soviética:

> "Essa é uma sociedade em que há uma real democracia, um sistema político que viabiliza a administração eficaz de todos os interesses públicos, uma participação cada vez mais ativa dos trabalhadores na administração do Estado e a harmonização dos verdadeiros direitos e liberdades dos cidadãos com suas obrigações e responsabilidades perante a sociedade. Nos países capitalistas, onde existem classes antagônicas, a democracia é, em última análise, uma democracia para os fortes, uma democracia para a minoria

proprietária. Na URSS, pelo contrário, a democracia é uma democracia para os trabalhadores, isto é, uma democracia para todos."

Vladimir Ilyich Lenin, fundador da União Soviética e do comunismo marxista-leninista, escreveu em seu tratado de 1917, *A Transição do Capitalismo para o Comunismo*: "Uma democracia para uma minoria insignificante, uma democracia para os ricos — essa é democracia da sociedade capitalista."[3] No entanto, em vez de ser um bastião de equilíbrio e tolerância, a versão de democracia de Surkov é criada por um sistema centralizado de controle e manipulação de informações e narrativas através de técnicas de controle mental e influência em que certas palavras e imagens são repetidas como mantras. Surkov estava focado na ideologia. Ele criou falsos partidos de oposição não apenas na Rússia, mas também na Ucrânia. Promovia shows de artes liberais para instigar ataques de padres ortodoxos gregos. Em 2013, Peter Pomerantsev entrevistou Surkov para um artigo publicado na revista *The Atlantic* intitulado "The Hidden Author of Putinism or How Vladislav Surkov invented the new Russia" [O Autor Oculto do Putinismo ou Como Vladislav Surkov Inventou a Nova Rússia, em tradução livre]; na matéria, Surkov se apresentava da seguinte forma: "Eu sou o autor, ou um dos autores, do novo sistema russo."[4]

Surkov já deu palestras em prestigiadas universidades e fóruns públicos em todo o mundo, apesar de suas ligações com o Nashi, também conhecido como movimento Ours[5], um grupo considerado como a versão russa pró-Putin da "Juventude Hitlerista". Surkov organizou o grupo em 2005. Ele também é famoso na Rússia por queimar livros de autores democráticos, considerados "escritores antipatrióticos", na Praça Vermelha.[6] Suas maiores ações de censura se concentravam em eliminar os veículos da mídia liberal dos resultados do Yandex, o site de busca mais popular na Rússia.[7] Desde 2009, ele já escreveu dez romances ideológicos pós-modernos, embora tenha negado a autoria das obras em 2012. Seu primeiro livro, *Quase Zero* [em tradução livre], culpa a sociedade liberal pela decadência da Rússia durante a queda do comunismo e a ascensão do capitalismo, enquanto seu segundo romance, *Mashinka i Velik*, introduz uma visão de mundo em que intelectuais, membros da máfia, sádicos, ex-clérigos e professores são todos pedófilos e exploradores de crianças (que muitas vezes acabam desaparecendo), e associados a uma mesma tendência política, a esquerda.[8] Em março de 2014, ele publicou o conto *Sem um Céu* [em tradução livre], uma obra futurista repleta de tecnologia, robôs, guerras, mutantes, submundos etc. Os livros foram publicados sob o pseudônimo de Natan Dubovitsky, inspirado no nome de solteira de sua esposa, Natalia Dubovitsky.[9]

Surkov foi supostamente demitido por oficiais do Kremlin sob o comando de Putin em 2011, embora tenha sido divulgado que ele havia renunciado. Na segunda corrida presidencial de Putin, Surkov, de forma surpreendente, apoiou Medvedev. Depois de declarar abertamente para a elite russa que apoiava o liberal Medvedev e não Putin, foi demitido do governo. Considerando que Medvedev estava só guardando o lugar para Putin, se eles tiveram uma desavença, devia haver outro motivo.

Em 2016, Surkov foi incluído na lista de sanções dos EUA por ter ajudado a criar as "Repúblicas Populares" dos territórios rebeldes de Donetsk e Luhansk e a agitar o leste da Ucrânia. Seu papel foi exposto por um grupo de hackers ucranianos conhecidos como "Cyber Junta". O correspondente do *The Guardian* para a Europa Central e Oriental, Shaun Walker, escreveu: "É possível que a perseguição a Surkov seja o primeiro disparo da 'ação cibernética secreta sem precedentes contra a Rússia' prometida pela CIA, na esteira da suposta invasão russa às redes de computadores do Partido Democrata."[10]

Aleksandr Dugin é um ex-professor de sociologia da Universidade Estatal de Moscou e um defensor do neoeurasianismo, uma doutrina geopolítica que propõe a tomada dos territórios da antiga União Soviética. Ele já foi chamado de "Rasputin de Putin" pela Breitbart News[11] e tornou-se a voz mais ressonante da periferia russa, repercutindo temas conservadores de interesse global em voga nos círculos de direita dos Estados Unidos e da Europa. Ele era o líder do Partido Nacional-Bolchevique, da Frente Nacional-Bolchevique e do Partido da Eurásia. Dugin criou o Movimento Internacional da Eurásia em 2000[12] e idealiza o conceito de Eurásia, segundo o qual a Rússia está mais alinhada com o continente asiático. Com essa filosofia, ele propõe expandir o domínio russo para além dos territórios da antiga União Soviética, chegando aos outros países asiáticos.[13] Ele vê a Rússia como um país que passou por um despertar nacional, uma primavera russa, sob a liderança de Putin. "Acredito que a nova identidade e ideologia russas serão construídas em torno do povo como realidade política central — sem critérios de etnia ou raça, mas em torno das pessoas como uma comunidade."[14] Segundo Dugin, a globalização unipolar reúne "infraestruturas sociopolíticas, étnicas, religiosas e nacionais em um único sistema". Os neoeura-sianistas acreditam que o destino da Rússia é aniquilar a globalização do "estado de uma nação", que vem consumindo o mundo para transformá-lo no paradigma norte-americano. Essa versão russa para a "Nova Ordem Mundial" tem muitos adeptos norte-americanos, incluindo Donald Trump e seus apoiadores.

Dizem que Dugin se inspira nos escritos de Adolf Hitler e do filósofo alemão Martin Heidegger. Ironicamente, ele é um severo crítico de governos e pessoas a quem chama de "globalistas" e que, em suas palavras, "estão no processo de destruir qualquer tipo de identidade que não seja a do indivíduo". Entre seus seguidores há uma combinação de grupos antiglobalistas e nacionalistas.[15] Dugin apela para ideias revolucionárias que se assemelham a uma versão conservadora da retórica de capitalistas (proprietários) versus proletários (operários), típica do comunismo sob o qual ele foi criado.

Ele defende a adoção de uma política conservadora tradicional para restaurar o papel da religião ortodoxa russa nas políticas públicas. Em relação aos Estados Unidos, Dugin afirma que o liberalismo ocidental chegou ao fim de seu ciclo político e que um retorno às políticas conservadoras é inevitável. Por exemplo, ele se opôs fortemente à integração da comunidade LGBT e a outras políticas comumente associadas ao liberalismo. Suas posições refletem características dos extremistas conservadores norte-americanos. No entanto, Dugin não tem problema nenhum em recomendar o uso desenfreado da mesma força militar russa que tanto critica. Em 2008, Dugin reivindicou a tomada da Ucrânia e da Geórgia para trazer esses países de volta à esfera de influência pós-soviética. Ele já expressou a opinião de que os antigos estados soviéticos pertencem à Rússia. Essas declarações são alarmantes para pequenos países da OTAN como a Estônia, a Lituânia e a Letônia, que acabaram de se libertar da Rússia.

Esse tipo de populismo de Dugin, conservador, radical e quase fascista, é muito popular nos círculos pró-Trump. Ele apoiou Donald Trump na eleição para presidente em 2016, escrevendo o artigo "Trump is Real America" [Trump é a Face Real dos Estados Unidos, em tradução livre], em que afirmava que Trump era o homem comum dos nossos tempos e, portanto, um desafio para a "elite global".[16] Em seus vídeos no YouTube, ele declarava em alto e bom som seu apoio ao bilionário: "Donald Trump é o candidato da ala mais direitista do Partido Republicano, mas não é como o insano e incapaz McCain, nem como os ex-neoconservadores trotskistas, obcecados pela ideia de dominar o mundo."[17] Ele defendia que Trump reverteria as políticas que viabilizam os laços transatlânticos entre os Estados Unidos e a Europa Ocidental. "Trump é a voz da verdadeira direita dos Estados Unidos, que, na verdade, não se preocupa com a política externa e a hegemonia norte-americana."[18] Na eleição de Donald Trump, Dugin aproveitou o ensejo para promover essa ideologia:

> "O dia 8 de novembro de 2016 trouxe uma vitória importante para a Rússia e para ele (Putin) pessoalmente."[19]

> "Esta é a face real dos Estados Unidos, os EUA cujo realismo escolheu seu presidente, e não sucumbiu à falsa propaganda da mídia liberal globalista."[20]

> "Mais da metade da população dos EUA acredita apenas em si mesma, não na propaganda liberal globalista das elites transnacionais. Esta é uma notícia fantástica. Nesse contexto, é possível dialogar com os Estados Unidos."[21]

> "Não há nada mais estúpido e falso do que o sistema norte-americano de contagem de votos. É uma desgraça, não uma democracia!"[22]

Nascido em 3 de julho de 1974, Konstantin Malofeev já foi equiparado a um "George Soros de Putin", mas sem a empatia e a dignidade. Ele tinha 15 anos de experiência no mundo das participações privadas e bancos de investimento. Como fundador da *Marshall Capital Partners*, um grupo internacional de fundos de investimentos, Malofeev acumulou uma vasta fortuna em investimentos imobiliários, agrícolas, de telecomunicações, tecnologia e mídia. Ele dirigiu o conselho consultivo da Fundação São Basílio Magno, a maior instituição de caridade da Rússia, e a Escola de Ensino Fundamental São Basílio Magno, fundada por ele em 2007. Integra o conselho de administração da Liga da Internet Segura, a ONG russa que promoveu a redação da primeira lei de censura da internet da Rússia.

Como presidente do *think tank* de direita Katehon, Malofeev fundou e posteriormente financiou o Tsargrad TV & Tsargrad Media Group. Ele defende um novo império russo e, ao fazê-lo, fornece uma plataforma de mídia para a extrema-direita. Seu veículo apresenta personalidades como o teórico da conspiração norte-americano Alex Jones; Aleksandr Dugin; o ex-âncora da Fox News Jack Hanick; Aymeric Chauprade, conselheiro de Marine Le Pen; o primeiro-ministro da Áustria, Heinz-Christian Strache, ex-líder do Partido da Liberdade, entre outras. No Twitter, @Katehon foi a entidade responsável pela propagação do mantra de Dugin, "Drain the Swamp" [Limpar o Mar de Lama, em tradução livre] durante a eleição; essa se tornaria uma das frases mais usadas pelo candidato presidencial Donald Trump e seus seguidores.

Em 2014, o grupo de hackers russos de oposição Shaltai Boltai (Humpty Dumpty) divulgou e-mails trocados entre Malofeev e Georgy Gavrish.[23] Os e-mails revelaram uma gigantesca operação de apoio a grupos etnonacionalistas de extrema-direita em toda a Europa, incluindo França, Alemanha, Itália, Grécia, Hungria, Polônia, Romênia, Eslováquia, Croácia, Sérvia e Turquia. Manobras também estavam sendo realizadas fora da Europa, na Argentina, Chile, Líbano e Malásia.[24] Malofeev sofreu sanções do governo Obama por ser o principal financiador dos grupos separatistas ucranianos que lutavam em Donetsk e facilitaram a tomada da Crimeia.

Igor Panarin, outro dos filósofos de Putin, era um ex-oficial da inteligência russa e analista da KGB que trabalhava para a Agência Federal de Comunicação e Informação do Governo (FAPSI), o equivalente russo da NSA na época. Em 2003, a FAPSI foi dissolvida e se tornou o Spetssvyaz — Serviço Especial de Comunicações e Informações do Serviço Federal de Proteção da Federação Russa. Panarin, então, concluiu um doutorado em ciência política com foco em geopolítica, psicologia social, teoria econômica norte-americana e guerra de informação. Ele é mais conhecido pelo anúncio profético que fez na Conferência de Guerra da Informação realizada em Linz, na Áustria, em 9 de setembro de 1998, quase sete anos após a queda da União Soviética; nessa ocasião, ele disse que os EUA enfrentariam um processo de balcanização parecido dentro de uma década ou, no mais tardar, em 2010. Foi nessa conferência que Panarin plantou as sementes daquela que muitos viriam a considerar como a base da campanha de desinformação de Putin contra os Estados Unidos. Panarin calculou que o medo diante da imigração em massa, da decadência moral e da incerteza econômica poderia gerar desunião nos Estados Unidos. Esses fatores provocariam uma guerra civil/ cultural que poderia minar a estabilidade do dólar norte-americano no mercado internacional e, ao mesmo tempo, minar a globalização.

Panarin previu: "Há uma chance de 45% a 55% de que a desintegração aconteça."[25] Sua declaração foi recebida com grande ceticismo na conferência, pois citava um mapa em que os Estados Unidos — que ainda eram parceiros comerciais da

Rússia na época — apareciam divididos em seis partes correspondentes a estados economicamente fortes que reivindicavam sua libertação do controle do governo federal. Ao mesmo tempo, o Alasca, distante apenas 144 km do território russo, voltaria a integrar a Rússia, enquanto o Havaí se tornaria um protetorado do Japão ou da China e "A República da Califórnia" passaria à influência chinesa (Calexit), de acordo com Panarin. Além disso, os estados do norte a que Panarin se refere como "a República Norte-americana Central" seriam assumidos pelo Canadá.[26] Previsivelmente, até 2015, o Kremlin viria a apoiar financeiramente alguns grupos separatistas norte-americanos a fim de concretizar essa previsão. O alerta de Panarin aos Estados Unidos se baseou no que acontecera com a União Soviética. Panarin escreveu que os norte-americanos esperavam milagres do presidente Obama, "mas, quando a primavera chegar, ficará claro que não existem milagres". Panarin citou que o colapso da União Soviética fora previsto em 1976 pelo cientista político francês Emmanuel Todd e que as pessoas também riram dele.[27]

Steve Bannon, o Goebbels Norte-americano

Steve Bannon é um político norte-americano cuja ideologia faz a ligação entre as filosofias dos novos pensadores do Kremlin e as massas dos EUA. Ele ganhou proeminência ao se associar a Donald Trump, e quando Trump parecia derrotado, Bannon conseguiu levar sua campanha à vitória nas eleições de 2016. Mas assim que abriu a boca para expressar seus verdadeiros sentimentos sobre a incompetência de Trump, enquanto continuava exaltando a si mesmo como um brilhante criador de reis, caiu em desgraça. No entanto, seu infortúnio não durou muito tempo; Bannon começou a cruzar a Europa para desenvolver redes de contatos e levar seu autoritarismo trumpiano para grupos populistas europeus.

No poder ou não, Bannon viria a ser a estrela brilhante no plano de Putin de integrar os EUA a uma aliança de líderes de pensamento autocrático. Suas ideologias estavam profundamente ligadas ao duginismo, o que lhe dava um lugar na cadeia de manipulação do jogo global da guerra de informação. Se os norte-americanos sob seu comando fossem tão maleáveis quanto eram quando se tratava do dinheiro de Moscou, então talvez fosse apropriado converter todo o movimento conservador norte-americano em ativos involuntários de Moscou.

A FILOSOFIA DE PUTIN   73

Bannon via a direita alternativa como as tropas de choque conservadoras que ajudariam Trump a transformar os Estados Unidos em uma ala pró-Moscou em meio à rede mundial de conservadores e nacionalistas. Quando emergiu no cenário político, Bannon já tinha trabalhado com bancos de investimento, entretenimento e jogos. Foi presidente-executivo do site ultraextremista Breitbart News. Por sua personalidade, Bannon já foi descrito como tudo, de patológico a perigoso. Ele é um homem sem endereço fixo, embora tenha residências na Flórida e na Califórnia. Bannon também alega ser domiciliado em Washington, Nova York, Londres, Los Angeles, Laguna Beach e Miami.[28] Durante seu tempo na administração Trump, ele mantinha um relacionamento de idas e vindas com sua terceira ex-esposa. Ela supostamente teria contrabandeado drogas e um celular para um amante na prisão, que não era Steve Bannon. Por outro lado, Bannon foi acusado de agredir violentamente sua ex-mulher. Ele também foi acusado de destruir uma casa alugada em Miami, onde a banheira de hidromassagem havia sido inutilizada com um ácido corrosivo, e todos os cômodos ficavam trancados com cadeados, incluindo a porta do banheiro. Em meio ao turbilhão que se tornaria a campanha de 2016, essas características bizarras não eram consideradas um problema para um homem que viria a trabalhar na Casa Branca de Donald Trump.

Como principal conselheiro de campanha de Trump, era de se esperar que Bannon tivesse sido um agente político durante toda sua vida. Mas ele chegou à política de uma maneira única. Bannon não nasceu em berço de ouro. É filho de um instalador de telefones da AT&T e de uma dona de casa. "Eu venho de uma família democrata, operária, católica, irlandesa, pró-Kennedy, pró-sindicalismo... Eu não era político até servir à Marinha e ver o quanto Jimmy Carter f**** tudo. Eu me tornei um grande admirador de Reagan. Ainda sou. Mas o que fez eu me voltar contra todo o *establishment* foi retornar de trabalhos como administrador de empresas na Ásia em 2008 e ver que Bush havia f***** tudo tanto quanto Carter. Todo o país estava um desastre."[29]

Bannon frequentou a Virginia Tech e se formou em 1976. Foi oficial da Marinha dos EUA por sete anos, servindo no destróier USS *Paul F. Foster* e depois no Pentágono como assistente especial do Chefe de Operações Navais. Em seguida, obteve um mestrado em Estudos de Segurança Nacional pela Georgetown. Em 1985, concluiu um MBA com honras em Harvard. Sua experiência no serviço militar, de acordo com muitos relatos, moldou sua visão de mundo. Após o serviço militar, Bannon trabalhou no Goldman Sachs como banqueiro de investimentos para expandir a presença do grupo na indústria do entretenimento. Em 1990, ele e alguns colegas do Goldman Sachs lançaram uma empresa de investimentos privados especializada em mídia. Ele atuou como produtor-executivo em 18 filmes até 2016. Tem até mesmo uma participação financeira no programa de TV *Seinfeld*, do comediante Jerry Seinfeld, e ainda recebe royalties toda vez que o programa vai ao ar.

Em 1993, Bannon deixou o Goldman Sachs para se tornar diretor interino de um projeto de pesquisa em autossuficiência ecológica chamado Projeto Biosfera 2. Em 2007, fundou o site Breitbart News junto com Andrew Breitbart. Breitbart havia originalmente concebido, durante uma viagem a Israel, um site que seria "ostensivamente pró-liberdade e pró-Israel". Andrew Breitbart morreu inesperadamente de um ataque cardíaco em março de 2016, e Steve foi nomeado diretor-executivo.

Em 2006, em um movimento que mais tarde ajudaria a cultivar exatamente o tipo de homem branco jovem, inteligente, antifeminista, amante de armas e descontente que elegeria Trump, Bannon persuadiu o Goldman Sachs a investir na *Internet Gaming Entertainment*, ou IGE, uma empresa que ganhava dinheiro vendendo itens virtuais para jogadores, incluindo espadas, fantasias mágicas e truques. Havia um problema significativo com essa empresa, sediada em Hong Kong. As empresas que desenvolviam games como o *World of Warcraft* consideravam o modelo de negócio da IGE ilegal. Bannon só concordou em ser vice-presidente da IGE para viabilizar a aceitação do esquema financeiro pelas empresas de jogos. Esse foi outro grande desafio com um enorme potencial de retorno. Os créditos são recompensas destinadas aos jogadores que investiram em jogos como *Medal of Honor* e *World of Warcraft*, mas Bannon subverteu o sistema de crédito usando jogadores chineses de baixo custo em ambientes com condições extremamente precárias para ganhar créditos em jogos de computador online. Era brilhante, porque havia um enorme mercado global de jogos online e os jogadores podiam comprar incrementos com esses créditos. A empresa de Bannon, a IGE, vendia créditos obtidos em escala industrial para jogadores de todo o mundo por dinheiro vivo. Quando se considera que há dezenas de milhões de pessoas jogando esses games em tempo real, 24 horas por dia, 7 dias por semana, até mesmo uma venda de um único dólar pode gerar milhões por mês. A IGE

A FILOSOFIA DE PUTIN   75

se empenhou arduamente para esconder suas atividades das grandes empresas de design de jogos de computador que tentavam tirá-la do mercado. Em 2007, diante de uma ação coletiva e uma investigação promovida pelas autoridades da Flórida, Bannon afastou a IGE do negócio de créditos virtuais e mudou o nome da empresa para *Affinity Media Holdings*. As autoridades arquivaram a investigação em 2008 depois de comprovar que a IGE havia abandonado a venda de bens virtuais. A *Affinity Media Holdings* se solidificou sob a liderança de Bannon e foi vendida por US$42 milhões.

As origens de classe trabalhadora de Bannon, bem como seu serviço militar, sua perspicácia financeira e seu conhecimento sobre mídia digital, ajudaram-no a vislumbrar uma oportunidade na candidatura de Donald Trump. Ele compreendeu que grande parte dos EUA acreditava que a imigração, a igualdade de gênero, a diversidade, o politicamente correto, o feminismo, o secularismo, os acordos comerciais e o islamismo eram as maiores ameaças ao estilo de vida norte-americano. Ele esperava adquirir um novo poder sobre os jogadores através do Breitbart News. Em relação aos gamers, Bannon disse: "Esses caras, esses homens brancos sem raízes, tinham um poder monstruoso."[30]

Bannon é um fiel seguidor de Aleksandr Dugin, que glorifica o império czarista russo perdido, assim como Bannon exalta os EUA dos jacksonianos, racistas e genocidas do século XIX. Ambos acreditam piamente que a verdadeira luta não é entre a Rússia e os Estados Unidos, mas entre capitalistas adeptos da ética judaico-cristã de um lado e o conluio global formado por banqueiros e corporações multinacionais do outro. Bannon acredita na força do Estado-nação — que é precisamente o que o Kremlin de Putin está promovendo ao apoiar candidatos antieuropeus nas eleições em todo o Ocidente. "Eu penso que a soberania individual de um país é uma coisa boa e forte... Se não nos unirmos como parceiros com pessoas de outros países, então este conflito só vai se espalhar."[31] Ele estava se referindo a um conflito que percebera entre os valores judaico-cristãos e o que os conservadores chamam de fascismo islâmico. Ele exalta Vladimir Putin e o tipo de neoeurasianismo russo defendido por Dugin, embora veja Putin com desconfiança. Bannon acredita que Putin está defendendo instituições tradicionais usando uma forma de nacionalismo. Bannon disse a Ronald Radosh, do site *The Daily Beast*, que "Lenin... queria destruir o Estado, e esse também é o meu objetivo. Quero derrubar tudo e destruir totalmente o *establishment* atual."[32]

O maior sucesso de Dugin foi encontrar um discípulo em Bannon, o homem que seria o conselheiro de estratégia de Donald Trump e editor de um veículo de imprensa ultranacionalista na web, o Breitbart News. Bannon se comparou a Dugin na crença de que a democracia norte-americana estava condenada e que o mundo deveria ser liderado por autocratas e oligarcas que adotassem princípios nacionalistas. Eles acreditavam que as classes abastadas do Oriente e do Ocidente uniriam suas nações facilmente manipuláveis em uma aliança global. Apesar das repercussões decorrentes da grande publicidade em torno da sua demissão, Bannon ainda acredita que Trump é o líder natural do movimento mundial populista e antiglobalista.

CAPÍTULO 5

Rússia em Ascensão, EUA em Queda

Putin estava comprometido com um plano silencioso, mas decisivo, de reacender o prestígio da Rússia. Ele pode ter se aproveitado do seu jeito taciturno para fazer muitos russos acreditarem que ele era apenas um burocrata indolente. No entanto, Putin cresceu ao som do lema do estado de segurança comunista: "Amar o Estado. Matar para o Estado. Tornar a Rússia Grande." Seguido pelo complemento típico da KGB: "... *por todos os meios necessários*." Ao lidar com seus oponentes, esses meios incluíam: o assassinato de Nemtsov; o espancamento e aprisionamento da banda Pussy Riot por exercer sua liberdade de expressão ao supostamente macular uma igreja ortodoxa tocando música dentro dela; e a proibição de que outros candidatos concorressem contra ele. Se um "oponente" é considerado aceitável, então só pode ser criação sua. Eles são colocados na disputa, mas qualquer investigação superficial logo descobre que, secretamente, são leais a Putin. Durante o ciclo eleitoral de 2018, o exilado russo Garry Kasparov brincou: "Putin é tão popular que qualquer um que o desafie deve ser assassinado, exilado ou banido. Quem considera essas 'eleições' como algo além de um teatro de um ditador é um tolo."[1]

Sua popularidade não condizia com a deterioração da economia russa. Na Rússia, a transição para uma economia de mercado livre, a partir de um sistema centralizado de distribuições estatais antiquado, incompetente e corrupto, foi positiva para muitos. Alimentos básicos, leite, enlatados, pão e roupas logo inundaram a nação. No entanto, a liquidação dos ativos nacionais ao estilo queima de estoque gerou uma enorme desigualdade e criou uma classe que não existia antes — a insanamente rica oligarquia. Durante o regime soviético, todos trabalhavam para o Estado, mas os membros do Soviete Supremo podiam contornar e burlar os limites. Talvez até existissem milionários entre os membros do alto escalão do governo e da máfia nesse sistema, mas a Rússia de Putin criou riqueza ao estilo dos Romanov. Infelizmente, como na era dos czares, essa riqueza ficava nas mãos de poucos.

Vladimir Putin queria que a Rússia prosperasse como uma potência econômica global e exportadora de petróleo sem precedentes, mas, exceto pela venda de combustível e gás para a Europa, a economia do país estava estagnada. Em 2008, um fundo de reserva foi criado como prevenção contra a volatilidade dos preços do petróleo no mercado. A Rússia quase esgotou esse fundo e passou a utilizar o orçamento da seguridade social. Consequentemente, em 2016, a economia russa equivalia à metade do estado da Califórnia e a queda nos preços do petróleo prejudicou bastante os setores econômicos da área social e de infraestrutura. Não ajudou em nada a Rússia continuar sendo um dos países mais corruptos do mundo. No Índice de Percepção da Corrupção de 2017, da Transparência Internacional, a Rússia foi classificada em 135º, em um ranking de 180 países, com uma pontuação de 29 em uma escala que vai de 0 a 100 (em que 100 indica total ausência de corrupção). A ilegalidade e a corrupção típicas de uma cleptocracia contribuíram para a baixa confiança dos investidores na economia russa.

Hoje há bilionários russos com patrimônios individuais de dezenas de bilhões de dólares. Indústrias como as de petróleo e gás natural, mídia televisiva e jornais, bem como mineração de urânio e construção naval, foram "loteadas" e, com o tempo, foram parar nas mãos dos aliados mais próximos de Vladimir Putin. Tecnicamente, todos na Rússia viriam a trabalhar para eles de uma forma ou de outra.

Os militares seriam mais um passo na direção de uma Rússia maior. Putin sempre foi um crítico declarado da OTAN, mas ficou particularmente preocupado quando a expansão da organização alcançou os estados bálticos, um antigo domínio soviético. Em janeiro de 2016, Putin aprovou a Estratégia de Segurança Nacional, uma política que reformulou a postura de segurança nacional da Rússia substituindo uma atitude de observação por uma posição mais conflituosa. A lista de políticas de Putin contém uma série de queixas contra o Ocidente e, especificamente, contra os Estados Unidos, citando "a intensificação das atividades militares dos países-membros", "a contínua expansão da aliança" e "o deslocamento da infraestrutura militar para as proximidades das fronteiras da Rússia".[2] Ele declarou os Estados Unidos e a OTAN como a principal "ameaça à segurança nacional" da Federação Russa.

Um componente-chave na estratégia para restabelecer a posição de destaque da Rússia de Putin era a reconstrução das forças armadas. As forças armadas soviéticas eram notáveis por duas razões. Primeiro, os equipamentos, particularmente os tanques, eram robustos, mas não garantiam a sobrevivência nem o conforto dos seus operadores. Os tanques e caminhões russos foram testados nos conflitos indiretos da Guerra Fria, mas só podiam ser vendidos nos mercados menos lucrativos. A qualidade das aeronaves soviéticas era muito baixa em comparação com as da OTAN. Os submarinos eram bons, mas o desenvolvimento tecnológico do Ocidente fazia deles a última opção para outras marinhas. Fora as armas onipresentes, como o fuzil AK-47 e o lançador de granadas propulsionadas por foguete RPG-7, as vendas russas se limitavam a reparos e suprimento de munição. Após a queda da União Soviética, a Rússia iniciou uma renovação total do seu arsenal, buscando uma boa relação entre custo e qualidade. Putin ganhou credibilidade no contraterrorismo quando recuperou o controle do desastroso conflito na Chechênia. Classificando as ofensivas como operações "contraterroristas e contrainsurgentes"[3], Putin deixou o Ministério da Defesa livre para matar quem quisesse. Os militares russos receberam carta branca para bombardear, lançar foguetes e dizimar cidades chechenas com total impunidade. Essas operações não foram cirúrgicas, como no modelo norte-americano, mas uma guerra terrestre e aérea devastadora, travada dentro de suas fronteiras, nos moldes do cerco nazista a Stalingrado durante a Segunda Guerra Mundial. Essas táticas brutais funcionaram às custas de muitas vidas. No entanto, Putin e seus generais derrotaram os chechenos no início dos anos 2000 e fizeram com que a população russa na fronteira com a Chechênia e a Inguchétia se sentisse mais protegida de ataques terroristas. Seus amados militares, com a ajuda da televisão estatal, recuperaram a honra após o desastroso massacre de Beslan e uma ação terrorista em um teatro de Moscou, na qual quase todos os reféns morreram.[4]

Logo após o massacre de Beslan e o incidente com o submarino *Kursk,* Putin e seu gabinete se empenharam em "modernizar" as forças armadas russas; para isso, era necessário adquirir novas armas para substituir os artefatos soviéticos e estabelecer políticas para combater as forças da OTAN e recuperar a reputação de Moscou como uma potência mundial de primeira linha.[5] O Kremlin passou as últimas duas décadas tentando modernizar as forças armadas russas, substituindo um modelo soviético antiquado por outro com uma vantagem qualitativa sobre as forças ocidentais. A Rússia almeja ser reconhecida novamente como uma potência militar global e, de fato, promoveu avanços em suas políticas e estruturas militares ultrapassadas; no entanto, permanece incapaz de ser uma força global como era durante o apogeu do Pacto de Varsóvia. Ela se concentrou em galgar seu caminho de um país com poder de intimidação regional para conquistar uma projeção de poder no Oriente Médio ao estilo norte-americano. Essa modernização está evoluindo e o reconhecimento desejado começa a ganhar força. Ajudou o fato de o Kremlin exercer uma influência política além do esperado na Síria, mas, com exceção de seu poder aéreo, eles não desviaram seu alvo para o poder militar. Mas Moscou certamente tentou. No Mediterrâneo, Bashar al-Assad usou sua força militar para demonstrar seu poderio na Síria, lançando mísseis de cruzeiro e armas balísticas a partir de bases na Rússia para atacar terroristas do Estado Islâmico e alvos revolucionários de oposição no Iraque e na Síria.

Com a vitória militar regional na Geórgia, em 2008, as forças russas mostraram que podiam tomar território e encarar a censura internacional. Enquanto a anexação da Ossétia do Sul e da Abecásia expressara a força bruta do poder russo, a posterior anexação da Crimeia, em 2014, apresentou a nova forma de guerra adotada pela Rússia — a Guerra Híbrida.[6] A Guerra Híbrida consiste na estratégia do Kremlin de combinar várias técnicas operacionais, como armas pesadas, combate cinético, ataques com equipes de operações especiais sem identificação, espionagem e guerra cibernética desenfreada. Os russos testaram esse tipo de guerra no conflito contra a Ucrânia, destacando uma sutil equipe de operações especiais para dar início às ações de tomada da península da Crimeia. O maior objetivo de Moscou era promover o colapso total do governo pró-europeu de Kiev, mas nesse episódio a Guerra Híbrida (uso de propaganda, equipes

RÚSSIA EM ASCENSÃO, EUA EM QUEDA

de operações especiais, guerra cibernética e força militar convencional) mostrou que os militares russos têm a receita perfeita para resolver conflitos regionais.[7]

No entanto, esses foram pequenos sucessos. A Rússia demonstrou na Geórgia e na Ucrânia que é capaz de tomar territórios onde dispõe de ativos e com os quais possui laços históricos de longa data. O que ainda precisa ser testada é a capacidade militar de Moscou de tomar e manter o domínio sobre uma nação vinculada à OTAN, como os países bálticos. Não há sinal de que Moscou possa fazer isso com sucesso ou tenha a disposição estratégica de testar o apetite dos militares ocidentais por um conflito aberto.

O que não quer dizer que a Rússia tenha aprendido nos últimos anos a integrar comando e controle, inteligência e vigilância e uso de armas de precisão. Moscou aprendeu com os militares ocidentais — especialmente dos Estados Unidos — que os veículos aéreos não tripulados são um multiplicador de combate da mais alta ordem e tentaram imitar esse procedimento. Quanto mais o Kremlin aprender com suas primeiras experiências na utilização desses ativos, mais poderá trabalhar para adaptá-los aos seus objetivos geoestratégicos.[8] Recentemente, a Rússia testou essa teoria colocando uma grande guarnição dentro da Síria[9], onde há muito tempo mantém relações militares com o governo de Assad.[10] Esse contingente já fez tudo, menos servir como "força de manutenção da paz". Eles estão na Síria participando de missões de combate em grande escala para auxiliar o governo de Assad a atacar opositores ao regime. Sua presença também testa a disposição das forças dos EUA e dos seus aliados para entrar em conflito com suas tropas.[11] Como nas operações na Chechênia uma década atrás, as forças russas promovem ataques indiscriminados e brutais contra alvos escolhidos por Assad. A cruel e deliberada destruição de hospitais, serviços públicos e residências civis era uma técnica utilizada pelos nazistas para esvaziar cidades. A lição foi bem aprendida. Agora esse é o modelo regional aplicado a outros países.

Moscou está ciente de suas deficiências militares. A estrutura militar nacional confia no enorme, e crescente, arsenal nuclear do país como primeiro empecilho à invasão de seu território.[12] Esse procedimento é tanto uma advertência contra os países da OTAN quanto uma mensagem para evitar que os EUA instalem baterias de mísseis antibalísticos nos principais países da Europa Oriental.[13] Moscou deu o primeiro passo, posicionando permanentemente o SS-26 Stone, o míssil balístico de médio alcance com ogiva nuclear Iskander-M, em Kalinin, um pequeno território russo à nordeste da Polônia. E ameaçou fazer o mesmo na Crimeia.

Apesar dos objetivos de Moscou, houve poucas melhorias nas forças militares do país. A estrutura de comando continua desequilibrada, com o topo maior do que a base, e os recrutas têm mais chance de passar por trotes brutais[14] do que de liderar missões. Os militares ainda são incapazes de conduzir operações combinadas ou conjuntas com precisão. Embora a mídia do país apresente esses exercícios conjuntos e combinados como demonstrações do poder militar russo, na realidade eles são tudo menos isso. O roteiro sempre é escrito com antecedência com o único propósito de demonstrar poder, mas não transmite coesão nenhuma.[15] Conflitos abertos com forças militares poderosas exporiam essas deficiências.

As forças armadas russas começaram a entender suas limitações e continuam capazes de demostrar poder na região. A ameaça da força militar — especialmente os mísseis, submarinos e bombardeiros de Moscou — continua sendo um desafio com o qual as nações da OTAN devem se preocupar. O uso específico de forças especiais, inteligência militar e guerra cibernética provou ser uma vantagem excepcional para dominar pequenos territórios, mas maquinações políticas são mais eficazes para minar governos-alvo.[16] O poder militar russo permanece feroz e preocupante. No entanto, problemas organizacionais internos e uma inaptidão histórica na condução de operações em escala verdadeiramente global tornam as atuais forças armadas russas uma sombra da gloriosa era soviética. Os planejadores do Kremlin se adaptaram a esse contexto utilizando manobras políticas e econômicas para minar a OTAN e as nações ocidentais, uma vez que suas forças militares ainda não representam uma ameaça real. Mas quanto mais permanecemos atrelados ao atual *status quo*, mais tempo damos a Moscou para sanar essas deficiências.

Como o mar Báltico tem importância estratégica como rota comercial e barreira contra o Ocidente, a Rússia moveu os sistemas de mísseis nucleares Iskander para Kaliningrado em 2010 e, posteriormente, instalou sistemas de defesa aérea. Kaliningrado faz fronteira com a Lituânia, o que piora ainda mais o dilema da segurança dos países bálticos.[17]

As ações agressivas da Rússia na Geórgia, em 1998, e a invasão da Ucrânia, em 2014, influenciaram bastante as políticas de segurança nacional dos países bálticos. Como a Rússia usa táticas de guerra híbrida, os líderes dos países bálticos

RÚSSIA EM ASCENSÃO, EUA EM QUEDA

estão cada vez mais preocupados com uma possível invasão russa.[18] A OTAN, então, posicionou um pequeno batalhão de tropas nos países bálticos como forma de dissuadir a Rússia. A cada poucos anos, a Rússia realiza exercícios militares de grande escala nas proximidades dos países bálticos, com cenários que incluem o uso de armas nucleares táticas, o que aumenta ainda mais a tensão na região.[19]

Partidos Políticos e Organizações Russas

Para ajudar o Kremlin a integrar os grupos europeus e norte-americanos ao programa anti-Ocidente, os partidos e organizações russas auxiliam na promoção dos objetivos de Moscou. O partido *Rússia Unida* foi criado em 2001 e seu líder era o presidente da Rússia, Vladimir Putin. Dmitri Medvedev era seu presidente, e Vladislav Surkov atuava como primeiro vice-chefe do seu gabinete. Os russos se referem ao *Rússia Unida* como *o Partido do Poder*. Outras nações se referem a ele como "o Partido dos Escroques e Ladrões". Em troca de apoio financeiro, o partido de Putin controlava o poder distribuindo contratos, subornos e propinas. Em todo o país, os membros do partido eram rotineiramente acusados de corrupção, tráfico de drogas, chantagem, fraudes eleitorais e assassinatos. No entanto, uma vez no cargo, eles não apenas escapavam das acusações como também, em alguns casos, recebiam medalhas por seu serviço. Ser membro do partido era quase um salvo-conduto contra qualquer prisão, mas você não podia nunca trapacear o partido. O *Rússia Unida* foi uma conclamação da Rússia para a união após o caótico período que se seguiu a Yeltsin e à queda da União Soviética. No início de 2018, o *Rússia Unida* ocupava a maioria dos assentos na Duma.

Na eleição presidencial de 2018, Vladimir Putin concorreu como um candidato "independente".[20] Fizera o mesmo em 2004. Mas suas palavras não passam de bravata. Ele se define como "independente" para projetar a ideia de que pertence à Rússia inteira. Putin concorreu essencialmente sem nenhuma oposição dos outros candidatos e ganhou com 75% dos votos do país.

O partido Pátria Mãe — União Patriótica Nacional, também conhecido como organização Rodina, foi fundado por Dmitry Rogozin em 2003. Acredita-se popularmente que a criação do Rodina tenha sido concebida pelo conselheiro de Putin, Vladimir Surkov, para corroer a base eleitoral do Partido Comunista antes das eleições de 2003 para a Duma.[21] Supõe-se que Surkov tenha lançado o partido unicamente para que o Rússia Unida de Putin parecesse moderado em comparação com a coalizão ultranacionalista entre direita e esquerda representada pelo Rodina.[22]

Em 2005, duas ações do partido levaram à sua dissolução. A primeira foi uma petição encaminhada ao procurador-geral para proibir as organizações judaicas de operarem na Rússia. A segunda foi uma campanha para incitar o ódio racial através de uma propaganda política que mostrava homens morenos comendo melancia e jogando as cascas no chão, em frente a uma mulher branca. Dmitry Rogozin aparecia em segundo plano, observando a cena, e depois caminhava até os quatro homens para mandá-los limpar o chão. O vídeo terminava com "Очистим Москву от мусора!": "Vamos limpar todo o lixo de Moscou!" O Partido Liberal Democrático apresentou uma queixa e, como consequência, o Rodina foi proibido de participar de muitas eleições regionais em 2006.

Em março de 2006, Rogozin deixou o Rodina e foi substituído por Alexander Babakov, praticamente um desconhecido. O partido deixou de existir temporariamente quando os membros se juntaram ao Partido da Vida e ao Partido dos Reformados para a Justiça Social para formar um novo partido, o Rússia Justa. O partido existiu entre 2006 a 2012, quando o Rodina ressurgiu sob a liderança de um aliado de Rogozin, Alexsey Zhuravlyov. Muitos observadores políticos dizem que o partido ainda é controlado por Dmitry Rogozin.[23]

O novo partido agregava movimentos nacionalistas e era mais focado no militarismo e na cooperação com a Frente Popular Russa de Putin. Fedor Biryukov, membro do Rodina, organizou um fórum em São Petersburgo, em 22 de março de 2015, que reuniu movimentos de extrema-direita de todo o mundo. Eles pediam a criação de um Movimento Nacionalista e Conservador Mundial (WNCM). Esse grupo também mantém laços e incentiva movimentos separatistas nos Estados Unidos.[24]

Dmitry Rogozin se dedicou a obter proteção para Eduard Shishmakov e Vladimir Popov contra acusações de terrorismo relacionadas a uma fracassada tentativa de golpe em Montenegro.[25] Os dois oficiais do GRU foram presos e acusados de tentar assassinar o primeiro-ministro de Montenegro, Milo Đukanović.[26] Supostamente, os oficiais teriam planejado um ataque pesado contra o parlamento do país.

RÚSSIA EM ASCENSÃO, EUA EM QUEDA 85

As organizações juvenis dos partidos políticos remontam aos primórdios da União Soviética, quando Lenin defendia a inclusão dos jovens no dever de manter a ordem social; foi nessa época que o Partido Comunista fundou seus primeiros grupos juvenis: o Komsomol, os Jovens Pioneiros e os Pequenos Outubristas.

O Komsomol foi criado em outubro de 1918, nos primeiros dias da Rússia pós-czarista. A organização treinava e doutrinava jovens de até 28 anos de idade de acordo com os objetivos do Partido Comunista da União Soviética. O termo Komsomol vinha da frase "*kommunisticheskiy soyuz molodyozhi*", a "aliança comunista dos jovens". Além do Komsomol, existiam dois grupos para os mais jovens: os Pequenos Outubristas, para crianças na faixa entre 7 e 9 anos de idade; e os Jovens Pioneiros, destinado a jovens de 9 a 14 anos de idade.

Embora existissem grupos de escotismo antes da União Soviética, o Komsomol visava especificamente promover as demandas ideológicas soviéticas. Todos os grupos de escoteiros que não se enquadravam nas regras soviéticas foram obrigados a passar para a clandestinidade ou foram eliminados.

Na era de Putin, os Nashi substituíram o Komsomol e ficaram conhecidos por suas demonstrações públicas de afeto por Putin e pelo desdém público que destinavam aos inimigos designados do Estado, que incluíam jornalistas, ativistas de direitos humanos e qualquer um que criticasse Putin e as políticas do Kremlin. Eles marchavam pelas ruas gritando xingamentos e ostentando cartazes com os rostos e os "crimes" desses dissidentes. O primeiro evento, chamado de "nossa vitória" (*nasha pobeda*), foi realizado em 15 de abril de 2005; no mesmo dia, Garry Kasparov acusou os garotos de atacá-lo com um tabuleiro de xadrez.[27] Anualmente, o grupo organizava um evento chamado Marcha Russa, que sempre contava com um grande número de participantes. Em 2009, estima-se que 30 mil pessoas compareceram, a maioria transportada da periferia de Moscou. Esses eventos servem para reforçar o sentimento nacionalista e concentrar os ataques aos inimigos do Kremlin, os "inimigos da Rússia". Os Nashi também eram bastante habilidosos em desorganizar outros grupos e passavam muitas horas planejando formas de interromper comícios de grupos de oposição a Putin. Quando tomavam conhecimento de que um evento estava sendo planejado, logo ocupavam o espaço do evento, como um *flash mob* para impedir sua realização.

Os Nashi eram conhecidos pela rigidez de sua doutrina. O grupo tinha até uma lista de "Mandamentos de Honra", escrita por Ruslan Maslov:[28]

1. Sua pátria é a Rússia. Amem-na acima de todas as outras, mais com ações do que com palavras.

2. Os inimigos da Rússia são seus inimigos.

3. Todo compatriota, mesmo o mais humilde, faz parte da Rússia. Ame-o como você ama a si mesmo!

4. Exija apenas deveres de si mesmo. Assim a Rússia recuperará a justiça.

5. Tenha orgulho da Rússia! Você deve honrar a pátria pela qual milhões deram suas vidas.

6. Lembre-se, se alguém quiser tomar seus direitos, você tem o direito de dizer "NÃO!"

Uma alternativa ao Nashi é a União da Juventude Eurasiana (EYU), criada em fevereiro de 2005 para combater a Revolução Laranja na Ucrânia. Como os Nashi, seu objetivo era promover um nacionalismo pró-Rússia, mas com a pitada eurasiana típica de seu líder, Aleksandr Dugin.[29] Eles eram mais tolerantes a trabalhar com grupos abertamente racistas, como o Movimento Contra a Migração Ilegal, de Alexander Belov. Em novembro de 2005, os dois se juntaram para uma manifestação que rapidamente tomou proporções de ações neonazistas. O grupo sofreu sanções da Ucrânia, do Canadá e dos Estados Unidos por participar de combates na Ucrânia.[30] A EYU também criou "campos de treinamento" fora de Moscou para se preparar para lutar na Ucrânia ou em outro lugar.[31] O esforço de Dugin para incitar o conflito foi convertido em impaciência diante das ações de Putin na Ucrânia. "Quando estamos hesitando, estamos perdendo", disse Dugin, que nunca serviu nas forças armadas.

A Zona Cinzenta

Na era soviética, a KGB supervisionava o treinamento de terroristas de esquerda como um método de intimidar e desestabilizar o Ocidente. Ela formava e financiava grupos como a gangue Baader-Meinhof e sua sucessora, a Fração do Exército Vermelho; a Ação Direta francesa; as Células Comunistas Combatentes da Bélgica; o 17 de Novembro da Grécia e o Exército Republicano Irlandês [IRA, na célebre sigla em inglês]. Os russos também apoiavam ditadores antiamericanos, como Muammar al-Gaddafi e Saddam Hussein. Suas agências de inteligência eram incentivadas a praticar atos de terrorismo. Essa prática resultou em grandes massacres, como as explosões de bombas no voo 103 da Pan Am, sobre Lockerbie, na Escócia, e no voo 772 da UTA, sobre o Saara, em que mais de 150 passageiros morreram.

Os anos 1970 e 1980 foram repletos de assassinatos de diplomatas e militares, sequestros de norte-americanos e ataques com bombas a embaixadas e bases militares. Insurgências apoiadas por russos e cubanos se espalharam por Nicarágua, El Salvador, Colômbia, Peru, Moçambique, Angola, Eritreia e Iêmen.

Essa estratégia terrorista russa era um componente importante de suas medidas ativas. Mas, com a queda da União Soviética, os métodos de terror foram guardados em local seguro. A aliança comunista não existia mais. A Rússia fizera a transição de coletivista para capitalista. Os russos adotaram uma nova ortodoxia religiosa e uma postura de conservadorismo cultural. Seguindo a estratégia do neoeurasianismo e o crescimento da internet, eles descobriram que grupos de direita, mesmo alguns explicitamente neonazistas, eram exemplos melhores de Companheiros de Viagem. Os dias dos liberais de esquerda e socialistas europeus, com sua paz, amor e felicidade, já eram passado. A Rússia estava destinada a ser um poderoso urso aliado a outros na Europa e nos EUA com os mesmos ideais. Esse salto ideológico da esquerda para a direita durou mais de dez anos. Esse processo gerou uma demanda por agitadores conservadores e paramilitares dispostos a atuar segundo a vontade de Moscou e forjar um novo eixo entre Rússia, Europa e EUA para enfrentar o mundo muçulmano.

Grupos ultranacionalistas, como o Movimento Imperial Russo (RID — *Russkoe Imperskoe Dvizhenie,* em russo) foram, encorajados a se abrir e aceitar novos membros. Acredita-se que o RID seja um grupo paramilitar russo que organiza grupos pan-europeus para fins militantes. O grupo administra campos de treinamento paramilitares, aos quais se refere como "clubes", e um programa de combate chamado "Partidário". Nessas iniciativas, o RID recrutou e treinou pessoas de todo o mundo.[32] O centro de treinamento Partidário é dirigido por um ex-soldado do exército russo chamado Denis Gariev. Gariev já integrou as tropas de mísseis estratégicos da Rússia. Ele é graduado em história e nasceu em São Petersburgo.[33] Gariev afirma ter sido o líder da Legião Imperial, o braço paramilitar do Movimento Imperial Russo. Stanislav Vorobyov, líder do RID, disse que os homens da Legião Imperial eram rebeldes ucranianos pró-Moscou, veteranos que lutavam nas regiões separatistas de Donetsk e Luhansk.[34] A chegada de Vorobyov na Crimeia foi divulgada nas mídias sociais. Em seu blog, ele escreveu:

> "Eu acompanhei até a Crimeia um avião que transportava instrutores militares russos que deviam organizar o movimento de resistência local. Eu me lembro de uma noite em que os caras do SBU [o Serviço de Segurança da Ucrânia] queimaram documentos no quintal — foi aí que percebi a intenção de anexar [a Crimeia]."[35]

O "clube" de treinamento Partidário ficava no distrito de Udelnaya, em São Petersburgo. Eles alegavam ter outro acampamento perto de Kaluga, a sudoeste de Moscou. De acordo com Gariev, eles treinam de 10 a 15 membros por vez. Em 2015, formaram mais de 100 membros, que pagaram 250 euros para participar.[36] Vorobyov escreveu em seu blog que o grupo era mantido por doações, que eram usadas para comprar equipamentos — roupas, rádios, coletes à prova de balas etc. — e para pagar os salários dos instrutores. E, segundo Vorobyov, o "clube" não treinava muçulmanos, o que corroborava sua essência racista.

Outros grupos extremistas haviam treinado com a equipe de Gariev, incluindo o ultranacionalista Stiag (Bandeira, em russo), o Movimento de Renascimento Eslovaco e o Movimento de Resistência Nórdico (NRM). O NRM organizou uma cúpula em 2015, liderada por Vorobyov. István Győrkös, membro da Frente Nacional Húngara, um grupo neonazista, matou um policial em outubro de 2016[37]. Acredita-se que Győrkös tenha participado de exercícios paramilitares com membros da inteligência militar russa.[38]

Empresas Militares Privadas

A guerra norte-americana no Iraque possibilitou a ascensão das empresas militares privadas. Muitos soldados russos atuaram em empresas de segurança ocidentais. No pós-guerra, empresas russas de energia, como a Lukoil e a Gazprom, ganharam contratos no Iraque e formaram suas próprias forças de segurança russas. A guerra na Ucrânia levou a Rússia a usar forças assimétricas, como milícias locais e empresas de inteligência subcontratadas. A estratégia de guerra híbrida russa prescreve o uso de forças de operações especiais sem identificação nem bandeiras ou o recrutamento de agentes locais. Quando tomaram a Crimeia, essas forças especiais ficaram conhecidas como "homenzinhos verdes". Na Síria e na Ucrânia, empresas privadas foram criadas para desempenhar os papéis de grupos de operações especiais e possibilitar uma negação plausível para seus clientes, a inteligência russa. Diz-se que a agência de inteligência militar, a GRU, mantém uma base de treinamento para empresas privadas perto de Krasnodar, onde essas forças são preparadas, armadas e mobilizadas. Após estudar empresas privadas russas da área militar, o jornalista Pierre Sautreuil descreveu no blog *War Is Boring* [A Guerra É Maçante, em tradução livre] como a CHVK Wagner, especificamente, tinha privilégios especiais:

> "No leste da Ucrânia, em 2015, vários senhores da guerra separatistas locais morreram violentamente em prováveis assassinatos. As mortes consolidaram a autoridade inquestionável de Igor Plotnitsky, o homem forte do Kremlin na região. Entrevistado pelo autor, numerosos separatistas apontam para um único culpado — a CHVK ('empresa militar privada', em russo) Wagner, um grupo de mercenários russos que supostamente teria participado da batalha de Debaltseve, em fevereiro de 2015."[39]

Algumas iniciativas não são ratificadas pelo governo russo — por exemplo, a *Slavonic Corporation*.[40] Criada em 2013, essa organização era uma empresa russa sediada em Hong Kong. Sua principal atividade era proteger ativos na Síria em troca de pagamento. Para muitos, diante da situação na Síria, isso só podia ser uma piada.[41] Duzentos e cinquenta homens se mobilizaram para ir à Síria depois de responder a anúncios que previam a realização de operações militares "ofensivas" ao estilo da empresa norte-americana Blackwater. Esse grupo partiu com a promessa de receber equipamentos de primeira linha, mas ao chegar só encontrou equipamentos sucateados, armas quebradas e nenhum blindado. Um dos mercenários informou que eles receberam alguns ônibus com placas de aço soldadas. A função da *Slavonic Corporation* era tomar campos de petróleo nas proximidades de Deir Zor, no meio do território dominado pelo ISIS e a mais de 500 km de seu acampamento-base. Sem nenhum planejamento nem apoio de artilharia, a milícia da Slavonic partiu para o leste e foi rapidamente emboscada por uma milícia ligada à Al-Qaeda. Os homens foram salvos de um massacre por uma impenetrável tempestade que varreu o deserto. A empresa rapidamente abandonou o negócio.[42]

Das cinzas da *Slavonic Corporation*, surgiu a CHVK Wagner ou Wagner Corporation. Ela representava um novo modelo de empresas privadas de segurança. Criada por Dmitri Utkin, a Wagner Corporation foi concebida para exercer o papel dos "homenzinhos verdes", oferecendo uma total negação plausível para o governo russo. Não deu certo, já que em 2015 Utkin sofreu sanções aplicadas pelo Tesouro dos EUA por confiscar campos de petróleo e gás sírios para a Evro Polis.

O jornalista Denis Korotkov contou ao blog *War Is Boring*: "... agora parece que a CHVK Wagner está repetindo os mesmos erros infelizes da Slavonic Corps. De fato, muitos membros dessa organização misteriosa, bem como seu líder — um ex-major do Spetsnaz e ex-funcionário da Moran Security — também participaram da infeliz expedição de 2013 na Síria."[43]

O exército sírio tinha dificuldade em aumentar seu contingente; então, em vez de recrutar diretamente, criou uma força de voluntários composta de unidades tribais e milícias que chamou de Fifth Corps [em homenagem ao V Corps do Exército dos EUA]. Seu codinome, estampado no logotipo do grupo, um círculo negro com um crânio humano em branco, era "os Caçadores do ISIS". Aparentemente, os mercenários da Wagner eram ligados ao Fifth Corps e operavam nas proximidades de Deir Zor. Há rumores de que a Wagner Corporation, tecnicamente uma empresa irmã da Evro Polis, como a Slavonic fora antes, assinou um contrato com o regime sírio. De acordo com o *The New York Times*: "No acordo petrolífero, ficou estabelecido que a Evro Polis, uma empresa criada no ano passado, receberá uma parcela de 25% do petróleo e do gás natural produzido no território que retomar do Estado Islâmico, segundo informações do site de notícias Fontanka.ru."[44] A Evro Polis era uma empresa obscura de extração de petróleo operada pelo proprietário da Wagner e diretor de operações secretas de Vladimir Putin, Yevgeny Prigozhin. A operação "ofensiva" e clandestina ordenada por Prigozhin com o objetivo de tomar o campo petrolífero em poder das Forças Democráticas Sírias (FDS) e dos norte-americanos literalmente foi pelos ares ao se deparar com o Comando de Operações Especiais do Exército dos EUA e a Força Aérea dos EUA.

Em algum momento da manhã de 17 de fevereiro de 2018, os oficiais de inteligência dos EUA, que apoiavam destacamentos das Forças Especiais operando em parceria com os combatentes curdos das Forças Democráticas Sírias (FDS) em Deir Zor, na Síria, observaram veículos blindados russos na outra margem do rio Eufrates. Os oficiais norte-americanos de ligação e desconflitualização notificaram o comando do exército russo na Síria e perguntaram se eles eram os responsáveis pelas operações ofensivas nas proximidades das unidades dos EUA. Os russos declararam oficialmente que nenhum destacamento do exército russo estava nas proximidades dos norte-americanos, já que as operações eram completamente não oficiais.

Já participei pessoalmente de operações de coleta de inteligência nos EUA em que um inimigo desconhecido começa a tomar forma. A miríade de sistemas de inteligência nacionais e táticas que podemos usar é assombrosa. A inteligência dos EUA provavelmente determinou que os russos eram funcionários de empresas de segurança trabalhando para o regime de Assad e operando em conluio com as milícias sírias. Com acesso a imagens de satélites, drones, aviões de reconhecimento e fontes locais, o comandante das Forças Especiais teria deixado de prontidão recursos aéreos suficientes, como caças F-18, aeronaves de combate AC-130, helicópteros AH-64 Apache e até bombardeiros B-1 Lancer, para conter ou derrotar um ataque real. O obus de longo alcance M777 da artilharia do Corpo de Fuzileiros Navais dos EUA e os mísseis táticos de campo HIMARS acoplados em caminhões do exército também estariam preparados e disponíveis. Só restava esperar, preparar mais café e ver se a ameaça evoluiria ou se dissiparia. A conclusão dos Operadores Especiais foi que os russos amontoados naquelas dezenas de tanques e veículos blindados eram tropas contratadas ligadas à CHVK Wagner. Os sírios que os apoiavam eram os descontrolados membros da Fifth Corps da Síria.

De acordo com os relatos dos sobreviventes, a Wagner havia organizado uma enorme força blindada, encabeçada por tanques T-72 altamente modernizados e blindados BRDM, para tomar os campos de petróleo de Al Jabar. Os campos da região de Deir Zor produzem 40% das reservas de petróleo da Síria e foram retomados pelas FDS no final de setembro de 2017.

Os comandantes norte-americanos entraram em contato com o oficial de ligação e desconflitualização do exército russo na Síria. Esse ponto de contato foi criado para impedir trocas de fogo acidentais entre os EUA e a Rússia. O contato informou que não havia nenhuma força russa nem mesmo nas proximidades das posições das tropas norte-americanas. Isso significava que a ação era independente e sem nenhuma ordem de Moscou — ou o contrário?

As forças conjuntas russas e sírias iniciaram um ataque de blindados para dominar as posições norte-americanas e curdas. Bem antes de atingirem o primeiro objetivo de cruzar uma ponte sobre o rio Eufrates, surgiu um fatídico sinal, uma grande bandeira dos EUA com suas estrelas e listras foi erguida na posição mais avançada. A sinalização não era para os russos — e sim para garantir que os bombardeiros aéreos que se aproximavam soubessem a exata localização das tropas norte-americanas. Os russos ainda não sabiam, mas já estavam mortos.

Os telefonemas gravados durante a batalha e divulgados para a mídia dos EUA mostraram que os mercenários foram completamente dizimados pelo poderio aéreo dos EUA, com os Controladores de Aeronaves por Acesso Remoto (*Joint Terminal Air Controllers* ou JTAC, em inglês) das forças especiais determinando ataques precisos.

Em um longo telefonema reproduzido em russo no *Voice of America*, um sobrevivente descreveu o fluxo da batalha, logo após o ataque ao posto avançado das Forças Especiais:

"Os relatos que estão na TV sobre... bem, você sabe, sobre a Síria e os 25 feridos no combate com a [porra] do Exército Sírio e... bem... para resumir, chutaram nossos traseiros. Então, uma [porra] de um esquadrão perdeu 200 pessoas... instantaneamente, outro perdeu 10 pessoas... e eu não sei o que aconteceu com o terceiro esquadrão, mas ele também sofreu muitas baixas... Então, três esquadrões tomaram uma surra... Os ianques atacaram... primeiro eles explodiram a [porra] toda com a artilharia e então pegaram quatro helicópteros e nos empurraram em círculos como se estivéssemos em uma [merda] de um carrossel com suas metralhadoras de alto calibre... Eles estavam bombardeando a [porra] toda e nós não tínhamos nada além de fuzis de assalto... nada, nem lançadores portáteis de mísseis SAM ou coisa assim... Então, eles realmente nos arrasaram, criaram um inferno, e os ianques sabiam com certeza que os russos estavam chegando, que nós éramos russos... Nós pretendíamos tomar uma refinaria de petróleo guardada pelos ianques... Levamos uma coça fenomenal, meus homens me ligaram... Eles estão lá bebendo agora... muitos desapareceram... é um fracasso gigantesco, outra derrota... Todo mundo, você sabe, nos trata como pedaços de [merda]... Eles nos detonaram como se fôssemos pequenos pedaços de merda, mas a [porra] do nosso governo vai negar tudo; ninguém vai responder por nada e ninguém vai ser punido por isso... Então, essas baixas são só nossas..."[45]

O Fifth Corps da Síria alegou que o ataque fora contra uma unidade conjunta das FDS que operava com o ISIS, já que a Síria alega que todas as operações dos EUA apoiam os terroristas, não as forças de libertação. Contagens não oficiais determinaram que cerca de 300 russos e sírios foram mortos.[46]

A porta-voz do Ministério das Relações Exteriores da Rússia, Maria Zakharova, afirmou que o ataque não se assemelhava em nada à descrição do Comando Central dos EUA:

"A divulgação das mortes de dezenas e centenas de cidadãos russos não passa da clássica desinformação. Não foram 400, nem 200, nem 100, nem 10. Dados preliminares indicam que, como resultado do confronto armado em questão, cujas causas estão sendo investigadas agora, podemos confirmar a morte de cinco pessoas, supostamente cidadãos russos. Há também feridos, mas tudo isso precisa ser verificado — em particular, e antes de tudo, a questão das nacionalidades; sejam eles cidadãos da Rússia ou de outros países."[47]

As agências de inteligência dos EUA descobriram que Prigozhin, que tem contratos com o Ministério da Defesa da Rússia, conversou com oficiais do Kremlin antes do ataque. Yevgeny Prigozhin, ligado a Putin, recebeu permissão de um ministro russo para promover uma iniciativa "rápida e enérgica" no início de fevereiro; depois, conversou com assessores presidenciais da Síria para coordenar suas ações. No final, o projeto de Prigozhin resultou em um autêntico massacre. Os cerca de 12 operadores especiais norte-americanos que atuavam na região informaram quase três horas de ataques de caças, artilharia e helicópteros contra os russos, o que aniquilou toda a coluna de assalto. Por enquanto, as ambições da Rússia de tomar o petróleo da Síria estavam tão mortas quanto seus mercenários.

PARTE II

Balas, Mentiras, Laptops e Espiões

CAPÍTULO 6

Medidas Ativas

Há evidências esmagadoras de que as agências de inteligência de Vladimir Putin, incluindo a inteligência do Estado (FSB), o serviço clandestino (SVR) e a inteligência militar (GRU), bem como os hackers contratados no país e a mídia estatal, usaram métodos de espionagem bastante sofisticados, de origem soviética, para lançar o ataque cibernético que influenciou a eleição de 2016 nos Estados Unidos. A metodologia de espionagem aplicada nessas operações se chama *Aktivnyye Meropriyatiya*, "Medidas Ativas". Em um subcomitê da Câmara que tratava de relações internacionais no auge da Guerra Fria, Robert Gates definiu essa abordagem da seguinte forma: "As medidas ativas soviéticas são operações secretas destinadas a moldar a opinião pública em outros países sobre questões políticas fundamentais. Essas medidas são direcionadas a formadores de opinião, como líderes políticos, agentes da mídia e empresários influentes e ao público em geral."[1]

As medidas ativas são os truques sujos da comunidade de inteligência, desenvolvidos em contextos políticos ou pessoais através de uma miríade de metodologias, incluindo assassinato, falsificação de documentos, simulação de "revelação" de documentos falsos e manipulação de documentos legítimos para que pareçam insidiosos ou incriminadores. Outros métodos incluem as práticas de fabricar e plantar rumores no fluxo de mídia como notícias; divulgar narrativas falsas ou desinformação cuidadosamente elaboradas; e escrever e publicar livros e panfletos com temas que veiculem desinformação e histórias inventadas. Alguns dos agentes mais eficientes usavam informações e imagens, roubadas ou falsas, para comprometer ou chantagear um indivíduo até que ele cumprisse as ordens transmitidas (Kompromat). Até mesmo dissidentes famosos exilados no Ocidente sofreram ataques como esses. Alexander Soljenítsin, o famoso escritor que expôs as prisões soviéticas conhecidas como *gulags*, foi alvo das "medidas ativas".[2]

Em 2013, os russos começaram a lançar medidas ativas contra os Estados Unidos e a Europa. Recorrendo à intimidação de ativos, chantagem, manipulação da mídia e, possivelmente, vários assassinatos, a inteligência russa, sob a direção do presidente Putin, fomentou a divisão política por meio de campanhas de propaganda, espionagem e desinformação. A Rússia continua usando essas medidas contra os Estados Unidos e seus aliados, incluindo hackers, intermediários, espiões e ativos involuntários, para promover seus objetivos em todo o mundo. A inteligência russa investe em campanhas subversivas nas mídias sociais, *fake news*, exércitos de *trolls* e propaganda para subverter o processo político nas democracias norte-americanas e europeias. Essa prática ainda é recorrente.

Nada disso é novo. Desde os primeiros dias da União Soviética até hoje, a arte da espionagem russa sempre esteve viva e passa bem. Utilizadas contra os Estados Unidos e a Europa em 2016 e 2017, as medidas ativas russas já foram definidas por ex-oficiais de inteligência russos como todas as ações, exceto operações militares abertas, que visam influenciar uma nação inimiga ou obter um resultado favorável à Rússia. Pavlovsky diz que essa nova animosidade em relação aos EUA começou em 2012, quando Putin retornou para um segundo mandato:

> "Acho que nos primeiros dias de Putin como presidente e, com certeza, quando Medvedev era presidente e Putin, primeiro-ministro, a Rússia não era como é hoje. Nós, os Estados Unidos e a Europa, estávamos interagindo com os russos de uma maneira muito mais normal. Foi somente quando Putin voltou para um segundo período na presidência que o comportamento começou a mudar; tudo voltou significativamente a ser como fora, em essência, o comportamento russo durante a Guerra Fria: desafiar os Estados Unidos em todos os lugares possíveis do mundo, e fazer o possível para minar o que os norte-americanos tentassem realizar. Faça o que puder para enfraquecê-los."[3]

Enfraquecer os inimigos é exatamente o objetivo das medidas ativas.

História das Medidas Ativas

Todos os tipos de medidas ativas fazem parte do menu operacional quando se pretende obter resultados que não podem ser alcançados de outro modo. A primeira polícia secreta russa, a Cheka, foi criada em 1917 pelos bolcheviques e atuava, principalmente, para conter os opositores da ideologia bolchevique e os "inimigos do bolchevismo".[4] A Cheka foi dissolvida e reformulada sob o nome de Diretório Político do Estado (GPU) em 1922; depois, já na era Stalin, passou a ser conhecida como Comissariado do Povo para Assuntos Internos (NKVD) e foi um dos instrumentos do "Grande Terror" stalinista nos anos 1930.[5] Após a morte de Stalin, Khrushchev criou a KGB no início dos anos 1950.[6] Segundo um relatório do Comitê de Inteligência da Câmara sobre as medidas ativas:

> "As operações de desinformação do bloco soviético não foram uma ocorrência rara: mais de 10 mil foram realizadas ao longo da Guerra Fria. Na década de 1970, Yuri Andropov, então chefe da KGB, criou cursos de medidas ativas voltados para os agentes; a KGB dispunha de aproximadamente 15 mil oficiais trabalhando com guerra psicológica e desinformação no auge da Guerra Fria. A CIA estimou que a União Soviética gastou mais de US$4 bilhões por ano em operações de medidas ativas nos anos 1980 [aproximadamente US$8,5 bilhões em 2017]."

As medidas ativas foram e continuam sendo um instrumento ofensivo da política russa.

Segundo Tennent Bagley, um ex-oficial da CIA designado para lidar com desertores russos de alto valor, em 1923, na era do OGPU, um dos primeiros grupos de medidas ativas da União Soviética tinha três objetivos principais:

"1. Descobrir o que os inimigos da revolução sabiam e o que eles estavam procurando

2. Criar e disseminar informações falsas para projetar a imagem desejada da liderança soviética e

3. Disseminar essa desinformação na imprensa de vários países."[7]

O grupo de medidas ativas e guerra de informação de Stalin foi o *Komitet Informatsii* (KI) ou Comitê de Informação. Operou entre 1947 e 1951.[8] O comitê foi criado em julho de 1947 como um grupo centralizado de guerra de informação e exploração de inteligência. Ele combinou a inteligência militar russa (GRU) e o antigo Ministério de Segurança do Estado (MGB) stalinista para formar um serviço unificado de inteligência externa.[9] Foi criado em resposta à Lei de Segurança Nacional dos EUA, que instituiu a CIA em julho de 1947. Seu primeiro líder foi Vyacheslav Molotov, ministro das Relações Exteriores. Pouco a pouco, os agentes do KI foram transferidos de volta para a GRU e para o MGB até o órgão ser dissolvido em 1951.[10]

O general Ivan Ivanovich Agayants foi um dos primeiros comandantes do KI e é uma lenda na inteligência russa. Ele começou sua carreira em espionagem, desinformação, propaganda e medidas ativas em 1930.[11] Como espião, de 1937 a 1940, Agayants atuou na França em operações de apoio às brigadas antifascistas durante a Guerra Civil Espanhola. Após a invasão da França, ele foi para o Irã.[12] Em 1943, quando a União Soviética se uniu à aliança antinazista, Agayants foi trazido de volta ao Mediterrâneo — Argel — como enviado do governo provisório francês, liderado por Charles de Gaulle. Com a derrota dos nazistas e a criação da KGB, ele se tornou o primeiro residente (chefe de estação) da agência na França. Agayants costumava viajar bastante pelo mundo para ajudar e supervisionar operações durante a Guerra Fria.[13]

Em 1959, no auge de sua fantástica carreira, ele enviou um memorando ao então presidente da KGB, Aleksandr Shelepin. Propôs um novo departamento para planejar, gerenciar e executar medidas ativas. Essa sugestão se tornaria o Departamento de Medidas Ativas da KGB — o Departamento D. Em 1962, esse setor tinha 40 oficiais; em 1967, a equipe já chegava a mais de 100 oficiais. No final da Guerra Fria, eram quase 15 mil pessoas.[14] O Departamento foi dividido em cinco áreas: política, econômica, científica e técnica, militar e contrainteligência. Em determinado momento, o departamento alcançou um patamar de destaque e foi renomeado como Serviço "A".

O Serviço A da KGB era o departamento-chave da Primeira Diretoria Geral, responsável pelas medidas ativas. Administrava atividades escusas ao redor do

MEDIDAS ATIVAS   101

mundo, incluindo operações de desinformação, falsificações, remessa de armas a insurgentes e terroristas e mobilização de assassinos. Esse foi o grupo que inspirou os tipos impiedosamente perversos da KGB que aparecem no filme *Moscou contra 007*.[15]

No sistema soviético de governo, a cadeia de comando começava no Politburo, o comitê diretor do Partido Comunista, e logo abaixo estava o comitê central. Na estrutura do Soviete Supremo, havia o Departamento Internacional, que administrava o Instituto Estados Unidos-Canadá, partidos comunistas pró-soviéticos, grupos de fachada e "Movimentos de Libertação", também conhecidos como grupos insurgentes ou terroristas. Até a Segunda Guerra Mundial, os Estados Unidos foram um "alvo importante" para oficiais de inteligência russos, mas depois se tornaram o "principal inimigo" do Departamento D, que também incluiu a OTAN e, depois, a China nessa categoria. A CIA e as outras agências de inteligência do Ocidente sempre foram um alvo constante. As empresas privadas de segurança e defesa eram alvos para o recrutamento de agentes. Em um dos casos mais famosos, Andrew Daulton Lee e Christopher Boyce colaboraram com a KGB no roubo de informações sobre satélites espiões dos EUA do Grupo de Sistemas Espaciais e de Defesa da TRW em 1977.[16] Os dois foram presos e condenados. Mais tarde, foram retratados por Timothy Hutton e Sean Penn no filme *A Traição do Falcão*, baseado no livro de Robert Lindsey. No entanto, todas as empresas do setor eram alvos. A KGB chegou a espionar companhias de petróleo internacionais em São Francisco usando micro-ondas para captar vozes durante reuniões corporativas.[17]

Desde o dia em que a União Soviética deixou oficialmente de existir, em 25 de dezembro de 1991, Putin não alterou essas diretrizes operacionais para o FSB e o SVR.

Embora a maioria das operações de medidas ativas fosse coordenada a partir do Kremlin e executada diretamente por Moscou, as nove nações do Pacto de Varsóvia que formavam o bloco soviético realizavam operações para atingir os objetivos específicos de cada uma delas. Esse procedimento servia como disfarce para a atividade do Kremlin no exterior. Permitia que a amplitude das metas do Kremlin se expandisse para o Ocidente. Essas ações ainda eram, em última instância, controladas pela autoridade soviética.

As diretrizes das equipes de Medidas Ativas derivavam dos objetivos nacionais soviéticos. Seus objetivos de longo prazo eram trabalhar para a revogação das sanções e afastar a influência da OTAN e dos seus estados-membros das fronteiras russas. Todas as outras atividades eram geralmente realizadas de forma fragmentada para lidar com um pequeno componente desses objetivos maiores. Muitas vezes, essas missões faziam parte de um quebra-cabeça desenvolvido para enfraquecer os oponentes da Rússia e criar um ambiente favorável à política do Kremlin. Para isso, eles criavam um jornal ou organizavam uma conferência de paz internacional para a qual convidavam grupos políticos norte-americanos que desejavam uma conexão com o dinheiro russo, mas não tinham um contato direto. Grande parte do tempo era destinada a desacreditar e difamar oponentes e dissidentes.

Quando se tratava de investir contra a CIA com desinformação, a KGB atacava diretamente. A agência usava aliados, políticos e incautos para denegrir a CIA e suas operações. Quase todos os desertores da KGB afirmavam que o foco principal da missão de atacar e prejudicar a CIA era desmoralizar, expor e minar a eficácia da agência. A KGB não dava trégua para o Departamento de Defesa dos EUA nesse campo. Suas equipes de guerra política e propaganda global desenvolviam temas, organizavam protestos e se empenhavam para que as tropas norte-americanas no exterior estivessem sempre desconfortáveis.

Embora as agências de inteligência fossem alta prioridade, o principal objetivo era minar o processo político norte-americano. O interesse russo em prejudicar a política norte-americana remonta aos primeiros dias dos bolcheviques no poder. Ao longo de quase 70 anos, a democracia norte-americana foi muitas vezes retratada como falsa, enquanto a democracia soviética, segundo a definição deles mesmos, era promovida como a "verdadeira democracia" — já que na União Soviética, supostamente, tudo pertencia a todos. No entanto, o Soviete Supremo despendia volumes excessivos de tempo e dinheiro tentando destruir ideologicamente os Estados Unidos e as democracias liberais europeias. A KGB e toda a mídia estatal foram encarregadas de viabilizar os seguintes objetivos estratégicos:

1. Infiltrar agentes no processo de tomada de decisões da burocracia norte-americana.

2. Influenciar, ludibriar e usar a mídia norte-americana.

MEDIDAS ATIVAS

3. Promover campanhas de difamação contra políticos que representassem obstáculos aos objetivos russos, incluindo autoridades presidenciais e parlamentares das esferas federal, estadual e local, e defensores de políticas públicas.

4. Incitar o ressentimento e a divisão racial.[18]

Em lugares onde o contato direto com a inteligência russa pudesse ser um obstáculo para potenciais ativos, o uso de agentes de outros países e organizações de inteligência era mais eficaz. Durante a Guerra Fria, oficiais tchecos, alemães, angolanos, egípcios, sírios, afegãos e cubanos conduziam operações que não teriam sido possíveis caso tivesse ocorrido algum contato com os russos. Oficiais de ligação russos mantinham esses serviços-satélite em ordem e promoviam ações de contrainteligência para caçar espiões infiltrados de agências ocidentais. Todas as decisões importantes exigiam sua aprovação.[19] Embora os primeiros-ministros e ministros do interior desses países soubessem o que seus agentes estavam fazendo, Moscou mantinha suas operações sob rédea curta.

Todos os aspectos do treinamento dos serviços de inteligência-satélite, incluindo propaganda, desinformação, falsificação e outras medidas ativas, eram administrados pela KGB. Cada nacionalidade ficava em uma base diferente; os países cobriam o custo do treinamento, mas a KGB determinava o currículo da formação em espionagem.

Após a queda da União Soviética, as medidas ativas continuaram sendo utilizadas sob o comando do oficial de inteligência Sergei Tretyakov. De acordo com Tretyakov, coronel do SVR (o serviço clandestino atual da Rússia), o Serviço A da KGB nunca foi dispersado; simplesmente foi renomeado para Departamento MS, "Medidas de Apoio".[20] O Departamento MS mudou com o tempo. Eles pararam de associar atividades às missões diplomáticas, para evitar ações de contrainteligência do FBI. Com o advento das tecnologias avançadas de comunicação por computador e dos celulares, as ligações entre os espiões russos e a embaixada e seus agentes ficaram mais difíceis de provar, embora eles ainda usassem a embaixada como uma base segura para suas operações.

Campanha e Guerra de Desinformação

Desinformação é a arte de usar informações falsas ou enganosas e inseri-las ou associá-las à credibilidade de fontes legítimas e confiáveis. A informação falsa deve ser lógica, crível e aceitável para ganhar a confiança da população-alvo de uma nação adversária. Como todas as boas mentiras, o material deve ser elaborado de acordo com os preconceitos e as normas características do público-alvo, mesmo que a informação seja horrível ou desagradável para os que não compartilham das mesmas ideias. Se o público-alvo não acreditar na mensagem porque ela viola a consistência da realidade comum ao grupo, a campanha de desinformação será ineficaz ou falhará. No entanto, a realidade comum ao grupo pode ser distorcida; nesse caso, quando a campanha de desinformação se concretizar, uma grande mentira será aceita como verdade. Essa é a arte da desinformação.

Durante a Guerra Fria, os russos promoviam campanhas de desinformação para manipular o mundo de acordo com os interesses do Kremlin. Essas campanhas também visavam projetar o poderio militar da Rússia, superestimar as condições de vida e a felicidade dos cidadãos russos e manipular as relações entre outros países. Visitas guiadas de estrangeiros à Rússia eram organizadas para passar a impressão de prosperidade do povo russo e para encobrir os abusos cometidos contra os cidadãos russos.

Extremistas de inclinações e preconceitos sólidos eram considerados alvos bastante fáceis para a prática da desinformação. As pessoas que obtinham informações de fontes tendenciosas sem avaliar esses dados com ceticismo crítico eram alvos preferenciais nas campanhas de desinformação. A popularização das notícias partidárias só ampliou o problema, pois os veículos passaram a jogar com os preconceitos dos seus públicos, que se tornaram alvos fáceis para a desinformação.[21]

Um importante agente de desinformação foi Vitaly Yevgenyevich Lui, que escreveu para o *The New York Times* e o *Washington Post*, e trabalhou para a CBS News e outras agências de notícias de grande credibilidade, sob o nome de Victor Louis.[22] Suas ações foram usadas para atacar dissidentes como Soljenítsin e a filha de Stalin, Svetlana Alliluyeva. Em uma ocasião, ele usou o jornal *London Evening News* para espalhar desinformação contra a China, alegando que os soviéticos estavam planejando um ataque nuclear preventivo.[23]

Segundo o ex-espião Sergei Tretyakov, os produtos de desinformação criados em Moscou eram transmitidos clandestinamente aos oficiais russos do FSB/SVR que atuavam nos Estados Unidos; esses agentes usavam pontos públicos de acesso à internet, como os terminais da Biblioteca Pública de Nova York. Em seguida, a equipe responsável pela guerra de propaganda divulgava artigos que supostamente continham estudos de teor pedagógico ou científico, criados para parecer trabalhos confiáveis de acadêmicos distintos, com nomes aparentemente respeitáveis.[24] Esses estudos eram então repassados para organizações conhecidas por suas críticas ao governo dos EUA.

De acordo com um famoso ex-oficial tcheco treinado pela KGB, o dissidente e escritor Ladislav Bittman, a inteligência russa considerava que cada missão, desde a menor até a mais estratégica, tinha três personagens obrigatórios:

1. O Operador: eram os oficiais de inteligência russos e produtores da desinformação (chamada de "produto").

2. O Adversário: era o termo usado pelos espiões para indicar o alvo da operação. Podia ser qualquer pessoa ou coisa. Na maioria das vezes, era uma meta ou projeto político de expressão nacional, um determinado político ou partido, uma figura pública ou até mesmo toda a população de um país-alvo.

3. O Agente Involuntário: eram atores inconscientes usados para atacar o adversário, direta ou indiretamente. Eram involuntários porque o operador geralmente ocultava sua verdadeira nacionalidade, intenção e fontes de pagamento. Com frequência, os AIs acreditavam que estavam trabalhando para atingir um objetivo em comum com o operador.

Em seu clássico livro sobre o uso de medidas ativas durante a Guerra Fria, *The KGB and Soviet Disinformation* [A KGB e a Desinformação Soviética, em tradução livre], Ladislav Bittman relata os detalhes da Campanha Medidas Ativas e como esse método organizado impingia o caos ao adversário e ao agente involuntário.[25]

"1. Os agentes involuntários eram usados para atacar o adversário de forma direta, no lugar do operador. Cada agente involuntário acreditava que as ações partiam de sua própria iniciativa.

2. O operador atacava diretamente o adversário, mas, de certo modo, o adversário se voltava contra o agente involuntário. Assim, o adversário e o agente involuntário se enfrentavam sem notar o operador.

3. O operador atacava diretamente o adversário, mas de tal maneira que o adversário não percebia a ação como um ataque, nem racionalizava os eventos.

4. O operador atacava tanto o adversário quanto o agente involuntário, com o objetivo de colocá-los uns contra os outros."

Nos primórdios da União Soviética, a Cheka usava esses métodos contra os exilados russos na Europa Ocidental para punir aqueles que abandonavam o círculo ideológico. Essas ações eram impulsionadas pelas demandas ideológicas dos revolucionários e focavam círculos de ex-russos e partidos comunistas estrangeiros.[26]

Como objetivo, a desinformação estratégica era necessária para difundir dúvidas, suspeitas e teorias conspiratórias por tempo suficiente para que os russos pudessem executar uma invasão em larga escala. Por extensão, o Ministério das Relações Exteriores era responsável por adotar a mesma linha de propaganda e desinformação a qualquer preço. Assim como nas antigas declarações do Politburo durante o regime soviético, até mesmo quando a verdade era facilmente observável e as diretivas do partido eram refutáveis, diplomatas e membros do partido insistiam que branco era preto. Por exemplo, quando a Rússia invadiu a península ucraniana da Crimeia, centenas de fontes testemunharam e filmaram a tomada de importantes edifícios do governo por soldados das Forças Especiais Russas (RUSOF). Os homens usavam uniformes da RUSOF. Carregavam armas da RUSOF. Falavam russo. Voavam em aviões russos. Eram russos; mas faltava um item gritante no seu equipamento... eles haviam retirado as bandeiras do exército russo e as identificações de seus uniformes. O ministro das Relações Exteriores, Sergei Lavrov, foi questionado sobre a presença de forças russas na Crimeia com o objetivo de liderar uma operação militar. Ele apareceu em redes de TV internacionais e afirmou que os "homenzinhos verdes" não eram as Forças Especiais da Rússia.[27] Na verdade, ele insistiu que se tratavam de moradores locais que, por acaso, possuíam as armas e equipamentos mais avançados da Europa Oriental. Durante uma conferência em Madri, Lavrov declarou: "Se eles integram as forças de autodefesa criadas pelos habitantes da Crimeia, não temos

MEDIDAS ATIVAS

autoridade sobre eles. Não estão sob nossas ordens."[28] Em 2015, Putin admitiria ousadamente que as Forças Especiais Russas haviam de fato liderado a invasão da Crimeia. Seu objetivo fora controlar a infraestrutura do governo local para impedir ações terroristas dos ucranianos.

Logo após a revolução que criou a União Soviética, as Operações SINDIKAT e TRUST foram algumas das primeiras campanhas de medidas ativas na história soviética. A TRUST foi executada pelos espiões da Diretório Político Unificado do Estado (OGPU) para criar uma armadilha para o dissidente e escritor russo Boris Savinkov e seu contato, o ex-agente britânico (e suposto vigarista) Sidney Reilly. Reilly era um oficial de espionagem veterano da Primeira Guerra Mundial e foi para a Rússia como agente independente após a revolução. Ele promovia as causas e colaborava com as operações antissoviéticas do Exército Branco. Reilly serviu de inspiração para obras notáveis de ficção e para a série de TV da BBC *Reilly: Ace of Spies*.

A contrainteligência bolchevique do Exército Vermelho criou um disfarce para seus agentes em que eles deveriam agir como se pertencessem a uma organização contrarrevolucionária e antissoviética do "Exército Branco" chamada "The Trust". Usando essa isca, o OPGU atraiu Savinkov e Reilly de volta à Rússia e os capturou. Savinkov foi condenado à prisão e forçado a escrever contra seus ex-companheiros do Exército Branco em publicações russas e europeias. Depois, foi assassinado pelos revolucionários soviéticos.[29] Reilly também não se saiu bem. Ele foi levado para uma floresta e executado por um pelotão de fuzilamento. Como toda boa propaganda russa, a morte do famoso espião britânico recebeu ampla cobertura da imprensa, o que, por si só, era um produto de propaganda. A Rússia alegou que Reilly havia sido morto por simples e confiáveis guardas de fronteira soviéticos, que atiraram enquanto ele tentava atravessar da Finlândia para a nova e gloriosa União Soviética.

Roubo e disseminação de documentos para uma mídia faminta, ao estilo da eleição de 2016, foram precisamente as ações realizadas pela inteligência russa em 1927 para desacreditar o Japão e conter suas maquinações imperiais. Os oficiais de inteligência russos da agência INO (*Inostranny Otdel* ou Departamento de Estrangeiros), um órgão stalinista ligado à Cheka, realizaram uma operação brilhante que penetrou no coração do governo imperial japonês. O INO foi criado por Felix Dzerzhinsky para viabilizar o acesso da Cheka à inteligência internacional. Os oficiais do INO recrutaram um intérprete do governo japonês que tinha acesso aos altos escalões do governo japonês. Ele foi encarregado de roubar um plano estratégico de guerra que supostamente havia sido escrito pelo barão Giichi Tanaka, o então primeiro-ministro japonês. Os documentos roubados foram encaminhados à Rússia e repassados para a imprensa norte-americana e chinesa em Nanquim pelos espiões. O "Plano de Conquista Imperialista" de Tanaka defendia a invasão japonesa da Manchúria e da Mongólia. Essa ação foi, em parte, uma distração, pois o plano era associar o roubo a espiões norte-americanos.[30] Até hoje, a autenticidade do documento ainda não foi comprovada.

Os oficiais da inteligência russa eram mestres em falsificar documentos para usar nas medidas ativas. Às vezes, as falsificações eram misturadas com documentos reais para espalhar "propaganda negra" ou notícias falsas. Já na era da KGB, os anos 1950 e 1960 foram muito propícios para falsificações. O uso dessa prática diminuiu em meados dos anos 1970, mas, em 1976, os computadores rudimentares e máquinas de escrever elétricas mais rápidas da IBM facilitaram a retomada das campanhas anti-EUA. Os computadores logo substituiriam os falsificadores. Nem todas as falsificações eram destinadas ao consumo público. As falsificações não detectadas ainda podem causar danos em contextos privados, especialmente quando aparecem em informações classificadas como "vazadas". A KGB e, agora, o FSB já realizaram milhares de microcampanhas de falsificações e propaganda. Alguns exemplos são a tentativa de desacreditar o governo de Gana, apoiado pelos norte-americanos, e a fabricação de documentos indicando que a Alemanha Ocidental e os EUA queriam que o governo racista da África do Sul adquirisse armas nucleares. Em muitos casos, essas campanhas são tão difundidas que as mentiras continuam se disseminando na internet.

Kompromat

O termo Kompromat se refere ao uso de "materiais comprometedores" para atacar a reputação de um alvo. Os materiais podiam ser reais ou forjados, mas tinham como objetivo atacar alvos como políticos, autoridades, personalidades da mídia e do entretenimento e empresários. Os materiais eram bastante diversos — documentos, fotografias e vídeos. Logo no início, a KGB atuava para encontrar e usar o Kompromat contra desertores e dissidentes do bloco comunista.

MEDIDAS ATIVAS

Os russos usaram Willy Brandt. Brandt foi o primeiro chanceler de centro-
-esquerda da Alemanha; era membro do Partido Social Democrata (SPD) e
recebeu o Prêmio Nobel por melhorar as relações entre as Alemanhas Ocidental
e Oriental. Brandt foi eleito em 1969 e era extremamente popular na Alemanha e
no Ocidente. A KGB atribuiu a ele o seguinte codinome de alvo: POLYARNIK.

Em uma importante medida ativa executada contra Brandt, Günter Guillaume,
um agente infiltrado da Stasi — o serviço de inteligência da Alemanha Oriental
— conseguiu desacreditar o chanceler. Guillaume era um agente alemão treinado
e ex-nazista, que foi infiltrado no Ocidente em 1956 para subverter os partidos
políticos. Guillaume subiu na hierarquia e tornou-se um assessor pessoal bastante
próximo de Brandt. Em 1973, a contrainteligência da Alemanha Ocidental recebeu
a informação de que Guillaume era um espião da Alemanha Oriental. Brandt
foi informado e não fez nenhuma alteração em sua rotina para capturar o espião.
Guillaume foi preso em 1974 e julgado por traição. Mais tarde, foi trocado por
espiões russos. Brandt acabou renunciando como consequência de ter instalado
um espião da KGB/Stasi como seu braço direito.[31]

Em 1961, o ex-oficial da marinha britânica e político Anthony Courtney foi
pego em uma operação inicial do Kompromat com base em seu envolvimento
sexual com uma agente da KGB. Durante sua campanha e eleição para o Parlamento, Courtney foi um crítico feroz dos abusos dos privilégios diplomáticos
cometidos pelos russos. Sua eficácia em espalhar a russofobia fez com que a KGB
o expusesse na mídia britânica. Os russos divulgaram fotos em que ele aparecia
mantendo relações sexuais com a guia russa da Intourist, Zinaida Grigorievna
Volkova, que trabalhava para a KGB. As fotos sensuais foram tiradas durante sua
visita à Rússia em 1961. Como era esperado, ele rapidamente foi forçado a deixar
o Parlamento.[32] Esse escândalo inspirou a cena do filme *Moscou contra 007* em
que James Bond aparece através de um espelho duplo, de onde oficiais da KGB
estão filmando sua relação sexual com uma criptoanalista da embaixada russa.

Em 1997, o FSB de Putin usou o Kompromat de maneira extremamente
eficaz, em meio à atmosfera anticorrupção altamente carregada da Rússia pós-
-soviética. Foi divulgado um vídeo em que, supostamente, o ministro da justiça
russo Valentin Kovalev aparecia em uma sauna com cinco mulheres nuas. O vídeo
fora gravado, supostamente, pela organização criminosa de Solntsevo. O vídeo
teria sido descoberto durante uma busca na casa de um banqueiro. O banqueiro,

Arkady Angelevich, estava sob investigação.[33] Acredita-se que a fita tenha sido feita pelo FSB, plantada e "encontrada" durante a investigação.

O advogado e ex-procurador-geral russo Yuri I. Skuratov apareceu em um vídeo pornográfico com duas jovens que supostamente eram prostitutas. Skuratov participara de um processo de corrupção instaurado contra o presidente russo Boris Yeltsin, o novo chefe de Putin.[34] Em janeiro de 1999, Skuratov foi chamado para uma reunião com Yeltsin, que mostrou o vídeo e pediu que ele renunciasse. Mais tarde, Putin, então primeiro-ministro da Rússia, pediria que Skuratov renunciasse novamente e o ameaçaria com processo criminal.[35]

Ilya Yashin, ativista da oposição russa e amigo do militante assassinado Boris Nemtsov, foi pego em um vídeo intitulado "A Palavra e a Ação".[36] O vídeo tentava mostrar os dois subornando policiais; na filmagem, também apareciam Mikhail Fishman, editor da *Russian Newsweek*, e Dmitry Oreshkin. Outro vídeo, intitulado "Fishman Era um Viciado", também incluía imagens de Fishman e uma jovem, identificada como "Katya", cheirando cocaína. Ilya Yashin reconheceu a garota e o local.[37] Victor Shenderovich foi vítima de uma operação Kompromat em 2010, quando um vídeo íntimo em que aparecia com uma jovem o obrigou a ir a público. O escritor satírico russo teve que admitir em um post de um blog que também tinha feito sexo com uma moça chamada "Katya", depois de ser informado que um vídeo dele havia surgido na internet.[38] Ele era casado e pai; isso foi suficiente para calá-lo.

Em 2015, Vladimir Bukovsky estava prestes a testemunhar no processo de Alexander Litvinenko, um oficial da KGB que fora assassinado, quando foi preso por posse de pornografia infantil em seu computador. Sua casa foi revistada antes de ele ir ao tribunal.[39] Posteriormente, ele processou a coroa britânica, alegando inocência.[40] Acredita-se que hackers da inteligência russa podem ter plantado clandestinamente os materiais pornográficos sem nunca terem entrado na casa de Bukovsky.

Em 2016, a rede de televisão russa NTV transmitiu um vídeo íntimo em que apareciam Natalia Pelevine e Mikhail Kasyanov. Pelevine diz que o vídeo foi gravado pelo FSB por ordem de Putin. Ela também era uma ativista ligada à campanha por justiça para Magnitsky. Essa campanha resultou na aplicação das sanções norte-americanas que bloquearam bilhões de dólares da oligarquia russa. Mikhail Kasyanov era casado, e o vídeo foi filmado em um apartamento secreto de sua propriedade. Kasyanov era presidente do PARNAS, um partido de oposição a Putin. O vídeo foi visto por milhões de russos na NTV.

Essas atividades não tinham como alvo apenas a oposição russa. Tentativas de comprometer diplomatas norte-americanos continuam sendo empreendidas, como a ação realizada contra o secretário para assuntos políticos do Departamento de Estado dos EUA, Brendan Kyle Hatcher. Hatcher atuava com direitos humanos na Rússia e foi submetido a uma intensa campanha de vigilância e Kompromat. Em 2009, um vídeo bastante editado foi postado em um site do jornal russo *Komsomolskaya Pravda;* a filmagem aparentemente mostrava Hatcher com uma prostituta. Na verdade, o vídeo mostra Hatcher, um homem casado, falando na rua em um celular sob vigilância do FSB. O vídeo mostra seu quarto de hotel, onde ele aparece sozinho, filmado de todos os ângulos por câmeras escondidas. Depois de um corte, surge o mesmo quarto escuro e, supostamente, um homem e uma mulher fazendo sexo, mas não há como saber se é Hatcher. O Departamento de Estado veio a público para declarar que o vídeo não passava de uma falsificação barata e continuou a apoiar Hatcher por ser um "bom funcionário".[41]

Tradicionalmente, o Kompromat era obtido através de fotografias, vídeos, cartas roubadas e gravações de áudio. No mundo moderno, com os avanços tecnológicos na computação e nos dispositivos móveis digitais, qualquer um pode ser vítima de Kompromat. Além disso, as redes de computadores modernas são suscetíveis a roubos. Todo mundo armazena e-mails, fotos pessoais e segredos corporativos em redes de computadores que, se hackeadas, podem ser uma arca do tesouro para a inteligência russa. Hackear computadores, redes de criptografia seguras e sistemas telefônicos era uma medida ativa especializada e uma área de excelência de duas organizações de inteligência russas, o FSB e o GRU.

A União Soviética era historicamente atrasada em relação à curva tecnológica norte-americana, especificamente quanto aos computadores. Os soviéticos utilizaram seus primeiros computadores para as atividades de controle de mísseis e criptografia. Em 1948, o cientista soviético Sergey Alexeyevich Lebedev coordenou a criação do primeiro computador soviético, a "pequena calculadora eletrônica", ou MESM. Em 1950, a máquina equipada com 6 mil válvulas termiônicas já estava operando.[42] Apesar desse avanço na computação, a mentalidade do Kremlin sob o comando de Stalin priorizava a inteligência humana e desdenhava abertamente do uso de computadores. Só décadas mais tarde, em 1989, foi criado o primeiro provedor russo de serviços de internet, o DEMOS. Ou seja, 20 anos depois do marco inicial da internet no Ocidente, criado pela DARPA e pela Universidade de Stanford. Na Rússia, as primeiras redes conectavam apenas organizações de pesquisa. O primeiro contato dos soviéticos com a internet global ocorreu em 28 de agosto de 1990, com uma troca de e-mails entre o Instituto Kurchatov e Helsinque, na Finlândia.[43] O primeiro domínio da União Soviética (.su) foi registrado em 19 de setembro de 1990.[44]

As Primeiras Campanhas de Hackers

O primeiro hacker a ser bastante comentado entre os ativos norte-americanos ligados à KGB foi o alemão Markus Hess. Ele foi encarregado pela KGB de roubar segredos tecnológicos em meados da década de 1980. Hess invadiu os sistemas do Lawrence Berkeley National Laboratory (LBL) a partir de Hanover, na Alemanha Ocidental. Usando seu acesso aos sistemas do LBL, ele conseguiu se infiltrar em outros sistemas, como as redes de computadores do Exército, da Força Aérea e da Marinha dos Estados Unidos. Hess foi pego depois de ter sido rastreado pelo administrador de sistemas da LBL, Clifford Stoll. Stoll atraiu o invasor desconhecido com uma isca. O plano consistia em plantar documentos para chamar a atenção do invasor e fazer com que ele estabelecesse uma conexão de dados, a partir da qual os investigadores poderiam rastrear a origem do ataque. Esse artifício resultou na prisão de Markus Hess, Dirk Brzezinski, Karl Koch e Peter Carl em março de 1989. Koch morreu em maio de 1989, antes do julgamento, e os outros três hackers foram condenados, mas receberam suspensão condicional de pena.[45]

Os quatro tinham uma ligação superficial com um grupo de hackers chamado Chaos Computer Club (CCC), a maior e mais antiga organização de hackers da Europa. Criado em 1981, o CCC focava a exposição de informações de governos considerados intrusivos. Nessa condição, o CCC era um alvo perfeito para as ações de recrutamento da KGB, pois oferecia uma negação plausível e um Idiota Útil para levar a culpa. Décadas mais tarde, grande parte da filosofia que impulsionava o CCC seria associada a um dos participantes de uma conferência promovida pela organização em 2007, um ex-hacker chamado Julian Assange.

MEDIDAS ATIVAS

Assange apresentou a ideia do WikiLeaks durante o congresso anual do CCC, acompanhado por seu sócio e técnico de servidor Daniel Domscheit-Berg.[46]

Operação Moonlight Maze

O autor Fred Kaplan escreveu o livro *Dark Territory: The Secret History of Cyber War* [Território Obscuro: A História Secreta das Ciberguerras, em tradução livre], contando a história real de como uma enorme rede de inteligência russa invadiu os computadores do sistema de defesa dos EUA e foi pega em uma operação conhecida como MOONLIGHT MAZE (Labirinto Luar). Em 1997, oito anos após o lançamento do primeiro provedor russo, o primeiro ataque cibernético substancial dos russos contra o Ocidente foi uma intensa campanha para invadir computadores de vários sistemas educacionais, governamentais e militares nos Estados Unidos.

As conexões eram estabelecidas fora do horário comercial, a partir de redes do mundo inteiro. Os investigadores notaram que o invasor tinha um objetivo específico, era paciente ao abordar os alvos e demonstrava uma sofisticada, ainda que imperfeita, segurança operacional (OPSEC). Essa característica era indicada pelas tentativas de encobrir e eliminar os rastros da invasão. Enquanto os analistas e investigadores trabalhavam para detectar a fonte dessa série de violações, a NSA preparou uma armadilha para o hacker. Aplicando uma técnica desenvolvida por Clifford Stoll, que anos antes usara uma isca para capturar os hackers alemães, o novo plano consistia em incluir código no programa da NSA para responder como um sinalizador. Essa ação possibilitou que a NSA rastreasse o material roubado até um IP localizado em Moscou, na Academia de Ciências da Rússia.

Em 1999, diante desses eventos, o vice-secretário de Defesa John Hamre declarou: "Estamos em meio a uma guerra cibernética."[47] Mal sabia ele que os Estados Unidos estavam apenas no início de uma prolongada guerra online de décadas sem um fim à vista. Esses ataques aos Estados Unidos mobilizariam não apenas hackers de agências militares e governamentais, mas também hackers independentes, grupos de hackers e criminosos de vários países; mas o maior e mais agressivo de todos seria a nova Federação Russa. A mobilização de hackers contratados e criminosos teria uma boa relação custo/benefício e ofereceria ao governo uma negação plausível.

114 BALAS, MENTIRAS, LAPTOPS E ESPIÕES

Como os hackers independentes eram motivados por seus próprios interesses econômicos, o governo não teria que apoiá-los. Dessa forma, Moscou poderia criar um exército não remunerado de hackers, trolls e propagandistas que seriam movidos por suas próprias ambições e dificultariam a identificação dos responsáveis pelos ataques. Na guerra cibernética, a atribuição de responsabilidade é fundamental para identificar o alvo das campanhas de defesa e retaliação.

Uma característica aparentemente singular das ações dos hackers russos foi a fusão de governo, empresas e criminosos para formar os CYBER BEARS. Embora não seja nenhuma novidade quando um ex-hacker passa a trabalhar para os Estados Unidos depois de cumprir pena ou pagar uma multa, na Rússia essa era uma arte consagrada. Os hackers russos viviam de acordo com uma única regra: hackear qualquer um, menos outros russos. Isso certamente traria uma visita do FSB.

Um hacker ganhou notoriedade no jogo das batalhas cibernéticas entre estados-nações: Evgeniy Bogachev. Bogachev foi citado em um relatório das agências de inteligência dos EUA sobre uma ação russa para hackear a eleição de 2016. Com uma lista de ataques cibernéticos que remontam pelo menos a 2006, Bogachev já foi acusado de roubar milhões usando um malware Trojan chamado Zeus e um ransomware [software que bloqueia o acesso em troca de um resgate] chamado CryptoLocker. O cavalo de Troia Zeus foi usado no roubo de credenciais de acesso a instituições financeiras. Bogachev foi acusado de usar uma botnet [rede de computadores infectados por softwares maliciosos que podem ser controlados remotamente] chamada *Gameover ZeuS* para espalhar o CryptoLocker pela web. Esse malware foi contido por uma ação internacional chamada Operação Tovar. Essa operação foi uma das maiores campanhas internacionais de combate a crimes cibernéticos já realizadas, mobilizando autoridades policiais de 11 países e várias empresas privadas de segurança cibernética.

Conhecido pelos nomes de usuário "lucky12345" e "slavik", Bogachev foi apenas um dos muitos criminosos do país que, acredita-se, ajudaram o governo russo a invadir ativos norte-americanos e europeus. Outro hacker recrutado pelo governo foi Alexey Belan. Belan foi acusado de roubar credencias de usuários do Yahoo! em 2014. Bogachev foi indiciado em agosto de 2012.[48] Belan foi indiciado e incluído na lista dos mais procurados do FBI em março de 2017.[49] Tanto Bogachev como Belan foram supostamente recrutados pelos oficiais do FSB Dmitry Dokuchaev

MEDIDAS ATIVAS 115

e Igor Sushchin, de acordo com a acusação formal divulgada em 15 de março de 2017.[50] Eles fazem parte da série de hackers que realizaram atividades para a inteligência russa nos últimos 20 anos. Em sua tentativa de converter os países ocidentais em aliados nas eleições norte-americanas, em 2016, e europeias, em 2017, os russos empregariam a totalidade de suas medidas ativas nacionais. Todos os recursos foram utilizados, de ataques cibernéticos e Kompromat à especialidade nacional, o emprego das fake news.

"Trabalho Sangrento" — Assassinatos por Encomenda

Os assassinatos sempre foram um aspecto fundamental das medidas ativas russas desde o nascimento da nação, mas a União Soviética transformou essa prática em uma forma de arte. Mesmo antes dos soviéticos, os oficiais do czar eram assassinados como um ato de "pena capital" por seus crimes contra o povo. Por exemplo, foram feitas várias tentativas de matar o conselheiro da família do czar, o estranho místico Rasputin. Depois de ter sido envenenado e esfaqueado várias vezes, ele foi baleado e jogado no rio Malaya Nevka.

O primeiro líder da União Soviética, Vladimir Ilyich Lenin, foi marcado para morrer logo após a Revolução de 1917. Em janeiro de 1918, tiros foram disparados contra seu veículo, supostamente por membros da Guarda Branca, a caminho do Palácio Smolny. Sua vida foi salva por um comunista suíço, Fritz Platten, que estava ao lado de Lenin no veículo. Ele protegeu Lenin dos tiros com seu próprio corpo. Em agosto de 1918, Fanny Kaplan também tentou assassinar Lenin. Embora Kaplan tenha ferido gravemente Lenin, ele sobreviveu; Kaplan foi julgada e executada.

Assim, uma revolução nascida do sangue continuou vertendo mais sangue quando Josef Stalin assumiu o comando do poder soviético. Ao longo de 30 anos, ele usou tanto execuções em massa quanto assassinatos seletivos para controlar a oposição, formada pelos chamados "inimigos do povo". Desde 1926, quando Vyacheslav Menzhinsky criou a "Administração de Tarefas Especiais", os serviços russos de inteligência vêm recorrendo a "Trabalhos Sangrentos". "Trabalho Sangrento", ou *mokroye delo* (мокрое дело), era o termo usado pela KGB para se referir a operações de assassinato.[51] O departamento era responsável por assassinatos, sequestros e sabotagens. As tarefas especiais, como eram chamadas, eram realizadas pela Diretoria Operacional e Técnica (OTU) da KGB.[52]

"Minha tarefa era mobilizar todos os recursos disponíveis do NKVD para eliminar Trotsky, o pior inimigo do povo", escreveu Pavel Sudoplatov no livro *Operações Especiais: Memórias de uma testemunha indesejada*. "Fui responsável pelo assassinato de Trotsky."[53] Foi assim que eliminaram Trotsky. Em 21 de agosto de 1940, na Cidade do México, Trotsky morreu após ser golpeado várias vezes com um piolet por Jaime Ramón Mercader del Río, um agente da NKVD nascido na Espanha. Trotsky foi um dos muitos alvos de Stalin na tentativa de eliminar toda a oposição aos objetivos puramente ideológicos do Kremlin.

Após a queda da União Soviética e a reestruturação da KGB como o FSB e o SVR, as tarefas de assassinatos seletivos continuaram a ser executadas como sempre. A partir da década de 1990, as "operações especiais" foram direcionadas contra os críticos do Kremlin e os oligarcas alinhados, à medida que o país se afastava dos seus dias comunistas e aderia ao corrupto "estado mafioso", como era chamado pelo ex-oficial da KGB/FSB Alexander Litvinenko.

Alexander Litvinenko e Boris Berezovsky

Alexander Valterovich Litvinenko atuou tanto na KGB quanto no FSB em várias funções, mas principalmente na contrainteligência. Na década de 1990, Litvinenko foi encarregado de tarefas voltadas para o crime organizado, uma função que ganhou mais destaque após a queda da União Soviética, quando os chefes do crime começaram a disputar o controle sobre recursos e autoridades. Além disso, ele recebeu ordens que o levaram ao coração da guerra chechena, durante sua transição da KGB para o FSB.

Uma oportunidade importante que prefiguraria seu destino foi o período em que trabalhou como segurança de Boris Berezovsky, um oligarca russo que enriqueceu na aurora da era pós-soviética. Em 1994, a vida de Berezovsky quase teve um fim abrupto quando ele foi alvo de um carro-bomba que matou seu motorista. Litvinenko foi encarregado de investigar o ataque. Ironicamente, Berezovsky já foi acusado duas vezes de ordenar assassinatos, inclusive do prefeito de Moscou, Yuri Luzhkov.[54] Berezovsky conhecia Putin havia muitos anos e, na década de

MEDIDAS ATIVAS

1990, ficou bastante próximo do ex-oficial da KGB que se tornara chefe do FSB. Mais tarde, no entanto, Berezovsky criticou abertamente Putin sobre suas políticas cada vez mais autoritárias e condenou eventos específicos, como a morte de marinheiros russos no submarino *Kursk*. Como resultado, Berezovsky partiu para o exílio e o governo de Putin abocanhou todos os seus negócios de mídia e petróleo. Mas, em solo russo, nada disso impediu Putin de caçá-lo, e Berezovsky foi acusado de desvio de dinheiro e de chefiar uma organização criminosa. Apesar dessas acusações, foi Berezovsky quem chamou Putin de "gângster" e "terrorista número um". Ele disse que pretendia derrubar Putin e mudar o regime à força. Como resultado, Berezovsky foi marcado para morrer. Em 2003 e 2007, ele foi alvo de novos atentados — ambos sem sucesso.[55]

Litvinenko havia se tornado mais crítico em relação à corrupção das autoridades policiais russas. As próprias agências encarregadas de controlar o crime estavam agora cooperando com os criminosos, engendrando um Estado Mafioso total. Foi Berezovsky quem apresentou Putin a Litvinenko no final da década de 1990, quando Putin se tornou líder do FSB. No entanto, quando Litvinenko recorreu a Putin para lidar com casos de autoridades corruptas, ele não só foi rechaçado, como também obstruído em suas investigações. Em 17 de novembro de 1998, ele foi a público denunciar a corrupção acompanhado por outros oficiais, sendo posteriormente demitido por esse ato ousado.[56] Em uma entrevista, Putin assumiu orgulhosamente a responsabilidade pela demissão de Litvinenko.[57]

Logo depois, Litvinenko solicitou e obteve asilo no Reino Unido em maio de 2001. Mas, na Rússia, ele se tornou um inimigo do Estado. Em sua nova vida, Litvinenko passou a colaborar com a inteligência britânica para expor a corrupção russa, aumentando seus riscos como alvo. Na Rússia, nada era pior do que um ex-agente do FSB cooperando com o MI6. Agora o mundo ouviria outro desertor russo descrever as ações da Rússia para semear o terror em todo o planeta. Ele reiterou as palavras de outras pessoas que ligavam a inteligência russa a terroristas do mundo inteiro. Seu livro, *Blowing Up Russia: Terror from Within* [Explodindo a Rússia: O Terror Visto por Dentro, em tradução livre] revelava como o terrorismo era usado para consolidar o controle de Putin sobre o poder na Rússia. À medida que mais eventos de terror afligiam o país, Litvinenko rapidamente os ligava ao FSB.

A jornalista Anna Politkovskaya foi alvo de vários atentados, inclusive em 2001, quando foi sequestrada e submetida a uma simulação de execução. Depois de escrever vários artigos relatando as violações dos direitos humanos e a condução da guerra da Chechênia, ela sobreviveu a uma tentativa de envenenamento durante um voo quando ia prestar auxílio aos reféns em Belsan. O líder checheno Ramzan Kadyrov lhe disse: "Você é uma inimiga e deve ser abatida." Ela foi assassinada no elevador de seu prédio, em Moscou, em 7 de outubro de 2006. Recebeu dois tiros no peito, outro no ombro e o golpe de misericórdia na cabeça.

Depois que Anna Politkovskaya foi assassinada, Litvinenko acusou Putin pela sua morte. Em 1º de novembro de 2006, ele ficou gravemente doente. Em 23 de novembro, morreu em decorrência de envenenamento. Em algum momento, um assassino deu a ele o isótopo radioativo polônio-210, que ele ingeriu sem saber. Posteriormente, as autoridades britânicas iniciaram uma grande investigação e realizaram audiências públicas para discutir a morte do ex-oficial do FSB. Dois suspeitos foram identificados: Dmitry Kovtun e Andrey Lugovoy. Em janeiro de 2007, os investigadores britânicos indiciaram formalmente os assassinos, mas, apesar dos pedidos de extradição, a Rússia se recusou a entregar os suspeitos. Após anos de investigações, em 2015, o governo britânico acusou Nikolai Patrushev e Vladimir Putin de terem ordenado o assassinato.

Na Rússia, a máquina de propaganda de Putin tinha seu próprio suspeito. Para eles, o culpado era Boris Berezovsky. Embora eles não apresentassem nenhuma prova para essas alegações. Apesar de terem sido encontrados vestígios de polônio no escritório de Berezovsky, isso não chegava a surpreender, pois Litvinenko visitara o antigo oligarca quando já estava doente. Depois de ser acusado de assassinar seu amigo, Berezovsky processou o canal de televisão russo RTR Planeta e recebeu uma indenização em 2010.[58] Por fim, assim como seu amigo, Berezovsky foi morto em março de 2013. Seu corpo foi encontrado enforcado, mas, embora o legista tenha determinado a causa da morte como suicídio, um patologista contratado pela família alegou que um exame mais detalhado indicara que a morte não parecia ser um suicídio.

Jornalistas eram alvos recorrentes de assassinatos. Anna Politkovskaya foi apenas um exemplo. Natalia Estemirova foi sequestrada e assassinada em 15 de julho de 2009, depois de ter relatado as violações dos direitos humanos que ocorriam na Chechênia, incluindo sequestros, tortura e execuções promovidas

MEDIDAS ATIVAS

pelo governo russo. Yuri Shchekochikhin era um jornalista investigativo que cobria casos de corrupção no governo, violações dos direitos humanos e, como Politkovskaya e Estemirova, as guerras chechenas. Ele foi envenenado em junho de 2003 e morreu algumas semanas depois, em 3 de julho de 2003. Circularam rumores sobre um possível envenenamento por materiais radioativos, como o de Litvinenko, mas os russos nunca divulgaram o laudo da autópsia.[59]

Outros críticos das políticas de Putin também foram assassinados, incluindo o político liberal Boris Nemtsov. Nemtsov foi ativista por décadas até ser assassinado em 27 de fevereiro de 2015. Desde seus primeiros dias protestando contra o desastroso acidente nuclear de Chernobyl até sua oposição a Viktor Yanukovych, Nemtsov teve uma longa carreira na reivindicação de reformas. Foi nomeado governador de Nizhny Novgorod por Boris Yeltsin no final de 1991.[60] Mais tarde, foi eleito para o Conselho da Federação em 1993 e, em 1997, assumiu o cargo de primeiro vice-primeiro-ministro.

Mas, depois que Putin chegou ao poder, Nemtsov se tornou um de seus principais críticos. Junto com outros opositores, como o mestre de xadrez Garry Kasparov e Vladimir Kara-Murza, Nemtsov passou a taxar Putin de autocrata reiteradamente. Em 2007, ele pretendia concorrer à presidência da Rússia, mas retirou sua candidatura e apoiou Mikhail Kasyanov, da União Democrática do Povo. No mesmo mês, ele se juntou a Kasparov na criação do Movimento Solidariedade (*Solidarnost*). Pouco depois, foi atacado por três homens do movimento juvenil Nashi.[61]

Depois que Nemtsov assinou o manifesto Putin Deve Sair, em março de 2010, e colaborou na elaboração do relatório "Putin: Resultados — 10 anos", o site que hospedava esse material foi alvo de um ataque DDoS.[62] Quando Nemtsov e seus aliados levaram suas críticas a Putin, ele respondeu com alegações de que eles só estavam tentando encher os bolsos. Isso não dissuadiu Nemtsov de mais uma vez acusar Putin de corrupção durante as Olimpíadas de Sochi, denunciando o desvio de fundos destinados à segurança.

Após a invasão russa da Crimeia, Nemtsov publicou um artigo no *Kiev Post* culpando Vladimir Putin. Em suas palavras: "Putin está tentando dissecar a Ucrânia e criar no leste do país um Estado fantoche, a Novorossiya, economicamente rico e politicamente controlado pelo Kremlin." Novorossiya significa Nova Rússia e é um dos gritos de guerra dos grupos nacionalistas pró-Kremlin, incluindo o partido Rodina. Mas Nemtsov foi mais longe ao afirmar que o verdadeiro motivo da invasão estava ligado aos recursos naturais da região: "É crucial que seu clã controle o setor metalúrgico no leste da Ucrânia, bem como o complexo industrial e militar do país." E acrescentou: "A Ucrânia é rica em gás de xisto e poderia concorrer em pé de igualdade com a Gazprom de Putin."[63]

Nemtsov tinha plena consciência de que era um alvo. Ele havia sido preso muitas vezes pelo regime de Putin, inclusive em 2007, 2010 e 2011. Assim como outro crítico de Putin, Alexei Navalny, Nemtsov foi preso por "protestos não autorizados", comprovando seu ponto de vista de que Putin era autoritário. Ele afirmava que temia por sua vida, mas que não recuaria por causa disso: "Se eu tivesse medo de Putin, não estaria nessa linha de trabalho."[64]

Os medos de Nemtsov se materializaram na noite de 27 de fevereiro de 2015, quando ele foi morto a tiros na ponte Bolshoy Moskvoretsky, em Moscou, bem em frente ao Kremlin. A reação em todo o mundo foi forte; ativistas e líderes dispararam críticas severas e fizeram acusações contra o Kremlin e o FSB. Mas oficialmente o Kremlin indiciou cinco chechenos que trabalhavam para Ramzan Kadyrov.[65]

Embora os assassinatos orquestrados pelo Kremlin já tenham feito muitas vítimas, nem todas as tentativas foram bem-sucedidas. Notavelmente, Vladimir Kara-Murza, amigo de Boris Nemtsov, foi alvo de pelo menos dois atentados; em ambos o Kremlin falhou.[66]

Oleg Erovinkin começou a atuar na KGB em 1976. Ele foi misteriosamente morto em Moscou e encontrado em um carro da empresa Rosneft, um Lexus preto, em 26 de dezembro de 2017. Erovinkin era chefe de gabinete de Igor Sechin desde maio de 2008, quando foi nomeado por Vladimir Putin.[67] Suspeitava-se também que Erovinkin fosse uma das fontes do Dossiê Steele, que expôs as ações russas durante a campanha de Trump.[68] Esse dossiê mencionava uma fonte que mantinha contato com Igor Sechin. A entrada de 19 de julho de 2016 indicava que "uma fonte russa próxima ao presidente da Rosneft, colaborador próximo de PUTIN e indivíduo sancionado pelos EUA, Igor SECHIN, confidenciou os detalhes de uma reunião secreta recente entre ele e Carter Page", que atuava como conselheiro de Donald Trump.[69] No entanto, a causa oficial da morte foi definida como ataque cardíaco. Sua morte aconteceu bem depois que as notícias e detalhes do Dossiê Steele foram divulgados. Se Erovinkin tivesse mesmo discutido sobre a reunião com Steele ou outros canais, isso teria sido uma ameaça à segurança operacional do Kremlin, pois indicaria a intenção de aliciar Carter Page e usá-lo como agente de influência sobre Trump.

Em 4 de março de 2018, o ex-espião russo Sergei Skripal e sua filha Yulia foram encontrados pela polícia esparramados em um banco em um parque de Salsbury, na Inglaterra, com os olhos revirados. Skripal era coronel e ex-oficial da inteligência militar do GRU e se aposentara em 1999. Durante o período em que trabalhou no GRU, foi recrutado pela inteligência britânica para identificar agentes de inteligência do FSB, do SVR e do GRU. Em 2004, foi descoberto e preso em Moscou e acusado de alta traição por ser um espião do MI6, o serviço de inteligência britânico. Foi condenado a 13 anos de prisão, mas provavelmente só estava sendo guardado para servir de moeda de troca na repatriação de outros espiões russos. Em julho de 2010, a moeda foi usada e Skripal foi entregue ao Reino Unido como parte de uma troca de espiões que repatriou dez russos "ilegais" capturados nos EUA, incluindo a famosa espiã Anna Chapman. Especialistas afirmam que Skripal foi envenenado com um agente neurotóxico de uso militar conhecido como Novichok. Esse tipo de arma química é oito vezes mais mortal que o VX, que pode matar em menos de um minuto.

Além de Skripal, três policiais que estiveram no local da ocorrência foram hospitalizados. Além deles, vinte e uma pessoas que mantiveram contato físico com as vítimas ou com superfícies em que elas haviam tocado foram contaminadas com o agente químico Novichok. Skripal era um amigo próximo de Christopher Steele, famoso por seu trabalho no "Dossiê Trump". Alguns sugeriram que o ataque fora resultado dessa associação, já que Vladimir Putin parecia estar eliminando ex-oficiais da inteligência russa que haviam traído os interesses do Kremlin.[70]

A primeira-ministra Theresa May foi ao Parlamento e criticou duramente Moscou. May declarou: "Ou essa foi uma ação direta do Estado russo contra nosso país, ou o governo russo perdeu o controle de um agente nervoso potencialmente catastrófico e permitiu que ele caísse nas mãos de terceiros."[71]

Em 22 de março de 2018, o governo britânico respondeu ao ataque expulsando 23 diplomatas russos do país. As autoridades britânicas também disseram que outras atividades diplomáticas seriam suspensas. Nos termos do Artigo 5 da Carta da OTAN, o Reino Unido podia exercer seu direito de convocar os aliados para uma ação contra a Rússia. Nos Estados Unidos, Donald Trump permaneceu relativamente calado sobre o assunto. Em sua típica enxurrada de tuítes, nenhuma menção foi feita ao caso. O secretário de Estado Rex Tillerson, prestes a ser demitido na época, disse que o ataque "claramente havia partido da Rússia" e que os Estados Unidos reagiriam ao evento. No entanto, a porta-voz da Casa Branca Sarah Huckabee Sanders se absteve de criticar os russos pelo atentado. Após dias de críticas, a embaixadora dos EUA na ONU Nikki Haley finalmente concordou com a Grã-Bretanha e atribuiu a responsabilidade pelo ataque aos russos, mas Donald Trump ainda se recusava a mencionar a Rússia e Putin.

A resposta russa foi disparar ironias contra as alegações britânicas. Foi também um lembrete de que o Kremlin nunca perdoa. "Traidores morrerão", disse Putin em um programa de televisão em 2010.[72] Em uma entrevista concedida à apresentadora da NBC Megyn Kelly em março de 2018, Putin disse que "nem tudo pode ser perdoado... especialmente a traição".[73] Nesse mesmo dia, na televisão russa, o apresentador Kirill Kleimenov disse que Skripal era "por seus atos, um traidor de seu país" e advertiu que "ser um traidor é uma das profissões mais perigosas do mundo".[74] As autoridades britânicas, chocadas com o fato de a TV estatal se gabar da ação praticada, ameaçaram desligar o sinal da rede RT no país em resposta ao ataque de Skripal.[75]

Foi preciso que um ataque terrorista, bancado pelos russos, disseminasse uma arma química de destruição em massa no território do aliado mais próximo dos EUA na OTAN para ficar claro que Putin agora estava usando todas as ferramentas à disposição do Estado para punir os traidores. Como um líder terrorista profissional, Putin entendeu que o público-alvo do ataque não eram as vítimas imediatas, mas qualquer um que ousasse atravessar o caminho do grande mestre da espionagem, incluindo toda a diáspora russa. A outra parte da mensagem destacava que, quando a Rússia pede a alguém, incluindo seus espiões e ativos, para ajudar o FSB e o GRU, recusar esse pedido pode ter graves consequências.

CAPÍTULO 7

Fake News

"Dê a um homem uma notícia falsa, e ele lhe enganará por um dia. Ensine um homem a falsificar notícias, e ele mentirá para você por toda a vida.

—JM BERGER

A história das campanhas de desinformação russas está repleta de invenções bizarras, tramas fantásticas, conspirações sórdidas e mentiras descaradas à la Trump. A Rússia sempre foi uma nação predisposta a acreditar em quase tudo, mas, durante os três quartos de século do regime comunista, o país permaneceu imerso na política de "Crie uma Grande Mentira, Chame-a de Verdade". Desnecessário dizer que isso tornou os russos não só especialistas em detectar, mas também em fabricar mentiras ainda maiores.

Na era digital, a capacidade de criar histórias sem nenhuma base na realidade foi além do episódio em que os oficiais do Serviço A da Primeira Diretoria Principal da KGB espalharam a incrível mentira de que a AIDS fora criada para matar negros e gays. Claro, a divulgação foi impulsionada pela mídia global e por comentaristas dissonantes. Hoje, é possível ler a respeito do assassinato de um funcionário de campanha do Partido Democrata e sobre como Hillary Clinton e John Podesta coordenavam uma rede de tráfico e exploração sexual infantil sediada no porão imaginário de uma pizzaria em Washington e como o papa mais liberal da história, um latino, mudou de opinião e passou a apoiar Donald Trump com muita satisfação, chegando até a usar um boné "Make America Great Again" [Tornar a América Grande Outra Vez]. Cada uma dessas histórias foi divulgada como "notícia" durante a campanha de 2016 e enviada a centenas de milhões de espectadores como se fosse verdadeira. O fato de todas elas serem mentiras deslavadas é irrelevante. As histórias foram divulgadas através de um sistema global de distribuição de propaganda; depois de captadas pela mídia social e pela grande imprensa dos EUA, o burburinho sobre sua veracidade se transformou em um debate. Missão cumprida.

Oficial da inteligência militar russa, o coronel Vladimir Kvachkov, ao escrever as diretrizes do GRU para propaganda e guerra política, afirmou: "Um novo tipo de guerra emergiu, e o combate armado cedeu seu lugar decisivo na realização dos objetivos militares e políticos da guerra para outra abordagem — a guerra de informação."[1]

Kvachkov está correto quando aponta a informação como o novo domínio da guerra. Propaganda, fake news e operações de influência são os sistemas de armas mais avançados da era moderna. As bombas não são duradouras, mas criam danos e têm um efeito fatal. As fake news sobrevivem ao tempo e têm a capacidade de mudar opiniões e percepções da realidade.

Os russos incorporaram a mídia social em seu planejamento estratégico para a guerra de informação. Sua doutrina estratégica define esse tipo de combate da seguinte forma:

"Confronto entre dois ou mais estados no espaço da informação com o objetivo de danificar sistemas de informação, processos e recursos de importância crítica, bem como outras estruturas; minar o sistema político, econômico e social e promover uma lavagem cerebral em massa na população para desestabilizar a sociedade e o Estado e forçá-lo a tomar decisões condizentes com os interesses da parte agressora."[2]

Note-se que os russos usam especificamente as palavras "lavagem cerebral em massa" ao doutrinarem suas forças armadas quanto à guerra de informação em mídia social. Essa propaganda corresponde a armas cibernéticas que inundam o domínio de dispersão de informação global (a internet) e se disseminam pelo campo de batalha da informação (notícias e mídia social) para influenciar ou alterar percepções no alvo primário (sua mente) ou produzir resultados secundários na zona de impacto (seu celular ou televisão). A propaganda de mídia social se aproveita da curiosidade humana para fazer você olhar mais de perto.

Durante a Guerra Fria, a inteligência russa conceituou, desenvolveu e implantou um sistema perfeito de transformação de propaganda comunista em arma que utiliza: 1) o que você sabe; 2) o que você aprendeu; 3) o que você ouve; e 4) no que eles querem que você acredite. Com isso, eles criavam histórias totalmente falsas, mas geralmente críveis. A Rússia não foi a única nem a primeira nação a fazer isso. Na Segunda Guerra Mundial, os EUA e seus aliados possuíam ministérios inteiros dedicados à propaganda.

O coronel-general Andrey V. Kartapolov, chefe do Departamento Central de Operações e vice-chefe do Estado-maior, foi um pioneiro na criação de operações de guerra cibernética e de um novo tipo de guerra híbrida. Em suas palavras:

> "... o principal objetivo do conflito psicológico instigado por informações é a mudança de regime no país adversário (através da destruição dos órgãos do governo); por meio da influência em massa sobre a liderança político-militar do adversário — para, no mínimo, aumentar o tempo disponível para a tomada de decisões de comando e prolongar o ciclo operacional; por meio da influência na consciência coletiva da população — direcionando as pessoas para que a sociedade do país vítima seja induzida a apoiar o agressor, agindo contra seus próprios interesses."[3]

A inteligência de Putin disseminou fake news muito bem elaboradas — que os especialistas em guerra psicológica chamaram de Produtos de Propaganda (PPs) — no domínio da informação usando uma miríade de sistemas de inserção: Facebook, Twitter, Sputnik, *Russia Today*, blogueiros independentes, sites de teorias da conspiração, seções de comentários da mídia tradicional e até mesmo via cartões-postais contendo propaganda direcionada para jornalistas. Esse sistema difunde os produtos ideológicos criados por filósofos russos como Dugin e Surkov e pelos seus Companheiros de Viagem norte-americanos, como Steve Bannon e Donald Trump.

126   BALAS, MENTIRAS, LAPTOPS E ESPIÕES

O posto de comando que coordena as medidas ativas cibernéticas russas é uma empresa privada de inteligência chamada Russian Federation Internet Research Agency (RF-IRA), que emprega milhares de operadores de computador fluentes em inglês. O ex-diretor interino da CIA, Michael Morell, não previu a utilização das mídias sociais como arma: "Portanto, não tenho dúvidas de que nós, a comunidade de inteligência, não percebemos, em termos estratégicos, a utilização das mídias sociais como arma... Eu não identifiquei... sinal algum do possível emprego das mídias sociais para nos atacar."[4]

Uma Breve História da Propaganda Russa

Desde a queda da União Soviética, o jornalismo continua a ser um campo da batalha de informação fundamental para o estado. As "fake news" da mídia de notícias são o método preferido pela Rússia para a criação e disseminação de informação. Praticamente todos os "jornalistas" eram, antes de tudo, propagandistas do Estado. Relatórios da época apontam que cerca de 70 a 80% dos funcionários da agência de notícias TASS [Agência de Informação e Telegrafia da Rússia] também trabalhavam para a inteligência. Ser jornalista era uma ótima cobertura para um oficial da KGB penetrar em círculos de poder ou de interesse do Kremlin. Os agentes de informação da KGB eram posicionados em todo o mundo sob o pretexto de um trabalho jornalístico para divulgar fatos inventados, publicar ou influenciar a publicação de artigos favoráveis à Rússia e conduzir campanhas de desinformação. Os agentes seguiam as diretrizes da Diretoria de Informação, do Departamento de Informações Internacionais e da KGB. O agente podia desenvolver as mesmas relações que um jornalista legítimo com figuras da política e da economia capazes de compartilhar informações valiosas ou receber informações tendenciosas destinadas a manipular sua visão sobre assuntos importantes para os soviéticos.[5]

Agências de notícias comandadas pelos russos foram usadas para espalhar boatos e plantar notícias falsas. Por exemplo, uma antiga revista indiana, a *Blitz*, foi usada pelos russos para expor agentes da CIA, espalhar desinformação e plantar notícias falsas. Outro exemplo é a revista soviética *The New Times*, criada em 1943 como veículo para difundir propaganda comunista disfarçada de jornalismo. Sua missão era filtrar as mentiras do Estado e injetá-las no fluxo de informações da mídia global. Foi nessa publicação que o desertor da KGB Stanislav Levchenko trabalhou enquanto esteve no Japão. Levchenko foi designado jornalista da *The New Times* em Tóquio no início dos anos 1970.[6] De acordo com depoimentos feitos ao Congresso dos Estados Unidos, dos 14 correspondentes da revista, 12 eram oficiais da KGB. Levchencko falava inglês fluentemente e fazia o papel de um jornalista legítimo, o que levou os japoneses a permitir que participasse de conferências informais de imprensa com oficiais do governo, sem que as pessoas percebessem que ele era um agente russo. Em geral, somente quando desertores como Levchenko abriam o jogo que as expunha é que essas organizações de mídia eram expostas como fachadas para espiões.

O ex-primeiro-ministro soviético Nikita Khrushchev descreveu o uso da mídia estatal russa de forma sucinta: "Assim como um soldado não pode lutar sem munição, o partido não pode combater sem a imprensa. Ela é nossa principal arma ideológica e não podemos confiá-la a mãos duvidosas. Ela deve ser mantida nas mãos mais fiéis e confiáveis, de forma a ser usada para destruir os inimigos da classe trabalhadora."[7]

Fake News do Velho Kremlin

Uma das operações mais importantes na história das Medidas Ativas foi a *Operação Infektion*. Esse embuste foi tão eficaz que persiste entre os teóricos da conspiração até hoje. Como mencionado, quando a epidemia de HIV/AIDS foi identificada, a KGB fabricou uma história afirmando que o vírus da AIDS fazia parte de um programa de guerra biológica criado pelos Estados Unidos.[8] Em 1984, no Dia da Independência, o jornal indiano *Patriot* publicou uma reportagem alegando que o vírus fora criado no Instituto de Pesquisa Médica de Doenças Infecciosas do Exército dos Estados Unidos (USAMRIID) em Fort Detrick, no estado de Maryland.

Outra arma de propaganda criada pelos russos teve resultados fatais. Esse episódio envolveu a Grande Mesquita, ponto de peregrinação para todos os muçulmanos situado em Meca, na Arábia Saudita. Ela foi tomada em 1979, durante as comemorações dos 1400 anos do nascimento do Islã, por extremistas islâmicos que afirmavam que seu líder era a reencarnação do Mahdi (salvador) e que, portanto, todos deveriam obedecê-lo. Aproveitando-se da tendência do Oriente Médio a acreditar em teorias conspiratórias, a inteligência russa promoveu uma ampla campanha na região alegando que os Estados Unidos orquestraram a tomada e o bombardeio à Grande Mesquita de Meca. Foi uma mentira muito bem-sucedida. A notícia foi repetida até pelo aiatolá Khomeini, do Irã. Após uma reportagem, em que a mídia televisiva mostrou aviões sauditas bombardeando os terroristas, protestos violentos irromperam no Paquistão, resultando em um ataque ao posto diplomático norte-americano e na morte de dois militares dos EUA que defendiam a embaixada, que foi totalmente queimada. Jogando dos dois lados e instigando ainda mais o caos, os russos tentaram incitar o sentimento antimuçulmano nos EUA. Agentes soviéticos espalharam a mentira de que o responsável por atacar a embaixada dos EUA em Islamabad havia sido o exército do Paquistão, e não uma turba enfurecida com as fakes news criadas pela própria Rússia.[9]

A Iniciativa Estratégica de Defesa (SDI, na sigla em inglês) foi um sistema espacial de defesa antimísseis proposto pelo presidente Ronald Reagan na década de 1980 que recebeu o apelido de "Star Wars". Esse projeto receberia recursos multibilionários para criar um sistema antimísseis a laser e cinéticos situado no espaço que superaria a capacidade de defesa russa. A União Soviética não podia se dar ao luxo de se equiparar aos Estados Unidos, então iniciou uma campanha global para destruir todo o apoio ao sistema entre os norte-americanos.

A União Soviética organizou uma ampla campanha global para desacreditar a política, a tecnologia e a segurança do sistema planejado. Embora os EUA estivessem a décadas de distância dos estágios experimentais do sistema, os soviéticos atacaram via mídia global. De acordo com depoimentos feitos ao Congresso, os russos deram um passo inovador ao usar cientistas reais para coordenar um debate contra a implantação do sistema. "Para que suas críticas ao SDI ganhem contornos de autoridade, os soviéticos estão usando cientistas para conduzir a definição da questão da SDI." Materiais de propaganda com tema anti-SDI foram disseminados em reportagens diárias, conferências da ONU, festivais, intercâmbios culturais, reuniões de organizações não governamentais, relatórios técnicos e até mesmo em fotos de comemorações internacionais inócuas, como o 40º aniversário do Dia da Vitória na Europa.

A campanha anti-SDI foi uma ação ampla que abrangeu a disseminação dos desejos do Kremlin entre milhares de pessoas, sendo coordenada globalmente através de dezenas de milhares de transmissões telefônicas e via cabo diárias.

FAKE NEWS 129

Hoje, uma ação como essa poderia ser realizada com apenas cinco pessoas, alguns computadores e uma tela verde. Essa ação moderna poderia atingir bilhões em vez dos milhares atingidos nos melhores dias do antigo método.

Mas a avaliação do general Agayants sobre a guerra de propaganda política é a mais digna de nota. Antes de morrer em meados dos anos 1960, ele declarou: "Às vezes, fico impressionado com a facilidade com que jogamos esses jogos; se eles não tivessem liberdade de imprensa, teríamos que inventá-la para eles."[10]

Para conferir um retrato de uma campanha histórica de fake news, vamos analisar a Índia durante os anos 1970. A Índia era um enorme mercado de propaganda para a KGB. O país era considerado um ponto de entrada para que notícias falsas e propaganda chegassem ao fluxo de informações da mídia ocidental. Os agentes secretos russos compravam jornais, jornalistas e até mesmo editoras inteiras. Em uma era de comunicações de notícias por meios extremamente lentos como teletipo e correios, cada artigo de propaganda tinha que ser meticulosamente elaborado, plausível e verificável, e conter fontes cuidadosamente posicionadas. Levava semanas ou meses para posicionar a propaganda, ao passo que hoje demora poucos segundos para transmitir o equivalente a um ano inteiro de artigos falsos. Por exemplo, nos primeiros dois meses de 1977, a KGB gastou mais de 3 milhões de rúpias (aproximadamente US$100 mil, na época, ou US$6,3 milhões nos valores de hoje) para auxiliar a campanha eleitoral do Partido Comunista da Índia.[11] Como se tratava de um grupo político aliado, esse tipo de gasto era esperado como uma doação habitual ao partido associado à Internacional Comunista (COMINTERN). Na Índia, a penetração da inteligência da KGB no mundo das notícias globais era avassaladora. Ao longo dos anos, a imprensa indiana foi inundada com produtos de propaganda da KGB provenientes de dez jornais aliados ou operados por russos e de uma agência de imprensa russa. Durante a era Indira Gandhi (1971–1977), muitos artigos de propaganda antiocidentais e pró-comunistas foram introduzidos na mídia através da Índia:

- 1972: 3.789 artigos (10 por dia)
- 1973: 2.760 artigos (7 por dia)
- 1974: 4.486 artigos (12 por dia)
- 1975: 5.510 artigos (15 por dia)

Quando Gandhi decretou estado de emergência em 1976, iniciando também a repressão à imprensa, a Rússia teve mais dificuldade em plantar histórias falsas, mas ainda assim os russos conseguiram injetar 1.980 artigos em 1976 — ainda 5 por dia. Em 1977, os russos perceberam que a Índia não era mais um bom canal de entrada. Gandhi havia apertado o cerco contra a propaganda comunista e restringiu a operação a apenas 411 artigos naquele ano.[12]

Mídia Estatal

A totalidade da mídia estatal russa incluía numerosas agências, revistas e jornais, bem como o jornal mais notável do mundo, tão distante da realidade que seu nome se tornou sinônimo de mentira: *Pravda* (Verdade). As outras agências da era soviética eram os serviços de notícias TASS, Novosti e Sputnik, e as estações de rádio Rádio Moscou, Rádio Paz e Progresso e Ria Novosti, entre outras.

Quando a União Soviética entrou em colapso, todas essas agências foram colocadas à venda para quem pudesse pagar. O serviço de notícias Novosti continua sendo uma agência de notícias estatal e foi incrementado com empresas que começaram como mídia livre e independente, mas que rapidamente foram compradas e convertidas por Putin ou seus aliados e incorporadas à mídia estatal no melhor estilo comunista. A mídia estatal russa é tão onipresente que agora mais de 80% de todos os canais de televisão no país são estatais. Os outros 20% são de televisão por satélite.

Alexander Yakovlev, criador da Fundação da Democracia Internacional e crítico de Putin, sabiamente observou que na era Putin a televisão estatal e as mídias sociais controladas são os grandes condutores da opinião russa. Segundo ele: "Para tomar o Kremlin, você precisa tomar a televisão."[13] Essa televisão está sob as rédeas firmes do presidente e seus amigos.

O atual canal de televisão internacional da Rússia, o Russia Today (agora identificado pela sigla RT), e outras estações, incluindo a Channel One, a Russia One e a NTV, controlada pela empresa petrolífera Gazprom, continuam seguindo a tradição do Pravda, proporcionando uma aparência legítima às antigas agências estatais subordinadas à liderança nacional e às agências de inteligência.[14]

O ex-partidário de Putin Gleb Pavlovsky disse a documentaristas da PBS que Putin coordenava as campanhas de desinformação promovidas pelo Estado. A alta cúpula tomava decisões conscientes sobre o que expor, quem atacar e que narrativas funcionariam melhor. Considerando que os quatro assessores de Putin eram ex-oficiais da KGB, isso não chegava a surpreender. Segundo Pavlovsky:

"Tínhamos reuniões todas as semanas e, durante a campanha eleitoral, realizávamos reuniões diárias e decidíamos que canais de televisão mostrariam quais notícias, que tipo de artigos seriam publicados em diferentes jornais, o que seria postado em diferentes sites. Esse foi um plano meticuloso executado com precisão. Putin decidiu que seria assim em todos os lugares."[15]

Por outro lado, as empresas da mídia independente que atravessassem o caminho de Putin seriam destruídas ou compradas pela oligarquia e transformadas em mídia estatal aliada. Por exemplo, o Dozhd (TV Rain), um canal de notícias e informações que costumava ser livre e independente, teve seu sinal interrompido após enfurecer o Kremlin com uma pesquisa online que questionava se Leningrado (São Petersburgo) deveria ter sido entregue aos nazistas na Segunda Guerra Mundial para salvar vidas. Quando a pesquisa atingiu uma maioria a favor, o canal foi retirado do ar. Só é possível assistir ao Dozhd na internet por meio de um paywall [um sistema de assinatura usado por jornais e outros veículos de comunicação digitais que viabiliza o acesso a conteúdos restritos]. A Rússia permite que o canal opere no mesmo modelo que a Fox News, mantendo uma voz livre na oposição para afirmar que a mídia russa é "justa e equilibrada". O Dozhd é dirigido pela jornalista Natalya Sindeyeva e oferece uma alternativa para quem deseja mais liberdade e democracia, embora todos saibam que as visitas ao site são monitoradas pelo Estado.

O líder das agências nacionais de desinformação de Putin é Dmitry Peskov. Peskov é secretário de imprensa do presidente e chefe-adjunto do Gabinete Executivo Presidencial. Nascido na União Soviética, ele se formou na Universidade Estadual de Moscou em 1989 e foi designado para o Ministério das Relações Exteriores. Na época da queda da União Soviética e da transição para uma democracia incerta, Peskov atuava na embaixada russa na Turquia, onde permaneceu até 1995. No governo de Boris Yeltsin, ele foi indicado para o serviço de imprensa a tempo de trabalhar para Putin em seu primeiro mandato. Ele conquistou a confiança de Putin e atua como secretário de imprensa do presidente desde 2012. Peskov criou a imagem de propaganda de Putin como um estadista, líder viril e espião astuto. Ele tem a habilidade de criar narrativas que fazem um grande sucesso na Rússia, exatamente porque lá elas podem ser totalmente inventadas. Durante o regime soviético, o jornalismo era o disfarce preferido para a produção e disseminação de produtos da guerra de informação. Hoje, o RT, o Sputnik, o Newsfront e outros canais dão continuidade a essa tradição.[16]

Fundado em 2005 e sediado em Moscou, o Russia Today era a voz do Kremlin na televisão e na internet. Em sintonia com o histórico de desinformação do Kremlin e sua prática de semear dúvidas em fontes de notícias confiáveis e instituições governamentais do Ocidente e de todo o mundo, seu lema era "questione mais". O RT fazia transmissões em vários idiomas, incluindo inglês, francês, árabe e espanhol. A rede contava com diversos canais, incluindo o RT Arabic, o RT en Español, o RT America, o RT UK, o RT Documentary, o RT Deutsch e o RT en Français. Seus canais eram transmitidos em TVs a cabo dos Estados Unidos, Canadá, Reino Unido, Austrália, Portugal, México, Holanda, Polônia, Sérvia, Itália, Israel, Filipinas, Cingapura, Índia, Paquistão, Indonésia e Sri Lanka.

O RT cobria regularmente pautas que interessavam ao Kremlin, sempre com uma pitada de tendenciosidade no intuito de apoiar narrativas pró-Rússia, incluindo a cobertura da Revolução Ucraniana, a tomada da Ossétia do Sul na Geórgia, a tomada da Crimeia e a queda do voo 17 da Malaysia Airlines. Os apresentadores sempre elogiam Vladimir Putin e criticam os líderes do Ocidente.

O canal promovia visões anti-EUA ao reunir anfitriões e convidados predispostos a discutir as políticas norte-americanas em termos negativos. Vozes e apresentadores dissonantes que haviam perdido seus lugares na mídia norte-americana logo encontraram um lugar confortável nos estúdios do RT, incluindo Larry King, Ed Schultz e Julian Assange. No ano em que o fundador do WikiLeaks Julian Assange declarou que faria acusações contra líderes e oligarcas russos por corrupção, ele ganhou um programa no RT chamado *World of Tomorrow*. Em 12 programas, Assange conduziu entrevistas com várias figuras políticas, incluindo Hassan Nasrallah, Slavoj Žižek, Moncef Marzouki, Alaa Abd El-Fattah, Noam Chomsky e Tariq Ali.

Ex-apresentadores norte-americanos, como Liz Wahl, relataram que recebiam narrativas claramente tendenciosas ou falsas do Kremlin. Liz Wahl pediu demissão do RT durante uma transmissão ao vivo em março de 2014, e mais tarde se tornou uma das principais críticas do canal de notícias.[17]

Em resposta às medidas ativas que a Rússia vinha utilizando contra os Estados Unidos em 2016, o RT foi obrigado a se registrar, nos termos do Foreign Agent Registration Act [Lei de Registro de Agentes Estrangeiros ou FARA, na sigla em inglês], por ser uma "máquina de propaganda estatal da Rússia".[18] Essa designação obriga o RT a divulgar suas informações financeiras. A editora do RT, Margarita Simonyan, afirmou que, em resposta, os funcionários norte-americanos estavam pedindo demissão por medo da acusação de trabalhar em uma organização de propaganda controlada pelo Kremlin.[19] Em retaliação, o governo russo aprovou uma lei em novembro de 2017 voltada contra a Voice of America, a Radio Free Europe, a Current Time TV e outros canais, obrigando esses veículos a se registrarem como agentes estrangeiros.

O Sputnik é um site de notícias que substituiu a extinta RIA Novosti em 2014. A RIA Novosti foi a agência mundial de notícias da Rússia, até ser fechada em dezembro de 2013. No lançamento da nova agência pelo Kremlin, na estrutura da *Rossiya Segodnya*, seu diretor-geral, Dmitry Kiselyov, declarou que o veículo tinha como objetivo desafiar a "agressiva propaganda disseminada hoje no mundo".[20] Andrew Feinberg declarou ao *Politico* que achava que trabalhar no Sputnik seria bom para um jornalista freelancer. Mas logo depois perguntaram se ele escreveria matérias com informações inverídicas.[21]

A maioria dos especialistas em guerra cibernética da OTAN acredita que o Sputnik foi criado para ser um sistema de distribuição em uma guerra de propaganda. A denúncia apresentada contra a Internet Research Agency pelo procurador especial Robert Mueller, em 2018, parece indicar que a transição da RIA Novosti para o Sputnik foi uma reengenharia deliberada, com o objetivo de desenvolver um sistema específico para a distribuição de fake news durante a eleição de 2016 e eleger Donald Trump.

O Digital Forensic Research Lab (DFRL) do *think tank* Atlantic Council descreveu com precisão as operações da rede de TV RT como um componente-chave que oferece suporte aos combates da Guerra Híbrida. O RT não só foi usado para disseminar propaganda, como também moldou as percepções da população da Ucrânia e dos seus arredores em momentos-chave da invasão.

"Em momentos críticos, o apoio do RT às ações do governo russo fica ainda mais explícito, adotando uma linguagem quase idêntica ao tom das declarações do Kremlin. Essa é a forma mais aberta de propaganda, a que literalmente propaga as mensagens do governo repetindo as mesmas palavras. Por exemplo, ao longo de março de 2014, o governo russo se referiu ao novo governo ucraniano com sugestões que contestavam sua legitimidade. Alguns dos termos usados pelo Ministério das Relações Exteriores foram 'o regime de Kiev', 'o atual governo ucraniano', as 'atuais autoridades de Kiev', 'as pessoas que se intitulam autoridades ucranianas', e 'o golpe de Estado na Ucrânia'."[22]

Esses termos repercutidos ininterruptamente pelo RT sinalizaram para os ucranianos pró-Moscou os pontos oficiais de discussão que deveriam ser abordados na mídia e em torno dela. À medida que eram repetidos pelos ucranianos/crimeanos de etnia russa, esses termos passavam a integrar a linguagem comum em todas as discussões sobre a Ucrânia. Isso criou um ciclo de pontos de discussão comuns que circulavam pelas ruas de Kiev, Sevastopol e Moscou e dominavam todas os debates sobre a Ucrânia. Basicamente, esse padrão de fala uniforme levava o usuário a um ciclo contínuo de lavagem cerebral e verbal, quer ele estivesse ciente disso ou não.

O DFRL também desenvolveu um amplo estudo sobre redes de mídia social alemãs ligadas ao Kremlin, como os canais @RT_Deutsch, Sputnik Deutsch (@de_sputnik) e NewsFront Deutsch (@newsfront). Esses órgãos do Kremlin não apenas disseminaram propaganda, como também serviram de megafones para amplificar mensagens e criaram ligações entre indivíduos reais que passaram a compartilhar materiais ideológicos e pontos de encontro de extremistas. O DFRL observou: "[Nossa] análise mostra que alguns dos amplificadores mais ativos desses veículos são, de fato, os bots mais óbvios, mas eles não são o fator mais importante. As informações são significativamente impulsionadas por ativistas pró-Kremlin e usuários ligados a grupos de extrema-direita e xenófobos, conhecidos por agir em conjunto para perseguir os críticos."[23]

Putin e sua mídia estatal frequentemente usam "analogias" em suas operações de influência no cenário mundial, particularmente quando depreciam a OTAN. Um exemplo é a narrativa da mídia controlada pelo Estado russo que surgiu durante a invasão da Ucrânia comandada por Putin. Ele evocou imagens de nazistas e fascistas na Ucrânia, com alusões à Segunda Guerra Mundial, para manipular a opinião pública russa em relação à sua incursão militar no território ucraniano. Robert Donaldson observou:

"As analogias podem servir reflexivamente como uma grande força unificadora. Putin costuma usar analogias contra a comunidade internacional. Ele já afirmou em diversas ocasiões que a incursão da Rússia na Crimeia era pouco diferente da incursão da OTAN no Kosovo. Mas esqueceu de acrescentar, é claro, que a Rússia anexou a Crimeia, enquanto nenhum país da OTAN incorporou o Kosovo."[24]

O DFRL identificou padrões de propaganda e reportagens falsas nas tentativas da Rússia de desacreditar as operações e exercícios da OTAN. Eles identificaram metanarrativas reiteradamente usadas pela Rússia sobre temas como:

1. A OTAN não é bem-vinda e as tropas da OTAN são colonizadoras.
2. A [insira aqui a região geográfica] é paranoica ou "russofóbica".
3. A OTAN é provocadora e agressiva.
4. A OTAN é obsoleta e não pode proteger seus aliados.
5. A OTAN [insira aqui a região geográfica] simpatiza com a ideologia nazista.[25]

No final de maio de 2006, um contingente de 227 reservistas do Marine Wing Support Group 47 (MWSG-47) foi destacado para participar do exercício militar anual entre EUA e Ucrânia denominado "Sea Breeze 2006". Esse é um exercício anual de treinamento e desenvolvimento realizado no Mar Negro. Os fuzileiros navais eram reservistas de Michigan enviados para a Ucrânia para construir tendas de refeitório, latrinas e outros alojamentos para as forças multinacionais.[26]

O contingente de fuzileiros chegou a bordo do navio de carga *Advantage*, que atracou no porto de Teodósia. O Departamento de Estado norte-americano foi informado por fontes locais que as autoridades russas espalharam, entre a população local de língua russa, rumores de que os navios que transportavam os fuzileiros traziam "substâncias venenosas" para serem usadas na Crimeia. Eles também disseram aos moradores locais que os fuzileiros navais transportavam materiais para construir uma base permanente da OTAN na área.

136 BALAS, MENTIRAS, LAPTOPS E ESPIÕES

Quarenta e oito horas após a chegada do navio, os manifestantes bloquearam o porto, gritando propaganda anti-EUA e anti-OTAN para as tropas. Os fuzileiros tentaram se transferir para uma base naval ucraniana perto de Stary Krym para começar a trabalhar em um alojamento que estava sendo reformado. Mais de 2 mil manifestantes mobilizados pela Rússia, pelo Partido das Regiões (uma agremiação política local pró-Rússia) e pelos opositores ligados à Natalya Vitrenko cercaram o comboio, sacudindo os ônibus em que os fuzileiros navais viajavam, quebrando também as suas janelas. Os fuzileiros navais tiveram que se abrigar em um hospital militar até serem evacuados para os Estados Unidos. Na partida da tropa, havia manifestantes ao longo das estradas com placas dizendo: "Yankee Go Home" [Ianques, Voltem para Casa].[27]

ANTES DA INVASÃO russa da Crimeia em 2014, os noticiários russos espalharam uma série de notícias falsas pela televisão para preparar o terreno e obter aceitação popular para a iminente invasão. Os serviços estatais de notícias de Putin divulgaram uma enxurrada de notícias falsas alegando que cidadãos de etnia russa na região de Donbas e na Crimeia estavam sendo perseguidos na Ucrânia. Invariavelmente, as notícias informavam que os manifestantes pró-europeus ligados à "Revolução Colorida" ou à "Praça Maidan", que recuperaram o poder das mãos do governo pró-Moscou, eram agitadores contratados pela OTAN e pela CIA. Outra narrativa de propaganda espalhada pela televisão russa e pelo Facebook afirmava que soldados ucranianos haviam crucificado uma criança de etnia russa. Repórteres informavam, ofegantes, que uma massa de refugiados russos fugira do leste da Ucrânia para a Rússia.[28] Para os habitantes da região, a mídia russa passava a impressão de que uma grande guerra estava prestes a estourar. As populações dos dois países foram bombardeadas com notícias falsas entremeadas a relatos reais para moldar a narrativa elaborada em torno do conflito que se aproximava.

A empresa RAND realizou um estudo sobre a propaganda russa no período que antecedeu a invasão da Crimeia. Eles descobriram que as correntes de propaganda eram "'de alto volume e multicanais' e disseminavam mensagens sem nenhum embasamento real. A mídia de propaganda também é 'rápida, contínua e repetitiva' e 'não tem compromisso com a coerência', o que dificulta sua repressão pelos Estados-nação".[29]

Essa extensa preparação do campo de batalha nas arenas política, psicológica e da propaganda permitiu que Moscou tomasse e dominasse o território, porque a Rússia e seus aliados estavam preparados para aceitar a ofensiva como uma operação militar justa ou um fato consumado, dependendo do ponto de vista.

Os tentáculos da guerra de propaganda promovida pela Rússia atacam praticamente todas as operações e exercícios da OTAN para alicerçar a metanarrativa da terrível maldade inerente à aliança do Atlântico. Em 2015, soldados norte-americanos destacados para a "Operação Atlantic Resolve" na Ucrânia tiveram detalhes de suas vidas pessoais divulgados por autoridades russas. Os agentes descobriram informações em suas contas em redes sociais e divulgaram dados específicos. Isso ocorreu depois que surgiram alegações de que oficiais do Exército dos Estados Unidos haviam estuprado crianças.[30] Na Letônia, as ações de propaganda dos russos retratavam os militares da OTAN a serviço no país violando mulheres ou vivendo em apartamentos de luxo pagos pelos contribuintes locais.[31] Um site russo se passando por uma página de um instituto de pesquisa do governo finlandês divulgou manchetes alternativas, como a que informava sobre a existência de um centro de ameaças cibernéticas ligado diretamente à CIA, o qual acusava de estar travando uma "guerra híbrida" contra a Rússia.[32]

Em 2016, o primeiro-ministro búlgaro cancelou um exercício conjunto com as forças da OTAN porque não queria arriscar uma guerra com a Rússia depois da divulgação de propaganda russa sobre o exercício naval.[33]

Moscou atingiu em cheio o coração da OTAN em janeiro de 2016, quando ajudou a difundir uma história falsa sobre o estupro de uma menina alemã de 13 anos de idade. Moscou se aproveitou das tensões internas em relação aos imigrantes para moldar a história; depois, usou seus tentáculos de inteligência e mídia para impulsionar a divulgação. Os canais de televisão russos, incluindo o Sputnik e o Russia Today, apresentaram reiteradas reportagens sobre a história; os hackers russos difundiram a história através da mídia social e, por fim, o ministro russo questionou a capacidade das autoridades alemãs de oferecer segurança para seus cidadãos.[34] Embora a história tenha se provado falsa, o Kremlin conseguiu aproveitar essa pausa para acirrar ainda mais as cisões em uma democracia ocidental relativamente estável.

Diferentemente de suas operações de influência no Ocidente, os meios de comunicação em massa russos, localizados dentro das fronteiras nacionais, estão sob o controle do Estado. No Kremlin, a agência *Roskomnadzor* gerencia todo o acesso à internet dos cidadãos russos. A qualquer momento, o Estado pode monitorar, limitar, bloquear e banir qualquer um que incite a dissidência ou deprecie o Kremlin de qualquer forma. Várias vozes independentes já foram bloqueadas por Putin sem nenhuma explicação.

A ferramenta favorita do Estado para limitar ou bloquear a "liberdade de expressão" é dizer que a organização, o site ou o indivíduo teriam usado "informações ilegais", uma acusação velada quase tão grave quanto as leis secretas do país. O Kremlin pode identificar e classificar praticamente qualquer forma de expressão como ilegal e, muitas vezes, afirma que ela faz parte de uma operação de espionagem apoiada pela inteligência norte-americana.

CAPÍTULO 8

A Internet Research Agency e as Armas Cibernéticas Russas

A Rússia pode não ter sido o primeiro país a usar informações como arma de guerra. Também não foi o primeiro a transformar a mídia social moderna em uma plataforma de propaganda, recrutamento e disseminação de medo — o pioneiro foi o grupo terrorista Estado Islâmico. Enquanto o ISIS ainda estava nos primórdios do uso ofensivo da mídia social, que culminou na Primavera Árabe de 2011, a inteligência russa observava e mesclava suas técnicas ao legado quase centenário de guerra política e de propaganda da KGB. O objetivo russo era dominar rapidamente o poder do acesso pessoal proporcionado pela mídia social para criar e disseminar metanarrativas de modo que a população inimiga se voltasse contra seu próprio governo. Pesquisas de opinião, cobertura da imprensa e conversas nas ruas podem ser direcionadas por uma mudança na percepção da população. A mídia social não apenas transforma opiniões em armas de guerra, mas também proporciona ao agressor a capacidade de manipular uma nação inteira como em um teatro de fantoches. Dois oficiais de guerra de informação russos escreveram um tratado indicando os efeitos de combate decorrentes do uso bélico de notícias e mídia social:

"Hoje, a mídia de massa pode incitar caos e confusão na estrutura militar e governamental de qualquer país e incutir ideias de violência, traição e sordidez, desmoralizando o povo. Se expostos a esse método, a população e os agentes das forças armadas de qualquer país não terão nenhuma defesa ativa."[1]

Além disso, os russos não fazem distinção alguma entre utilizar essas práticas em tempos de guerra e de "paz". A Rússia aplica táticas de guerra de informação e propaganda persistentemente, em um esforço constante para desestabilizar seus adversários. Quando se trata de guerra de informação, as distinções entre tempo de guerra e de paz tendem a desaparecer.

Uma importante distinção a ser feita é a diferenciação entre as tarefas estratégicas direcionadas às pessoas e as direcionadas à tecnologia. As tarefas estratégicas empregadas contra pessoas consistem em operações psicológicas destinadas a influenciar a mentalidade de cidadãos, políticos e forças militares. Por outro lado, as tarefas direcionadas a ativos tecnológicos objetivam minar as estruturas usadas na coleta, processamento e compartilhamento de informações, incluindo redes, computadores e dados.

Os Estados Unidos e a Europa serão envoltos em uma guerra psicológica até que os grupos mais dissonantes das suas sociedades sejam conquistados por Moscou. O ataque será persistente, intenso e subversivo. É a Guerra Fria das Metanarrativas: Democracia ou Autocracia?

As técnicas utilizadas nas ciberoperações se assemelham às técnicas não cibernéticas em muitos aspectos. Por exemplo, a sabotagem agora será praticada nas infraestruturas digitais. Esse tipo de ofensiva inclui o envio de toneladas de dados para um servidor, conhecido como ataque DoS (Denial of Service); quando os dados são enviados de múltiplas fontes, o ataque é denominado DDoS (Distributed Denial of Service). Muito parecido com o embaralhamento do sinal de rádios e radares no passado, o ataque DDoS cega o oponente. Embora esse tipo de ação possa ser executado por hackers sem ligação com governos por diversas razões, nas mãos de um Estado-nação, um ataque DDoS pode imobilizar um país inteiro. Técnicas de sabotagem semelhantes eram usadas em combinação com outras táticas; isso ocorreu em dezembro de 2015, quando hackers russos empregaram os malwares *BlackEnergy 3* e *Killdisk* para desligar usinas de energia na Ucrânia. O primeiro assumiu o controle dos sistemas e permitiu que os hackers desligassem os disjuntores, enquanto o *Killdisk* apagava os códigos dos sistemas operacionais dos computadores. A usina teve que ligar o controle manual e reformatar todos os computadores. Esse ataque demonstrou que a Rússia era capaz de assumir o controle da maior usina de energia da Ucrânia e desligá-la como se usasse um interruptor.

Estação da Subversão: A Internet Research Agency

Um "troll" é uma pessoa que se envolve maliciosamente em uma conversa com a intenção de causar discórdia. Os trolls têm sido parte da cultura da internet desde o início da abertura da rede ao público em geral. Assim como os pequenos gnomos sórdidos e insolentes que moram sob as pontes nas fábulas dos irmãos Grimm, os trolls podem perturbar sua vida e devorá-lo. A vida de um troll humano consiste em ser opressor, invasivo e mau. O propósito do troll também visa obstruir as pessoas de realizarem suas atividades normais na internet. O uso de trolls nas medidas ativas modernas se assemelha ao uso de agentes provocadores para incitar tumultos que legitimavam ações contra os revolucionários antes de os bolcheviques tomarem o poder.

O quartel-general global dos trolls sob o comando de Vladimir Putin era a Russian Federation Internet Research Agency (RF-IRA), originalmente situada no número 55 da rua Savushkina, em São Petersburgo. A RF-IRA era a maior e provavelmente fora a primeira das muitas fábricas de trolls mercenários criadas na Rússia para provocar e inflamar discussões nos EUA.[2] Essa rede de comunicações pertencia à esfera das atividades especiais promovidas por Yevgeny Prigozhin, um partidário de Putin e diretor de operações civis em áreas cinzentas e totalmente obscuras que trabalhava diretamente para o Kremlin.

Mikhail Burchik era o suposto chefe da RF-IRA. Ele já tinha sido proprietário de empresas de tecnologia de informação e era supervisionado por outros defensores de Putin, como Prigozhin e Oleg Vasilyev.[3] O "Departamento Norte-americano" (американский отдел) do programa, que recebeu o codinome "Projeto Tradutor", teria começado com 80 a 90 funcionários permanentes atuando na sede da rua Savushkina. Mas a empresa logo se expandiu e contratou centenas de pessoas, inclusive terceirizados. O grupo produzia milhares de fake news e itens de propaganda por semana. Em 2015, esses artigos geravam de 20 a 30 milhões de visualizações semanais. Entretanto, seus produtos são vinculados a bots capazes de reenviar suas detestáveis mensagens para milhões de pessoas a cada hora. As investigações promovidas pelo procurador especial Robert Mueller e por jornalistas russos e de outros países revelaram o quadro salarial e a estrutura da Internet Research Agency. No nível mais baixo, os criadores de conteúdo ganham US$1 mil por mês; administradores de comunidades, US$1.538 por mês. Chefes de departamento: US$2.051 por mês. Os custos com as compras de cartões SIM, servidores proxy, endereços de IP e outros itens de TI correspondem, provavelmente, a US$3.481 mensais por estação de trabalho; os anúncios em redes sociais custam US$5 mil por mês.[4] A conclusão da investigação de Mueller foi que os gastos mensais com as operações chegam a cerca de US$1,2 milhão.

Alex Stamos, diretor de segurança do Facebook, declarou ao Congresso dos Estados Unidos que a RF-IRA gastou mais de US$100 mil em publicidade política no Facebook entre junho de 2015 e maio de 2017.[5] Isso equivalia a aproximadamente 3 mil anúncios de 470 contas e páginas falsas. Um quarto desses materiais foi "direcionado geograficamente" e se intensificou em 2016 em relação a 2015.[6] Stamos afirmou que o "comportamento verificado" tinha o propósito de "amplificar mensagens de discórdia". Além de apresentar esses números, Stamos disse que contas com "sinais muito fracos de conexão" ou "não associadas a nenhuma iniciativa organizada" totalizaram US$50 mil em gastos com aproximadamente 2.200 anúncios, incluindo anúncios comprados a partir de endereços de IP localizados nos EUA.[7]

Esses anúncios, tuítes e posts no Facebook foram visualizados por cerca de 150 milhões de norte-americanos durante a eleição de 2016. O *Oxford Internet Institute* analisou a eleição e descobriu que as pessoas compartilharam quase o mesmo número de fake news e matérias reais no Twitter e no Facebook.[8] Em 2018, o Twitter foi obrigado a notificar 677 mil usuários informando que eles haviam sido expostos à propaganda russa durante a campanha, mas sem especificar o tipo de material.

Em fevereiro de 2018, o tribunal distrital federal do Distrito de Columbia acolheu a ação movida pelos EUA contra a Internet Research Agency, a Concord Management and Consulting, LLC, e a Concord Catering. A denúncia alega que a empresa de pesquisa de internet é uma organização russa que realiza operações com o objetivo de interferir em eleições e processos políticos. De acordo com a denúncia, no final de 2013, a organização começou a contratar funcionários e planejar formas de manipular a eleição presidencial dos EUA, criando perfis falsos de cidadãos norte-americanos. Eles criavam sites de mídia social, páginas de grupos no Facebook e feeds no Twitter para atrair o público norte-americano. A denúncia apresentou uma lista com 13 russos a cargo das principais funções de administração da organização, encabeçada por Yevgeny Prigozhin.

A denúncia de Mueller não foi a primeira a identificar as atividades dessas fábricas de trolls*. Lyudmila Savchuk, ex-funcionária da RF-IRA, tentou expor a fábrica de trolls apesar do risco de retaliação. Ela e outros funcionários alegam que o governo russo protege a organização. Lyudmila processou a RF-IRA na Rússia por questões salariais e de condições de trabalho com o auxílio de Ivan Pavlov, advogado da ONG Team 29. Essa ONG representou Lyudmila e Olga Maltseva, outra funcionária, em sua ação contra a RF-IRA.

A pressão do FBI sobre a RF-IRA em razão das suas atividades durante as eleições dos EUA, da França e da Alemanha obrigou a organização a trocar de nome para "TEKA" e a se mudar para uma nova sede na rua Beloostrovskaya, em São Petersburgo.[9]

Cambridge Analytica — Uma Reengenharia da Psique Norte-americana?

A Guerra Híbrida e sua capacidade de gerar propaganda para moldar crenças e mudar opiniões eram a essência da campanha de gestão da percepção que os russos promoviam contra a Europa e os Estados Unidos. Idealizadas na era soviética e desenvolvidas durante os primeiros anos do governo de Putin, essas operações foram operacionalizadas em resposta às "Revoluções Coloridas" na Ucrânia, nos países bálticos e na Ásia Central. A perspectiva russa estava se perdendo, e a única maneira de interromper esse processo era criar uma nova visão para Moscou através da guerra de informação.

---

* N.E. Neste capítulo, o autor usa da repetição proposital de alguns trechos para reforçar ideias anteriormente expostas.

Utilizar esse método contra estruturas políticas consolidadas, como as dos Estados Unidos e da Europa, exigia um novo sistema de guerra mental. A análise política mais difícil era a que visava definir o modo mais eficiente de induzir um bloco de eleitores indecisos a acreditar nas promessas de um candidato. Nos EUA, os anúncios de TV eram a melhor pedida. Bilhões eram gastos em anúncios de 30 segundos. Tratava-se de um meio testado e aprovado, mas, na segunda década do século XXI, a mídia social é ainda mais influente. O analista político que entende os sistemas sociais de hoje deve ser sagaz o bastante para compreender que o sistema de distribuição depende do boca a boca. Essa era a base das redes de compartilhamento social no Facebook e no Twitter. O mundo muçulmano demonstrou o poder exponencial da mídia social durante a Primavera Árabe, em 2011. Os manifestantes egípcios organizaram protestos e ocupações — agitações e ações políticas visualizadas em todo o mundo através de aplicativos como Facebook, WhatsApp e Viber. Ao vivo, eles transmitiam vídeos das passeatas, que eram repercutidos por toda a mídia internacional de notícias, da Al Jazeera à CNN. Quando o governo egípcio cortou os sinais dos canais de televisão para conter os tumultos, os manifestantes passaram a divulgar os vídeos dos protestos, gravados e em tempo real, na internet. Essas manifestações e a revolta popular contra o governo forçaram o exército a intervir e depor a família Mubarak. Isso se repetiu na Líbia, na Síria e na Tunísia. Por que esse evento não poderia ser apropriado e transformado em uma ferramenta da guerra de propaganda?

Para que isso funcionasse no Oriente, seria preciso um tipo mais sofisticado de engenharia social. Em 2013, a empresa britânica Strategic Communications Laboratories criou a Cambridge Analytica a fim de prestar serviços para o Partido Republicano relacionados às eleições nos EUA. Rumores davam conta de que a Cambridge também desempenhara um papel no Brexit, a campanha que resultou na saída do Reino Unido da União Europeia. A empresa era parcialmente financiada pela extremamente conservadora família Mercer e seus super-PACs (Comitês de Ação Política). Steve Bannon e Jared Kushner eram membros do seu conselho consultivo.

Com a eleição de Donald Trump e as suspeitas de que ele fora auxiliado pelo Kremlin, a Cambridge Analytica rapidamente se tornou um alvo da investigação conduzida pelo procurador especial Robert Mueller. Konstantin Rykov, chefe de propaganda de Putin e autor da infame confissão de Rykov (na qual ele afirma que Trump já colaborava com a Rússia para vencer a eleição desde

2013), declarou que Trump vinha trabalhando com a Cambridge na criação de 5 mil "tipos psicológicos" para influenciar os eleitores. Segundo Rykov: "Cientistas britânicos da Cambridge Analytica se ofereceram para identificar, dentre os 5 mil tipos psicológicos [perfis psicológicos] existentes — a 'imagem perfeita' de um possível apoiador de Trump. E então... reinserir essa imagem em todos [os perfis psicológicos] para descobrir o elemento universal aplicável a todas as pessoas."[10]

A Cambridge Analytica descrevia suas atividades da mesma forma. A empresa afirmava ser capaz de prever os tipos de personalidade e as inclinações políticas de um indivíduo com base no conjunto de fatores conhecidos como ACEAN — Abertura, Conscientização, Extroversão, Amabilidade e Neuroticismo. Com esses dados, a Cambridge poderia direcionar a propaganda mais adequada para tipos específicos de indivíduos.[11] Alexander Polonsky, da Bloom Consulting, fez a seguinte declaração ao *The New York Times*: "Vai além de compartilhar informações... É compartilhar o pensamento e o sentimento por trás da informação, e isso é extremamente poderoso."

No exato momento em que a Cambridge Analytica estava sendo lançada, dois partidários de Putin, Rykov e Yevgeny Prigozhin, criaram a Russian Internet Research Agency (RF-IRA) para distribuir produtos de guerra de propaganda nos Estados Unidos e na Europa. Seria coincidência que tanto a CA quanto a RF-IRA tenham iniciado suas atividades em 2013 para impactar as eleições norte-americanas de forma simultânea e independente? Acasos do destino como esse despertam suspeitas. Eles confirmam a Lei de Nance: coincidência exige muito planejamento. Uma intersecção histórica entre essas duas entidades era simplesmente incrível demais para ser verdade.

Em 2017, o mundo descobriu que o então CEO da Cambridge, Alexander Nix, contatara secretamente Julian Assange, do WikiLeaks, por e-mail, na tentativa de adquirir os 33 mil e-mails que Hillary havia deletado de seu servidor e que supostamente estavam com a organização. Assange negou o pedido de Nix, alegando que ele mesmo examinaria os e-mails. Mas Assange, de fato, não tinha nenhum e-mail. Na verdade, ninguém tinha; essa era apenas uma parte das fake news que os russos conseguiram divulgar no quadro *Judge Napolitano* da Fox News, no início de 2016. A crise dos e-mails ganhou vida própria quando Trump pediu publicamente que a Rússia os divulgasse.

Em 9 de maio de 2016, o ex-juiz Andrew Napolitano, comentarista jurídico da Fox News, declarou que Putin e seus principais assessores tinham 20 mil e-mails deletados de Hillary Clinton e estavam discutindo internamente se deveriam ou não divulgá-los para o Ocidente. Napolitano afirmou: "Há uma discussão no Kremlin entre o ministro das Relações Exteriores e os Serviços de Inteligência sobre a divulgação dos 20 mil e-mails de Hillary Clinton, obtidos por meio de ciberataques..."[12] As fontes do comentário eram um site obscuro chamado whatdoesitmean.com e um teórico da conspiração ainda mais enigmático que usava o pseudônimo "Sorcha Faal".[13] David Corn, da revista *Mother Jones*, também descobriu a mesma história plantada em um repositório de notícias conspiratórias chamado *European Union Times*. As fontes e a história são, muito provavelmente, sofisticadas invenções criadas pela RF-IRA e produziram o efeito desejado. Moscou não era o mocinho no mundo conservador anti-Hillary e tinha as mercadorias de que os Republicanos precisavam. A suposta existência dos 20 mil e-mails ganhou repercussão com o apelo de Trump aos russos. Entretanto, o pedido de Nix sinalizava que a Cambridge não era apenas uma empresa de análise de dados — fazia parte da equipe da campanha de Trump a cargo da guerra política e dos truques sujos.[14] A pergunta ainda sem resposta é se a Cambridge Analytica serve como uma "ponte de espiões" entre a campanha de Trump e os grupos de guerra de informação da inteligência russa. A investigação de Mueller está averiguando se a Cambridge forneceu intencionalmente à RF-IRA ou à equipe de Trump um pacote extra de dados sobre os 77 mil eleitores da Pensilvânia, Michigan e Wisconsin que garantiram a vitória de Trump. A Rússia nunca poderia ter determinado, com um nível de precisão tão alto, os eleitores específicos que seriam receptivos à sua propaganda nesses estados. Somente norte-americanos *in loco* poderiam obter dados com esse nível de especificidade. Se a Cambridge e seus funcionários transmitiram dados de eleitores específicos coletados pela equipe de Trump para Moscou a fim de que a RF-IRA direcionasse suas mensagens para um determinado eleitorado, eles podem ter se exposto a consequências bem maiores do que um mero constrangimento, pois tanto a Inglaterra quanto os Estados Unidos possuem leis que classificam a colaboração com o Kremlin como um ato de espionagem.

A Internet Research Agency e outras "fazendas de trolls", como são chamadas pela imprensa, não eram as únicas empresas de inteligência privadas atuando na eleição de 2016. As investigações da mídia revelaram que as incessantes fake news pró-Trump vinham de homens jovens, fluentes em inglês e situados na Macedônia, e que seus motivos eram puramente econômicos. Eles alimentavam páginas do Facebook com essas histórias e coletavam os pagamentos via Google AdSense. Também criaram sites pró-Trump com nomes como DonaldTrumpNews.com, WorldPoliticus.com e USADailyPolitics, que eram abastecidos com fake news vindas das inúmeras fontes localizadas na esfera de informação russa. Em uma cidade com baixo potencial econômico para jovens do sexo masculino, US$5 mil por mês é bastante dinheiro.[15] Esses jovens nem mesmo precisavam manter uma equipe jornalística, pois o conteúdo era obtido em outros sites de fake news situados nos Estados Unidos. Eles descobriram que postar materiais pró-Trump era mais lucrativo, mas não tinham interesse algum no sucesso de Trump na eleição de 2016. Entretanto, eles beneficiaram imensamente Donald Trump e Vladimir Putin.

A motivação para a criação das fake news vai de um desejo intencional de ludibriar a população por motivos políticos até uma vontade desenfreada de embolsar a receita gerada pelos cliques nos anúncios dos sites. No jargão da internet, o termo "isca de cliques" [click bait, no original em inglês] se refere a um conteúdo fabricado puramente para obter cliques no link "leia mais". O conteúdo pode ser parcialmente verdadeiro e enganoso ou completamente inventado.

A receita proveniente dos anúncios pode representar milhares de dólares para os donos dos sites que criam ou agregam notícias falsas, tendenciosas e partidárias. Usando serviços de propaganda como o Google AdSense, por exemplo, os criadores de conteúdo podem monetizar essas histórias fabricadas. Para direcionar o tráfego para esses sites, os criadores compram anúncios no Facebook e atraem indivíduos de todas as inclinações políticas até o conteúdo. Os anúncios de fake news podem gerar muitas visualizações no Facebook. Por US$33, um único anúncio pode alcançar até 60 mil usuários do Facebook por dia.[16]

Aproximadamente 12% dos tuítes postados a partir dessas contas também tentaram mascarar sua origem usando uma rede virtual privada (Virtual Private Network ou VPN, na sigla em inglês). A VPN permite que os usuários acessem conteúdo indiretamente, como se o acesso fosse realizado a partir de outra localização. Por exemplo, uma ameaça de morte foi feita contra o autor usando uma VPN que permitia o acesso a servidores norte-americanos. Na internet, a ameaça parecia estar vindo de Denver, no Colorado. Mas a VPN não é um método totalmente seguro para disfarçar a origem de um usuário, e os hackers da contrainteligência descobriram que as ameaças de morte na verdade partiram da RF-IRA em São Petersburgo, na Rússia.

No jargão da mídia social, o termo "bot" se refere ao uso de softwares que postam, repostam e interagem como usuários humanos. A palavra vem de *robot*, mas, como eles tendem a agir de modo autônomo, o "ro", de remoto, foi retirado. Na guerra de propaganda, os bots são armas que disseminam propaganda através de softwares automatizados. Eles são partículas da névoa criada pela guerra de influência. Bots são veículos de manipulação da percepção. São as baratas da propaganda computacional. Utilizada para influenciar públicos-alvo, a tecnologia dos bots é o multiplicador de força das medidas ativas atuais. Se Stalin e Hitler tivessem contado com sistemas de dispersão por bots, hoje estariam governando o mundo.

A RF-IRA É Indiciada

Em 16 de fevereiro de 2018, o procurador especial Robert Mueller interpôs uma ação contra a Internet Research Agency [RF-IRA], a Concord Management and Consulting, LLC e a Concord Catering junto ao tribunal distrital federal do Distrito de Columbia. A denúncia alegava que a instituição de "pesquisa" era na verdade uma "organização russa envolvida em operações para interferir em eleições e processos políticos". De acordo com a denúncia, no final de 2013, a organização foi criada e começou a contratar funcionários, planejando e recebendo ordens de manipular a eleição presidencial norte-americana através da maior medida ativa de inteligência russa já executada contra os EUA — uma campanha de guerra de informação em larga escala com o objetivo de mudar a opinião dos cidadãos norte-americanos. A RF-IRA conduziu suas operações criando dezenas de milhares de sites de mídia social, grupos e páginas no Facebook e feeds no Twitter, todos desenvolvidos para parecerem cidadãos norte-americanos postando informações para atrair o público conservador. Além disso, eles empregavam "táticas de marionetes" e se passavam por cidadãos norte-americanos para manipular pessoas reais, organizando protestos com grupos civis que tinham certeza de que estavam mantendo contato com indivíduos legítimos, não agentes russos.

Surpreendentemente, a denúncia de Mueller não foi a primeira a identificar as atividades dessas fábricas de trolls. A ex-funcionária da RF-IRA Lyudmila Savchuk tentou expor a fábrica de trolls, apesar do risco de retaliação. Ela e outros funcionários alegam que o governo russo protege a organização. Lyudmila processou a RF-IRA por questões salariais e de condições de trabalho com o auxílio de Ivan Pavlov, advogado da ONG Team 29. Essa ONG representou Lyudmila e Olga Maltseva, outra funcionária, em sua ação contra a RF-IRA.

A pressão gerada pelas investigações de Mueller e do FBI sobre a RF-IRA em razão das suas atividades durante as eleições dos EUA, da França e da Alemanha foi excessiva. Em 2017, a empresa foi obrigada a encerrar as atividades, trocar de nome para "TEKA" e mudar para uma nova sede na rua Beloostrovskaya, em São Petersburgo. Posteriormente, retomou suas operações, quando Trump já estava na presidência — atacando Robert Mueller, o FBI e todos os críticos de Donald Trump e Vladimir Putin.[17]

A Internet Research Agency e outras "fazendas de trolls", como são chamadas pela imprensa, não eram as únicas empresas de inteligência privadas atuando na eleição de 2016. As investigações da mídia revelaram que as incessantes fake news pró-Trump vinham de homens jovens, fluentes em inglês e situados na Macedônia e que seus motivos eram unicamente econômicos. É provável que eles nem sequer soubessem que tinham sido subcontratados pela RF-IRA, já que os produtos eram praticamente idênticos aos gerados pelos bots russos. A fazenda de bots Macedônica alimentava páginas do Facebook e coletava os pagamentos via Google AdSense. Eles também criaram sites pró-Trump com nomes como DonaldTrumpNews.com, WorldPoliticus.com e USADailyPolitics, que eram abastecidos com fake news vindas das inúmeras fontes localizadas na esfera de informação russa. Em uma cidade com baixo potencial econômico para jovens do sexo masculino, US$5 mil por mês é bastante dinheiro.[18] Esses jovens nem mesmo precisavam manter uma equipe jornalística, pois o conteúdo era obtido em outros sites de fake news situados nos Estados Unidos. Eles descobriram que postar materiais pró-Trump era mais lucrativo, mas não tinham interesse algum no sucesso de Trump na eleição de 2016. Entretanto, eles beneficiaram imensamente Donald Trump e Vladimir Putin.

A motivação para a criação das fake news vai de um desejo intencional de ludibriar a população por motivos políticos até uma vontade desenfreada de embolsar a receita gerada pelos cliques nos anúncios dos sites. No jargão da internet, o termo "isca de cliques" [*click bait*, no original em inglês] se refere a um conteúdo fabricado puramente para obter cliques no link "leia mais". O conteúdo pode ser parcialmente verdadeiro e enganoso ou completamente inventado.

A receita proveniente dos anúncios pode representar milhares de dólares para os donos dos sites que criam ou agregam notícias falsas, tendenciosas e partidárias. Usando serviços de propaganda como o Google AdSense, por exemplo, os criadores de conteúdo podem monetizar essas histórias fabricadas. Para direcionar o tráfego para esses sites, os criadores compram anúncios no Facebook e atraem indivíduos de todas as inclinações políticas até o conteúdo. Os anúncios de fake news podem gerar muitas visualizações no Facebook. Por US$33, um único anúncio pode alcançar até 60 mil usuários do Facebook por dia.[19]

Então, como a RF-IRA conseguiu ludibriar os norte-americanos a ponto de convencê-los de que estavam conversando com legítimos compatriotas, que, de fato, não passavam de *fakes*? Eles camuflaram sua verdadeira localização. Aproximadamente 12% dos tuítes postados a partir dessas contas tentaram mascarar sua origem usando uma rede virtual privada (Virtual Private Network ou VPN, na sigla em inglês). A VPN permite que os usuários acessem conteúdo indiretamente; quando configurado corretamente, o acesso por VPN cria a impressão de estar sendo realizado a partir de outra localização. Por exemplo, as ameaças de morte que foram feitas contra mim através de uma VPN que permitia o acesso a servidores norte-americanos pareciam estar vindo de Denver, no Colorado. Mas a VPN não é um método totalmente seguro para disfarçar a origem de um usuário, e os hackers da contrainteligência descobriram que as ameaças de morte na verdade partiram da RF-IRA em São Petersburgo, na Rússia.

Produtos de propaganda, artigos com fake news e loucas ameaças de morte russas não são transmitidos em massa, dezenas de milhares de vezes, por um ser humano de verdade. O elemento humano cria o produto, mas usa um software capaz de replicação e transmissão autônomas chamado "bot" para disseminar a informação. O termo "bot" se refere ao uso de softwares que postam, repostam e interagem como usuários humanos. A palavra vem de *robot*. Na guerra de informação, os bots são armas que disseminam propaganda através de softwares automatizados e preenchem lacunas com mensagens específicas, como partículas na névoa criada pela guerra de influência. Eles são as baratas da propaganda computacional, pois podem invadir qualquer sistema, até mesmo os mais aparentemente seguros, e não podem ser totalmente eliminados. Ao usar a tecnologia dos bots para influenciar públicos específicos, a RF-IRA se tornou uma força de informação global única na execução das medidas ativas modernas. Se Stalin e Hitler tivessem contado com sistemas de disseminação por bots, hoje estariam governando o mundo.

Criar contas que pareciam compartilhar afinidades, partidárias ou temáticas, e uma campanha de promoção de hashtags permitiu que os bots direcionassem a opinião pública. As pessoas tendem a difundir as mensagens com as quais concordam, mesmo que a fonte seja obscura e a informação seja insana. A curiosidade e a credulidade humanas são os agentes de dispersão do bot. Sabendo disso, a Rússia transformou essas caraterísticas em uma arma para mudar opiniões. Os russos não apenas tentaram manipular as eleições dos Estados Unidos, da França e da Alemanha, como também influenciaram os debates em torno de questões públicas como o Brexit, a imigração e as investigações sobre as atividades da Rússia nos Estados Unidos. A primeira cobaia desse procedimento foi a população russa. É bom lembrar que o próprio Yevgeny Prigozhin criou a Kharkiv News Agency e utilizou bots para espalhar, através de perfis falsos, fake news e comentários horríveis com o objetivo de impingir as ideias do Kremlin.

Outra ferramenta do arsenal russo era um amplo sistema de difusão de fake news chamado botnet. Um botnet consiste em uma rede de computadores e dispositivos que rodam softwares automatizados (bots) para executar uma determinada tarefa. Quando usado por um Estado-nação, ele pode atuar como um exército virtual e transcender o ponto de origem do agressor. Imagine todos os hidrantes de uma cidade explodindo e inundando as ruas; o botnet seria o sistema principal de água abastecendo esses hidrantes. Os botnets também podem ter outros usos ofensivos, como ataques DDoS, em que o acesso à internet é congestionado por uma enchente de dados; ataques de login por força bruta, em que uma gigantesca capacidade computacional espalha malwares ou tenta logar bilhões de vezes nas contas dos administradores de um site ou servidor; fraudes de cliques e spams. Os botnets foram usados pela primeira vez no início dos anos 2000, e continuaram a se expandir em complexidade e capacidade ao longo dos anos.

Todos os bots têm uma missão e, em muitos aspectos, desempenham papéis que anteriormente cabiam a agentes humanos no mundo da espionagem. Essas pessoas antes eram chamadas de Agentes de Influência, Agentes Provocadores e Agentes do Caos. Hoje, essas funções são executadas por bots. Os bots operam em botnets, que podem conter milhões de mensagens diferentes, normalmente concentradas em torno de um objetivo de propaganda.

Nas semanas que antecederam a eleição de 2016, os bots ligados aos russos retuitaram 47.846 vezes os tuítes da conta @HillaryClinton e 469.537 vezes os tuítes da conta @realDonaldTrump. De modo semelhante, os tuítes de @HillaryClinton receberam 119.730 likes e os de @realDonaldTrump, 517.408 likes; nos dois casos, os likes partiram de bots ligados aos russos.

O Twitter também analisou o conteúdo compartilhado por intermediários suposta ou reconhecidamente associados aos russos, como WikiLeaks, Guccifer 2.0 e DCLeaks. Eles observaram que os posts do @WikiLeaks foram retuitados 196.836 vezes; os de @Guccifer_2, 24 mil vezes; e os de @DCLeaks_, 6.774 vezes, todos por bots ligados aos russos.

Um bot especial entre os que atuaram na eleição de 2016 foi o chamado Bot Agitador. No universo humano, ele seria um agente provocador, disfarçado como residente local para incitar seus seguidores a comparecerem a um protesto ou manifestação de rua. Obviamente, um bot pode ser usado para definir o local e o horário de um evento como um protesto. Utilizamos bots o tempo todo nas agendas dos nossos celulares. O truque é convencer as pessoas de que um indivíduo real está organizando o evento. Ao comparecer ao evento, mesmo sem a presença de um organizador, as pessoas geralmente continuam espontaneamente a manifestação. A Internet Research Agency criou 129 eventos no Facebook entre 2015 e 2017.[20] O Facebook relatou ao Comitê de Inteligência do Senado que os eventos postados foram visualizados por mais de 300 mil usuários; dentre eles, cerca de 62.500 planejavam comparecer e 25.800 estavam interessados em comparecer aos eventos. Todos esses norte-americanos foram manipulados como marionetes por seus mestres em São Petersburgo, na Rússia.

Por exemplo, contas russas usaram o Facebook para promover comícios pró--Trump como o "Florida Goes Trump", em 20 de agosto de 2016. O evento foi promovido em uma página do Facebook criada pelo usuário "march for Trump". A página, chamada "Being Patriotic", divulgou esse evento junto com o "Down with Hillary!", um comício que seria realizado em Nova York, na sede da campanha de Hillary Clinton.[21]

Outro exemplo: os trolls postaram eventos opostos para o dia 21 de maio de 2016 em Houston, no Texas, por ocasião da inauguração de uma biblioteca no Centro Islâmico. Tanto os manifestantes do "Stop Islamization of Texas" quanto os do "Save Islamic Knowledge" eram, na verdade, organizações russas tentando incitar a desordem. Alguns comentários relacionados ao evento continham ameaças de violência contra muçulmanos norte-americanos.

Em janeiro de 2017, em um caso mais atípico, a inteligência russa aplicou a "tática de marionetes", utilizando um híbrido de bots, agentes humanos e propaganda de internet para induzir o alvo, um inocente professor de artes marciais chamado Omowale Adewale, a colaborar de forma involuntária. Ele foi convidado para dar aulas de defesa pessoal para afro-americanos. Sob a bandeira do "Black Fist Self Defense Project", ele promoveu mais de uma dúzia de cursos entre janeiro e maio de 2017 e recebeu US$320 via PayPal e Google Wallet pelas aulas.[22] Entretanto, Adewale nunca conheceu as pessoas que solicitaram as aulas. Na verdade, esses eventos foram parte de uma campanha desenvolvida pela inteligência russa e pela Internet Research Agency.

Adewale primeiro foi contatado por uma pessoa que se identificou como "Taylor". Taylor pediu que ele coletasse informações sobre os participantes. Em outros casos, o nome usado foi "Jackob Johnson". O grupo utilizou o site "blackfist.pro" para promover os cursos e até conseguiu entrevistas em podcasts como o "No Holds Barred", com o apresentador Eddie Goldman.[23] As conversas com Adewale gravadas para o podcast foram realizadas por telefone. O texto da entrevista foi postado no blog Sherdog.com.

"Todos sabemos que, desde a eleição de Donald Trump, vêm ocorrendo muitos, digamos, crimes de ódio contra minorias. Portanto, acreditamos que, como somos negros, é uma boa ideia aprender defesa pessoal. A ideia principal não é a defesa em si. É apenas sermos capazes de nos defender. Além disso, sabemos que a defesa pessoal é algo que aumenta nossa autoestima. Para isso, esse ano eles começaram a organizar uma série de seminários e aulas de defesa pessoal por todos os Estados Unidos. Até agora, as aulas já foram ministradas em Nova York e na Flórida, e mais locais serão anunciados em breve. Um dos treinadores é Omowale Adewale, um kickboxer, boxeador e lutador de MMA que mora em Nova York... Além disso, abrimos as sessões com uma palestra sobre a importância de praticar esportes de luta para combater a onda reacionária que vemos hoje e de seguir o comprovado slogan 'mexeu com um, mexeu com todos'."

O objetivo dessa medida ativa era criar a impressão de que os afro-americanos estavam se preparando para descarregar sua agressividade em brigas de rua usando artes marciais. Se isso tivesse ocorrido como planejado, a propaganda teria sido disseminada através de veículos como o RT, o Sputnik e a Fox News para aterrorizar os norte-americanos brancos que apoiam Donald Trump.

No que tange ao uso de bots, as hashtags são relativamente fáceis de programar, pois podem ser adotadas, atualizadas e repetidas. Devido a essa característica, as hashtags, indicadas pelo caractere #, se tornaram a isca perfeita para as campanhas de guerra de informação. A Internet Research Agency promoveu diversas campanhas de propaganda na Europa antes da eleição nos Estados Unidos. A empresa russa utilizou as hashtags #Frexit (Saída da França da UE, #Grexit (Saída da Grécia da UE), #Brexitvote, #PrayForLondon, #BanIslam e #Brexit. Nos Estados Unidos, impulsionou as hashtags #CALEXIT (separatistas do Norte da Califórnia), #TEXIT (separatistas da República do Texas), #WhiteGenocide e #BlackLivesMatter.[24]

Nos anos 1960, o Serviço A (o serviço de desinformação da KGB) tentou acirrar as rixas raciais em torno do Dr. Martin Luther King Jr. King foi alvo das medidas ativas comandadas pelo oficial da KGB Yuri Modin. A campanha da KGB para inflamar as tensões raciais incluiu o envio de panfletos falsos para organizações de afroativismo com o propósito de instigar conflitos com a Liga de Defesa Judaica. Décadas mais tarde, seriam os trolls comandados pela RF-IRA que tentariam exacerbar as tensões em torno da campanha Black Lives Matter. Dessa vez, um grupo de contas antagônicas entrou na batalha do Twitter para instigar a guerra entre as hashtags #BlackLivesMatter, #BlueLivesMatter e #AllLivesMatter. Uma investigação da Universidade de Washington sobre as contas associadas à Internet Research Agency descobriu que 29 delas estavam incitando todos os lados na guerra de hashtags.

No período que antecedeu a eleição de 2016, a hashtag #DNCLeak foi usada. Dois meses antes da eleição, 26.500 usuários criaram 154.800 tuítes com a hashtag #DNCLeak; 3% desses usuários eram contas ligadas à Rússia. Os e-mails de

John Podesta, chefe de campanha de Hillary, foram roubados em um ataque de *spear phishing* promovido pelo COZY BEAR. Podesta caiu na armadilha quando clicou em um link de um falso alerta de segurança do Google. Semanas antes da eleição, o WikiLeaks postou 118 tuítes com a hashtag #PodestaEmails.[25] O Twitter declarou que aproximadamente 5% dos tuítes com essa hashtag foram gerados a partir de contas associadas à Rússia e tiveram um retorno de 20% de visualizações na primeira semana de postagem.[26] O Twitter estimou que 64 mil usuários criaram 484 mil tuítes com variações dessa hashtag nos dois meses que antecederam a eleição.

Mais tarde, o Twitter declarou que tentara reduzir a exposição dessas hashtags e limitara sua distribuição. Isso provocou protestos imediatos não apenas em sites de direita e páginas de teorias conspiratórias dos Estados Unidos, mas também nos sites Russia Today e Sputnik. Todos chamaram o ato de "censura".

No início de janeiro de 2018, o deputado Devin Nunes, presidente do Comitê Permanente de Inteligência da Câmara dos Estados Unidos, e outros membros do Partido Republicano tentaram desacreditar a investigação sobre as relações de Trump com a Rússia. Em um memorando, Nunes acusou o FBI de cometer abusos na aplicação da FISA (Lei de Vigilância de Inteligência Estrangeira) com o objetivo de atingir Donald Trump e sua equipe de campanha. Em 18 de janeiro de 2018, logo depois do surgimento de rumores sobre a existência desse relatório, a hashtag #ReleaseTheMemo [#DivulgueOMemorando] foi lançada a partir da Rússia. Ela foi rapidamente compartilhada mais de 3 mil vezes no período de dois dias após o anúncio da existência do memorando.[27] Outras hashtags do gênero, chamadas de "deep state" por envolverem questões de governo, foram lançadas para acompanhar essa ação, dentre elas: #fisagate, #obamadeepstate, #wethepeopledemandjustice, #thememorevealsthecoup e #obamaslegacyisobamagate.[28] Além disso, a #SchumerShutdown foi lançada em uma tentativa fracassada de rivalizar com outra hashtag, a #TrumpShutdown, depois que a administração permitiu a paralisação do governo por dois dias. Em muitas contas, essa hashtag foi acrescentada em posts com #ReleaseTheMemo. A convicção de que a Rússia estava impulsionando as hashtags era tão generalizada que muitos conservadores de carne e osso começaram a postar usando a hashtag #IamNotaRussianBot [#EunãoSouBotRusso]. Foi divertido até que os posts da RF-IRA também passaram a usar essa hashtag.

No início de 2018, o Twitter aperfeiçoou seus métodos de detecção de bots e contas associadas à Rússia para combater o uso abusivo da plataforma após o ocorrido na eleição. Para isso, a empresa analisou as definições de "associados à Rússia" e "associados à RF-IRA". Como critérios, o Twitter se propôs a determinar onde o usuário da conta estava localizado, se um e-mail russo estava sendo utilizado, se a conta fora criada a partir de um endereço IP russo e se a conta fora acessada a partir de um endereço IP localizado na Rússia. Em alguns casos, o uso do alfabeto cirílico em nomes de usuários, em nomes de tela e na interface de cadastro era objeto de análise.

Farsas: 48 Horas na Vida de um Bot Assassino

Os bots podem ser softwares automatizados que espalham propaganda para todos os lados, mas também podem ser "redesignados" pelos seus operadores humanos para interferir e direcionar mensagens de ódio contra pessoas bem específicas e incitar suas marionetes a cometerem atos de violência. No final de julho de 2017, Moscou decidiu que eu e Joy-Ann Reid não poderíamos mais falar livremente na televisão. No final de julho de 2017, eu estava participando da Politicon, uma convenção para assuntos políticos realizada em Pasadena, na Califórnia. Dois dias antes do painel "Na Rússia com Trump", uma conta no Twitter começou a postar ameaças de morte contra mim e Joy Reid. A "pessoa" prometia um confronto armado na convenção. Mas uma investigação minuciosa concluiu que se tratava de um bot russo programado para se passar por um cidadão norte-americano.

O nome da conta era "Mario__Savio" (com duplo underscore). Suas atividades no Twitter consistiam em encorajar as pessoas a confrontarem a mim e outros participantes da convenção no *Pasadena Convention Center*. Ao ser investigada, a conta pareceu legítima, mas uma apuração mais detalhada descobriu que se tratava de um bot russo que, por meio de typosquatting, simulava uma conta verdadeira para roubar o perfil e a foto do usuário. O typosquatting ocorre quando um nome usado na internet é quase idêntico a outro, sendo distinguido apenas por um erro de digitação muito difícil de visualizar. Nesse caso, o programador russo acrescentou um underscore (_) ao nome da conta legítima, Mario_Savio (que continha apenas um underscore).

Uma análise do histórico do bot revelou que ele vinha operando como um Agente de Influência, realizando uma série de ataques e tentativas de angariar seguidores. Durante quase 90 dias, ele postou comentários negativos no Twitter sobre quatro personalidades de TV: Bill Maher, Joy-Ann Reid, Rachel Maddow e Michael Moore. O alvo mudou quando o bot começou a atacar o senador republicano John McCain, que havia criticado Donald Trump por sua falta de reação diante da ofensiva russa. Em resposta a McCain, a conta reiteradamente tentou associar o senador a teorias conspiratórias que implicavam seu nome no financiamento do ISIS e da guerra na Síria. Anteriormente, a conta havia abordado tópicos como Ucrânia, Síria e outros temas típicos da agenda geopolítica promovida pela Rússia. Quarenta e oito horas antes da convenção Politicon, o bot recebeu uma nova tarefa e entrou no modo Agente Provocador. Ele começou notificando um fórum pró-Trump do sul da Califórnia sobre a minha participação na Politicon e orientou os seguidores a irem até o local. Vinte e quatro horas antes do painel, o bot foi novamente redesignado e entrou no modo Agente do Caos. O bot começou a postar ameaças de morte contra mim e Joy Reid. Ele começou a divulgar pôsteres ameaçadores mostrando uma foto minha em um retículo de mira telescópica com a inscrição PROCURADO! por incitar o #ISIS a realizar um "ataque suicida com bomba" no #Trump Hotel @FBI @SecretService. Ele também postou imagens de Joy Reid com símbolos nazistas e a palavra "Goebbels". Provavelmente, foi uma alusão à piada do "Baby Goebbels" que fiz no programa *Real Time with Bill Maher* sobre o redator de discursos da Casa Branca, Stephen Miller. Nas palavras do bot: "Eu preciso de muita publicidade para ir atrás de Malcolm Nance. Estarei lá para encarar @JoyAnnReid em sua palestra #Politicon #Fakenews." Especialistas em cibersegurança concluíram que o bot não estava localizado fisicamente em Denver, no Colorado, como indicava seu perfil no Twitter, mas usava uma VPN para acessar a internet dos EUA. A verdadeira localização do bot foi determinada como São Petersburgo, na Rússia, partindo provavelmente da sede da Internet Research Agency.

Embora tenha sido alertado sobre essa conta em 29 de julho de 2017, o Twitter demorou várias semanas para suspender esse falso nome de usuário, e só o fez depois de ele ter criado dezenas de novos posts com ameaças de confronto direto voltadas contra mim e outras pessoas.

Outra história envolvendo fake news disseminada pela Rússia nos Estados Unidos foi a célebre farsa do #PizzaGate. Depois da divulgação de e-mails atribuídos a Anthony Weiner, ex-deputado pelo estado de Nova York, surgiu uma teoria da conspiração alegando que a pizzaria Comet Ping Pong, em Washington, servia de fachada para uma quadrilha de tráfico de seres humanos e pedofilia. A história afirmava que o Departamento de Polícia de Nova York descobrira indícios de uma gigantesca operação de tráfico humano, segundo fontes internas que atuavam no órgão. A narrativa foi captada por Sean Adl-Tabatabai, que a postou em seu site de fake news, o YourNewsWire.com, com a informação adicional de que ele havia confirmado as alegações com uma "Fonte no FBI". Adl-Tabatabai já foi webmaster do teórico da conspiração David Icke.

Depois que o post foi criado, o fórum do site 4chan captou a história e começou a difundi-la. O 4chan era uma das incubadoras mais populares para subculturas da direita alternativa e campanhas virais. Baseado em posts de usuários anônimos, o 4chan é o Velho Oeste da internet, com uma supervisão bastante leniente e uma cultura de incentivo à difusão frenética de fake news e boatos.

Sites de teoria da conspiração, como o InfoWars, de Alex Jones, disseminaram ainda mais as histórias pela internet, movidos por seus próprios objetivos e usando iscas de cliques. A disseminação da narrativa não se limitou aos EUA; ela foi captada por sites do mundo inteiro, e normalmente cada um deles acrescentava um toque pessoal, uma variação ou um novo conteúdo às alegações. Em questão de dias, o primeiro divulgador da história postou um link para o site "truepundit. com", repercutindo as alegações originais como uma fonte de validação. "Minha fonte estava certa!", declarou uma conta do Twitter que utilizava o nome "@DavidGoldbergNY".

A história não era verdadeira, é claro, mas isso não impediu os autoproclamados "detetives" da internet de continuarem a propagá-la depois da divulgação de e-mails que supostamente pertenciam a John Podesta, conselheiro de campanha de Hillary Clinton, via WikiLeaks. Muitos começaram a analisar minuciosamente os e-mails de Podesta em busca de palavras-código que, segundo eles, embasariam a teoria do PizzaGate, especialmente palavras relacionadas à comida. "Estou sonhando com um carrinho de cachorro quente no Havaí...", escreveu Mike Cernovich, líder da direita alternativa e prolífico divulgador de fake news. Usando a hashtag #PodestaEmails[28], os usuários esmiuçaram os materiais divulgados pelo WikiLeaks e concluíram que palavras como "pizza", "queijo", "massa", "sorvete" e "nozes" eram códigos para designar meninos, meninas e homens prostituídos.

Por fim, a história atingiu o auge quando Edgar Maddison Welch, da Carolina do Norte, viajou até Washington e abriu fogo com uma AR-15 em um restaurante, em 4 de dezembro de 2016. Welch estava convencido de que crimes reais estavam em andamento e decidiu fazer justiça com as próprias mãos. Ele foi formalmente acusado em dezembro de 2016, mas fez um acordo judicial e se declarou culpado pelos crimes de transporte de armas de fogo e agressão com arma mortal em 24 de março de 2017; acabou recebendo uma pena de quatro anos de reclusão e multa.

Outro caso foi o de Yusif Lee Jones, de Shreveport, na Louisiana, que ameaçou abrir fogo contra outro restaurante apenas três dias após o episódio de Welch. Jones telefonou para o restaurante Besta Pizza em Washington e avisou que pretendia "atirar em todos que estivessem no local" para "salvar as crianças". Jones foi preso e se declarou culpado pelo crime de ameaça contra o restaurante em 12 de janeiro de 2017.[29] Apesar de a história ter sido minimizada em muitos meios de comunicação, o restaurante enfrentou uma violenta onda de assédio. Os proprietários e outros envolvidos ainda estão sendo reiteradamente ameaçados via mídia social.

Essa história não se limitou a sites de fake news. Michael Flynn, membro da equipe da campanha de Donald Trump e futuro conselheiro de Segurança Nacional, compartilhou a história em seu canal no Twitter e recebeu o apoio do seu filho, Michael Flynn Jr., que a retuitou, acrescentando que "até que seja provado que a #PizzaGate é falsa, ela será um fato".[30]

A #PizzaGate pode ter sido a fake news mais popular da temporada de campanha, mas não foi a mais assustadora quanto ao número de pessoas atingidas. Os moradores de St. Mary Parish, na Louisiana, foram alvo da seguinte manchete de fake news: "Alerta para o perigo de fumaça tóxica nesta área até as 13h30"; essa informação provocou uma enxurrada de ligações para o Departamento de Segurança Interna em 11 de setembro de 2014. Embora centenas de contas do Twitter mencionassem uma "grande explosão" usando a hashtag #Columbian-Chemicals,[31] na verdade, não havia emergência alguma.

Apesar dos tuítes e posts, o acontecimento era uma farsa. Por fim, a Columbian Chemicals emitiu um boletim de imprensa declarando que não havia ocorrido explosão alguma e que os relatos eram falsos. Embora tenha sido uma farsa, o evento inexistente tem até uma página na Wikipédia e um vídeo no YouTube, em que ISIS reivindica a autoria do ataque e apresenta mulheres vestindo burcas e empunhando armas. Em 10 de março de 2015, foi lançada outra hashtag semelhante, a #PhosphorousDisaster. Ela informava que uma enorme quantidade de fósforo havia sido despejada em American Falls, no estado de Idaho (a hashtag vinha junto com a #AmericanFalls).

Em 4 de outubro de 2014, surgiu no Twitter uma hashtag originada na Internet Research Agency. Dessa vez, era a #MaterialEvidence. Um evento divulgado no Facebook convidava as pessoas para uma exposição de arte com fotos tiradas na Síria e na Ucrânia em uma galeria na 21st Street, em Nova York. Quando os repórteres do blog *Gawker* começaram a investigar o patrocinador da exposição, foram informados de que se tratava de um "homem discreto" que "chegara com uma mala de dinheiro e entregara os recursos sem explicação alguma".[32] A exposição ficou em cartaz de setembro a outubro de 2014 e foi divulgada em toda a cidade através de pôsteres nos ônibus e no metrô. Os e-mails hackeados e divulgados na internet pelo grupo Anonymous International comprovaram que um dos patrocinadores dessa campanha foi a Internet Research Agency, de São Petersburgo.[33]

Essa é apenas uma pequena amostra das atividades realizadas pela Internet Research Agency, não apenas nos Estados Unidos, mas em todo o mundo. Uma análise da infraestrutura digital que viabilizou essas campanhas de hashtags identificou uma ligação entre as contas do Twitter e a ferramenta de postagem em massa "Masss Post", associada a um domínio que pertence à Rússia (Add1.ru). O repórter do *The New York Times* Adrien Chen perguntou a Mikhail Burchik, o suposto líder da fazenda de trolls da RF-IRA, se ele havia registrado o domínio; Burchik negou. Os e-mails roubados e divulgados pelo grupo de hackers ativistas Anonymous associaram Burchik à organização. Julian Hans, do jornal alemão *Süddeutsche Zeitung*, afirma que Burchik confirmou que os e-mails divulgados eram seus antes de negar essa informação na entrevista com Adrien Chen.

Frustrado com as acusações que definiam o InfoWars como um gerador de hashtags a soldo dos russos, Alex Jones postou uma foto de seu visto de negócios para a Rússia e tuitou com zombaria: "Mal posso esperar pelas novas hashtags que Putin vai me entregar para usar contra Hillary e os democratas..."[34] Mal sabia ele que estava revelando algo não muito distante da verdade. Jones havia sido uma fonte altamente confiável de fake news para a estrutura da guerra de propaganda russa, e suas teorias conspiratórias eram marcadas com hashtags em larga escala pela RF-IRA. Seus comentários tresloucados são muito admirados por alguns dos principais políticos russos, e seu próprio tuíte revelou que ele recebera um visto de negócios de longa duração para manter sua fábrica especial de conspirações em constante atividade.

O que Diz a Raposa?

Sheera Frenkel, do *Buzzfeed*, descobriu que o ministro da Defesa Sergey Shoigu comunicara à Duma que a Rússia estava promovendo uma guerra de propaganda. Shoigu declarou: "Acreditamos que o exército cibernético da Rússia será uma ferramenta muito mais eficiente do que todas as que já usamos para fins de contrapropaganda."[35] A capacidade de utilizar a internet para explorar diferentes vias de ataque também explica por que a Rússia escolheu o WikiLeaks. Os russos precisavam de uma entidade com credibilidade no cenário mundial. O coronel Chekinov e o tenente-general Bogdanov, dois estrategistas militares russos, descrevem a prática eficiente de utilizar agências blindadas contra responsabilização, como organizações não governamentais, para mascarar operações de inteligência na guerra de informação. Segundo os autores:

"É recomendável dispor de uma organização não governamental (ONG), sem fins lucrativos e estrangeira que possa contribuir de forma excepcional para o atingimento do objetivo de uma operação híbrida. Ela pode ser constituída fora da Rússia, sob as leis de um país estrangeiro, e captar membros entre os habitantes locais."[36]

Sergei P. Rastorguev, um militar russo especializado em guerra híbrida, escreveu uma narrativa apócrifa para ilustrar os objetivos da iminente guerra cibernética contra os Estados Unidos e a Europa na obra *Filosofia da Guerra de Informação*:

"Era uma vez uma raposa que queria devorar uma tartaruga, mas sempre que tentava, a tartaruga se recolhia em seu casco. A raposa mordia e chacoalhava, mas não tinha sucesso. Certo dia, a raposa teve uma ideia: fez uma proposta para comprar o casco da tartaruga. Mas a tartaruga era esperta e sabia que seria devorada sem sua proteção, então recusou a oferta. O tempo passou, e um dia apareceu uma televisão pendurada em uma árvore exibindo imagens de um bando de tartarugas voando felizes e despidas de seus cascos! A tartaruga ficou maravilhada. Ah! Elas podem voar! Mas não seria perigoso abandonar o casco? Mas, ora, a voz na televisão anunciava que as raposas tinham se tornado vegetarianas. 'Se eu pudesse tirar meu casco, minha vida seria tão mais fácil', pensou a tartaruga. 'Se a tartaruga abandonasse seu casco, seria tão mais fácil comê-la', pensou a raposa — e financiou mais anúncios de tartarugas voadoras. Certa manhã, quando o céu parecia bem maior e mais brilhante do que o normal, a tartaruga retirou seu casco. O que quase nunca se compreende aqui é que o objetivo da guerra de informação consiste em induzir o oponente a baixar sua guarda."[37]

Agora que todos os sistemas estavam em operação, os ativos russos do FSB, do SVR, da GRU, da Direção de Inteligência Militar e do Serviço de Informação e Comunicação Especial, a Agência de Segurança Nacional da Rússia, estavam prontos para executar um ataque direto contra o alvo que almejavam destruir havia mais de 70 anos — a democracia norte-americana.

CAPÍTULO 9

Hail Hydra!

Em 22 de julho de 2011, Anders Behring Breivik, um ativista norueguês de 32 anos ligado à extrema-direita, se disfarçou de policial para realizar um ataque contra o Partido Trabalhista Norueguês, então no poder. Breivik passara meses construindo uma bomba de cerca de 950kg, que instalou dentro de um furgão. Seu plano era explodir o veículo no meio do distrito governamental norueguês, o *Regjeringskvartalet*. Ele pretendia destruir o principal prédio do governo. Com sorte, Breivik conseguiria matar o primeiro-ministro e todos que estivessem no prédio. Para ele, o liberal Partido Trabalhista Norueguês havia permitido a entrada de muçulmanos na Noruega, o que teria maculado a pureza do sangue norueguês com o sangue imigrante. Para ele, essa miscigenação sancionada pelo governo era um crime contra a raça branca. Ele culpava o Partido Trabalhista e pretendia puni-lo.

Breivik falsificou o distintivo e o uniforme de um policial, dirigiu até o centro de Oslo e detonou a bomba, matando oito pessoas. Quando o carro-bomba explodiu, Oslo entrou em pânico. O país nunca vivenciara um ato terrorista desse nível, e o mundo assistiu ao episódio imaginando que terroristas islâmicos haviam escolhido a sofisticada nação nórdica como forma de punição. Essa era a intenção de Breivik. Ele queria que o mundo todo olhasse para uma só direção enquanto realizava um segundo ato terrorista para promover seu nacionalismo branco. Breivik dirigiu até uma floresta a oeste da cidade. Essa é uma região incrivelmente bela, repleta de lagos, baías e pequenas ilhas. Ainda vestido de policial, ele foi para Utøya, uma pequena ilha privada conhecida por sediar acampamentos de jovens ligados ao Partido Trabalhista. Ao chegar, Breivik carregou seu rifle semiautomático Mini-14 de fabricação norte-americana. A arma era uma versão mais básica do rifle de combate que os norte-americanos usavam nos anos 1950, mas sua potente munição 7.62mm padrão OTAN pode abater um alce em segundos, sobretudo porque vem em um pente com capacidade para 10 cartuchos. Ele portava também uma pistola Glock 17 e vários carregadores de 15 tiros. Na fase de preparação dos assassinatos, Breivik fez pequenas incisões nas pontas dos projéteis para que eles se partissem; depois, mergulhou as balas em alcatrão de nicotina para que elas queimassem quando penetrassem na pele. Ele queria infligir o máximo de dor possível. Mas Breivik não estava lá para caçar animais de grande porte; seu intuito era aniquilar a próxima geração de liberais da Noruega.

Breivik foi até o acampamento no barco que transportava os participantes para a ilha. Monica Bosei, chefe do acampamento, também estava entre os passageiros. Bosei, conhecida como "a Mãe de Utøya", era uma mulher alta e bonita, com belos cabelos castanhos. Também era uma acadêmica brilhante e atuava como diretora do museu marítimo norueguês. Bosei estava trabalhando como coordenadora voluntária do programa que atendia as crianças na ilha. Breivik lhe disse que estava indo ao acampamento para proteger as crianças. Ela percebeu que ele estava agindo de modo estranho e o questionou sobre os eventos em Oslo. Ele foi evasivo e parecia não conhecer nem os procedimentos policiais mais básicos. Ao desembarcar na ilha, ela estava com a sensação de que havia algo errado e saiu correndo do barco para avisar Trond Berntsen, um policial da cidade destacado para a proteção do acampamento. Breivik percebeu que havia sido descoberto. Foi nesse momento que ele decidiu matar Monica, o policial e todos os demais.

Breivik confessou o que havia feito com simplicidade: "Eu estava segurando a pistola, e havia uma bala na agulha... Quando levantei a arma, Monica Bosei me disse para não apontá-la para o homem à minha frente. Então, apontei a arma para a cabeça dele e atirei na sua nuca. Monica começou a correr e atirei uma vez na cabeça dela. Depois, disparei mais duas vezes na cabeça dele. Fui até o corpo dela e atirei mais duas vezes na cabeça."[1]

A ilha era dele. Não havia mais nenhum adulto para detê-lo. De acordo com o calmo depoimento que concedeu em seu julgamento por homicídio, ele teve um momento de reflexão antes de começar o massacre: "Eu pensei: é agora ou nunca. Havia centenas de vozes na minha cabeça dizendo: 'Não faça isso. Não faça isso.'" A partir desse momento, Breivik começou a atirar sistematicamente em cada criança que via, uma a uma. As crianças e os adolescentes corriam, gritavam e se escondiam, embora fosse quase impossível escapar. Ele sistematicamente caminhava devagar até cada um deles, apontava a Glock para suas cabeças e ceifava suas vidas. Quando as vítimas estavam longe demais para um tiro certeiro de pistola, ele mirava minuciosamente o poderoso rifle e atirava no peito. No julgamento, Breivik disse que, embora tenha poupado alguns dos mais jovens, às vezes falava que era policial e fazia sinal para que se aproximassem; quando os jovens entravam em seu campo de ação, ele atirava nas cabeças. Breivik se surpreendia ao ver que suas vítimas ficavam totalmente paralisadas de medo quando ele apontava a arma e disparava. Quando as forças táticas de Oslo chegaram ao local, ele já havia matado 69 pessoas, entre adolescentes e adultos. Obviamente, como todo covarde, ele tinha medo de morrer e se rendeu por saber que nunca pagaria pelo que fizera com sua própria vida. Breivik saboreou a ironia de que a Noruega era liberal demais para adotar a pena de morte. Ele disse que massacrara suas vítimas — que tinham entre 13 e 22 anos de idade — porque elas teriam sido a próxima geração de liberais "multiculturalistas", a quem rotulava de marxistas. Durante a atrocidade, ele gritava: "Vocês vão morrer hoje, marxistas." Em sua lógica, seus pais haviam permitido a invasão muçulmana da Noruega, logo, os filhos tinham que pagar por essa traição à raça branca.

Anders Behring Breivik foi o primeiro soldado da revolução branca fomentada pela diáspora neonazista e fascista que vinha se consolidando nos Estados Unidos e na Europa. Incrivelmente, esses ex-nazistas e fascistas estavam sendo financiados e apoiados ideologicamente pela Rússia, uma nação que fora barbarizada pelo nazismo na Segunda Guerra Mundial. Breivik não mediu esforços. Como garantia de que seria lembrado pela sua irmandade de Supremacistas Brancos, Breivik escreveu um manifesto de 1.518 páginas e o deixou em sua casa para que fosse encontrado. Por ser um especialista em terrorismo internacional, recebi uma cópia no mesmo dia em que o documento foi apreendido pelos oficiais da inteligência interna da Noruega. Eles queriam saber se o atentado fora obra de um louco ou uma ação realizada por uma rede internacional de terroristas de extrema-direita. Minha avaliação foi de que as duas opções estavam corretas. Breivik se intitulava membro do "movimento europeu de resistência patriótica". Em parte, suas visões eram uma manifestação das ideias distorcidas que circulavam em sua mente, mas também abriam uma janela para a mentalidade e as relações entre os conservadores xenófobos do mundo inteiro. Eles se veem como "Cavaleiros" em uma cruzada templária para limpar a Europa dos negros, muçulmanos e liberais, mas não passam de tropas de choque que lembram mais os míticos vilões, ligados à supremacia branca, da organização Hydra. A Hydra era um grupo subversivo de tendências nazistas que carregava o legado do Terceiro Reich; foi imortalizada nos gibis do Capitão América, nos filmes dos Vingadores e na série de TV *Agentes S.H.I.E.L.D.* Mas esse episódio não era um drama imaginário: a Hydra estava agindo em toda a Europa e envenenando os Estados Unidos. Seu lema ("Corte uma cabeça e outra surgirá!") refletia o sonho de Breivik e muitos outros. Até sua saudação nazista pós-Reich, "Hail Hydra!", era uma versão reformulada de "Heil Hitler!" e seria usada depois por seus confrades norte-americanos, que se apropriariam desse grito de guerra para compor o popular "Hail Trump! Hail Victory!".

Breivik pode ter obtido essas ideias de uma miríade de racistas, extremistas e xenófobos norte-americanos, mas disse que se identificava mais com a Nashi — a "juventude hitlerista" de Putin — um modelo para o movimento patriótico jovem. Um Breivik cheio de elogios escreveu suas ideias para o desenvolvimento de um movimento de uma juventude conservadora:

> "Precisamos agir sabiamente nos próximos 20 anos e continuar trabalhando para criar uma aliança conservadora pan-europeia, uma nova ideologia política conservadora com o potencial de atrair, no MÍNIMO, de 20 a 35% dos europeus ocidentais, incluindo grande parte da nossa juventude. A criação de organizações estudantis voltadas para a cultura e o conservadorismo em universidades de toda a Europa deve ser uma prioridade. Para isso, precisamos chegar a um consenso em torno da criação de um movimento cultural que seja conservador, patriótico, jovem, moderno e 'imaculado' para impedir que nossos jovens se associem a movimentos de inspiração nacional-socialista ou nacionalista étnico. Esse movimento deve ser como o Nashi da Rússia. O Nashi é o movimento jovem de Putin e conta com 120 mil membros entre 17 e 25 anos. Eles afirmam que são antifascistas/antinazistas, mas, como 'conservadores patrióticos', se identificam com as duas tendências."

Breivik escreveu uma seção de Perguntas e Respostas em seu manifesto, na qual se questionava sobre a personalidade que mais desejava conhecer: "O Papa ou Vladimir Putin. Putin parece ser um líder justo e decidido, digno de respeito."

Breivik era um sinal global da crescente onda de conservadorismo de extrema-direita que acometia o coração da Europa. Em 2012, a chama do nacionalismo branco promovido pelos russos se alastrou como uma faísca em um veio subterrâneo de carvão.

O ex-chanceler austríaco de extrema-direita Jörg Haider certa vez comentou a preocupação dos líderes europeus com a ascensão da direita: "Há muita agitação no galinheiro da Europa — apesar de a raposa ainda nem ter entrado."[2] Essa é uma ideia curiosa. Com o auxílio da Rússia, a raposa não apenas já entrou no galinheiro, como está sendo eleita pelas galinhas como Galo-Chefe. Desde o 11 de Setembro, a Europa lentamente vem sendo tomada por governos mais autoritários. Na Europa Oriental, muitos países que tradicionalmente integravam o Pacto de Varsóvia agora são governados por líderes pró-Rússia, como Rumen Radev da Bulgária; Igor Dodon da Moldávia, líder do Partido Socialista, e até Jüri Ratas da Estônia, líder do Partido de Centro pró-OTAN. Mas o cerne do plano da Rússia está em cooptar extremistas brancos como Breivik na Europa Ocidental e atraí-los para o ativismo político. Com os políticos da direita europeia no bolso, Putin faria do nacionalismo autocrático a força política dominante no Ocidente.

A peculiaridade de todos esses demagogos conservadores europeus é seu foco no ódio aos imigrantes muçulmanos, especialmente a partir das crises migratórias da Síria e da Líbia, que levaram milhões de refugiados para a Europa. Também contribuiu a ascensão do ISIS na Síria, que influenciou muçulmanos nascidos na França, na Bélgica e na Alemanha a executarem ataques terroristas em seus países natais. Os políticos conservadores mais combativos usam esse ódio concentrado para mobilizar as pessoas através das suas emoções. Por exemplo, o descarado político holandês Geert Wilders promoveu uma campanha nacional para demonizar os muçulmanos durante décadas. Ele ainda não foi eleito, mas o ódio contra a imigração muçulmana agora é o tópico principal na agenda de segurança nacional da Europa. Entretanto, ao longo dos últimos 17 anos desde os ataques aos Estados Unidos, os políticos europeus vêm transformando todo esse ressentimento em partidos políticos viáveis que estão conquistando o poder.

O fator mais importante aqui é que, desde 2001, Moscou tem observado essas tendências racistas e nacionalistas e descobriu que elas se alinhavam com seu recém-descoberto conservadorismo cultural. Os russos viram isso como uma brecha na fortaleza europeia. Putin deve ter chegado a essa conclusão quando cooptou extremistas conservadores europeus e norte-americanos, que naturalmente estavam alinhados com a Rússia. O Kremlin passou a última década desenvolvendo uma rede sólida de populistas europeus, que passaram a moldar a si mesmos e seus partidos segundo a imagem de Vladimir Putin e do seu partido Rússia Unida. Os novos políticos eurasianos e companheiros de viagem de Putin são uma mistura de partidos políticos fascistas, neonazistas e nacionalistas que, ao longo dos últimos sete anos, vêm sendo excluídos por promoverem as crenças de Hitler, Mussolini e outros demagogos derrotados na Segunda Guerra Mundial. Esses personagens e partidos marginalizados de repente renasceram das cinzas como conservadores, nacionalistas e cristãos obstinados em destruir o *status quo* da Europa e, posteriormente, o dos Estados Unidos. Os europeus também compreendem que foram prejudicados pelas suas próprias democracias e apreciam o plano de usar a democracia para estabelecer autocracias, lideradas por eles mesmos. Com esse objetivo, eles poderiam auxiliar Moscou na destruição dos valores democráticos norte-americanos associados à cultura do "politicamente correto", como a diversidade, a inclusão, a globalização e os laços com a OTAN e a União Europeia. Esses nazistas e fascistas europeus recém-reabilitados também gostavam da imagem de durão e do tribalismo combativo de Putin, o inverso da diligência e da civilidade de Barack Obama em relação ao poder geopolítico.

Esses partidos europeus xenófobos têm a característica universal de se alinhar abertamente com Moscou e aceitar sua proteção política velada e aberta, o que inclui financiamento ostensivo. Como sinal de gratidão, Moscou se tornou a capital não oficial do mundo conservador, branco, anti-OTAN e antiglobalização.

Todos esses grupos compartilham um mesmo ponto de vista ideológico. Eles se consideram inimigos da ordem mundial centrada na Europa e na OTAN. Eles querem realinhar o mundo e, com o auxílio de Moscou como a protetora da cultura cristã, destruir o *establishment* que viabiliza a estabilidade desde a Segunda Guerra Mundial. Como disse Dugin em um comunicado público após a vitória de Trump: "Todos nós, juntos, devemos começar a batalha contra o Mar de Lama na Rússia, o Mar de Lama na França, o Mar de Lama na Alemanha e assim por diante. Precisamos purificar nossa sociedade da influência do Mar de

Lama... E assim vamos limpar o Mar de Lama da Europa. Basta de Hollande, Merkel e Bruxelas. A Europa para os Europeus."[3]

As organizações pró-Moscou, nacionalistas, antiglobalização, anti-OTAN e agressivamente anti-imigração na Europa são numerosas. Para usar uma analogia do beisebol, não se pode entender os jogadores sem a lista de escalação. A seguir, apresento, por país, os partidos políticos que estão sendo financiados, cooptados ou agindo em complô com o Kremlin para destruir a democracia da Europa.

França

A Frente Nacional (FN) foi fundada por Jean-Marie Le Pen em 1972. Em 1974, Le Pen concorreu à presidência, mas obteve menos de 1% do total de votos e perdeu para o socialista François Mitterrand.[4] Marine Le Pen foi candidata pela FN em 2017. Marine é filha do fundador do partido, Jean-Marie Le Pen. Herdeira política do pai, filiou-se ao partido em 1986. Ela rapidamente se estabeleceu no cenário como um símbolo do conservadorismo do interior da França. Le Pen se candidatou à presidência em 2012 e ficou em terceiro, atrás de François Hollande e Nicolas Sarkozy. Seu eleitorado conservador serviu de base para a consolidação do populismo de direita na França. Le Pen frequentemente define o populismo europeu como *a próxima onda no futuro da Europa*. Em suas palavras: "O que é populismo? Se é defender um governo do povo, pelo povo e para o povo, então, sim, sou populista."[5] Uma conservadora de direita eficiente, que segue a cartilha do Kremlin em todas as oportunidades, Marine também é uma antiglobalista ferrenha e inimiga do livre comércio. Segundo ela: "O livre comércio está morto... e o mundo está virando essa página. Há um novo patriotismo econômico e cultural no ar... e esse é o caminho do futuro."[6] Suas observações estão ideologicamente alinhadas com as ideias de Putin, Dugin, Surkov, Bannon e Trump.

Le Pen tem uma relação pessoal e financeira bastante próxima com Moscou que já se estende há muito tempo. Ela era uma das defensoras mais incisivas de Putin na Europa. Em uma entrevista concedida em 2011 para o jornal russo *Kommersant*, ela comentou: "Não vou esconder que, em certo sentido, admiro Vladimir Putin. Ele comete erros, mas quem não comete? A situação na Rússia não é fácil."[7] Em 2014, a Frente Nacional recebeu US$14 milhões da Rússia por meio de uma instituição financeira de fachada ligada ao governo russo, o First

Czech-Russian Bank.[8] Jean-Luc Schaffhauser, representante da Île-de-France no Parlamento Europeu e membro do FN, intermediou o empréstimo entre o partido e a Rússia, depois de falhar em sua tentativa de obter os recursos de uma fonte ligada aos Emirados Árabes Unidos.[9] O FN obteve um empréstimo de US$2,5 milhões do ex-agente da KGB Yuri Kudimov, que administrava o "banco de espiões" dos russos, o VEB Capital.[10] Kudimov também era dono do Vernonsia Holdings, sediado no Chipre. Em 1985, ele foi acusado de espionagem e expulso do Reino Unido.[11] O FN solicitou US$30 milhões adicionais à Rússia no início de 2016 para financiar as eleições de 2017. Podemos supor que, com esses empréstimos tão expressivos da Rússia, foi muito fácil para Putin conquistar a admiração eterna de Le Pen.

O objetivo de Marine era afastar a França do seu secular liberalismo e fazer do país o pilar central da nova aliança antiatlanticista promovida por europeus conservadores. Ela aceitou de bom grado o dinheiro e a visão de Moscou para um mundo realinhado e fora da zona de influência de Washington. Para essa missão, Le Pen escolheu uma "rosa azul" como símbolo da FN. A flor simbolizava o lema do FN: *Possible l'impossible* ou "Tornar o impossível possível".

Le Pen expressava aberta e frequentemente seu desprezo pelo presidente Barack Obama e acreditava que todas as sanções impostas em razão da invasão da Crimeia pelos russos deveriam ser revogadas. Ela prometia que, se vencesse as eleições francesas em março de 2017, desligaria imediatamente a França da OTAN e da União Europeia em nome da "soberania fiscal" — pois sabia muito bem que a saída da França poderia prejudicar a OTAN e provocar o fim da UE. Foi Putin quem disse a Le Pen em uma conversa particular que "a França poderia se tornar uma colônia de suas ex-colônias".[12] Ela admite que sua posição sobre a imigração é praticamente idêntica à sustentada por Putin, outros populistas apoiados pela Rússia e Donald Trump:

> "Precisamos limitar a imigração legal ao mínimo necessário. Depois, devemos zelar para que a França deixe de ser atraente para imigrantes. Porque agora você vem para a França, mesmo de forma ilegal, e logo obtém praticamente os mesmos direitos que os franceses. Oferecemos benefícios, habitação social, educação gratuita e saúde. Estou convencida de que, se não oferecermos nada para os imigrantes, eles deixarão de vir."[13]

HAIL HYDRA! 171

Le Pen se considerava uma versão feminina e moderna de Charles de Gaulle, que defendia uma França independente e patriótica depois da Segunda Guerra Mundial. Quando questionada se a França deveria se retirar da OTAN, sua resposta foi a seguinte:

> "Sim. Inicialmente, fui contra a participação da França na aliança... No entanto, estou convencida de que os países europeus devem cooperar na área da segurança, mas não vejo razão alguma para que a Rússia seja impedida de integrar esse processo. Os países europeus devem cooperar com a Rússia para desenvolver um plano e construir a Europa do futuro."[14]

Em 2015, Jean-Marie foi expulso da Frente Nacional por sua própria filha após ter chamado os membros do povo romani de "fedorentos". No entanto, muitos acreditam que a polêmica racial de Jean-Marie Le Pen foi a causa da derrota de sua filha na eleição presidencial.[15]

Os negócios da família ganharam mais uma figura de peso com a chegada de Marion Maréchal-Le Pen, neta de Jean-Marie e sobrinha de Marine. Essa integrante jovem e atraente da Frente Nacional é considerada o futuro do partido. Apesar de ter declarado que estava dando um tempo da política francesa, Marion discursou na Conferência de Ação Política Conservadora norte-americana em 2018 e encantou a direita alternativa com uma exposição inflamada exigindo uma política nacionalista em que os países viessem "em primeiro lugar". Em seu discurso, Marion afirmou: "Eu não me ofendo quando ouço o presidente Donald Trump dizer que quer 'os EUA em primeiro lugar'... Na verdade, quero os EUA em primeiro lugar para o povo norte-americano, quero a Grã-Bretanha em primeiro lugar para o povo britânico e quero a França em primeiro lugar para o povo francês." Ela encerrou com um grito de guerra, ao estilo dos eleitores de Trump: "Assim como vocês, nós também queremos o nosso país de volta."[16]

A família Le Pen continua sendo um grupo de militantes nacionalistas pró--Rússia bastante ativo que prometeu estabelecer laços com Moscou e ajudar Putin a integrar a França em uma rede de suporte formada por europeus neonazistas e reacionários — um ato ao estilo Vichy que certamente faria De Gaulle se revirar no túmulo.

Os Le Pen não foram os únicos xenófobos a contribuir com o desenvolvimento da expressão específica do racismo na França. Bruno Gollnisch era um membro do Parlamento Europeu ligado à facção católica da Frente Nacional e fora deputado na Assembleia Nacional francesa na década de 1980. Gollnisch também era oficial aposentado da marinha francesa, advogado, negador do Holocausto e fora presidente da Aliança dos Movimentos Nacionais Europeus entre 2010 e 2013. Ele foi substituído nesse cargo por Béla Kovács, do Jobbik.

Em 2007, Gollnisch foi preso, julgado, condenado e sentenciado a 3 meses de prisão por violar a Lei Gayssot de 1990. O motivo foi uma declaração de negação do Holocausto feita em 2004, pouco antes do 60º aniversário da libertação de Auschwitz. Aproximadamente 3 mil cidadãos franceses que ajudaram no resgate dos judeus participaram do evento em Paris e todos se sentiram ofendidos. Gollnisch também teve que pagar 71.400 euros e juros como indenização aos reclamantes. Seus amigos racistas e neonazistas ficaram igualmente indignados. David Duke, racista norte-americano e líder da Ku Klux Klan, definiu as acusações contra Gollnisch como uma "perseguição implacável e uma campanha de difamação". David Duke era um grande fã e escreveu um artigo sobre o político francês em seu blog depois de encontros com Gollnisch em sua casa em Lyon, na França, e com seu correligionário, Jean-Marie Le Pen, no mesmo dia.[17] Segundo David Duke:

> "O professor é um modelo de civilidade, mas chegou à conclusão de que a imigração irrestrita trará a destruição do legado e da liberdade dos europeus. O Dr. Gollnisch não se limitará a observar reservadamente enquanto nossa herança europeia vem sendo eliminada na França, na União Europeia e no resto do mundo ocidental."

Como membro do corpo docente da Université de Lyon III, os esforços colaborativos de Gollnisch e seu envolvimento ativo na *American Renaissance*, uma revista que promove o nacionalismo branco, nunca foram examinados nem coibidos, embora em 2002 um relatório do governo francês tivesse afirmado que a Universidade de Lyon III manifestava um padrão estabelecido quanto à contratação de negadores do Holocausto.[18]

Reino Unido

O pensamento eurocético sempre circulou no Reino Unido, mas principalmente através das vozes do Partido Conservador. Os *think tanks* anti-UE, como o Bruges Group, liderado por Robert Oulds, membro do Partido Conservador, têm a função de orientar seus aliados políticos. Alan Sked, economista, historiador e membro do Bruges Group, fundou o Anti-Federalist League em 1991 para se opor à campanha de integração da Grã-Bretanha à União Europeia. As ações de Sked de fato se resumiram à criação de dois partidos, a Anti-Federalist League e o New Deal Party. Em 1991, quando a Grã-Bretanha e a Europa estavam prestes a criar uma entidade histórica que seria conhecida como União Europeia, Sked e outros políticos criaram uma liga de candidatos que concorreriam nas eleições de 1992. Na chamada Anti-Federalist League, eles uniram esforços para se contrapor à adesão britânica à recém-criada União Europeia, estabelecida pelo Tratado de Maastricht. Apesar de ter sido categoricamente derrotada nas eleições realizadas em abril de 1992, em vez de se conformar com o fim, a Anti-Federalist League se reformulou e deu origem ao United Kingdom Independence Party, o UKIP, em setembro de 1993.

O fundador do UKIP, Alan Sked, já havia começado a perder o controle de seu partido para a facção de direita ligada a Nigel Farage. Eurocético e conservador, Farage era membro fundador do UKIP e foi eleito para o Parlamento Europeu em 1999. Sked percebeu esse evento como uma ameaça e tentou afastar Farage do grupo. Farage respondeu com um processo.[19] Como resultado, Sked foi forçado por Farage e seus aliados, Michael Holmes e David Lott, a sair do partido. Farage se tornou o novo líder não oficial da legenda, enquanto Michael Holmes era eleito formalmente líder do UKIP, embora logo tenha sido forçado por Farage a renunciar, sendo substituído por Jeffrey Titford. Em 2006, Farage foi escolhido como líder oficial do UKIP. Embora tenha renunciado brevemente à liderança do partido em 2009, ele retornou ao cargo em 2010 e permaneceu até 2016. Ele foi substituído por Diane James em setembro de 2016 durante algumas semanas, mas retomou brevemente seu posto por alguns meses, antes de ser definitivamente substituído por Paul Nuttall.

No que tange a êxitos políticos, a trajetória do UKIP foi de constante ascensão desde sua tomada por Farage. A grande vitória viria em 2014, quando a disputa clássica pelos assentos do Reino Unido no Parlamento Europeu entre o Partido

Trabalhista e o Partido Conservador foi subitamente desequilibrada pelo UKIP, que conquistou 24 cadeiras. Esse foi um grande avanço desde 2004, quando o UKIP ficou em 3º, obtendo apenas 3 vagas, e em 2009, quando elegeu 12 membros. Essas vitórias sucessivas incentivaram o partido a promover sua agenda nacionalista, que tinha uma só meta: sair da UE.

O Partido Nacional Britânico (BNP, na sigla em inglês) resultou de uma fusão entre o Partido Nacional Inglês de 1942 e a União Britânica de Fascistas. Conhecido durante a Segunda Guerra Mundial como Associação Nacional Inglesa de 1942, o partido era repleto de fascistas e simpatizantes do nazismo. Com o passar do tempo, eles passaram a ser vistos como extremistas e nunca conquistaram apoio no cenário político principal da Grã-Bretanha.

A segunda encarnação veio em 1960. O BNP não foi tão influente e morreu em 1967. No entanto, sua estrutura abrigara o efêmero Partido Trabalhista Nacional (1957-1960) e a Liga de Defesa Branca (WDL), um grupo antissemita de extrema-direita cujo símbolo era um círculo contendo uma cruz e que também integrava a Liga dos Lealistas do Império (LEL), uma facção ligada ao Partido Conservador que se opunha à exclusão dos judeus pela WDL. A WDL foi dissolvida completamente em 1960 e, como não havia ninguém mais para representá-los, alguns de seus membros ingressaram silenciosamente no BNP.

A terceira e última encarnação veio em 1982, quando o novo BNP foi fundado pelo neonazista John Tyndall, um líder conhecido do violento Movimento Britânico dos anos 1970. Em sua terceira encarnação, o BNP, de extrema-direita, passou a idealizar sua busca pelo etnoestado branco. Como os membros do Partido Comunista dos Estados Unidos que surfavam nas glórias do Partido Verde, os novos integrantes do BNP eram tietes inconsequente que pegavam carona no fluxo do UKIP depois de terem expulsado Nick Griffin, o racista que fazia turnês de palestras em faculdades norte-americanas com o financiamento do colega de David Duke, Preston Wiginton. Aliás, Griffin (que pode ter sido influenciado pela WDL) foi expulso do BNP por ser racista demais, e ainda assim muitos se referem ao BNP como um grupo fascista. O novo BNP se opunha a grupos como LGBTs, judeus, muçulmanos, imigrantes etc. Sua composição era semelhante à do xenófobo Tea Party dos EUA, uma vez que ambos eram formados por homens brancos e racistas, na maioria de classe média, em busca do etnoestado branco. O BNP nunca conseguiu emplacar de verdade devido às suas várias encarnações negativas; então, evoluiu para o UKIP em 1993. Griffin e Nigel Farage, racista e populista, assumiram a liderança na tentativa de disseminar o euroceticismo no cenário político atual. Eles defendiam os ideais originais de Margaret Thatcher, que previam a limitação da imigração e do multiculturalismo — um esforço aparentemente fútil em um país com uma longa e tortuosa história de colonialismo. Posteriormente, Nick Griffin fundou o Partido da Unidade Britânica e ajudou a criar a AENM (a Aliança dos Movimentos Nacionais Europeus).[20]

Poucos sabiam do grupo Britain First até que o presidente Trump tuitou vídeos do grupo britânico de extrema-direita, anti-imigração e antimuçulmano com a mensagem "tomando nosso país de volta!". O grupo foi fundado em 2011 por Paul Golding e Jim Dowson e é conhecido por seus ataques e "patrulhas" dirigidos contra muçulmanos. Sua vice-líder, Jayda Fransen, foi condenada por um ato de discriminação religiosa contra uma muçulmana que caminhava na rua com seus quatro filhos — Fransen a atacou e tirou seu hijab. Em 29 de novembro de 2017, o presidente Trump retuitou vídeos que supostamente mostravam assassinatos e atrocidades praticados por muçulmanos sob o comando do ISIS. A indignação global foi instantânea. A então primeira-ministra britânica, Theresa May, se pronunciou através de seu porta-voz: "O povo britânico rejeita veementemente a retórica preconceituosa da extrema-direita, que é a antítese dos valores que este país representa — decência, tolerância e respeito. Este ato do presidente foi um erro."[21] Por outro lado, Fransen declarou ao *Washington Post:* "Se o *establishment* britânico não promove mais a liberdade de expressão, o presidente dos Estados Unidos, Donald Trump, claramente o faz; por isso ele tuitou, para expressar publicamente seu apoio ao movimento Britain First e à sua vice-líder." Tommy Mair, o assassino da parlamentar britânica Jo Cox, gritou o nome do movimento "Britain First!" [A Grã-Bretanha em primeiro lugar!, em tradução livre] ao esfaquear, atirar e matar Cox. O grupo negou todas as alegações de Mair e declarou que não tinha responsabilidade alguma pelo assassinato.

Alemanha

Os representantes da Alemanha na rede de direita europeia criada pelo Kremlin consistem em três grupos. O maior dos grupos, e que agora também integra o governo, é o AfD (*Alternative für Deutschland*), o Partido Alternativa para a

Alemanha; o segundo é o Partido Nacional-Democrático da Alemanha (NPD), de ultradireita, que incorporou o União do Povo em 2011; e, por último, o movimento anti-islâmico dos Europeus Patriotas contra a Islamização do Ocidente (PEGIDA ou *Patriotische Europäer gegen die Islamisierung des Abendlandes*).

O AfD era o equivalente alemão da Frente Nacional de Marine Le Pen e dos conservadores de base que elegeram Donald Trump nos EUA. Sua plataforma era quase idêntica à dos conservadores norte-americanos e franceses em seus principais pontos: globalização (odeio!), imigração (odeio!), OTAN (quero sair!), União Europeia (acabem com ela!), Rússia (admiro!), sanções russas (vamos revogá-las!) e invasão da Crimeia (podem espernear, agora é da Rússia!).

Como os conservadores franceses, a alta liderança do AfD fazia muitas peregrinações ao Kremlin em busca de apoio. Curiosamente, a base de poder mais forte da AfD estava nas províncias da extinta Alemanha Oriental, um antigo domínio da Rússia em que muitos habitantes aprenderam russo quando crianças e onde a igualdade econômica não se instalara completamente desde a reunificação. O símbolo da AfD é uma grande seta vermelha que descreve uma curva para a direita — na verdade, a seta parece apontar diretamente para Moscou, se imaginarmos um mapa.

Frauke Petry é uma cofundadora do AfD, doutora em química e empreendedora de sucesso que renunciou ao seu cargo no AfD porque queria "promover uma política conservadora pura".

A Dra. Petry é mais conhecida na Alemanha por suas críticas e campanhas pela proibição dos minaretes, as torres que "convocam os fiéis para a oração". Essas construções se situam em mesquitas e transmitem o "Azan", o chamado para oração dos muçulmanos, cinco vezes por dia. Quatro milhões de muçulmanos — cerca de 5% da população — vivem na Alemanha, onde o Conselho Central dos Muçulmanos comparou o tratamento dispensado pelo AfD aos muçulmanos com o dirigido aos judeus pelos nazistas durante a Segunda Guerra Mundial. Em outro ponto, o AfD se opõe à circuncisão masculina, embora a Dra. Petry afirme que nada deve impedir muçulmanos e judeus de praticarem a circuncisão na Alemanha. A Dra. Petry tenta amenizar essas questões, uma vez que os conservadores da extrema-direita alemã não estão dispostos a perder seu poder político e espaço de manobra. Apesar dessa incongruência, a visão da Dra. Petry é antimuçulmana, como demonstra sua opinião de que a lei da Xaria e o uso da burca não são compatíveis com os valores democráticos ocidentais e devem ser proibidos.[22] A Rússia se aproveitou desses sentimentos e preocupações com veemência — embora fosse pouco provável derrubar Angela Merkel, os russos ainda assim podiam causar danos.

Em agosto de 2017, o AfD realizou uma assembleia russa em Magdeburgo com 300 participantes, metade dos quais falava russo. Os palestrantes e convidados fizeram os seguintes comentários sobre Merkel: "Angela Merkel é uma marionete dos EUA e quer eliminar os alemães de verdade para substituí-los pelos invasores muçulmanos."[23] Em um exemplo de paciência estratégica aplicada a um xadrez tridimensional, o AfD passou a adotar uma nítida inclinação pró-Moscou — até mesmo sua brigada de jovens começou a estabelecer laços com a facção jovem do partido Rússia Unida de Putin.[24] Os dois lados estavam se aproximando, e começaram com os adolescentes.

Outro grupo alemão é o Europeus Patriotas contra a Islamização do Ocidente, o PEGIDA. Ele é mais conhecido por suas visões de extrema-direita, antiamericanas, anti-islâmicas e nacionalistas. O PEGIDA e o AfD têm ligações muito próximas, a ponto de a porta-voz e tesoureira do grupo, Kathrin Oertel, pedir orientações para a Dra. Petry sobre como lidar com o ex-presidente do PEGIDA, Lutz Bachmann. Bachmann, que já foi condenado por furto, é o fundador do PEGIDA. Ele cometeu um ato prejudicial e descarado demais até mesmo para os conservadores e membros da extrema-direita na Alemanha — ele postou fotos no Facebook em que aparecia vestido como Adolf Hitler. A Dra. Petry sugeriu a Oertel que Bachmann renunciasse pelo bem de todos os grupos de direita. Ele deixou o cargo em janeiro de 2017 e, em seguida, declarou: "Sou uma pessoa impulsiva... Arrependo-me de não ter controlado minha impulsividade."[25]

A República Tcheca

Miloš Zeman é o presidente da República Tcheca. Ele é pró-Rússia, amigo de Marine Le Pen e Nigel Farage, apoiou Donald Trump para a presidência e tem laços com o movimento húngaro Jobbik. Zeman afirma que a guerra civil na Ucrânia é legítima e nega que a Rússia tenha enviado militares para o país. Segundo ele: "Eu levo a sério a declaração do ministro das Relações Exteriores, Sergei Lavrov, de que não há tropas russas [na Ucrânia]." Zeman vem sendo categórico em seu apoio à revogação das sanções ocidentais contra a Rússia e se opôs às medidas impostas pela UE contra os russos. Ele foi reeleito presidente em janeiro de 2018 com 51,4% dos votos. Para conquistar a maioria do eleitorado rural, Zeman recorreu a um slogan populista anti-imigração: "Contra os migrantes e [seu adversário] Drahoš. Esta é a nossa terra! Vote em Zeman!"

O principal conselheiro econômico de Zeman é Martin Nejedlý, ex-executivo da companhia de petróleo russa Lukoil Aviation Czech. A Lukoil já foi a segunda maior companhia de petróleo da Rússia, atrás apenas da Gazprom. O tcheco Martin Nejedlý também era proprietário da Fincentrum, uma empresa de consultoria financeira com "mais de 2.500 consultores financeiros", segundo seu site, e escritórios em Praga e Bratislava. Essa instituição tem um histórico de colaborações com o Kremlin.

O primeiro-ministro do governo de coalizão da República Tcheca é Andrej Babiš, de 63 anos. Magnata da mídia e do agronegócio, ele é o segundo homem mais rico da República Tcheca. Babiš fundou a ANO2011 (Ação dos Cidadãos Descontentes), uma plataforma populista de centro-direita semelhante a muitos grupos conservadores de direita, europeus e norte-americanos. Seu mantra é "Sim, tudo vai melhorar." Trata-se de um plágio do famoso slogan de Barack Obama: "Yes, we can" [Sim, nós podemos].

Babiš era um populista durão que exalava um carisma áspero. Ele atraía as pessoas entediadas com a política e as encantava o suficiente para que elas votassem pela mudança, mesmo que essa mudança estivesse ligada a uma incerteza desestabilizadora e a associações bem nefastas. Como Trump, ele atraiu a população rural mais velha e conquistou eleitores que nunca haviam votado. Muitos já estavam fartos da política tradicional. Outros ficaram impressionados com sua riqueza e não questionaram a falta de transparência nas suas transações comerciais.

Como Donald Trump, Babiš "atiçou" a ira da população tcheca e inspirou os cidadãos a votarem sem uma ideologia consistente; os eleitores apenas optaram pelo discurso emotivo com que mais se identificavam, como o medo da imigração generalizada. Babiš dirigiu essa raiva para as urnas, e o eleitorado, por sua vez, ignorou seu caráter questionável e os indícios de corrupção governamental e uso indevido dos subsídios da UE. Além disso, em resposta à investigação da mídia sobre seus crimes fiscais e financeiros em 2017 e à denúncia formalizada em outubro do mesmo ano, Babiš declarou que estava sendo alvo de desinformação por motivos políticos... em outras palavras: "Fake news!"[26]

O cineasta e crítico social Michael Moore costumava dizer que Trump era como um "coquetel molotov" atirado contra o *establishment* político dos republicanos norte-americanos; Babiš era o coquetel molotov da República Tcheca, e a Rússia estava por trás de sua vitória, a qual obteve 30% dos votos.

Assim como Trump, Babiš era mais liberal no início da carreira. Ele foi membro de carteirinha do Partido Comunista durante quase toda a década de 1980, antes de fundar o partido ANO em 2011. Isso foi depois da dissolução do Partido Nacionalista, de extrema-direita, e de sua guarda paramilitar, que tinha uma proposta de "solução final" para a imigração romani.

Outro partido de extrema-direita na República Tcheca é o Partido dos Trabalhadores da Justiça Social (DSSS ou *Dělnická strana sociální spravedlnosti*). O DSSS define sua linha como "anticriminalidade romani/cigana". Seus membros partem da premissa de que a maioria dos cidadãos da República Tcheca não se envolve em questões políticas. Apenas os estrangeiros o fazem e, ao fazê-lo, desmantelam os ideais do povo tcheco, que acredita na preservação das suas tradições. Esse é um poderoso mantra que ecoa por todo o mundo conservador.

Grécia

Entre 2010 e 2012, o governo grego passou por uma crise da dívida pública que levou a uma série de rebaixamentos da nota de crédito. Diante dessa situação, o governo de Papandréou teve que implementar um conjunto de medidas rígidas de austeridade. Em 2012, essas medidas provocaram consequências desastrosas no sistema econômico grego. Protestos contra essas medidas eclodiram em 2010, e, ao longo dos dois anos seguintes, quanto mais o governo apertava os cintos, mais aumentava a revolta. Os tumultos no centro de Atenas se transformaram em espetáculos midiáticos internacionais, com a disseminação de imagens de prédios sendo incendiados e policiais hostilizando gregos que haviam perdido suas economias. O parlamento grego aprovava uma medida de austeridade após a outra, e ainda assim as notas de crédito continuavam sendo rebaixadas.

O partido Aurora Dourada, de extrema-direita, foi fundado em 1º de janeiro de 1980 por Nikolaos "Nikos" Michaloliakos, um matemático com tendências ultranacionalistas, pró-Rússia, neonazistas e neoeurasianistas. Michaloliakos mantinha um contato bastante próximo com Alexander Dugin. Nikos se comunicava frequentemente por cartas com o principal conselheiro de Putin, Aleksandr Ntouhgkin, durante o tempo em que esteve preso por formação de quadrilha após a morte de um rapper homossexual chamado Pavlos Fyssas (também conhecido como Killah P), em 2013. Fyssas era um militante antifascista e foi assassinado por Giorgos Roupakias, membro da Aurora Dourada.

Em 1º de novembro de 2013, dois membros do Aurora Dourada, Manolis Kapelonis e Giorgos Fountoulis, foram mortos a tiros em seu escritório na Neo Irakleio e um terceiro membro foi ferido. Ao falar na televisão após o assassinato de Fyssas, o primeiro-ministro grego Antonis Samaras pediu calma à população e afirmou que trabalharia para impedir que "os descendentes dos nazistas envenenem nossa vida social, cometam crimes, pratiquem atos de terror e minem as fundações do país que foi o berço da democracia".

Em julho de 2015, Nikos saiu da prisão, embora muitos acreditassem que a pena não fora totalmente cumprida e que a ação ainda estava em andamento em 2017, quatro anos após a prisão inicial. Os outros membros do Aurora Dourada que haviam sido acusados de cúmplices no processo do homicídio, Ilias Kasidiaris (parlamentar), Ilias Panagiotaros, e Nikolaos "Nikos" Michos, foram liberados por falta de provas. Durante esse período frágil na política grega, repleto de corrupção, discursos de ódio e medidas de austeridade, surgiram protestos nas ruas — o cenário de caos perfeito para que Vladimir Putin e outros interessados fizessem negócios habilidosamente desonestos na Grécia depois do colapso econômico, cuja culpa foi atribuída aos liberais. A força do movimento continua tão relevante que, quatro anos após o assassinato do rapper, o Aurora Dourada ainda conta com dezessete cadeiras no Parlamento da Grécia. Ao tomarem posse, os parlamentares do Aurora Dourada se levantaram e ergueram o braço em uma saudação nazista, mas com os punhos cerrados.[27]

Ao contrário do excêntrico filósofo Alexander Dugin, não está claro se Vladislav Surkov teve alguma participação na aproximação com o grupo de extrema-direita Aurora Dourada na Grécia quando o colapso financeiro e as medidas de austeridade já estavam em andamento. Isso parece bastante provável, pois Vladimir Putin foi muito bem recebido pelo Aurora Dourada em 2016. Desde então, o Kremlin vem financiando visitas a Moscou para os líderes do grupo, já que o objetivo da sua ascensão era a aliança greco-russa para comércio, cooperação e segurança.

A acusação pública do *establishment* político grego, de que seus métodos flertavam com o nazismo, não enfraqueceu o Aurora Dourada aos olhos de seus primeiros adeptos — pode até ter sido uma injeção de ânimo.

Em 26 de janeiro de 2015, o *Moscow Times* estampou a manchete: "Greek Election Wins Putin a Friend in Europe" ["Eleição Grega Cria um Amigo para Putin na Europa", em tradução livre]. A matéria salientava a vitória da Coligação da Esquerda Radical, mais conhecida como SYRIZA, que vencera a última eleição com pouco mais de 36% dos votos. A Coligação da Esquerda Radical decidiu não interferir nos objetivos geopolíticos russos, dada a situação financeira da Grécia. Apesar de o SYRIZA ser de esquerda, a pressão do movimento Aurora Dourada criou para a Rússia a base europeia de que o país precisava. Após a vitória do SYRIZA, Aléxis Tsípras, o primeiro-ministro de extrema-esquerda da Grécia, se reuniu com Putin para deliberar sobre a situação financeira do seu país e ajudar a Rússia a obter apoio europeu contra as sanções dos EUA. Mesmo com a Rússia em recessão e os preços do petróleo em baixa, Tsípras fez as concessões que quis. O ministro das Relações Exteriores do primeiro-ministro grego Tsípras era Nikos Kotzias, ex-comunista e amigo de Alexander Dugin. Ele também tentou revogar as sanções ocidentais impostas contra a Rússia.

Áustria

O Partido da Liberdade da Áustria foi fundado por ex-nazistas na década de 1950. Durante décadas, seus membros fizeram pouco ou nenhum progresso na política austríaca, até que, no final da década de 1990, Jörg Haider, filho de dois ex-nazistas, quase foi eleito chanceler. Ao longo de sua carreira, ele foi um franco admirador do nacional-socialismo e da ideologia nazista e um crítico ferrenho da União Europeia. Em comentários célebres, Haider afirmou que os campos de extermínio e concentração dos nazistas eram "campos de punição do Nacional-socialismo" e que "...o Terceiro Reich tinha uma política de emprego 'organizada'..."; além disso, chegou a elogiar os veteranos da SS [grupo paramilitar ligado ao partido nazista] em um discurso durante um encontro anual de ex-combatentes, a quem ele se referia como vítimas, e não como criminosos. Mais tarde, declarou em uma entrevista na TV: "A Waffen-SS fazia parte da Wehrmacht [forças armadas alemãs] e, portanto, merece toda a honra e respeito dedicados ao exército na vida pública."[28] Sob sua liderança, o Partido da Liberdade da Áustria (FPÖ) conquistou 27% dos votos válidos, chocando os políticos europeus que viram esse inesperado populista pró-nazista cair de paraquedas no cenário político. Essa eleição levou a União Europeia a impor sanções contra um Estado-membro pela primeira vez. Infelizmente, o sucesso de Haider não foi fogo de palha, mas um sintoma da tendência populista da qual ele havia se aproveitado. Haider uniu o FPÖ ao Partido Popular Austríaco (ÖVP), de centro-direita, por cinco anos. Embora ele tenha morrido em um acidente de carro em 2008, suas ideias de direita não morreram; pelo contrário, elas se alastraram como um incêndio na floresta. Nas eleições de outubro de 2017, o ÖVP obteve 31,6% dos votos e o FPÖ, 26,9%. A Áustria agora estava firmemente atrelada ao campo da direita, com quase 57% da população votando nos conservadores e apenas 9% escolhendo grupos progressistas, como os verdes e os liberais.[29]

Os conservadores venceram com uma plataforma cujo objetivo era impedir as ondas de imigração provenientes de países muçulmanos. Não foi surpresa que, no dia seguinte à eleição, o novo líder do Partido da Liberdade, Heinz-Christian Strache, um jovem ex-neonazista casado com uma modelo 20 anos mais nova, tenha visitado Trump Tower e se encontrado com o Conselheiro de Segurança Nacional, Michael T. Flynn. Logo depois, Strache assinou um acordo de cinco anos com o partido Rússia Unida de Putin para cooperar em questões econômicas, comerciais e políticas e selar os laços entre os dois partidos. Sergei Zheleznyak, vice-secretário geral do Rússia Unida, assinou o documento em nome de Putin.[30,31] Esse episódio criou a impressão de que Flynn tinha viabilizado uma aliança política informal entre conservadores norte-americanos, russos e austríacos. O *The New York Times* publicou uma matéria sobre o acordo: "A notícia do acordo com a Rússia foi o mais recente sinal de que o Kremlin está forjando laços com partidos políticos em toda a Europa, e alguns líderes europeus suspeitam que essa é uma ação coordenada com o objetivo de interferir em suas questões internas e possivelmente enfraquecer as democracias ocidentais."[32]

Holanda

Geert Wilders é um político holandês e líder do Partido para a Liberdade (PVV ou *Partij voor de Vrijheid*), uma legenda nacionalista e populista que se dedica expulsar os muçulmanos da Holanda. Ele promove um ódio ostensivo pelos muçulmanos e pelo islamismo como religião. O PVV, que era um partido de um homem só em 2006, cresceu e conquistou 20 assentos no parlamento em 2017. Agora, é o segundo maior partido na Câmara dos Deputados da Holanda. A plataforma do partido contém ideias extremistas e alinhadas com o desejo do Kremlin de esvaziar a União Europeia, bem como propostas para o fechamento de todas as mesquitas e centros de refugiados na Holanda, a proibição do uso do Alcorão, a expulsão dos imigrantes "criminosos" e o veto ao ingresso de mais imigrantes muçulmanos no país.[33] Ao discursar em Milão em 2016, Wilders afirmou que a Europa estava passando por uma crise existencial por causa das "elites europeias". Segundo ele:

> "Nossa missão é salvar e defender nossas nações e nossa civilização ocidental, construídas a partir do legado de Roma, Atenas e Jerusalém. A sobrevivência de nossa liberdade, identidade e valores está em jogo. Meus colegas e eu estamos propondo uma revolução. Uma revolução democrática e pacífica para recuperar nossa soberania nacional. Para impedir a invasão. Para proteger nosso próprio povo, nossas mulheres, nossa cultura. Temos que nos tornar novamente os senhores das nossas fronteiras, dos nossos orçamentos, do nosso destino. Nossa missão é fazer o que nossos governos não conseguem fazer. Precisamos dizer: *Basta! Finita la commedia!*"[34]

Wilders sempre foi um propagandista linha-dura em sua cruzada obstinada pela desislamização da Holanda. Isso apesar do fato de que seu país, através da Companhia Holandesa das Índias Orientais, havia estabelecido relações comerciais e fundado diversas colônias holandesas na África e na Ásia. A Holanda construiu fortalezas e ocupou partes do mundo muçulmano, como Malásia e Indonésia, e postos avançados na Índia e na África Oriental e Ocidental por mais de 500 anos. Essas ocupações resultaram na inclusão de um grande número de muçulmanos na Holanda como cidadãos. Os descendentes dos Voortrekker chegaram até a travar uma guerra contra a Inglaterra para manter seu domínio racista sobre a África do

Sul. No entanto, muitos holandeses do século XXI querem que a Holanda seja novamente um país exclusivamente branco, desde que o sequestro de um trem por terroristas que exigiam a criação da República das Molucas do Sul terminou com a morte de dois reféns, em 1977. Depois do 11 de Setembro, o sentimento antimuçulmano na Holanda explodiu e ganhou voz através do renomado racista e xenófobo Geert Wilders.

Wilders lidera a máquina global de propaganda anti-imigração dos conservadores quase sozinho após o 11 de Setembro. Por exemplo, ele costuma tuitar comentários como: "A Holanda deve preservar sua identidade nacional!" Segundo ele, o PVV defende slogans como "A Holanda em Primeiro Lugar", "Nossa população corre o risco de ser substituída", "Juntos vamos nos opor ao Islã" e "É hora de desislamizar a Holanda". Como muitos antiglobalistas europeus, ele promove uma aversão profunda contra o multiculturalismo e concorda com a visão de mundo de Putin, para quem "a Europa Ocidental está facilitando a islamização". Estranhamente, Wilders segue a conta @wilderspoezen, que tuita fotos de gatos de raças mistas. Essa conta pode ser uma discreta alusão à graphic novel *Maus: A História de um Sobrevivente*, de Art Spiegelman, em que judeus e não brancos são retratados como ratos antropomorfizados — os nazistas aparecem como gatos e os norte-americanos como cães. De acordo com o Bottracker, um site que analisa os comportamentos dos feeds no Twitter, a conta @wilderspoezen provavelmente é um bot russo ou neonazista.

Hungria

A ligação húngara com a aliança europeia pró-Rússia e anti-OTAN é o Movimento por uma Hungria Melhor (*Jobbik*). O Jobbik é liderado pelo presidente Gábor Vona, um professor de história e "psicólogo" de 39 anos. Como todos os líderes apoiados pela Rússia e encarregados de combater a democracia ocidental, o Jobbik é um movimento húngaro populista, nacionalista radical, conservador e de direita, com ideias baseadas na retórica antiglobalização e antiatlanticista promovida pelos russos e adotada pelo PEGIDA, pelo AfD e por vários outros grupos conservadores que trabalham em prol de Vladimir Putin para enfraquecer a OTAN e a ONU.

Antes do Jobbik, Gábor Vona foi membro do partido populista e conservador Fidesz (também conhecido como Aliança Jovem Democrata) de 2001 a 2003. O Fidesz era uma aliança cívica húngara fundada em 1988. Em 1995, essa aliança se transformou no Partido Cívico Húngaro. O Fidesz foi criado por estudantes universitários que precisavam fazer reuniões secretas para evitar a repressão do Partido Comunista Húngaro. Originalmente, o grupo era visto como "liberal", pois priorizava ideais democráticos que desafiavam o comunismo, mas logo passou a ser identificado ideologicamente como conservador, especialmente depois da derrota eleitoral de 1994, em que o Fidesz obteve apenas 7,02% dos votos. O partido tem um grupo de jovens conhecido como "Fidelitas".

Em 2006, Sebastian Gorka, um húngaro de origem britânica (e hoje norte-americano), propôs usar fragmentos do Jobbik e do Fidesz para formar um novo grupo. De acordo com Lili Bayer, da revista judaica norte-americana *Forward*, em agosto de 2007, Gorka apareceu na televisão húngara apoiando abertamente a Magyar Gárda (também conhecida como Guarda Húngara), uma milícia antissemita fundada por Gábor Vona naquele mesmo ano. A Guarda Húngara era um grupo paramilitar neofascista condenado pelo governo húngaro e pelo Tribunal Europeu dos Direitos Humanos. O grupo foi dispersado em 2009 depois de ter sido acusado do crime de incitação ao racismo. Além da retórica intimidante e polarizadora, a Guarda Húngara também era temida por seus casacos pretos, ao estilo das tropas de assalto alemãs, e seus coletes estampados com a bandeira vermelha e branca da dinastia Arpad. Seus membros evocavam a iconografia dos nazistas húngaros adotando a "Cruz Flechada", símbolo do governo pró-nazistas da Segunda Guerra Mundial. Gorka minimizou essa alusão ao ser questionado no canal húngaro Echo TV, afirmando que ninguém jamais questionara as camisas pretas "fascistas" da polícia húngara. Ele também fez pouco caso das preocupações dos judeus húngaros diante da onda de antissemitismo que começava a se alastrar novamente por toda a Europa.[35]

Segundo Gorka, a Guarda Húngara foi uma tentativa de atender a uma "grande demanda social", sugerindo que os militares da Hungria eram, na melhor das hipóteses, anêmicos e um reflexo de uma sociedade húngara doente. Chamadas apareciam na Echo TV com a manchete: "O UDK apoia a Guarda Húngara." A sigla UDK se refere à Nova Coalizão Democrática (fundada por Gorka e seu colega Molnár). Em setembro de 2007, o partido UDK emitiu uma declaração afirmando que os críticos da Guarda Húngara eram apoiados furtivamente por

Tom Lantos, um norte-americano nascido na Hungria, sobrevivente do Holocausto e congressista democrata pelo estado da Califórnia, e que as acusações de antissemitismo eram "uma ferramenta muito útil para uma certa classe política".[36]

Em outubro de 2017, a Hungria também realizou uma "conferência para cristãos perseguidos". Nesse evento, os partidários do conservadorismo na Hungria e na Rússia validaram suas crenças de que a imigração islâmica causa a negação das raízes cristãs e que o multiculturalismo é um dos aspectos mais restritivos do "liberalismo maligno". Surkov e outros amigos de Gorka e Putin elogiaram a conferência organizada pelo Fidesz e pelo primeiro-ministro nacionalista Viktor Orbán, que também fascinava muitos norte-americanos defensores de Putin e ligados à extrema-direita. Essas são apenas algumas das medidas ativas em andamento atualmente.[37] Os riscos que os fascistas húngaros representavam para os Estados Unidos ficaram aparentes quando Sebastian Gorka foi convidado para integrar a Casa Branca de Trump como um czar do contraterrorismo. Felizmente, ele foi demitido por causa de seu currículo obscuro e do seu histórico de ligações com o nazismo. Ele foi imediatamente contratado pela Fox News.

Béla Kovács era um político húngaro, membro do Parlamento Europeu e filiado ao partido Jobbik, de extrema-direita, que foi acusado de atuar como espião russo para promover os interesses eurasianos. Em abril de 2014, Kovács foi acusado de ser um agente de influência sob o comando da inteligência russa, o que ele nega. Além de disseminar desinformação, Kovács foi acusado de direcionar dinheiro russo para o partido Jobbik.[38] Em junho de 2017, ele foi acusado ser um espião da Rússia. Ele era membro do Parlamento Europeu desde 2010, mas perdeu sua imunidade em outubro de 2015; agora está aguardando julgamento.[39] Kovács deixou o Jobbik em dezembro de 2017.

Suécia

A Suécia é um país escandinavo neutro, mas simpatiza com a OTAN e tem um histórico de confrontos com a Rússia durante a Guerra Fria. A Suécia usa carga de profundidade e tiros de artilharia para fazer frente a unidades e submarinos da Marinha Russa desde a década de 1960. Em 1981, ocorreu o famoso incidente "Whiskey on the Rocks", quando o submarino diesel-elétrico soviético WHISKEY S-363, da frota russa baseada em Leningrado, encalhou em águas suecas perto da base naval de Karlskrona. O submarino venceu uma série de difíceis obstáculos submersos, mas bateu em uma grande rocha não mapeada e teve que subir à superfície. Recentemente, em 2014, um provável minissubmarino russo da classe Lada, ou submersível operado remotamente a partir de um petroleiro, foi detectado em águas suecas. Em muitos desses incidentes, a Suécia usou artilharia ou cargas de profundidade contra os russos suspeitos para obrigá-los a emergirem. As tensões navais entre a Suécia e a Rússia remontam ao século XVIII, e as duas nações vêm se enfrentando como potências navais desde então, o que representa um grande obstáculo militar para o acesso ao Mar do Norte a partir do Mar Báltico. Por essa razão, a Rússia sempre procurou atrair os grupos políticos do país para a sua órbita.

O Partido dos Democratas Suecos (SD ou *Sverigedemokraterna*) é um partido conservador de extrema-direita com uma trajetória ligada a correntes de supremacia branca, antiglobalização e anti-imigração. O partido foi fundado por grupos suecos marginalizados, como neonazistas, neofascistas e etnonacionalistas. A legenda está alinhada com os europeus de extrema-direita pró-Rússia do continente inteiro e adota uma plataforma com um único ponto — vetar a entrada de imigrantes na Suécia e expulsá-los do país. O logotipo do SD é uma margarida azul e, como a "rosa azul" da Frente Nacional francesa, significa "Tornar o impossível possível". Seus membros são descaradamente eurocéticos, mas ocultam suas inclinações pró-Moscou. Suas atividades e sua oposição ao governo dos social-democratas são geralmente motivadas pelas notícias do Russia Today e do Sputnik.

Polônia

O Partido Lei e Justiça (PiS ou *Prawo i Sprawiedliwość*) foi fundado em 2001 pelos gêmeos Lech e Jarosław Kaczyński. A essência do Partido Lei e Justiça está em sua combinação de ideias eurocéticas, democráticas, cristãs, populistas e de extrema-direita. No mesmo ano em que foi fundado, o partido obteve 9,5% dos votos e 44 dos 460 assentos parlamentares na Câmara Baixa. Havia duas facções no Partido Lei e Justiça: a Ação Eleitoral Solidariedade (AWS) e o Centro Democrata Cristão. "Lei e Ordem" era o mantra dos Kaczyńskis. Seu objetivo declarado era prender os "bandidos" — todos os imigrantes ilegais. Em 2005, os irmãos Kaczyński se tornaram uma potência política (conquistando a maior votação para o Senado, 27%). Guiado pelos princípios do catolicismo, em 2006, Jarosław estabeleceu uma coalizão com a Liga das Famílias Polonesas e a Autodefesa da República da Polônia.

Em 2005, Lech se tornou presidente da Polônia e legou a liderança do partido a seu irmão Jarosław, que foi nomeado primeiro-ministro. Em 2007, o PiS obteve 32,1% dos votos, mas foi derrotado pelo partido Plataforma Cívica, que conquistou quase 42% dos votos. Em 2010, apenas cinco anos depois de sua ascensão ao poder, o presidente Lech Kaczyński e mais 95 pessoas, entre conselheiros próximos e figura públicas notáveis, morreram quando o avião de passageiros Tu-154, da Força Aérea Polonesa, fez um pouso forçado em Smolensk, na Rússia.

No final de 2015, o presidente eurocético Andrzej Duda e o seu partido conquistaram a maioria dos assentos no parlamento e quase 38% dos votos.[40] O *The New York Times* resumiu esse distanciamento da moderação na Polônia com a seguinte manchete: "Guinada à Direita da Polônia Preocupa Muitos Europeus." Houve protestos nas ruas porque os grupos de oposição acreditavam que o PiS planejava destruir a democracia.[41] O PiS adotou várias medidas que de fato minaram os sistemas democráticos na Polônia, incluindo a tentativa de transformar a rede de televisão TVP em uma porta-voz do partido, como o Russia Today é para o Kremlin; a legenda também tentou aprovar uma lei para demitir todos os juízes da Suprema Corte polonesa, mas essa iniciativa fracassou.

Em 2017, o presidente dos Estados Unidos, Donald Trump, viajou à Polônia a convite do presidente Andrzej Duda e fez um discurso amplamente criticado por ter expressado a ideia de que o Ocidente e o Islã estariam envolvidos em um conflito de civilizações. Trump abordou temas que pareciam alimentar a crença etnonacionalista de que a civilização ocidental (leia-se cristianismo) estaria sendo atacada pelas culturas dos imigrantes, com o intuito de implicar o Islã. Trump declarou: "A questão fundamental do nosso tempo é se o Ocidente tem o desejo de sobreviver. Temos confiança em nossos valores para defendê-los a qualquer custo? Temos respeito suficiente pelos nossos cidadãos para proteger nossas fronteiras? Temos o desejo e a coragem de preservar nossa civilização contra aqueles que pretendem subvertê-la e destruí-la?"[42] Seu discurso foi recebido com aplausos calorosos.

Logo após a visita de Trump, os conservadores da Polônia apareceram novamente no radar ao realizarem uma marcha pelas ruas de Varsóvia em

comemoração aos 99 anos da independência da Polônia do Império Austro-
-húngaro ao final da Primeira Guerra Mundial, em 1918. Aproximadamente 60
mil nacionalistas, carregando longas tochas e sinalizadores, marcharam pelas
ruas vociferando gritos de ordem como "Polônia pura! Polônia branca! Fora
com os refugiados!", "Europa branca", "Europa branca de nações fraternas" e
"Sangue limpo". Essa marcha reuniu extremistas de direita e etnonacionalistas
de todo o mundo. O partido do governo, o Lei e Justiça, pareceu encorajar a
manifestação.

O Congresso da Nova Direita (KNP ou *Nowa Prawica*), um partido libertário
polonês, foi fundado em 2011 por Janusz Korwin-Mikke. Essa legenda eurocética
terminou em quarto lugar na eleição para o Senado, obtendo 7,2% dos votos.

Itália

O fascismo tem uma história profunda na Itália. *"Il Fascismo"* foi o termo criado
por Mussolini para descrever uma ditadura corporativista da extrema-direita. O
Movimento Social Italiano foi fundado em 1946 para reunir os antigos apoiadores do ditador Benito Mussolini. O *Movimento Sociale Italiano-Destra Nazionale*
(também conhecido como MSI-DN) foi um partido político fascista dissolvido
em 1995, quando um de seus líderes, Pino Rauti, discordou do caminho de moderação que levaria à fundação da Aliança Nacional (depois das derrotas políticas
dos anos 1960) e decidiu desmembrar sua facção para criar o partido Chama
Tricolor (*Fiamma Tricolore*). Esse partido nunca foi muito popular devido aos
seus ataques às liberdades civis ao estilo do partido "Lei e Ordem". Em 2013,
Valerio Cignetti, ministro italiano do Parlamento Europeu, secretário-geral da
AENM (a Aliança dos Movimentos Nacionais Europeus) e membro do partido
Fiamma Tricolore, foi convidado a participar de uma mesa-redonda com membros
da delegação da UE (incluindo Béla Kovács) promovida pelo Parlamento russo
(também conhecido como Congresso do partido Rússia Unida) para discutir as
sanções ocidentais aplicadas em retaliação à anexação da Crimeia. Cignetti era
bastante próximo de Béla Kovács, do Jobbik, que também integrava a AENM.[43]
O partido Força Nova (FN ou *Forza Nuova*) é um grupo de extrema-direita
descaradamente fascista. Seus membros são "abertamente fascistas", de acordo

com o Southern Poverty Law Center. Criado por Roberto Fiore e pelo fascista Massimo Morsello, já falecido, o *"Forza Nuova* tem sido um membro constante de várias alianças que promovem os objetivos do Kremlin na Europa. Ao dizer que Moscou agora era a protetora dos seus valores, Fiore foi mais longe e declarou: "Não sou eu quem está dizendo isso — é Deus."[44] Seu escritório nos Estados Unidos está discretamente localizado em uma região habitada predominantemente por ítalo-americanos em Nova Jersey. Nas eleições italianas de 2018, os partidos autoritários, fascistas e de direita também cresceram. O Movimento 5 Estrelas conquistou 32,22% dos votos, um aumento de 6,62% em relação à eleição anterior. O eleitorado mais jovem (com menos de 30 anos) e sem formação universitária votou no Movimento 5 Estrelas — um fenômeno semelhante ao eleitorado rural conquistado por Donald J. Trump em 2016. Como nas eleições presidenciais dos EUA em 2016, o Movimento 5 Estrelas saiu-se mal com os eleitores com nível superior em 2018, especialmente nas áreas urbanas.[45] O ex-estrategista e conselheiro-chefe da administração Trump, Steve Bannon, viajou à Itália para assessorar o fascista e anti-imigrante Matteo Salvini, do grupo *La Lega*, antes conhecido como *Lega Nord* (a Liga Norte).[46]

Alianças Europeias da Rússia

As alianças europeias da Rússia deram origem a grupos de mesa-redonda, como a união entre o bloco eurocético Aliança Europeia pela Liberdade, de Marine Le Pen, e o grupo Europa para Liberdade e para Democracia Direta, de Farage. Diversos grupos intereuropeus foram criados por essas facções pró-Rússia para incorporar partidos políticos e personalidades eurocéticas, pró-Moscou, anti--imigrantes e anti-OTAN em alianças políticas e pessoais, incluindo:

- Frente Nacional Europeia (ENF);
- Aliança dos Movimentos Nacionais Europeus (AMNE);
- Aliança Europeia pela Liberdade (EAF);
- Movimento pela Europa das Nações e das Liberdades (MENF);
- Aliança pela Paz e Liberdade (APF).

Uma das maiores conferências dessa tendência política foi o Fórum Conservador Internacional, realizado na Rússia em 22 de março de 2015. O evento foi coordenado por Aleksey Zhuravlyov, líder do Rodina em São Petersburgo.[47] Participaram do fórum:

- Rodina, Movimento Imperial Russo, representado por Nikolay Trushchalov.
- Nova Rússia, Instituto de Estratégia Nacional da Rússia, representado por Mikhail Remizo, Vadim Zazimko.
- *Forza Nuova*, partido italiano Millennium, representado por Orazio Maria Gnerre.
- Partido da Independência Nacional (Finlândia), representado por Davidson Yukka.
- ATAKA da Bulgária.
- Partido Nacional-democrático da Alemanha, representado por Udo Voight.
- Aurora Dourada da Grécia, representado por Georgios Epitideios.
- Olyvia Wyssa, ex-membro da Frente Nacional francesa.
- Alexey Zhivov, ucraniano pró-Rússia.
- Victoria Shilova, ucraniana pró-Rússia, Liga pela Vida.
- Jim Dowson, ex-membro do Partido Nacional Britânico.
- Nick Griffin, da Aliança pela Paz e Liberdade.

Mas esse encontro não foi restrito aos europeus — os norte-americanos Sam Dickson, ex-advogado da Ku Klux Klan, e o líder da *American Renaissance*, Jared Taylor, também foram convidados.[48]

As redes da direita europeia estão claramente bem estabelecidas, e os Estados Unidos são os calouros do movimento conservador global. Mas, depois da eleição de Donald Trump, a ala norte-americana da rede conservadora pró-Moscou começou a se formar rapidamente. No final de 2017, Steve Bannon teve um embate público com Trump depois de expressar comentários sinceros sobre a competência do governo e acabou saindo da Casa Branca, resolvido a fazer mais do que apenas papaguear Trump. Ele se via como o líder do movimento global da direita alternativa e como o ativista-chefe que dominaria o *establishment* liberal do mundo ocidental. Ele começou a cruzar a Europa de ponta a ponta atuando como conselheiro em uma série de eleições. Bannon foi para a Itália com o objetivo de ajudar o populista Movimento 5 Estrelas a conquistar uma grande vitória e se tornar o maior partido político do país. Sem rodeios, ele defendia que os europeus populistas de direita deveriam se promover pelo que eram, racistas. Como Bannon declarou em uma assembleia da Frente Nacional: "Deixe que lhes chamem de racista! Deixe que lhes chamem de xenófobo! Considerem isso o melhor dos elogios."[49]

CAPÍTULO 10

O Eixo da Autocracia

Se não conseguia derrotar e limitar o poder dos Estados Unidos nem prejudicar a Europa, Putin compraria a lealdade dos aspirantes a oligarcas em todo o mundo. Entre a década de 1990 e o início dos anos 2000, ficou claro que os pobres políticos ocidentais eram bilionários em dificuldades — Putin lhes ofereceria uma oportunidade de melhorar suas chances de enriquecer através da oligarquia russa.

Ao longo da história, a insistência dos Estados Unidos em jogar limpo, manter uma conduta ética e coibir as cleptocracias representou claramente um risco para a oligarquia russa. A democracia norte-americana foi o obstáculo que levou os ultrarricos a roubarem, guardarem e transferirem seus trilhões ilícitos para o outro lado do mundo. Eles queriam gastar esses recursos como bem entendessem. A democracia norte-americana estava no caminho, mas, com a quantidade certa de hostilidades, Putin acreditava que poderia reverter esse quadro a seu favor. Se executada corretamente, essa operação seria uma campanha global. Por que controlar apenas os EUA e a Europa?

Os oficiais de inteligência sabem que preparar o campo de batalha é fundamental para alcançar os objetivos. Bem antes de interferir nas eleições estrangeiras, os serviços de inteligência russos precisavam difundir a ideia de que os velhos procedimentos da OTAN, dos EUA e da União Europeia eram ruins para os negócios. Eles viram que as rachaduras na economia ocidental cresciam cada vez mais ao longo do tempo. A população dos Estados Unidos estava ficando mais velha, e os filhos da geração de ouro, que lutara na Segunda Guerra Mundial, eram mais conservadores. A eleição de Barack Obama foi uma afronta para eles. A Rússia sob o comando de Putin não pregava o evangelho segundo Marx. Não havia apelos à fraternidade e ao coletivismo. A missão consistia em separar a porção branca e embotada dos demais segmentos sociais norte-americanos e ajudá-la a se tornar a força política dominante. Os liberais descartariam essa ideia, a qual definiram como uma loucura racista. Putin não só aproveitou uma onda crescente de conscientização étnica entre os brancos, como também descobriu que as promessas de fortuna dos russos levavam essas ideias diretamente aos seus representantes eleitos. Quando o dinheiro dos oligarcas estava em jogo, todos eles abriam espaço nas suas agendas para ouvir.

A Rússia causaria instabilidade através da direita conservadora. Esses milionários e bilionários, especialmente na campanha de Trump, ao defender seus próprios interesses, promoveriam as políticas e objetivos do Kremlin em troca de um lugar à mesa com outros ricos Companheiros de Viagem.

O Voto para Destruir a Democracia

A própria democracia seria a arma que derrubaria a democracia. A eleição seria o agente da infecção — quando as pessoas têm uma só mentalidade, podem votar pela aniquilação da sua própria democracia. Os políticos norte-americanos ajudariam a forjar uma aliança econômica global baseada em ganhos financeiros privados e no interesse próprio. A Europa seguiria pelo mesmo caminho.

Nos Estados Unidos, a imigração mexicana seria transformada em uma invasão de saqueadores e estupradores. Na Europa, a imigração síria e africana desafiaria o conceito de "europeu". As iniciativas de promoção da integração, da diversidade e do progresso seriam contestadas pela maior máquina de operações psicológicas da história. Com a propaganda certa, fake news e políticos dispostos a comprometer o interesse nacional em troca da quantia correta, as massas avarentas talvez repensassem a autocracia como uma alternativa para a democracia e uma chave para o progresso. Talvez uma narrativa com uma estrutura adequada criasse uma nova janela para uma possível saída. Movidos pelas promessas de novas fortunas em mercados anteriormente fechados como o da Rússia, esses grupos passariam

O EIXO DA AUTOCRACIA   195

a apoiar uma liderança mais focada e resolveriam alguns dos entraves da democracia em escala global.

Segundo o argumento do autocrata, o domínio de uma só tribo — a tribo dominante — é a forma mais adequada de liderar as nações-chave do Ocidente. Logo, era necessário convencer os conservadores ocidentais a apoiarem um governo autocrático que serviria de martelo para construir uma ponte cultural que ligaria o conservadorismo branco de inspiração ocidental da Europa Oriental ao da Europa Central e, finalmente, ao das Américas. Juntos, esses grupos enfrentariam os desafios impostos pelo mundo muçulmano.

O Choque de Civilizações

Um componente central da aproximação entre o *establishment* político da Europa Ocidental e dos EUA e a perspectiva de Moscou era a causa comum do combate ao terrorismo. A Rússia também tinha que lidar com o terrorismo dos islâmicos extremistas. A captura de reféns por rebeldes chechenos em 2004 na escola de ensino fundamental de Beslan terminou com 334 mortos, entre mulheres e alunos. Os ataques a aldeias russas, em que homens, mulheres, crianças e idosos eram amarrados e utilizados como escudo humano por guerrilheiros chechenos, também mataram centenas. Os extremistas muçulmanos chechenos eram intransigentes e foram eliminados brutalmente por Putin na segunda guerra da Chechênia. O fato de ele ter cometido atrocidades só observadas na Segunda Guerra Mundial estava fora de questão.

A Rússia argumentava que os ataques do 11 de Setembro e os massacres cometidos contra o povo russo foram a causa comum para que norte-americanos e russos promovessem guerras sangrentas para erradicar os terroristas. As instituições políticas republicanas e russas queriam atribuir um significado mais profundo à luta contra os terroristas islâmicos. Os republicanos norte-americanos viam esse combate, literalmente, como uma cruzada global. Muitos achavam que era hora de um acerto de contas religioso com o islã como um todo. Muitos políticos de direita, russos e europeus, concordavam com essa visão. Depois de quase uma década de derramamento de sangue (principalmente de sangue muçulmano), alguns clamavam por uma aliança com a Rússia para combater o islamismo. Eles queriam um choque de civilizações.

A ideia da mobilização do Ocidente em um choque de civilizações era uma crença de Osama bin Laden. Os atentados de 11 de Setembro em Nova York, Washington e na Pensilvânia, bem como os ataques de 7 de Julho em Londres e os ataques de 14 de Março em Madri, na Espanha; a ascensão do "califado" do Estado Islâmico no Iraque e os grupos terroristas sírios nasceram da crença de que o Ocidente deve ser forçado a abraçar sua xenofobia velada. A engrenagem para transformar os pequenos ataques regionais dos terroristas em uma ampla luta global envolvendo todos os muçulmanos na defesa da religião estava em movimento. O chamado de Bin Laden para o choque de civilizações intimidou todos os ocidentais, cristãos e muçulmanos. Ele tentou disseminar o medo de que os terroristas muçulmanos matassem os ocidentais e seus filhos quando todos estivessem dormindo confortavelmente em suas camas à noite. A crença insana de Bin Laden residia no fato de que ele entendia a intolerância inerente ao Ocidente. De fato, era necessário que os cristãos vissem todos os muçulmanos como pessoas más. Essa era uma peça fundamental em seu plano de promover um choque mundial de civilizações entre o islã e o mundo. Para isso, seria preciso demonizar cada homem, mulher e criança muçulmana. Assim, seus discípulos poderiam dizer: não falamos que os cristãos nos odeiam e que eles são o verdadeiro mal?

Após a invasão do Iraque, os terroristas de Saddam e Bin Laden sabiam que os EUA temiam a pequena, mas constante mortalidade de soldados em atentados suicidas — então, dedicaram-se ao máximo para realizar ataques espetaculares e divulgá-los por meio de um esquema engenhoso de distribuição de vídeos através de mídias de notícias. Sua organização sucessora, o Estado Islâmico do Iraque e da Síria (ISIS), levaria essa prática a um nível completamente diferente, enfatizando a brutalidade, a espetacularização da violência e o assassinato em massa. O ISIS produzia vídeos e criou seu próprio sistema global de distribuição de informações; as imagens de homens e mulheres literalmente se banhando no sangue de seus inimigos chocariam a todos. Esses espetáculos criariam uma reação política que seria explorada pela Rússia em 2016. Grupos extremistas de direita de toda a Europa se uniram ao movimento "anti-islâmico" depois que milhões de refugiados da Síria vieram da Turquia para o continente europeu e que imigrantes e refugiados foram impedidos de atravessar o Mediterrâneo, da Líbia para a Itália, na última década.

Um Novo Eixo Populista

O terrorismo que vivenciamos no mundo hoje é um resultado direto da ideologia de Osama bin Laden e Abu Bakr al-Baghdadi, líder do ISIS. Embora os dois já estejam mortos, o impulso inicial de uma jihad específica, inventada para alimentar o ódio aos muçulmanos, foi utilizado pelos políticos ocidentais para atender às suas próprias necessidades políticas. Tanto Donald Trump quanto Vladimir Putin aceitaram o desafio. Eles acreditam que tanto o cristianismo oriental quanto o ocidental devem se unir para destruir a velha ordem criada após a Segunda Guerra Mundial e construir os três pilares da nova liderança global, cristã e conservadora: 1) os conservadores norte-americanos comandarão o hemisfério ocidental; 2) a França liderará uma aliança antimuçulmana e anti-imigração formada por governos de extrema-direita como os da Polônia e da Grã-Bretanha; e 3) no Oriente, os fortes ultranacionalistas da Rússia apoiarão, financiarão e defenderão essa nova aliança.

No artigo "How Democracies Fall Apart" [Como as Democracias Desmoronam, em tradução livre], publicado na revista *Foreign Affairs*, as autoras Andrea Kendall-Taylor, vice-oficial de inteligência nacional para a Rússia e a Eurásia no Conselho Nacional de Inteligência, e Erica Frantz explicam como o populismo pode facilmente levar à autocracia. Segundo elas, a onda de "homens fortes" eleitos democraticamente, como Putin, al-Sisi no Egito, Duterte nas Filipinas e Erdoğan na Turquia, se deve à sua capacidade de capitalizar os ressentimentos dos cidadãos: "Esses líderes chegam ao poder pela via democrática e, posteriormente, aproveitam o descontentamento generalizado para minar gradualmente as restrições institucionais que limitam a ação do governo, marginalizar a oposição e corroer a sociedade civil."[1]

O mundo vem enfrentando há décadas a ameaça de perder democracias para ideologias. No entanto, uma onda crescente de estados autoritários vem desafiando diretamente as normas estabelecidas. Segundo Andrea Kendall-Taylor e Erica Frantz: "Na última década, no entanto, a 'autoritarização' impulsionada pelo populismo tem aumentado e agora representa 40% de todas as crises democráticas registradas entre 2000 e 2010, com uma frequência igual à dos golpes."[2] Outro ponto importante: "Os dados mostram que quase metade (44%) de todos os casos de 'autoritarização' registrados entre 1946 e 1999 resultaram na instauração de ditaduras personalistas. No entanto, de 2000 a 2010 essa proporção aumentou para 75%. Na maioria dos casos, os homens fortes populistas ascenderam ao poder com o apoio de um partido político, mas depois se mostraram eficazes em marginalizar as vozes de oposição dentro da estrutura."[3]

A Venezuela é um bom exemplo.

Hugo Chávez chegou ao poder na Venezuela em meio a uma onda de populismo, esguichando frases de efeito que funcionavam no momento em que discursava. Ele chamava sua ideologia de bolivarianismo, em homenagem ao general Simón Bolívar, que derrotara os colonizadores espanhóis, uma figura amplamente reverenciada na América Latina. Chávez criou uma mistura de justiça social, mobilização nas ruas e superficialidades marxistas para ser eleito inúmeras vezes e aproveitar a onda populista. De forma lenta e sistemática, Chávez desmantelou os pilares democráticos da Venezuela antes de nacionalizar toda a indústria petrolífera do país. Depois disso, ele usou o poder estatal e o dinheiro do petróleo para permanecer no poder até sua morte. Seu sucessor, Nicolás Maduro, manteve o discurso populista e tornou-se um modelo de corrupção pessoal. A nação enfrenta um severo desabastecimento, e os cidadãos se amontoam na fronteira com outros países para comprar até mesmo os alimentos mais básicos. A situação piorou de tal forma que, em 2018, a comunidade internacional e as Nações Unidas ofereceram ajuda alimentar, mas, como todo ditador que se preze, Maduro disse que só aceitaria o auxílio se a desmoralizada oposição aprovasse a Assembleia Nacional Constituinte proposta por seu governo, um órgão de fachada que só serviria para concentrar todo o poder nacional em suas mãos. Esse é o poder esmagador de um ditador populista. Invariavelmente, seu maior inimigo é a democracia, e esse tipo de ditador está sempre pronto para eliminá-la imediatamente.

Deve-se notar que a Rússia é a maior parceira da Venezuela nos comércios de petróleo e armas. Os especialistas militares russos já alertaram o Kremlin de que a agitação na Venezuela decorre de uma tentativa norte-americana de derrubar o regime com uma "revolução colorida" semelhante à da Ucrânia.[4] Alguns sugeriram que a Rússia deveria intervir para impedir o que definem como revoluções apoiadas pelos norte-americanos.

Os ditadores populistas e os homens fortes usam técnicas e vários tipos de ataques para fomentar divisões em suas sociedades e deslegitimar as normas do *establishment* e, assim, conquistar a liderança nacional por meio de uma forma negativa de "poder popular" — eles afirmam que o sistema "foi programado para prejudicá-lo", embora, em muitos casos, o sistema tenha sido construído e funcione a favor dessas mesmas pessoas. O autoritário populista é um mestre das bravatas, um demagogo do mais alto nível, e seus planos geralmente levam à ruína. O ministro das Relações Exteriores da Alemanha, Sigmar Gabriel, alertou abertamente o Ocidente sobre os perigos do novo movimento populista que está se alastrando por todo o mundo:

"Com algumas exceções, isso também se aplica à maioria dos países com lideranças autoritárias. Muitas vezes, países fracos nas áreas econômica e social são liderados por homens apenas ostensivamente fortes. A afirmação do poder, a instigação de confrontos fora do país, muitas vezes esconde problemas domésticos bem maiores. Há o perigo de que esse estilo autoritário de política esteja agora fazendo incursões no mundo ocidental. Todos esses líderes têm em comum o fato de colocarem os interesses nacionais acima dos interesses da comunidade internacional. Nós, europeus, não fazemos isso. Mas também é por isso que costumamos ser ridicularizados por esses países com lideranças autoritárias. Estou convencido de que estamos vivendo em uma era de competição entre países democráticos e países autoritários. Estes últimos já estão tentando conquistar influência na União Europeia e nos dividir. As primeiras rachaduras já começaram a aparecer na Europa. Para defender nossa liberdade no futuro, teremos que fazer muito mais do que fizemos no passado."[5]

CAPÍTULO 11

Operação GRIZZLY GLOBAL

No meu livro anterior, *The Plot to Hack America: How Putin's Cyberspies and WikiLeaks Tried to Steal the 2016 Election* [O Complô para Hackear os Estados Unidos: Como os Ciberespiões de Putin e o WikiLeaks Tentaram Fraudar a Eleição de 2016, em tradução livre], descrevi os recursos que o Kremlin teria usado para atingir seu objetivo de eleger Donald Trump presidente. Para promover seus objetivos, os russos desenvolveram e realizaram uma operação estratégica de guerra de desinformação e influência, lançando ataques virtuais ao sistema de mídia social norte-americano para invadir as mentes do povo dos EUA. Eu me refiro aos objetivos estratégicos mais amplos de Putin na Europa, no Oriente Médio e nas Américas, usando o codinome Operação GLOBAL GRIZZLY. Esse plano foi concebido para mobilizar todos os ativos ao alcance da Rússia, desde intervenções de política externa e acordos de petróleo até assassinatos executados por agências de espionagem e invasões secretas; sua meta era a concretização do Eixo da Autocracia. Essa estratégia é conhecida como Guerra Assimétrica ou Híbrida. Exceto por combates abertos, todos os recursos seriam mobilizados no intuito de restaurar o poder, a posição mundial e a influência da Rússia.

A estratégia de Putin para consolidar o Eixo da Autocracia começou com o ciberataque executado contra as eleições dos EUA em 2016. Colocar Donald Trump na Casa Branca convenceu plenamente a Rússia de que os EUA eram o coração do novo movimento populista global. Um círculo interno de líderes anti-globalistas, que poderiam ser persuadidos a rejeitar a visão de mundo promovida pela OTAN e pelos EUA, revelaria as enormes rachaduras que despontavam na democracia liberal. Em 2017, vários países-membros da OTAN, como França, Espanha, Turquia, Grécia, Alemanha, Holanda, Grã-Bretanha, Polônia, Hungria e Ucrânia, contavam com importantes partidos políticos prontos para assumir o poder de acordo com o plano de Putin. Para dar suporte a essas iniciativas, os recursos da GLOBAL GRIZZLY foram mobilizados no intuito de apoiar os partidos políticos favoritos do Kremlin e pressionar pela realização de referendos nacionalistas.

Os EUA não estavam sozinhos no atoleiro político causado pelas operações de guerra cibernética promovidas pela Rússia. Os métodos de interferência na política europeia aplicados pelos russos no período soviético e hoje em dia não são tão diferentes.

Após a Segunda Guerra Mundial, a inteligência russa travou uma guerra ideológica com o Ocidente pelo controle da Europa. Devido à capacidade de destruição mútua das armas nucleares, os dois blocos se rechaçavam com forças militares convencionais enquanto travavam uma guerra global de espionagem e influência. Essa foi a Guerra Fria — uma tensão contínua entre dois exércitos poderosos ao longo da fronteira da Alemanha Ocidental. O Leste comunista criou uma aliança formada pelas oito nações ocupadas pelos soviéticos para rivalizar com a OTAN. A aliança contava com metade da Alemanha (a Alemanha Oriental), Polônia, Bulgária, Hungria, Romênia, Tchecoslováquia, Albânia e União Sovié-tica. A Rússia passou a controlar essas nações com seu poder militar, trocando seus governos democráticos de antes da guerra por ditadores comunistas locais, essencialmente escolhidos por Moscou. Esses líderes ficavam sob a vigilância da KGB, que administrava as agências de inteligência locais. Assim, metade da Europa (incluindo as nações incorporadas à União Soviética: Ucrânia, Moldávia, Bielorrússia, Letônia, Lituânia e Estônia) foi ocupada pela Rússia por 46 anos. O russo era a língua franca para assuntos militares, governamentais e culturais no Oriente.

Os Estados Bálticos da Letônia, da Lituânia e da Estônia eram uma grande pedra no sapato de Moscou. Invadidos e ocupados pela União Soviética como parte do acordo entre Josef Stalin e Adolf Hitler, formalizado no tratado Molotov-Ribbentrop de 1939, esses três minúsculos países eram adeptos fervorosos do Ocidente e da OTAN. Eles bloqueavam o acesso da Rússia ao pequeno enclave étnico russo de Kaliningrado. As primeiras operações foram realizadas através dos chamados MILITIA BEARS, cidadãos russos atuando como ciberjusticeiros.

Estados Experimentais

As nações que confrontavam Putin eram atacadas de forma assimétrica. Por exemplo, em 2007, a Rússia paralisou a Estônia com um ataque DDoS de nível nacional quando o governo local tentou remover uma estátua do exército soviético da Segunda Guerra Mundial, o Soldado de Bronze de Tallinn. Embora se acredite que o ataque tenha partido de ciberjusticeiros, as agências de inteligência russas GRU e SVR lançaram uma ofensiva e bloquearam a internet da pequena nação... como um aviso. Depois disso, os espiões russos começaram a fazer experimentos com ataques cibernéticos cada vez mais sofisticados. Em um artigo publicado na revista *Wired*, Joshua Davis descreveu em detalhes o que aconteceu naquele dia:

> "O futuro parecia perigoso. Ago Väärsi, chefe de TI no jornal *Postimees*, constatou que programas de computador automatizados estavam despejando posts nas páginas de comentários do site do *Postimees*, criando um problema duplo: os spams sobrecarregavam os processadores do servidor e monopolizavam a largura de banda. Väärsi então desativou o recurso de comentários. Essa medida liberou a largura de banda — o medidor indicava que ainda havia faixas disponíveis —, mas os dados que entraram criaram nós nas máquinas e causaram sucessivos colapsos nos sistemas. Väärsi descobriu que os invasores modificavam constantemente as solicitações maliciosas que enviavam para os servidores para evitar os filtros. Quem estava por trás disso era sofisticado, rápido e inteligente."[1]

No ano seguinte, a Lituânia aprovou uma lei que proibia símbolos soviéticos e, mais uma vez, os MILITIA BEARS atacaram. Liderados por um grupo autointitulado "hack-wars.ru", eles paralisaram o acesso do país à internet.[2] O ex-primeiro-ministro da Estônia, Toomas Hendrik Ilves, encarregado de investigar como e por que os russos realizaram esses ataques, fez a seguinte observação:

"Os russos são muito agressivos em todos os lugares, na Europa inteira, e esse é um problema que cada país está enfrentando por conta própria... Não podemos fazer com eles o que eles fazem conosco... As democracias liberais, com liberdade de imprensa e eleições livres e justas, estão em desvantagem assimétrica... suas ferramentas democráticas e sua liberdade de expressão podem ser usadas contra elas."[3]

Os ataques cibernéticos lançados contra a Estônia e a Lituânia indicaram um risco novo, claro e atual para as operações da OTAN. Claramente, a organização teria que definir se o Artigo 5 do tratado, que estabelece a resposta de defesa mútua, seria acionado por esse tipo de ataque a um Estado-membro. O quartel-general em Bruxelas ordenou a criação de um novo centro de guerra de cibersegurança na Estônia para se aproximar da ameaça tanto física quanto operacionalmente.

No desfile do Dia da Rússia na Praça Vermelha, Vladimir Putin sugeriu que, se a memória do exército soviético fosse manchada em qualquer lugar, a Rússia agiria: "Aqueles que hoje tentam... profanar os monumentos em homenagem aos heróis de guerra estão insultando sua própria gente, semeando a discórdia e a desconfiança entre o Estado e o povo..."[4]

Naquele mesmo ano, a República da Geórgia foi alvo de um ataque DDoS depois que eclodiram confrontos armados nas regiões de etnia russa da Ossétia do Sul e que forças pró-Moscou tentaram eliminar os georgianos da região. Logo depois, o Quirguistão sofreu um ataque DDoS por ter permitido que forças norte-americanas usassem uma das suas bases aéreas durante a Guerra do Afeganistão. A base rapidamente foi fechada. O sucesso político desses ataques impulsionou uma série de ofensivas contra o Cazaquistão, a Ucrânia, a França e os Estados Unidos. A Rússia descobriu que havia valor financeiro e político na brutalidade cibernética. O ataque DoS funcionava perfeitamente como uma declaração política e nenhum míssil de cruzeiro era lançado. Roubar dados para o Kompromat já era uma grande jogada, mas e se esse material roubado fosse usado em manipulações cibernéticas de mídias sociais? Essa era uma guerra de informação de altíssimo nível — o principal objetivo do aparato da inteligência soviética — mudar a mentalidade das pessoas para que elas passassem a rejeitar seus próprios governos. Agora, sob o comando de Vladimir Putin, essa estratégia mudaria o mundo.

Brexit — A Cobaia Britânica

A Grã-Bretanha seria um campo de testes para a estratégia russa de gestão da percepção. Por que os russos identificaram essa oportunidade de influenciar os britânicos? Os sistemas que estavam sendo desenvolvidos pelas agências de inteligência russas para controlar os Estados Unidos deviam ser testados em um modelo de menor escala para validar a programação dos bots e testar a eficiência do processo de coleta de dados realizado pela Cambridge Analytica.

A Grã-Bretanha era o aliado mais forte dos Estados Unidos e um dos pilares da União Europeia. Mas a saída do Reino Unido do bloco não prejudicaria tanto a UE quanto uma possível retirada da França. Além disso, a Grã-Bretanha provavelmente não romperia seus laços com a OTAN. A Rússia percebeu que um referendo britânico bem-sucedido daria à direita norte-americana um exemplo para apontar e dizer: "Se eles podem fazer isso, nós também podemos." As redes europeias de conservadores e nacionalistas difundiram com sucesso a crença de que aderir ao conservadorismo significava adotar uma postura anti-imigração, antimuçulmanos, pró-brancos e pró-Moscou. Desestruturar a Grã-Bretanha era o feito mais parecido com a desestruturação dos Estados Unidos. Para isso, Putin precisava de aliados no Reino Unido que não soubessem que estavam trabalhando para ele. Se o referendo britânico fosse bem-sucedido, as operações de inteligência da RF-IRA e da Rússia seriam expandidas para atacar diretamente os Estados Unidos.

Em muitos aspectos, o euroceticismo na Inglaterra remonta à reconstrução da Europa após a destruição causada pela Segunda Guerra Mundial. Winston Churchill sugeriu a criação dos "Estados Unidos da Europa"[5], em que a França e a Alemanha trabalhariam juntas para promover a paz e a cooperação. No entanto, em seus planos, o Reino Unido não seria necessariamente um membro dessa nova entidade.

Entre o fim da Segunda Guerra Mundial e o início século XXI, a relação entre a Grã-Bretanha e as iniciativas que pretendiam integrar a Europa foi um caso de amor intermitente. O Tratado de Dunquerque uniu a Inglaterra e a França em 1947. Em 1948, o Tratado de Bruxelas incorporou o Reino Unido a um pacto de defesa com a Bélgica, a França, Luxemburgo e a Holanda, criando a Western Union Defence Organization (WUDO). Em 1949, a Organização do Tratado do Atlântico Norte (OTAN) foi criada, integrando a Bélgica, Canadá,

Dinamarca, França, Islândia, Itália, Luxemburgo, Holanda, Noruega, Portugal, Reino Unido e Estados Unidos.

Em 1951, as dinâmicas econômicas das nações signatárias do Tratado de Bruxelas levaram à criação da Comunidade Europeia do Carvão e do Aço (CECA), instituída por esses mesmos países através do Tratado de Paris, que também incluía a Alemanha Ocidental e a Itália. Em 1957, o Tratado de Roma fundou a Comunidade Econômica Europeia, e o Tratado Euratom criou a Comunidade Europeia da Energia Atômica. Esses tratados lançaram as bases do que se tornaria a União Europeia. Os tratados subsequentes resolveram questões jurisdicionais e administrativas, como o Tratado de Bruxelas, de 1965, o Acordo e a Convenção de Schengen, de 1985, e o Ato Único Europeu, de 1986.

Conduzidas pelo primeiro-ministro Harold Macmillan, as tentativas dos britânicos de ingressar na Comunidade Europeia entre 1957 e 1963[6] foram rejeitadas por pressão do presidente francês Charles de Gaulle. De Gaulle considerava os britânicos hostis demais aos interesses da Comunidade Europeia para que o bloco permitisse o ingresso da Grã-Bretanha.[7] Afinal, a França e as outras nações haviam conduzido grande parte da reconstrução da Europa, enquanto a Grã-Bretanha se recusara a assinar muitos tratados importantes nesse período. Mas enquanto a Grã-Bretanha assistia ao progresso da Europa, impulsionado pela recuperação da França e da Alemanha, sua economia estava mergulhada na estagnação.[8]

Apesar de todo o esforço de Harold Macmillan para que o país fosse integrado à Comunidade Europeia, Hugh Gaitskell, membro do Partido Trabalhista, se opunha, alegando que isso acabaria com a independência do Reino Unido. Esse paradigma de escolhas se repetiria pelos próximos 20 anos, à medida que a relação entre o Reino Unido e a Europa evoluía.

Em 1973, o Reino Unido aderiu às Comunidades Europeias, que viriam a formar a União Europeia, com a ratificação do Tratado de Adesão em 1972.

APENAS DOIS ANOS depois de ingressar na Comunidade Econômica Europeia (CEE), o povo britânico participou de um referendo em 1975 para decidir se o país deveria continuar vinculado ao bloco. Promovido com base na Lei do Referendo de 1975, a votação de 5 de junho foi o primeiro referendo de abrangência nacional a ser realizado pelo Reino Unido no século XX. Os britânicos votaram esmagadoramente pela permanência na nova aliança.

Em 1992, o Tratado da União Europeia[9], também conhecido como Tratado de Maastricht, fundou a estrutura do que viria a ser a União Europeia. Sob a orientação do líder alemão Helmut Kohl e do líder francês François Mitterrand, a recém-formada União Europeia promoveu a integração dos setores bancário e de segurança, criou a cidadania comum para os cidadãos dos países-membros e formulou o euro, a moeda oficial do bloco.

No final de 2009, a crise da dívida pública afligia o povo grego. As medidas de austeridade e os protestos organizados pelo Aurora Dourada, potencializados pela desinformação, consolidaram a ideia de que a Grã-Bretanha poderia deixar a UE, pois alguns economistas acreditavam que a Grécia seria mais forte fora da UE.

Em janeiro de 2013, o primeiro-ministro David Cameron decidiu colocar um ponto final no debate sobre a permanência da Grã-Bretanha na UE, após anos de discussões, brigas e concessões. Ele recomendou que a questão fosse posta em votação. Mais uma vez, em novembro de 2015, ele declarou que "o futuro da Grã-Bretanha está em uma União Europeia reformada" e que, se fosse reeleito, cumpriria a promessa de "promover um referendo para definir a permanência ou a saída" do país da UE.[10] Essa medida resultou na Lei do Referendo sobre a União Europeia de 2015.[11] Em 22 de fevereiro de 2016, Cameron anunciou que o referendo ocorreria em 23 de junho de 2016.[12]

Movidos pelo sentimento anti-imigração, políticos eurocéticos como Boris Johnson e Nigel Farage pressionaram para que o referendo aprovasse a saída do Reino Unido da UE. A ação recebeu o nome de "Brexit", combinando as palavras "Britain" [Grã-Bretanha] e "exit" [saída].

A campanha pela saída da UE foi predominantemente orquestrada por dois grupos: o Leave.EU, coordenado por Nigel Farage,[13] e o Vote Leave, fundado por Matthew Elliot e Dominic Cummings em outubro de 2015. O Vote Leave contava com o apoio de vários partidos e era representado pelo ex-prefeito de Londres Boris Johnson, membro do Partido Conservador.

Mas não havia só esses grupos. O Better Off Out (BOO) já pressionava desde 2006 pela saída da UE. Fundada pela Freedom Association, um grupo libertário de direita criado em 1975, a liga se descrevia como um "grupo de campanha multipartidário".[14] Havia ainda outros grupos, como o Grassroots Out, o GO, representado pelo líder do Partido Conservador Peter Bone, que fundou o Leave Means Leave em julho de 2016. O Grassroots Out era em grande parte administrado por membros do Partido Conservador, mas passou a incluir o Partido do Respeito, fundado por George Galloway, apresentador do Russia Today, em 22 de fevereiro de 2016, conforme previamente anunciado pelo Russia Today. O Partido do Respeito foi dissolvido em agosto de 2016. Notavelmente, Galloway, ex-membro do Parlamento, entrevistou Nigel Farage sobre aspectos do Brexit em uma matéria para o canal de propaganda russa, o Sputnik.[15]

Alguns críticos apontavam que a UE, como entidade, criava uma zona de mercado único que controlava os países-membros, o que restringia a soberania econômica da Grã-Bretanha. Além disso, eles argumentavam que os imigrantes podiam viajar muito facilmente entre os países da UE, o que ameaçava os empregos dos britânicos. Segundo esses críticos, a Grã-Bretanha estava perdendo sua identidade, especialmente em razão da imigração. Os partidários mais expressivos desse movimento frequentemente invocavam a ideia de que sua cultura estava sob ameaça e que se afastar do controle de Bruxelas era a melhor maneira de lidar com isso. Eles queriam que a Grã-Bretanha seguisse seu caminho por conta própria.

Arron Banks foi o maior doador político da história do Reino Unido. O empresário de Bristol foi um dos fundadores do Leave.EU e investiu quase US$10 milhões (£7 milhões) no referendo para promover a saída da Grã-Bretanha da UE. Ele e Nigel Farage, ex-líder do UKIP, Raheem Kassam, editor do Breitbart News em Londres, e Andy Wigmore, diretor de comunicações do Leave.EU, se autodenominavam "os bad boys do Brexit". Todos eles, cada um a seu modo, eram adeptos da filosofia duginiana de Steve Bannon de destruir a democracia ligando grupos extremamente conservadores europeus e norte-americanos em uma rede mundial, cujo ponto central era o Breitbart.[16]

Em 7 de maio de 2015, os britânicos votaram em massa no Partido Conservador. Em 20 de fevereiro de 2016, Cameron declarou à imprensa britânica que os termos da sua adesão à UE atribuíam ao Reino Unido um "status especial" na renegociação de acordos comerciais. Em 21 de fevereiro, o prefeito de Londres, Boris Johnson, foi o principal catalisador da campanha "Leave EU".

Em 16 de junho de 2016, as tensões se acirraram no Reino Unido diante da iminência do referendo. Uma partidária da permanência estava promovendo a campanha quando foi confrontada por um jardineiro xenófobo desempregado,

Thomas Mair. Jo Cox, membro do Parlamento pelo Partido Trabalhista, era uma jovem de 41 anos, mãe de dois filhos, que já havia trabalhado com questões humanitárias. Mair, de 52 anos, aguardou do lado de fora de uma reunião com eleitores. Ele a confrontou e depois a esfaqueou. Os assessores de Jo tentaram dominar Mair, que então sacou uma arma improvisada e a matou a tiros. Thomas Mair era partidário da Frente Nacional e membro da Liga de Defesa Inglesa. Segundo o Southern Poverty Law Center, ele também mantinha uma ligação de longa data com a Aliança Nacional, um grupo neonazista norte-americano, e gastara US$630 em publicações da organização. Um dos livros ensinava a fabricar uma pistola caseira, a arma que Mair usou para matar Cox. Mair gritou "Britain First!" [A Grã-Bretanha em Primeiro Lugar!, em tradução livre] quando atirou em Jo Cox e repetiu o slogan orgulhosamente enquanto a polícia o levava preso.[17]

Sete dias depois, a campanha britânica Leave EU ironicamente venceu por 4 pontos percentuais. No referendo, mais de 30 milhões de pessoas votaram a favor da saída, com 51,9% pela retirada e 48,1% contra. David Cameron teve que renunciar ao cargo de primeiro-ministro.

Em 11 de julho de 2016, a conservadora Theresa May se tornou primeira--ministra. Em 2 de outubro de 2016, ela anunciou que a saída formal dos britânicos da União Europeia começaria em março de 2017. Muitos conservadores e membros do Partido Trabalhista não apoiaram o Brexit, que consideraram um choque indesejável, como seria o resultado das eleições de 2016 nos Estados Unidos, seis meses depois.

Mas agora a questão estava decidida, e a primeira-ministra Theresa May devia seguir as disposições do Artigo 50 do Tratado de Lisboa de 2009.[18] O artigo dispõe que qualquer Estado-membro pode deixar a UE, mas antes deve fornecer um aviso de intenção de saída para que as negociações da retirada sejam promovidas pelos demais membros da UE. No entanto, o Estado-membro que pretende sair perde a opção de deliberar junto ao Conselho Europeu. O Reino Unido não poderia participar do processo de rescisão da sua adesão sem a aprovação dos demais Estados-membros.

O Brexit abriu a caixa de Pandora no Reino Unido. Michael McFaul, ex-embaixador dos EUA na Rússia, compreendeu isso e escreveu um artigo no jornal ucraniano *Kyiv Post* com o título "How Brexit is a win for Putin" [Como o Brexit é uma vitória para Putin, em tradução livre].[19]

Segundo McFaul, o sucesso da campanha Leave EU foi "uma vitória gigantesca para os objetivos de política externa de Putin".[20] Os ânimos se exaltaram. Muitos não acreditaram que os extremistas tinham vencido. Havia uma sensação palpável de que os ataques contra a democracia e o assassinato de Jo Cox eram sinais do que estava por vir. Nas ruas, observava-se um aumento na demonização e na perseguição aos muçulmanos.

De acordo com a Suprema Corte britânica, até 24 de janeiro de 2017, o Parlamento deveria votar a implementação do Artigo 50 para que o governo britânico efetivasse a saída do país da UE. Em 13 de março de 2017, o Parlamento britânico aprovou um projeto de lei que criava o poder governamental necessário para a aplicação do Artigo 50.

O Brexit se aproximava. Theresa May não ousava enfrentar os conservadores que votaram pela saída, mesmo depois de o UKIP ter se desintegrado completamente e quase ter sido relegado à lata de lixo da história. Em 28 de março de 2017, ela assinou uma "carta oficial ao presidente do Conselho Europeu, Donald Tusk, invocando o Artigo 50 e sinalizando a intenção do Reino Unido de deixar a UE". No dia seguinte, em Bruxelas, a execução formal do Brexit foi iniciada com a entrega da carta de implementação do Artigo 50 por Tim Barrow, embaixador da Grã-Bretanha na UE, a Donald Tusk, presidente do Conselho Europeu.

Espere um Segundo

Em junho de 2017, o Twitter Inc. decidiu ser proativo e lançou o "Fórum Global de Internet de Combate ao Terrorismo" (o GIFCT), uma parceria entre o Twitter, o YouTube, o Facebook e a Microsoft. O objetivo do GIFTC era "facilitar o compartilhamento de informações, a cooperação técnica e a colaboração em pesquisas, inclusive com instituições acadêmicas".[21] Após o cruzamento de uma rede de descobertas de pesquisas, o Twitter anunciou em 26 de outubro de 2017 que "não aceitaria mais anúncios do [Russia Today] e doaria o valor de US$1,9 milhão gasto pelo RT em publicidade mundial no Twitter para pesquisas acadêmicas sobre eleições e mobilização da sociedade civil".[22]

Cinco dias depois, o Halloween de 2017 foi ainda mais assustador do que o normal. A liderança corporativa do Twitter informou ao Comitê de Inteligência da Câmara que suspendera 2.752 contas associadas a uma agressiva interferência digital dos russos na eleição presidencial de 2016 nos EUA.[23] Nesse mesmo dia, o Subcomitê para Crime e Terrorismo, ligado ao Comissão do Senado dos Estados Unidos sobre o Judiciário, tomou o depoimento de Sean Edgett, diretor jurídico em exercício do Twitter, para tratar do uso de spams, da automação da plataforma de mídia social e das medidas tomadas pela empresa para investigar a campanha de desinformação promovida em sua plataforma. O depoimento de Edgett ocorreu quase um ano após a descoberta da conta automatizada central @PatrioticPepe. Esse falso bot do Twitter respondia instantaneamente a todos os tuítes de @realDonaldTrump. Essa conta era o ponto central para a inundação da rede com spams de conteúdo óbvio. Em termos técnicos, as respostas eram:

"...habilitadas através de um aplicativo criado com a 'Interface de Programação de Aplicação' (API) [dos hackers]. Percebemos um movimento ascendente nessas atividades durante o período que antecedeu a eleição, e a conta @PatrioticPepe foi um desses casos. No mesmo dia, identificamos a @PatrioticPepe e suspendemos as credenciais da API associada a esse usuário, por violarem nossas regras de automação. Em média, adotamos medidas semelhantes contra aplicativos nocivos mais de 7.000 vezes por semana."[24]

Ao ser identificado, o @PatrioticPepe revelou que os russos descobriram uma maneira de utilizar o Twitter e amplificar suas mensagens que superava a capacidade de defesa da plataforma.

Os pesquisadores britânicos da área de cibersegurança ficaram alarmados. Como os norte-americanos descobriram tarde demais, o Brexit provavelmente também não fora uma votação livre e justa. Pesquisadores de dados da Universidade da Califórnia em Berkeley e da Universidade de Swansea concluíram que, até o dia do referendo, mais de 150 mil contas associadas à Rússia postaram conteúdo da campanha Leave a favor do Brexit; essas contas já haviam postado conteúdo sobre a Crimeia anteriormente. Os conteúdos com informações pró-Rússia, pró-Putin e pró-Brexit tiveram mais visualizações.[25] Os britânicos realizaram uma investigação retroativa para determinar se os russos haviam manipulado a internet a favor da campanha Leave durante o episódio do Brexit. De acordo com a diretora de pesquisa em neuropolítica da Universidade de Edimburgo, Laura Cram, pelo menos 419 contas de trolls ligados ao Kremlin tuitaram 3.468

vezes sobre o #Brexit.[26] A pesquisa de Cram analisou dados de 2.752 contas (desativadas) armazenadas nos arquivos do Congresso dos EUA e apontou que os ataques cibernéticos automatizados lançados contra o Reino Unido (antes do referendo do Brexit) e contra os EUA, entre 2014 e as eleições presidenciais de 2016, estavam ligados à Internet Research Agency (RF-IRA), uma organização vinculada ao Kremlin.[27] Através da RF-IRA, a inteligência russa investiu especificamente contra o Reino Unido durante o Brexit usando inúmeras hashtags, como #Brexitvote, #PrayForLondon, #BanIslam e #Brexit.[28]

Em 13 de novembro de 2017, Theresa May acusou a Rússia de "usar informações como armas de guerra" e de "semear a discórdia no Ocidente e minar nossas instituições".[29] Como no caso dos Estados Unidos, já era tarde demais... mas alguém sabia disso na época? O único denominador comum era uma empresa britânica chamada Cambridge Analytica.

Em 2017, Farage também foi apontado como um dos envolvidos na possível conspiração entre a administração Trump e a Rússia. Farage era muito próximo de Trump e de Julian Assange, fundador do WikiLeaks. É importante ressaltar que, logo após a vitória de Trump, Farage foi um dos primeiros a voar para Nova York para orientá-lo em suas políticas. Sobre Putin, Farage disse certa vez: "É o estadista que mais admiro." Ele também tinha ligações suspeitas com Julian Assange. Em 9 de março de 2017, o londrino Ian Stubbings caminhava perto da embaixada equatoriana, que abrigava Assange, e viu Farage entrar no prédio. Ele tuitou sobre o evento. Uma repórter do *Buzzfeed* viu o tuíte e conseguiu chegar à embaixada a tempo de pegar Farage deixando o prédio, 40 minutos depois. O fato de os dois serem alvos de uma investigação federal nos EUA sobre as atividades da inteligência russa durante as eleições é muito mais do que uma coincidência.

A estratégia dos russos parecia simples: dividir o Reino Unido e abalar as estruturas da UE. As agências russas incitaram a campanha Leave e deram toda cobertura possível ao movimento, através de ações de guerra cibernética e gestão da percepção. Também semearam a discórdia e instigaram divergências entre a população britânica branca que odiava muçulmanos e imigrantes, que estariam atacando a cristandade branca. Se tudo desse certo, o referendo provocaria a divisão do Reino Unido. Então, quando a Escócia resolvesse deixar o Reino Unido, a RF-IRA usaria seu poder na internet para promover a narrativa do futuro referendo escocês. Depois de alguns anos, a operação teria reduzido o Reino Unido ao País de Gales e à Inglaterra. Quase funcionou.

Nicola Sturgeon, primeira-ministra da Escócia, anunciou planos para um segundo referendo sobre a independência escocesa em alguma data entre o final de 2018 e o início de 2019. Esse segundo referendo muito provavelmente foi instigado por trolls e bots automatizados financiados pelo Kremlin, o que acabou motivando os pesquisadores digitais da Universidade de Swansea e da Universidade de Edimburgo a investigarem o assunto. De acordo com o *Sunday Post* da Escócia, 400 mil tuítes relacionados ao segundo referendo sobre a independência escocesa foram disseminados por bots e trolls a partir de contas espúrias. Na Universidade de Swansea, pesquisadores digitais em busca de atividade incomum em sequências algorítmicas identificaram um padrão alarmante na sustentação da narrativa da independência escocesa entre 24 de maio e 24 de setembro de 2017: "Havia um total de 2.284.746 tuítes contendo pelo menos uma das seguintes palavras-chave: 'escócia', 'escocês', 'sturgeon', 'scotref' e 'snp'."[30] Um total de 388.406 mensagens foram enviadas por bots, segundo os pesquisadores. Essas descobertas reforçaram a suspeita amplamente difundida de que, como no referendo do Brexit e na eleição presidencial dos EUA em 2016, bots e trolls estavam sendo pagos para fazer o trabalho sujo do Kremlin de Putin.

Apesar de todos os esforços para evitar a saída do país da UE, o referendo foi aprovado. A economia britânica imediatamente encolheu 30% e, desde então, as empresas começaram a trocar Londres por Paris e Bruxelas. Segundo a opinião geral, a campanha Leave deveria ter perdido, mas, como na eleição de Trump, a saída venceu por uma margem minúscula. A mensagem amplificada pelos russos, de que deixar a União Europeia traria benefícios ao povo britânico, foi exponencialmente mais impactante devido à atuação dos agentes russos, que superava a força do argumento. Essas percentagens provavelmente teriam sido a favor do outro lado, se Putin não tivesse lançado seus ataques de guerra de informação.

As promessas do UKIP de uma Grã-Bretanha nova, independente e rica imediatamente evaporaram após a aprovação do referendo. As promessas de que o Serviço Nacional de Saúde, com a saída, receberia centenas de bilhões para atender à população mais idosa não duraram nem 24 horas após a votação, e os chefes do partido admitiram que praticamente nada aconteceria, exceto que o Reino Unido se tornaria um país "independente" do mercado comum. O UKIP não levou em conta a possibilidade de a saída provocar o colapso do Reino Unido, pois a Escócia e a Irlanda do Norte queriam permanecer no mercado comum europeu e começaram a cogitar sua própria independência. A propaganda sempre requer um pouco de verdade para sustentar a mentira.

A Grã-Bretanha ficou presa ao desastre do Brexit, mas, ao contrário do governo norte-americano, a comunidade de inteligência britânica soou diversos alarmes para alertar que o processo de informação independente estava sob ataque. A nova liderança conservadora do país respondeu aos alertas. Em dezembro de 2017, a primeira-ministra Theresa May declarou que a Rússia fora advertida sobre suas atividades:

"As ações incluem a interferência nas eleições e os ciberataques ao ministério da defesa dinamarquês e ao Bundestag [parlamento alemão], entre muitos outros... Seu objetivo é usar informações como armas de guerra. Para isso, utilizam suas organizações de mídia estatais para plantar histórias falsas e imagens editadas visando semear a discórdia no Ocidente e minar nossas instituições."[31]

Impulsionados pelo sucesso da campanha de influência que resultara na saída da Grã-Bretanha da União Europeia no episódio do Brexit e na vitória eleitoral nos EUA, os agentes da inteligência russa passaram a se concentrar nas eleições europeias. A próxima eleição ocorreria na França. Se Putin conseguisse colocar seu candidato preferido no poder, a ordem mundial estabelecida no Ocidente em 1945 entraria rapidamente em colapso. Uma vitória na França derrubaria os principais pilares da hegemonia do bloco EUA-Europa: a França se desligaria da OTAN e a União Europeia acabaria. O Brexit provou que o processo democrático de uma nação podia ser redirecionado através de uma operação de influência focada nas margens da mídia social, particularmente quando as eleições fossem decididas por um ponto ou dois pontos percentuais. Na França, as regras eram diferentes. As equipes de guerra de informação poderiam favorecer um candidato, mas as leis que impediam a circulação de informações relacionadas à campanha eleitoral 44 horas antes da votação exigiam um tiro de precisão.

A Rússia achava que poderia divulgar materiais de Kompromat no último segundo possível usando sistemas de distribuição em mídias sociais de ativos externos para burlar as leis francesas. A última impressão marcante nas mentes do povo francês seria escolhida pela Rússia.

A ação de 2017 certamente não foi a primeira interferência da Rússia nas eleições presidenciais francesas. No entanto, as metodologias tradicionais mais antigas eram lentas, pois dependiam da distribuição em mídia impressa e de conglomerados de mídia televisiva. Em 1974, a KGB lançou uma campanha velada de propaganda para difamar Valéry Giscard d'Estaing, partidário de De Gaulle e da OTAN, e colocou o socialista François Mitterrand na presidência.[32] No que muitos viram como uma vitória para Moscou, Mitterrand indicou quatro membros do Partido Comunista Francês como ministros do seu governo. O presidente norte-americano Ronald Reagan ficou apreensivo até saber que Mitterrand estava na verdade conduzindo uma das maiores missões de espionagem da história em território russo. A Operação FAREWELL foi uma missão de espionagem patrocinada pela França em torno do coronel da KGB Vladimir I. Vetrov, que repassou um grande volume de inteligência técnica para a França. Depois que Reagan soube das operações de Mitterrand, tudo foi perdoado.

No entanto, mais tarde foi revelado que a Rússia queria um dos dois candidatos e que até preferia o linha-dura e antissoviético D'Estaing. O principal método de influência dos soviéticos era manipular jornalistas e notícias. Em 1987, Ilya Dzhirkvelov, um ex-oficial da KGB especializado em guerra política, descreveu à *Russkaya Mysl*, uma revista parisiense voltada para a comunidade de imigrantes russos, como tudo aconteceu:

"Em 1974, quando as eleições presidenciais da França estavam se aproximando, em uma reunião do Comitê Central, na qual estive presente, o chefe de departamento e secretário do Comitê Central [Boris] Ponomarev disse que deveríamos fazer tudo que fosse possível para impedir a eleição de Mitterrand. Essas não são palavras vazias. Não vou identificar os jornais e publicações, mas usamos dois grandes jornais franceses de Paris e mais três jornais do resto do país para divulgar materiais que exaltavam Giscard d'Estaing como um camarada próximo de De Gaulle e um defensor incansável da paz. Não posso dizer se esse material ajudou na campanha de Giscard d'Estaing para presidente, mas o fato em si é importante. Ficamos surpresos, é claro, que o Comitê Central do nosso Partido Comunista estivesse contra os socialistas e a favor do partido burguês. Ponomarev explicou que os políticos burgueses eram muito mais úteis do que qualquer social-democrata ou socialista. Além da França, também usamos grandes jornais nos Estados Unidos, na Itália, no Japão e na Alemanha."[33]

As operações de guerra política executadas pelos antigos espiões da KGB eram rudimentares, mas foram eficazes na época. A Rússia já não era a União Soviética, e a tecnologia estava mudando a dinâmica da opinião pública. No entanto, a KGB apenas mudara de nome, e o jovem espião que atuara na Alemanha Oriental com roubo de tecnologia era agora o soberano da Rússia. Para ele, os velhos métodos poderiam trazer resultados excelentes se fossem executados com a tecnologia moderna. Os testes convenceram os russos de que as eleições poderiam ser influenciadas, e ele estava determinado a colocar seu candidato preferido no poder.

As eleições francesas de 2017 foram realizadas em dois turnos. A primeira votação ocorreu em 23 de abril de 2017. Os dois principais candidatos eram o jovem Emmanuel Macron e a figura de proa do conservadorismo francês Marine Le Pen. Em 7 de maio de 2017, o segundo turno foi disputado entre os dois políticos.

Macron era o líder de um partido relativamente novo, o *La République en marche* (LREM). Ele atuou por dois anos como assessor econômico do presidente François Hollande e foi ministro da economia até 2016. Fundou o LREM em abril de 2016 como uma alternativa aos grandes partidos liberais e de centro.

Macron era um jovem de 39 anos na época da eleição; muito carismático, esbanjava personalidade e charme com sua boa aparência e cara de menino. Ele desbancou Jean-Luc Mélenchon do partido *La France Insoumise* (LF) e François Fillon, do partido Republicano no primeiro turno. Depois, enfrentou Marine Le Pen. Como mencionei, ela já havia desenvolvido laços estreitos com Moscou para estabelecer o que chamava de "Soluções Regionais". Sua plataforma de defesa consistia em firmar uma parceria com a Rússia para combater o terrorismo que vinha do Oriente Médio. Atrás apenas de Donald Trump e apoiada pela Rússia, Le Pen era a candidata perfeita para o objetivo de Putin de criar uma Europa liderada por autocratas. Mas primeiro ela precisava vencer.

Uma Doce Armadilha

Pouco antes do período de restrição à difusão de notícias políticas, 44 horas antes da eleição, nove gigabytes de e-mails foram supostamente roubados da campanha de Macron. Os e-mails foram rapidamente postados na internet. Aproximadamente dez mil documentos e e-mails pessoais de Macron foram hackeados e divulgados pela Rússia. De acordo com o diretor da equipe de dados digitais de Macron, Mounir Mahjoubi, em sua maior parte, os e-mails eram documentos inofensivos, como faturas, discursos, declarações e atos rotineiros de administração.[34] Havia uma razão para isso. A agência de inteligência interna do governo francês, a Direção de Segurança Territorial (DST), em cooperação com a Agência de Segurança Nacional do governo norte-americano, tinha preparado uma armadilha para os hackers russos.

O almirante Michael Rogers, diretor da NSA, descreveu a emboscada preparada para os russos:

> "Tomamos conhecimento da atividade russa e conversamos com nossos colegas franceses antes da divulgação dos eventos e dos seus autores no último final de semana; demos um aviso aos franceses: 'Estamos observando os russos, e eles estão invadindo algumas das suas infraestruturas. Vimos tal e tal coisa, como podemos ajudar?' Estamos realizando ações parecidas com nossos colegas alemães e britânicos, que também têm um processo eleitoral a caminho."[35]

A empresa de segurança Trend Micro também encontrou impressões digitais da agência de inteligência russa como a APT-28, o malware FANCY BEAR que o FSB havia usado na tentativa de hackear as eleições norte-americanas no ano anterior.[36] O método de ataque foi o *phishing* — um link falso que leva a pessoa a acessar um site aparentemente confiável que, na verdade, é um servidor da inteligência russa. Nesse caso, um falso servidor web de Macron foi usado como isca pela NSA e pela DST. Quando os sistemas de guerra cibernética dos russos atacaram, estavam caindo em uma armadilha controlada pela França e pela NSA.

Curiosamente, dois extremistas conservadores norte-americanos foram acusados de terem participado das operações russas. Ao que tudo indica, eles estavam à espera da divulgação dos documentos de Macron. Quando o material foi

218   BALAS, MENTIRAS, LAPTOPS E ESPIÕES

publicado, eles imediatamente criaram a hashtag #MacronLeaks no Twitter e começaram a disseminar tuítes para difundir os itens roubados. A inteligência francesa bloqueou essas informações, que acabaram tendo pouco ou nenhum impacto no desfecho das eleições. No entanto, esse episódio comprovou que alguns norte-americanos estavam colaborando com a inteligência russa para intervir em uma eleição estrangeira.

No final, Macron conquistou 66% dos votos e venceu Le Pen, que obteve quase 34%.

Depois de ser derrotada e criticada publicamente por seu pai, ela deixou o cargo de líder do partido.

A Hora da Alemanha

O Estado Islâmico do Iraque e da Síria era um grupo terrorista aterrorizante e brutal. Seus membros passaram a exercer poder nacional quando criaram seu pequeno, mas pouco resiliente estado de terror. Uma área em que eles obtiveram algum sucesso foi na projeção global da sua ciberpropaganda. Eles formaram equipes centralizadas e autônomas para disseminar sua marca especial de ódio pelo mundo através das mídias sociais. Eram indiscutivelmente mestres do mundo cibernético. O Cyber Caliphate Army (CCA) era liderado por um jovem hacker britânico chamado Junaid Hussain, membro do LulzSec, um grupo de *black hat* que se desvinculara do Anonymous e se dedicava a cibergolpes. Ele migrou para a Síria, onde foi rapidamente designado "emir cibernético" e passou a liderar a campanha de mídia social do ISIS em 2014. Por algum tempo, o CCA atuou apenas no nível de "Script Kiddie" (também conhecido como skiddie), usando vírus pré-fabricados e de fácil ativação. Esse era o limite da capacidade do grupo, que quase não demonstrava habilidades típicas de hackers.

No entanto, em algum momento entre abril e maio de 2015, 16 gigabytes de dados de contas de e-mail foram roubados dos servidores do parlamento alemão (o *Bundestag*).[37] As bandeiras do ISIS e os grafites escritos em árabe estampados no site do Bundestag eram do Cyber Caliphate Army, e por um tempo o ataque foi atribuído ao ISIS.

No entanto, uma análise forense subsequente indicou um velho adversário — sem dúvida, o ataque havia partido da agência de inteligência militar da Rússia, o GRU. Pesquisadores de cibersegurança descobriram impressões digitais associadas ao pacote de malware FANCY BEAR, utilizado pela GRU. Os russos estavam realizando uma operação de "Bandeira Falsa" atípica para induzir os leigos a atribuírem a responsabilidade do ato ao ISIS e convencê-los de que a ação fora apenas um episódio de cibervandalismo. A KGB tinha um nome para isso — *Maskirovka*, o ato de ocultar o verdadeiro agressor. Os russos roubaram dados para usá-los como armas.

Previsivelmente, os dados hackeados correspondiam aos e-mails do bloco de esquerda do Bundestag, embora a invasão tenha comprometido todos os 20 mil computadores do parlamento.[38] O ataque não foi direcionado a funcionários de baixo escalão. As contas associadas aos gabinetes da chanceler Angela Merkel e de seis membros do parlamento foram infectadas.[39] As informações coletadas pelo GRU devem ter compensado o esforço. Em 2016, o grupo parlamentar do Partido Social-democrata, de centro-esquerda, e a conservadora União Democrata-cristã de Merkel foram atacados pelo GRU no Bundestag e em Sarre, respectivamente.[40]

No ataque ao Bundestag, o GRU instalou um servidor falso na Letônia e realizou um ataque de *phishing*. Como antes, eles criaram um site falso parecido com a plataforma interna do Bundestag. Os e-mails de *phishing* incentivavam os funcionários alemães a clicarem no link e prosseguirem com a autenticação — só que na verdade eles entravam nos servidores da inteligência russa e entregavam suas senhas. Esse procedimento era exatamente o mesmo aplicado nos ataques que os russos lançaram contra a Casa Branca, a campanha de Macron e dezenas de outros alvos.

Mas esses ataques funcionaram mais como mísseis de cruzeiro cibernéticos. Angela Merkel era uma líder forte. Ela era firme e poderosa. Política qualificada e pensadora brilhante, ela se parecia mais com Hillary Clinton e tinha um programa similar ao da norte-americana em vários pontos. Merkel e Barack Obama também tinham afinidades ideológicas. Colocar Le Pen no poder seria um grande golpe para a Europa, mas retirar Merkel do cargo seria uma sentença de morte para a comunidade. Em 2016, Putin achava que tinha uma cabeça de ponte na Alemanha, uma via de entrada para desestabilizar o cenário político.

Mas a Alemanha levava a segurança das suas eleições a sério. Como o sistema eleitoral alemão usa cédulas de papel, não havia brechas para hackear e adulterar votos. Segundo Dieter Sarreither, presidente do *Statistischen Bundesamt*, o órgão federal de estatística que monitora as eleições: "Toda a infraestrutura de rede foi reformulada e modernizada desde a última eleição em 2013."[41] Além disso, um órgão altamente especializado monitorava ameaças externas. O Escritório Federal de Segurança em Tecnologia da Informação (BSI ou *Bundesamt für Sicherheit in der Informationstechnik*) e a agência SB monitoram o sistema em tempo real.

Como era difícil manipular diretamente os votos, a Rússia estabeleceu como objetivo estratégico influenciar eleitores brancos, conservadores e de direita, como os do partido populista Alternativa para Alemanha. Para trazer a Alemanha de volta à órbita da Mãe Rússia, Putin novamente mobilizaria as mídias sociais, a imprensa independente e, previsivelmente, os norte-americanos que apoiaram Trump para prejudicar Angela Merkel e favorecer a direita alemã por meio de medidas ativas.

De acordo com um relatório da Brookings Institution intitulado "The impact of Russian interference on Germany's 2017 election" [O Impacto da Interferência Russa na Eleição Alemã de 2017, em tradução livre], a Rússia estava mais uma vez tentando punir a Alemanha em retaliação às sanções financeiras promovidas pelos EUA após a invasão da Crimeia. Segundo o relatório, a Alemanha "coordenara o consenso europeu em torno da aplicação de sanções contra a Rússia".[42] Para Putin, isso era suficiente para motivar a criação de uma nova ordem política de direita que aniquilaria as décadas de decadência liberal e multiculturalismo que marcaram a democracia projetada pelos norte-americanos.

Com a eleição federal alemã marcada para 24 de setembro de 2017, o governo alemão estava em alerta. A França tinha escapado por um triz ao trabalhar com a NSA e identificar as tentativas russas de usar propaganda falsa e distribuir material de campanha pouco antes do período de restrição ao noticiário político. Na Alemanha, as operações foram mais insidiosas e democráticas. O objetivo da campanha russa parecia ser expulsar os alemães e as pessoas de etnia russa dos antigos estados da República Democrática Alemã, agora incorporados à Alemanha unificada.

Os primeiros sinais de que algo estava acontecendo foram as repetidas mensagens de bots, em alemão e russo, nos sites de mídia social da Alemanha, particularmente na parte oriental do país. Foi encontrada uma grande rede de bots (botnet) formada por contas do Twitter que postavam em russo pertencentes a alemães fluentes no idioma.

Uma análise dos algoritmos revelou que 2.480 contas estavam transmitindo exclusivamente propaganda pró-Kremlin. De acordo com um relatório do Institute for Strategic Dialogue (ISD), o Digital Forensic Research Lab do Atlantic Council constatou que 60 dessas contas pró-Kremlin foram reprogramadas para distribuir automaticamente propaganda pró-AfD ou mensagens pornográficas.[43] O ISD publicou um relatório seminal intitulado "Making Germany Great Again" [Tornando a Alemanha Grande Outra Vez], que continha informações de um hacker russo que fora pago para disseminar dados pró-AfD:

"15.000 posts e retuítes pró-AfD custavam 2.000 euros; após negociações, foi definido um pacote com desconto de 15.000 tuítes e retuítes pró-AfD, com 'garantia' de criar uma trend com a hashtag pró-AfD. O hacker afirmou que os posts 'vinham de, pelo menos, 25% de bots de alta qualidade, que não eram facilmente identificados como contas falsas'. Ele estimou que era necessário enviar 80 tuítes por minuto para criar uma trend com a hashtag pró-AfD."[44]

Um hacker russo afirmou no *VKontakte*, a versão russa do Facebook, que eles enviaram milhares de mensagens pró-AfD no período que antecedeu a eleição. Ele também alegou que inúmeros grupos de direita em todo o mundo estavam agindo de forma coordenada para alcançar um objetivo semelhante em suas eleições.[45]

Nikolai Alexander é um ativista alemão de extrema-direita e uma estrela das mídias sociais e da internet que publica vídeos com o nome *Reconquista Germanica* (uma alusão à reconquista germânica das terras cristãs que estariam nas mãos dos muçulmanos); ele criou um canal de extrema-direita no Discord, um aplicativo de chat de voz e texto, para desestabilizar as eleições alemãs. Alexander tem 33 mil seguidores de todo o mundo em seu canal no Discord. O principal objetivo desse canal era viabilizar uma forte presença do AfD no Bundestag.[46] Alexander delineou a missão do novo canal:

"O objetivo da primeira campanha é infiltrar o AfD o máximo possível no Bundestag. Hoje também começaremos a guerra de memes no Bundestag contra a raça dos vira-latas... [e] vamos atacar conservadores fracassados como [Marcus] Pretzell e outros hipócritas, e fortalecer a ala de Höcke."[47]

Curiosamente, o Discord foi usado em 2017 para coordenar as ações dos neonazistas norte-americanos nos protestos de Charlottesville e dos seus colegas europeus para disseminar a mensagem de que havia um crescente movimento neonazista norte-americano.[48]

Em 24 de setembro de 2017, a eleição alemã foi realizada. A chanceler Angela Merkel, líder do partido União Democrata-cristã/União Social-cristã, de centro-direita, conquistou o quarto mandato com 32,9% dos votos. O Partido Social-democrata (SPD) obteve 20,5%. O AfD recebeu 12,6% dos votos e se tornou o terceiro maior partido da Alemanha.[49] A extrema-direita, representada pelo AfD, tinha agora 94 dos 630 assentos do Bundestag... pela primeira vez desde a Segunda Guerra Mundial.

Suécia — O Ataque dos Ursos Falsificadores

Tecnicamente, a Suécia pode ser neutra em relação à Rússia, mas os russos tratam a nação escandinava como um dos principais países da OTAN e vêm interferindo em sua política eleitoral usando medidas ativas. As autoridades suecas acusam a Rússia de inundar o país com notícias falsas, operações de desinformação e tentativas de difamar o governo com documentos forjados. O principal objetivo dos russos é desacreditar a OTAN e impedir que a Suécia se associe formalmente à aliança.[50]

O Instituto Sueco para Assuntos Militares publicou um estudo em 2017 detalhando os efeitos das medidas ativas de Moscou. Segundo o relatório, "o objetivo principal de Moscou era 'preservar o *status quo* geoestratégico' minimizando o papel da OTAN na região do Mar Báltico e afastando a Suécia da aliança militar internacional".[51]

Curiosamente, a inteligência russa usou documentos forjados, que supostamente pertenciam ao Ministério da Defesa e apontavam uma conspiração entre a Suécia e a OTAN. Uma carta forjada enviada para grandes grupos industriais implicava empresas suecas, como a Bofors, na venda de armas para a Ucrânia.

OPERAÇÃO GRIZZLY GLOBAL

Nenhuma dessas vendas de armas havia ocorrido. Os documentos foram fabricados em papel timbrado do Ministério. Outra carta, supostamente escrita pelo procurador-chefe internacional, arquivava as acusações atribuídas a um suspeito de crimes de guerra. Todas as 26 cartas foram "divulgadas" em sites nos idiomas sueco e russo. A mídia russa é um dos principais canais para a disseminação de desinformação na Suécia. Segundo o jornal *The Guardian,* 4 mil notícias falsas foram difundidas pelo Sputnik News na Suécia em apenas um ano.[52]

O primeiro-ministro sueco, Stefan Löfven, advertiu que a Rússia poderia interferir diretamente na eleição sueca de 2018. Como ele disse à mídia local: "Não devemos ser ingênuos, ignorar ou achar que isso não acontece na Suécia. É por isso que a informação e a segurança cibernética fazem parte dessa estratégia..."[53] Löfven identificou as oito maiores ameaças à Suécia, e as cinco primeiras diziam respeito à Rússia; a segurança cibernética ficava atrás apenas da movimentação militar dos russos em águas suecas. O governo até mesmo já propôs a criação de uma unidade de defesa de cibersegurança, com o objetivo específico de preservar a integridade das eleições.[54]

A Tentativa de Golpe em Montenegro

Uma característica da Guerra Híbrida russa é o uso de todas as forças disponíveis para produzir um resultado político, exceto combate aberto. No final do verão de 2016, dois espiões do GRU, Eduard Shirokov e Vladimir Popov, foram enviados para a Sérvia. Em 16 de outubro de 2016, um grupo de nacionalistas montenegrinos e sérvios planejava invadir o Parlamento; vestidos de policiais, eles matariam os membros pró-Ocidente e assumiriam o controle do governo. Em seguida, pediriam ajuda aos russos para consolidar seu controle sobre o país. Se tudo desse certo, a Rússia ganharia uma base aérea e outra naval com capacidade para receber submarinos, bem como um aliado no Mar Adriático. A missão era audaciosa e, caso fosse descoberta, poderia provocar uma grave tensão no continente europeu. Se tudo saísse como esperado, o grupo mudaria drasticamente o equilíbrio estratégico nas regiões do Mar Adriático e dos Bálcãs.

Montenegro integrava a antiga Iugoslávia e foi um dos pequenos países que declararam independência após as brutais guerras dos sérvios contra a Croácia e a Bósnia e Herzegovina. Depois do conflito que envolveu os EUA, a OTAN e a

Sérvia em 1999, a Operação ALLIED FORCE/NOBLE ANVIL, um governo pró-Ocidente chegou ao poder na Sérvia e ajudou a capturar os líderes sérvios Slobodan Milošević e Ratko Mladić. Os dois líderes pró-Moscou eram procurados pelo Tribunal Penal Internacional por crimes de guerra relacionados ao genocídio na Bósnia. Montenegro se desvinculou da Sérvia em 2006, após um referendo ter aprovado sua independência. O país elegeu um governo pró-ocidental e decidiu se unir à OTAN, mesmo sob um bombardeio constante de ameaças russas. Os montenegrinos pró-Rússia de etnia sérvia constituem 29% da população e estão concentrados nas fronteiras com a Sérvia e a Croácia e na Baía de Kotor.

O golpe foi descoberto quando um informante, o ex-policial montenegrino Mirko Velimirovic, foi ao prédio do Ministério do Interior para confessar que havia sido contratado por cidadãos russos para participar de um golpe. Ele recebera ordens de comprar 50 metralhadoras a 30 mil euros e arranjar um quartel-general para os nacionalistas sérvios. Os russos entregaram o dinheiro. A missão consistia em ajudar o grupo de sérvios a invadir o prédio do Parlamento de Montenegro, matar os membros do Legislativo, iniciar uma crise interna para impedir a posse do primeiro-ministro pró-Ocidente, Milo Đukanović, e instalar um governo pró-Moscou. O governo alega que sofisticados equipamentos de vigilância de origem russa foram usados para monitorar os movimentos do primeiro-ministro e viabilizar seu assassinato durante o golpe.

O ativista anti-Ocidente Aleksandar Sindjelic participou do complô. Ele fora combatente voluntário no leste da Ucrânia. Segundo Sindjelic, dois oficiais do GRU o abordaram na Ucrânia e sugeriram o plano. Esses oficiais viajaram para a Sérvia e organizaram o ataque. As agências de inteligência da OTAN mantinham os russos sob vigilância, e depois que o complô foi revelado, os agentes divulgaram fotos em que Sindjelic e os espiões russos Shishmakov e Popov apareciam conspirando em um parque.[55] Os russos entraram na Sérvia com passaportes oficiais emitidos com nomes falsos. Shishmakov já havia sido declarado *persona non grata* e expulso da Polônia por prática de espionagem.

Os espiões russos deram aos conspiradores três telefones criptografados com números pré-programados. Segundo um dos membros do grupo, eles não deveriam ligar para o segundo número da lista. Velimirovic, o informante da polícia, tentou fazer uma ligação para esse número e foi atendido por um russo na Rússia.

O partido Frente Democrática, pró-Moscou, criticava a adesão do país à OTAN. O FD havia recebido milhões de Moscou. A própria Rússia ameaçara Montenegro para impedir a nação de se unir à aliança. Segundo Velimirovic, dois representantes do partido já infiltrado de Montenegro entraram em contato com eles. Membros da Frente Democrática, uma legenda pró-Rússia e de ultradireita, participaram do complô.

De acordo com o plano, os membros da Frente Democrática deveriam sentar no chão do plenário para obstruir os trabalhos do Parlamento. Enquanto a polícia estivesse distraída com o protesto, os conspiradores se infiltrariam na área vestidos como policiais; depois, atacariam o prédio do governo, capturariam e matariam o primeiro-ministro e anunciariam o golpe. O primeiro-ministro de Montenegro fez a seguinte declaração:

"Não há dúvida de que essa tentativa foi financiada e organizada por diferentes fontes ou setores da inteligência russa, em conluio com alguns partidos montenegrinos da oposição, mas contando também com uma forte influência de alguns radicais da Sérvia e da Rússia."[56]

O ministro das Relações Exteriores do Reino Unido, Boris Johnson, confirmou alguns detalhes à imprensa britânica: "Vocês viram o que aconteceu em Montenegro; houve uma tentativa de golpe em um Estado europeu e possivelmente uma tentativa de assassinar o líder do governo... Agora é quase certo que os russos estão por trás disso."[57]

A animosidade das facções pró-Rússia em relação aos Estados Unidos e à OTAN continua intensa em Montenegro. Em 21 de fevereiro de 2018, um desconhecido tentou atacar a embaixada dos EUA na capital de Montenegro, Podgorica, com um dispositivo explosivo, mas errou o alvo e se matou.[58]

Um Novo Pilar de um Novo Eixo

Esses ciberataques lançados contra países europeus aconteceram quase simultaneamente com as ações dos hackers nas eleições dos EUA, e isso não foi um acidente. A Rússia resgatara o legado mais sombrio do seu passado comunista, com suas guerras de propaganda, políticas e ideológicas, para realizar um plano de Estado em que os Estados Unidos fariam a vontade do Kremlin, e os russos reestruturariam o conservadorismo ocidental para converter os norte-americanos em ativos dispostos a criar as condições para consolidar a liderança de homens e mulheres que entendem que os dias da democracia chegaram ao fim. O Kremlin se empenharia para que cada nação sob sua tutela tivesse um laço em comum que apagasse fronteiras, unificasse mensagens e estabelecesse uma nova ordem na cultura ocidental. Os russos criariam uma aliança de nações comandadas por líderes fortes e autoritários. A aliança se aproveitaria das poderosas ferramentas da democracia — eleições livres e justas, liberdade de expressão, direito de reunião e outras garantias constitucionais de promoção da cidadania — para eliminar drasticamente esses mesmos direitos quando chegasse ao poder. De país em país, o Ocidente se tornaria uma versão da Rússia de Vladimir Putin através de eleições democráticas. Uma vez no poder, a avidez por ganhos financeiros e pelo acesso ao superclube da elite global elimina naturalmente qualquer obstáculo imposto pelas leis nacionais. Essas regras, leis e gritos são simplesmente ignorados. Com as ferramentas de ciberespionagem de Moscou, Putin acreditava que o Ocidente estava prestes a ser reformulado, passando de um grupo de democracias liberais disfuncionais para um Eixo de Autocracias de grande poder econômico. Com os EUA transformados em aliados e o pilar ocidental seguindo o manual de Moscou, o fim da aliança atlântica estava agora próximo de ser realidade.

PARTE III

EUA Sitiados
... e o Inimigo É Interno

CAPÍTULO 12

A Cabeça de Ponte do Ataque Russo aos EUA

"Russos Ficam Atordoados com Sucesso Avassalador do
Seu Plano para Deslegitimar Democracias Ocidentais"
— *The Onion*, 2 DE FEVEREIRO DE 2017

O líder russo praticou judô durante toda sua vida. Ele continuou executando a Operação GRIZZLY GLOBAL na Europa e no Oriente Médio durante a operação de guerra política que lançou contra os Estados Unidos, a GRIZZLY STEPPE. Para atacar os Estados Unidos, ele desferiria um golpe estratégico contra a aliança atlanticista. Depois de assumir o controle dos governos liberais dos Estados Unidos e da França, os partidos populistas de direita pró-Rússia destruiriam a OTAN e realinhariam o mundo ocidental de acordo com os interesses de Moscou.

O general Valery Gerasimov, chefe do Estado-maior das Forças Armadas Russas, equivalente ao presidente do Estado-maior Conjunto dos EUA, gabou-se da estratégia criada pela Rússia para promover quintas colunas em outras nações. Na sua opinião, a Guerra Híbrida e as medidas ativas russas poderiam fazer o serviço no território de uma nação sem violar sua soberania. Segundo Gerasimov:

"É de grande importância usar a rede global de internet para exercer um impacto em larga escala sobre a consciência dos cidadãos dos Estados-alvo da agressão. Os recursos de informação se tornaram um dos tipos mais eficazes de arma. Sua aplicação extensiva pode desestabilizar a situação interna de um país em poucos dias... Essas ações e métodos, indiretos e assimétricos, de condução de guerras híbridas permitem que o Estado-alvo seja privado de sua soberania efetiva sem a invasão do seu território."

A Rússia literalmente criaria uma quinta coluna de Companheiros de Viagem nos Estados Unidos que se tornaria um pilar essencial no Eixo da Autocracia de Putin.

O ANO DE 2016 SERIA um ano de reequilíbrio para as esferas globais de influência. A Rússia havia passado uma década estabelecendo as bases para recrutar e seduzir um partido político norte-americano que apoiasse suas ações. A França estava pronta para ser tomada. A Áustria já estava no bolso de Putin. Na Polônia, Hungria, Grã-Bretanha, Holanda, Itália e Suécia, grupos pró-Moscou conquistaram vitórias significativas. O fim da OTAN e da União Europeia estava próximo.

Após a indicação de Donald Trump, importantes grupos e personalidades republicanas, bem como a Rússia, rapidamente aderiram à sua candidatura. Apesar do foco intenso sobre o relacionamento de Trump com Putin, os republicanos já haviam cedido aos encantos de Moscou. O partido aceitava doações de norte--americanos de origem russa associados ao Kremlin. Quando Trump afirmou que cultivar relações com a Rússia era uma "coisa boa", a base rapidamente seguiu seu exemplo. No final de 2017, várias personalidades conservadoras mantinham ligações com políticos pró-Moscou. A trilha do dinheiro das doações de bilionários russos começou a se expandir e chegou aos cofres do RNC. Os recursos eram movimentados por comitês de ação política obscuros administrados pela organização Citizens United. Esse financiamento ilimitado criava oportunidades ilimitadas para que os oligarcas russos convertessem norte-americanos em ativos da inteligência russa.

Em 1994, o Partido Republicano, sob a liderança de Newt Gingrich, obteve uma vitória eleitoral esmagadora. Os republicanos conquistaram 54 cadeiras na

Câmara e assumiram o controle do Congresso. Ao contrário das suas composições anteriores, esse parlamento era ostensivamente conservador. A promessa descarada de transformar os Estados Unidos em um país um pouco mais autoritário e, portanto, mais seguro, conquistou votos. O primeiro ato dos congressistas foi atacar e danificar a máquina do Partido Democrata. Um processo de impeachment foi instaurado contra o presidente Bill Clinton, e uma onda de investigações ameaçou derrubá-lo. Aos olhos dos republicanos, o Partido Democrata já não era uma oposição leal, mas uma praga no sistema de governo norte-americano que devia ser atacada sempre que possível.

Esse ódio ao Partido Democrata foi estendido ao presidente Barack Obama, considerado um líder fraco e ineficaz. Os republicanos atacaram seu estilo sereno de liderança. A maioria das críticas da direita vinha de águias como o deputado Mike Rodgers e os senadores John McCain e Lindsey Graham, para os quais Obama deveria adotar medidas decisivas na área militar. Outros republicanos diziam que Obama era fraco em determinadas questões, como na sua inércia em lançar um ataque aéreo contra a Síria e em incorporar a Ucrânia à OTAN e armá-la após a invasão russa da Crimeia, simplesmente porque ele era democrata.

A ex-governadora do Alasca e candidata à vice-presidente Sarah Palin foi uma das primeiras adeptas da imagem de Vladimir Putin como modelo de homem forte, embora tenha usado essa ideia para criticar a Rússia. Após a invasão da Ucrânia pelos russos em março de 2014, Palin declarou:

"Qualquer portador do gene do bom senso sabe que Putin será sempre Putin. Ele evoca a era dos czares e quer expandir o império russo novamente; quer ter um enorme poder e dominar. As pessoas veem Putin como alguém que luta com ursos e perfura poços de petróleo. Já nosso presidente é visto como alguém que usa jeans antiquados, tergiversa e fala demais. Não estamos transmitindo a imagem da paz através da força que sempre foi associada à bandeira vermelha, branca e azul."

Na Fox News, Rudy Giuliani manifestou sua grande admiração pela capacidade de Putin de proferir ordens e resolver as coisas: "Putin resolve fazer algo e o faz em meio expediente, certo? Ele tinha que resolver algo no Parlamento — ele foi ao Parlamento e conseguiu a permissão em 15 minutos."[1]

Desde 2010, as agências de informação de Putin e a mensagem conservadora dos EUA são alinhadas através da Fox News e do Russia Today. Em 2012, ocorreu a revolução da mídia social. O Twitter, o Facebook e os alertas da web se tornaram os mísseis de cruzeiro da nova guerra contra a democracia.

A segunda guerra política entre Rússia, Europa e Estados Unidos não se limitou aos sistemas eletrônicos. Foram aplicados métodos tradicionais na mobilização de ativos de inteligência, incautos e recrutados. As agências de inteligência russas têm experiência em manipular e inculcar uma visão de mundo específica em diplomatas, políticos e organizações não governamentais norte-americanas que visitam o país. Um dos casos mais infames ocorreu em 1969. A. Allan Bates, diretor do Escritório de Normas e Padrões do Departamento de Comércio durante a administração do presidente Lyndon Johnson, chegou a afirmar várias vezes que a União Soviética havia sido "a primeira e até então única nação a resolver o problema habitacional, oferecendo residências de baixo custo e boas condições para o povo". Embora não tivesse dados para fundamentar suas alegações, ele afirmava categoricamente que sua experiência de viajar pela União Soviética o convencera de que isso era verdade. Essa impressão de Bates se infiltrou em sua equipe. Segundo o assessor do subsecretário de Comércio na época, Howard Samuels: "A União Soviética supera em muito os Estados Unidos ao lidar com as demandas por habitações de baixo custo do seu povo."[2] Infelizmente para ele, suas viagens pela Rússia foram guiadas pela KGB e roteirizadas para passar essa exata impressão, no intuito de que, ao retornar para o mundo ocidental, ele transmitisse essa imagem como um "fato". Seguindo o plano, o líder soviético Leonid Brezhnev fazia comentários predefinidos de apoio à visão proposta pela KGB.

Bates teve a sorte de ser apenas alvo da manipulação governamental. Yuri Bezmenov, ex-oficial da KGB, apontou que os verdadeiros alvos do recrutamento promovido pela inteligência russa eram os conservadores mais egocêntricos.

"Recebi estas instruções: tente obter acesso a um veículo de mídia conservador, estabelecido e de grande circulação; aproxime-se de cineastas podres de ricos, de intelectuais e dos chamados círculos 'acadêmicos'; de pessoas cínicas e egocêntricas, capazes de olhar nos seus olhos com uma expressão angelical e contar uma mentira. Esses são os indivíduos mais recrutáveis: pessoas que não possuem princípios morais, muito gananciosas ou vítimas da presunção [em excesso]. Elas se acham importantes demais. Essas são as pessoas que a KGB mais desejava recrutar."[3]

De fato, os russos não priorizavam o recrutamento de grupos de esquerda, comunistas e socialistas. Segundo Bezmenov, os esquerdistas mais idealistas eram inúteis para a KGB. "Nunca negocie com esquerdistas. Esqueça essas prostitutas políticas... Quando são desiludidos, eles se tornam seus piores inimigos."[4]

No entanto, a inteligência russa também estava afastando cuidadosamente as principais mensagens que disseminava nos EUA da grande mídia. As mídias sociais começaram a superar rapidamente a CNN, o *The New York Times* e o *Yahoo! News* como os principais métodos de acesso a notícias nos EUA. O discurso racional, o senso comum equilibrado e a análise criteriosa dos fatos foram substituídos pelas insanas teorias conspiratórias difundidas por Alex Jones no InfoWars e pelo Breitbart News, um veículo ligeiramente mais convencional. Através dessas mídias, uma imagem positiva de Donald Trump começou a ser cultivada.

A Guerra contra os Gays

Embora a União Soviética tenha acabado em 1989, somente em 1993 o presidente Boris Yeltsin assinou a revogação do artigo 121, que proibia a sodomia na era soviética. Após essa revogação, ser abertamente gay na Rússia passou a ser oficialmente permitido. Os gays passaram a ter um pouco de liberdade para demonstrar seu amor publicamente. A Rússia ainda era um país conservador que redescobrira a igreja ortodoxa, mas os gays estavam tendo seu momento. Essa euforia durou até o início do segundo mandato de Vladimir Putin em 2012. A partir desse momento, a comunidade gay da Rússia passou a ser dominada pelo medo. O número de agressões a gays, apoiadas pelo Kremlin, explodiu. Grupos religiosos homofóbicos anunciaram a chegada de uma "crise demográfica" — uma queda nas taxas de natalidade atribuída à liberdade sexual dos gays. Yelena Mizulina, membro da Duma, fez a seguinte declaração em um programa de notícias: "Analisando todas as circunstâncias, a particularidade da Rússia territorial e a sobrevivência do país... Cheguei à conclusão de que, se hoje quisermos resolver a crise demográfica, precisamos, com o perdão da palavra, apertar os cintos quanto a certos valores morais e informações, para que dar à luz e criar filhos sejam comportamentos plenamente valorizados."

A parceira pública de Putin no que veio a ser uma guerra declarada contra os gays na Rússia e, por extensão, uma das bandeiras do movimento conservador mundial foi a Igreja Ortodoxa Russa. A igreja russa fora reprimida por quase cem anos, mas Putin a libertou do estigma que carregara durante a era comunista. Partindo da ideia de que os russos eram naturalmente conservadores e religiosos, ele promoveu o papel da igreja na sociedade pós-soviética. Essa atitude chamou a atenção do então governador de Indiana, Mike Pence. Pence é um evangélico devoto. Em maio de 2011, ele teve uma reunião particular com Hilarion Alfeyev, bispo de Volokolamsk e chefe do departamento de relações externas da Igreja Ortodoxa Russa (ROC). O encontro ocorreu em uma convenção organizada por Franklin Graham para debater a perseguição global aos cristãos. Pence e o bispo conversaram sobre como os dois países estavam se esforçando para derrotar o ISIS.[5] Foi um momento decisivo, pois Pence era visto como o componente religioso da equipe Trump. Seu relacionamento com líderes evangélicos e religiosos do mundo inteiro foi a porta de entrada para Trump na comunidade religiosa.

Em 2014, John Aravosis, redator do *Americablog,* escreveu sobre esses laços evangélicos com Moscou:

"Politicamente, a guerra pelos direitos dos gays nos EUA acabou — embora ainda ocorram conflitos pontuais, os gays venceram e a extrema-direita sabe disso. Por essa razão, os religiosos dos EUA transferiram suas missões para o exterior, principalmente para a África, mas também para a Europa. E agora, com a ajuda de Vladimir Putin, encontraram uma casa nova e mais poderosa em Moscou."[6]

Em 2013, Brian Brown viajou para Moscou e falou ao Parlamento russo; na mesma época, a Rússia aprovou uma draconiana legislação antigay, a lei "Para a Proteção das Crianças contra Informações que Promovam a Rejeição dos Valores Familiares Tradicionais".[7] A lei proibia demonstrações ostensivas de gays e recomendava a erradicação da "propaganda gay", supostamente porque esses materiais poderiam expor as crianças à existência dos gays. Mais de 100 grupos conservadores do mundo todo assinaram petições apoiando a lei.

Logo após a aprovação da legislação, o Congresso Mundial de Famílias, uma organização anti-LGBT, resolveu levar sua tradicional conferência anual, realizada sempre em Rockford, no Illinois, para Moscou em 2014, como forma de apoiar a agenda antigay do país.

Na mesma época, o *Buzzfeed* obteve um cache de e-mail divulgado na internet pelo Shaltai Boltai (*Humpty Dumpty* em russo), um grupo russo de hacktivistas cuja missão consistia em vazar documentos ilícitos do Kremlin. O pacote continha documentos relacionados à convenção "pró-família", que inicialmente fora programada para acontecer nos EUA, mas que acabou sendo realizada na Rússia entre 10 e 11 de setembro de 2014, incluindo uma lista completa de participantes "confirmados", como 20 organizações norte-americanas homofóbicas, pró-vida e pró-casamento. Entre esses participantes, estava Brian Brown, o então presidente da Organização Nacional pelo Casamento (NOM).[8] Durante sua viagem à Rússia, Brown declarou que "havia uma pressão real para restabelecer os valores cristãos no espaço público" e que os ativistas da Rússia e dos EUA estão "se unindo com base nos valores que compartilhamos".[9] Mais tarde, em 2014, os evangélicos norte-americanos se aproximariam ainda mais de Moscou. A Rússia proibiu gays, pessoas solteiras e casais sem união formal de adotarem crianças russas. Os norte-americanos de direita ficaram em êxtase. A Rússia parecia um bastião da cristandade que merecia ser admirado.

A homofobia irracional é uma marca registrada de todas as nações da aliança antiglobalista formada por russos, europeus e norte-americanos. Quando a Rússia aprovou suas leis antigays, grupos de direita de toda a Europa comemoraram. Em uma onda de intimidação, militantes da direita italiana colocaram cartazes de Putin vestindo um chapéu de pele da marinha russa com o slogan *"Io sto con Putin"* [Eu Estou com Putin, em tradução livre] em vários bairros gays de Roma. Outros cartazes traziam as cores da bandeira russa, vermelho, branco e azul, em segundo plano e a inscrição "Roma está com Putin. Obama não é bem-vindo". Na Polônia, manifestantes de direita marcharam pelas ruas cantando a canção nacionalista "Queremos Deus". Os comícios europeus fizeram uso ostensivo da iconografia cristã. Os evangélicos norte-americanos adoraram essas manifestações e apoiaram abertamente o movimento financiado pela Rússia.

Scott Lively, um evangélico fanático, homofóbico e prolífico, escreveu sobre sua viagem à Rússia:

"A Rússia está passando por um renascimento cristão e definitivamente NÃO é comunista. Cerca de 30 mil igrejas foram construídas no ano passado, e as de Moscou transbordam de fiéis aos domingos. A maioria delas é ortodoxa, uma vertente muito tradicional e, ao mesmo tempo, relevante para a sociedade moderna."

Ele concluiu afirmando que "é uma incrível ironia que a Rússia seja agora a nossa melhor esperança para impedir o domínio do mundo pelos 'progressistas'".[10]

Essa não foi a primeira vez que Lively escreveu apaixonadamente sobre a Rússia. Em 2007, ele redigiu uma, segundo seu ministério, Carta Aberta ao Povo Russo, que enaltecia o espírito cristão dos russos. A passagem mais notável era a profecia de que os evangélicos norte-americanos poderiam se tornar, em breve, a próxima onda de emigrantes russos:

"Enquanto os Estados Unidos e a Europa continuam a perder seus cidadãos defensores da família para o destrutivo caminho da 'liberdade sexual', a Rússia pode se tornar um modelo de sociedade pró-família. Se isso ocorrer, acredito que os ocidentais devem emigrar para a Rússia como os russos emigraram para os Estados Unidos e para a Europa. A Rússia pode até se aproximar novamente de seus antigos Estados, como a Polônia, a Letônia e a Lituânia, que agora estão impacientes diante das exigências pró-homossexuais da União Europeia."[11]

Brian Brown seria mais tarde nomeado presidente do Congresso Mundial das Famílias (WCF), uma organização classificada pelo Southern Poverty Law Center como um grupo de ódio. Seus membros definem a organização como pró-família e antigay, voltada para o planejamento de conferências internacionais destinadas a disseminar seus valores conservadores. Seus laços profundos com Moscou são um exemplo típico da colaboração entre Rússia e EUA na comunidade de promoção dos valores familiares.

O diretor do WCF na época, Larry Jacobs, assistiu à primeira conferência do programa russo Santidade da Maternidade e afirmou: "Os russos podem ser os salvadores cristãos do mundo."[12] Jacobs também vê o cristianismo dos EUA e da Rússia como uma arma contra o liberalismo. Um de seus acólitos, Jack Hanick, é membro do comitê de planejamento do canal de propaganda russo Tsargrad. Ele também participa do *think tank* Katehon, de Konstantin Malofeev e Aleksandr Dugin.[13] Hanick trabalhou como produtor na Fox News entre 1996 e 2011, mas costuma se apresentar como um dos "fundadores" da rede.

Jacobs fez a seguinte declaração durante a conferência em Moscou: "A liderança russa e do leste europeu é essencial para combater a agenda antifamília, secular e pós-moderna, e derrubar essa filosofia cultural de viés marxista que está destruindo a sociedade humana e, em particular, a família."[14]

Deve-se notar que o norueguês Anders Breivik, terrorista, assassino em massa e membro da direita, escreveu extensivamente contra o liberalismo, usando o termo "marxismo cultural" para se referir à democracia liberal dos norte-americanos e europeus e ao multiculturalismo.

Na última década, vários sinais indicaram que os conservadores, especificamente os evangélicos e proprietários de armas ligados à NRA, teriam mudado significativamente de atitude em relação a um antigo inimigo dos EUA, a Rússia. Essa mudança de atitude entre os Estados Unidos e a Rússia ocorreu em muitas áreas, particularmente quando os presidentes Barack Obama e Vladimir Putin, dois oponentes estratégicos, fizeram suas campanhas e conquistaram seus segundos mandatos. Pouco antes das eleições de 2012, a Rússia se aproximou de políticos que faziam oposição a Obama. Uma das congressistas mais receptivas foi Dana Rohrabacher (do Partido Republicano da Califórnia). Segundo ela: "Houve uma mudança na opinião dos conservadores radicais em relação à Rússia. Republicanos conservadores como eu odiavam o comunismo durante a Guerra Fria. Mas a Rússia não é mais a União Soviética."[15] Muitos republicanos viam a Rússia como uma sociedade capitalista, com uma tendência decididamente conservadora e favorável. O negócio de casamento por encomenda, que começara nos anos 1990, ainda estava em expansão, e mulheres russas educadas e simpáticas estavam disponíveis e dispostas a casar com homens mais velhos e ricos. Além disso, a indústria pornográfica global havia trocado o vale de San Fernando por Moscou. Para os republicanos, uma nação de prédios residenciais de arquitetura brutalista e carros Lada enferrujados se transformara em uma terra de ricos oligarcas e utilitários de luxo da Mercedes. Era um eldorado onde o dinheiro podia comprar uma escolta policial e um estoque infindável de mulheres jovens. Uma sexy noiva russa, segundo eles, estava esperando em uma casa magnífica com um martíni na mão. Essa fantasia era a de um paraíso masculino, cristão e branco, onde todos podiam fazer negócios se adotassem o lema czarista "Ortodoxia. Autocracia. Nacionalismo." e a hipocrisia regada à vodka. Era um país com valores dos anos 1950 e o lar do fuzil Kalashnikov.

Para capitalizar o bastião cristão dos russos, essas conferências de "código" foram financiadas. Em dezembro de 2015, durante o processo de indicação dos candidatos presidenciais, o evangelista Franklin Graham, filho do famoso televangelista Billy Graham, teve uma reunião particular com Vladimir Putin no Kremlin para definir se a Rússia poderia ajudá-lo a promover uma "conferência sobre a perseguição aos cristãos".[16] Do ponto de vista de Putin, um ex-oficial da inteligência russa que lidava com fontes humanas, essa comunidade poderia ser facilmente cooptada. Sobre Putin, Franklin Graham disse: "Ele se comprometeu a fazer tudo o que pudesse em sua administração para ajudar."[17] Os norte-americanos estavam praticamente se ajoelhando aos pés do Kremlin.

A NRA e a Rússia

Em 14 de dezembro de 2012, Adam Lanza, um jovem de 20 anos da cidade de Newtown, em Connecticut, matou sua mãe com um rifle de repetição Savage .22. Em seguida, municiou um fuzil Bushmaster calibre .223 estilo AR-15, pegou uma grande quantidade de balas e dirigiu até a escola primária Sandy Hook. Passou pela porta da frente e massacrou 20 crianças e 6 professores. O ataque chocou a nação. Se uma escola primária podia ser alvo de ataques, então não havia lugar seguro. Houve uma comoção nacional no sentido de estabelecer alguma forma de controle, principalmente para impedir que pessoas com problemas de saúde mental tivessem acesso a armas. O presidente Obama falou sobre o assunto e solicitou providências ao Congresso. Esse debate provocou um pânico nacional; uma febre de consumo acometeu os proprietários de armas que, ao ouvirem os argumentos, imaginaram que os EUA estavam prestes a proibir, confiscar ou limitar a compra de armas de fogo.

O massacre de Sandy Hook ocorreu poucas semanas após Obama ter conquistado seu segundo mandato. Nos cinco meses seguintes, foram vendidas 3 milhões de armas além do previsto para o período. Consequentemente, 60 proprietários de armas e 20 crianças morreram devido a disparos acidentais.

O mundo armamentista sempre esteve atento às interferências do governo no direito de portar armas. No entanto, aparentemente, dois eventos completamente distintos causaram um grande receio no setor e o aproximaram do mais inadequado dos aliados, o Kremlin de Vladimir Putin: um tiroteio em uma escola da Califórnia em 1989 e as sanções impostas contra o chefe da indústria de defesa da Rússia em 2014.

Em 1989, um tiroteio em uma escola primária em Stockton, na Califórnia, terminou com 5 crianças mortas e 30 feridas. Todas as vítimas faziam parte da comunidade asiática. O estado da Califórnia agiu rapidamente e proibiu armas "de assalto" e de estilo militar, incluindo o AK-47, como o fuzil usado no ataque, e todas as armas do tipo AR-15. Para a comunidade armamentista, isso foi motivo de indignação. Sua principal crítica destacava a dificuldade de "legalizar" armas como o AK-47 na Califórnia. Existia uma lógica nos obstáculos impostos pelo estado à compra legal de armas, mas, para Wayne LaPierre, CEO da Associação Nacional de Rifles (NRA), isso não passava de tirania comunista.

Em março de 2014, o presidente Obama impôs sanções ao vice-primeiro-ministro da Rússia e chefe da Indústria de Defesa, Dmitry Rogozin, em virtude da invasão russa da Crimeia. A NRA opôs-se vigorosamente, porque essas medidas cortariam as importações de armas e munições baratas para AK-47 fabricadas na Rússia.[18] A munição da Kalashnikov, que custava 15 centavos por unidade antes do massacre de Sandy Hook, agora era negociada a um valor duas ou três vezes maior. As sanções aumentariam o preço das munições e peças de reposição originais de fabricação russa. Isso, poucos meses após a morte de Mikhail Kalashnikov, foi outro ultraje. A indignação provocou um número devastador de artigos em revistas como *American Rifleman*, *Recoil*, *Guns and Ammo* e *Soldier of Fortune*, todos exaltando a sagacidade do inventor do AK-47 e criticando as restrições impostas à aquisição de armas e peças. A radiante hagiografia de Kalashnikov e o aumento dos preços das munições para o AK estimularam a admiração dos proprietários de armas norte-americanos pela Rússia de Putin.

As restrições aplicadas pela Califórnia e as sanções impostas à liderança russa, mesmo tendo pouco ou nenhum efeito sobre peças e munições, encobriam o fato de que uma crescente variedade de armas de fogo russas estava entrando na comunidade esportiva norte-americana. Esses armamentos incluíam novos modelos fabricados no Leste Europeu — Kalashnikovs da Bulgária, da República Tcheca e da Romênia, bem como variações do AK-47. Hoje, a escopeta russa Saiga-12 da Izhmash é bastante popular nos EUA; trata-se de uma escopeta de combate semiautomática com capacidade para pentes de 12 ou 20 tiros. Há também uma infinidade de rifles de caça de origem russa. No entanto, na Rússia, praticamente todas essas armas de fogo são proibidas, embora os criminosos as comprem no mercado negro militar. Os atiradores norte-americanos se apaixonaram pelas antigas armas soviéticas e passaram a admirar o estereótipo da impetuosidade russa em combate. Dana Rohrabacher estava certa — na indústria de esportes de tiro, a Rússia não era mais a União Soviética e, por se opor aos liberais, era vista como uma aliada conveniente pelos conservadores.

Os admiradores norte-americanos de Mikhail Kalashnikov, inventor da classe AK-47 de fuzis e metralhadoras, parecem não saber que há apenas 6 milhões de civis proprietários de armas na Rússia, enquanto nos EUA são 270 milhões. Entre as armas russas, 4,2 milhões são espingardas para caçar patos ou pássaros. Apenas 700 mil são rifles de caça de uso não militar. A Constituição da Federação Russa afirma que "...todo indivíduo tem o direito de defender seus direitos e liberdades por todos os meios não proibidos por lei".[19] No entanto, todas as armas são vendidas e registradas pelo governo russo. A Segunda Emenda à Constituição dos EUA nunca foi restringida dessa maneira, mesmo durante o mandato do presidente Obama, mas, de alguma forma, os defensores da indústria de armas de fogo norte-americana descobriram na Rússia uma aliada perfeita.

Aleksandr Torshin era um ex-senador russo e atuara na Câmara alta da Assembleia Federal da Rússia de 2001 a 2015. Ao deixar o Parlamento, ele passou a comandar o Banco Central da Rússia. Ele também era suspeito de envolvimento com lavagem de dinheiro da máfia russa em São Petersburgo, a Taganskaya. Uma reportagem brilhante do *Washington Post* revelou que a Federação Russa tinha laços muito próximos com a NRA. A primeira ligação surgiu quando Torshin foi apresentado a David Keene, ex-presidente da NRA, por G. Kline Preston IV. Preston era um especialista em direito russo que ostentava um busto de porcelana de Putin em seu escritório em Nashville. Ele foi citado por dizer: "O sistema de valores dos cristãos do sul e o sistema de valores dos russos estão muito alinhados."[20]

Durante as eleições de 2012, Torshin viajou para Nashville, acompanhado por Preston, para observar as votações e o processo eleitoral.[21] Esse detalhe tem grande importância porque o processo eleitoral norte-americano é reconhecido no mundo inteiro, mas a dinâmica das ruas é altamente suscetível. O agente ou oficial de inteligência deve observar esse processo de perto para entender o impacto do dinheiro, da política e da influência sobre os votos.

Armas e evangelismo caminham lado a lado nos Estados Unidos. O sul e as áreas rurais concentram a maioria dos evangélicos. Para eles, as armas são um direito outorgado por Deus. Torshin também atuou na missão da Igreja Ortodoxa Russa nos EUA. Ele fundou uma organização humanitária internacional, a Saint Sabbas, the Presanctified, para preservar santuários cristãos no Kosovo, país de maioria muçulmana, e em Metohija (a parte ocidental do Kosovo). Ele foi agraciado com uma medalha pela Igreja Ortodoxa Sérvia, a Ordem do Santo Rei Milutino.[22] Persuadir as duas organizações cristãs brancas mais poderosas dos EUA a se alinharem com a visão de Moscou lançou as bases de um bloco político excepcional.

Torshin tinha uma assistente de 28 anos, Maria Butina. De acordo com a revista *Time*, quando Torshin recrutou a encantadora jovem, ela trabalhava como vendedora de móveis na Sibéria; logo depois, em 2011, ela se mudou para Moscou e fundou um grupo para promover o direito de portar armas, o "Right to Bear Arms" [Direito de Portar Armas, em tradução livre]. Na mesma época, Torshin publicou um panfleto intitulado "Armas Não Matam. Pessoas Matam".[23] Butina conquistou os corações dos entusiastas de armas dos EUA com fotos provocantes. Nas imagens, Butina aparecia fazendo poses sensuais com escopetas de combate Saiga e pistolas Makarov e pisando em um javali morto.

Em 2013, eles entraram em contato com David Keene e outros entusiastas pró-armas e os convidaram para uma conferência anual em Moscou. Segundo o *Washington Post*, o fundador da organização norte-americana Second Amendment Foundation, Alan Gottlieb, e sua esposa participaram desse encontro. Eles disseram que Torshin e Butina lhes ofereceram presentes escolhidos com base em seus gostos pessoais.[24] Em abril de 2015, Butina e Torshin foram convidados a visitar a sede da NRA em Fairfax, na Virgínia. Além disso, participaram da Convenção Nacional da NRA e foram apresentados ao governador de Wisconsin, o então candidato à presidência Scott Walker.[25]

A ligação com Trump se consolidou quando, segundo a MSNBC, Torshin sentou-se ao lado de Donald Trump Jr. durante o discurso de Donald Trump na convenção da NRA. Junior, como seu irmão Eric, se considerava um grande caçador. Donald Jr. era um entusiasta de armas de grosso calibre. Torshin disse ao Bloomberg News que teve uma "conversa amigável com Trump [Jr.]". As conexões russas da campanha Trump se ampliaram.[26]

Em julho de 2015, um mês depois de Donald Trump anunciar sua candidatura à presidência, na conferência FreedomFest em Las Vegas, Maria Butina foi a primeira a questionar Trump publicamente sobre as relações entre os EUA e a Rússia. "Se você for eleito presidente, qual será sua política externa [especialmente] em relação ao meu país? Você vai manter a política de sanções que está prejudicando as duas economias?"[27] Ao que Trump respondeu: "Eu conheço Putin, e vou lhe dizer, Putin é um bom parceiro."[28] Ela rapidamente tuitou em russo: "Perguntei ao candidato Donald Trump sobre sua posição em relação à Rússia. Trump falou em amenizar as sanções."[29]

Logo depois, a NRA doou cerca de US$30 milhões para Trump — o triplo do valor doado a Mitt Romney.[30]

Os laços se estreitaram ainda mais quando Trump começou a liderar a campanha. Em 2016, a NRA enviou uma delegação à Rússia para uma reunião com Dmitry Rogozin, vice-primeiro-ministro da Rússia, e uma visita à sede da Federação Russa de Tiro. O grupo incluía David Keene; o xerife do condado de Milwaukee, David Clarke; o principal doador da NRA, Joe Gregory; e o membro do conselho Peter Brownell, proprietário da maior loja online de armas dos EUA, a Brownells.[31]

A jovem e bela Maria tinha muitos amigos na indústria de esportes de tiro. Paul Erickson, um agente conservador, tornou-se amigo de Maria, para quem abriu uma empresa de responsabilidade limitada no seu estado natal, a Dakota do Sul. Ele afirma que fez isso para financiar os estudos de Butina, que frequentava a pós-graduação da American University. Erickson havia conhecido Butina e Torshin quando participara, com David Keene, da conferência do grupo Right to Bear Arms, em Moscou.[32] Antes de maio de 2016, Erickson enviou um e-mail para Rick Dearborn, assessor de Trump, e para o senador Jeff Sessions com o seguinte título: "Conexão com o Kremlin." No e-mail, ele dizia que queria achar um meio de promover uma reunião entre Trump e Putin durante a campanha.

A CABEÇA DE PONTE DO ATAQUE RUSSO...   243

"Putin está determinado a desenvolver um bom relacionamento com o Sr. Trump. Ele está convidando o Sr. Trump para visitá-lo no Kremlin antes da eleição. Vamos conversar sobre os vazamentos e as orientações do senador Sessions para o procedimento."[33]

Ao usar a indústria de armas, Moscou atingiu seu alvo em cheio. O e-mail de Erickson revelou que a influência da Rússia na campanha de Trump estava trazendo bons resultados.

Em agosto de 2016, os promotores espanhóis solicitaram a prisão de Torshin pelo crime de lavagem de dinheiro. A Guardia Civil espanhola, uma instituição policial de natureza militar e investigativa, tem 33 gravações de conversas em que Torshin e Alexander Romanov planejam lavar 15 milhões de euros por meio de um hotel em Maiorca para a máfia Taganskaya. Romanov foi condenado a quatro anos de prisão na Rússia por lavagem de dinheiro. Nos áudios, Romanov se refere a Torshin como "padrinho" e afirma que "o chefe de verdade não pode comprar o hotel, porque ele é um funcionário público".[34] Torshin estava prestes a viajar para participar de novas reuniões em Maiorca, onde seria preso pelos promotores da Guardia Civil e uma equipe de 12 pessoas. No último minuto, Torshin cancelou sua viagem, provavelmente por ter sido alertado pelo procurador-geral da Rússia sobre a prisão.[35]

Após a eleição de Trump, Butina e Torshin compareceram ao primeiro National Prayer Breakfast da administração Trump em Washington. Como parte da sua missão de evangelização, Torshin havia criado na Rússia um evento semelhante, mas mensal. Para aumentar a participação dos conservadores norte-americanos e europeus, o encontro passou a ser anual.[36] Todos os anos, Vladimir Putin envia uma saudação para o evento russo em reconhecimento ao valor do encontro, que reúne "convidados russos e norte-americanos sob o mesmo teto para reconstruir a relação entre os dois países, que se deteriorou durante a administração do presidente Obama".[37]

Com Trump na Casa Branca, Torshin passou a ser um dos principais batedores russos nos círculos de Washington. Ele conseguira ligar os grupos evangélicos norte-americanos favoráveis ao porte de armas e a liderança do Partido Republicano à Moscou através das bíblias e das armas. No entanto, sua estrela rapidamente perderia o brilho. Torshin tinha um encontro marcado com Trump no National

Prayer Breakfast, mas, segundo algumas fontes, a Casa Branca cancelou a reunião ao obter informações de autoridades espanholas confirmando que Torshin estava sendo procurado por envolvimento com o crime organizado.[38]

O "Punho Cerrado da Verdade"

Quando a presidência passou a ser alvo de uma investigação formal do Departamento de Justiça em 2017, a NRA criou uma série de vídeos na internet para, essencialmente, fazer ameaças violentas contra praticamente todos os opositores de Trump. A porta-voz da organização era Dana Loesch, ex-redatora e editora do Breitbart News, que também atuara no *The Blaze*, de Glenn Beck, um precursor do Breitbart News. A NRA resolveu aplicar táticas do manual russo e aumentar as tensões. O objetivo dos vídeos era mostrar proprietários de armas para intimidar a mídia e o Partido Democrata. No primeiro vídeo, intitulado "Freedom's Safest Place — Violence of Lies" [O Lugar Mais Seguro para a Liberdade — A Violência das Mentiras, em tradução livre], Dana Loesch alertava: "Eles usam suas mídias para aniquilar as verdadeiras notícias, suas escolas para ensinar às crianças que nosso presidente é um novo 'Hitler' e seu ex-presidente para promover a 'resistência'. A única maneira de salvar nosso país e nossa liberdade é combater a violência das mentiras da esquerda com o punho cerrado da verdade."

Em outro vídeo, intitulado "The Ultimate Insult" [O Derradeiro Insulto, em tradução livre], Loesch afirma que a NRA está preparada para defender Trump das calúnias e que o FBI, o Partido Democrata e os 65% dos norte-americanos que se opõem a ele são os verdadeiros inimigos dos Estados Unidos.

> "Esses sabotadores, com seus golpes na forma de vazamentos e zombarias, suas acusações falsas e sua jocosa santidade, cravam seus punhais no coração do nosso futuro, envenenando a esperança de que nossas instituições sejam novamente administradas com honestidade."

O segredo do dinheiro movimentado entre a NRA e a Rússia foi revelado em 18 de janeiro de 2018, quando o site de notícias McClatchy apontou que o FBI estava investigando transações financeiras envolvendo a Rússia, a NRA e a campanha de Trump.[39] Oficialmente, a NRA teria destinado cerca de US$30 milhões para a campanha de Trump, mas há boatos de que esse número pode ter chegado a US$70 milhões, contando com as contribuições de oligarcas russos, empresários pró-Moscou e do próprio Kremlin, que agora estavam sendo reveladas.

Já havia alusões, em notícias da imprensa de boa qualidade, indicando que o FBI estava no encalço do dinheiro russo injetado na campanha de Trump através da NRA desde 2015. Em novembro de 2016, o cofundador da Fusion GPS Glenn Simpson, em depoimento ao Comitê de Inteligência da Câmara, declarou que, na sua opinião, havia um "crime em andamento" na relação entre o Kremlin e a NRA:

"Parece que os russos, bem, se infiltraram na NRA. E há mais de uma explicação para isso. Mas aparentemente a operação russa foi concebida para viabilizar a infiltração em organizações conservadoras. Os agentes selecionaram várias organizações conservadoras, religiosas e de outros tipos, e pareciam especialmente interessados em obter acesso à NRA."[40]

Em 28 de fevereiro de 2017, o presidente Trump transformou em lei o projeto HJ Resolution 40, facilitando a aquisição de armas por doentes mentais.[41] Um ano e quatro dias depois, em 14 de fevereiro de 2018, Nikolas Cruz, um ex-estudante de 19 anos, entrou na escola de ensino médio Marjory Stoneman Douglas e matou 17 alunos. Ele usou um rifle AR-15. Cinco das 17 vítimas eram judias e, de acordo com o rabino Bradd Boxman da congregação Kol Tivkah, um "grande número" de fiéis frequentava a escola.[42] As demais vítimas pertenciam a minorias étnicas, e uma delas era de ascendência asiática.

Prontamente, os bots russos da Internet Research Agency (RF-IRA) despejaram dezenas de milhares de tuítes criticando a política de controle de armas. Eles postaram artigos e mentiras demonizando os mortos, os feridos e os pais que se manifestaram contra as armas. Em um caso, as referências a David Hogg, um dos alunos sobreviventes, tiveram um aumento de 3.000% nas redes de bots russos. As mensagens afirmavam que ele não era estudante, mas um "ator de crises" — uma teoria conspiratória criada por Alex Jones no Infowars.com, segundo a qual não havia vítimas, só atores encenando tragédias para suscitar restrições ao porte de armas. Outros bots da RF-IRA construíram uma narrativa baseada em fake news, alegando que o atirador era membro do ANTIFA (um movimento de ativistas antifascistas e ultraesquerdistas) e não da Supremacia Branca.

Wayne LaPierre, da NRA, partiu para o ataque ao mesmo tempo que os russos. Na convenção da Conservative Political Action Conference em 2018, dias após o tiroteio, La Pierre declarou: "O objetivo deles é acabar com a segunda emenda e com nossa liberdade de portar armas de fogo para, depois, erradicar todas as liberdades individuais. Eles odeiam a NRA, odeiam a segunda emenda, odeiam qualquer liberdade individual."

É importante ressaltar que se trata do líder de um grupo norte-americano, alguém que conta com o apoio de agências de inteligência russas mobilizadas em uma guerra de informação, disseminando e defendendo seu discurso, a partir de um país que restringe o porte de armas, liderado por um ex-oficial da KGB, assessorado por uma claque de ex-oficiais da KGB. Sua causa comum é o líder escolhido por Putin — Donald Trump.

Embora os norte-americanos estivessem cegos, o governo espanhol não estava. A Espanha podia ver claramente que Torshin era o homem de Moscou. A acusação do procurador-geral da Espanha contra Torshin foi direta:

"A principal característica das organizações criminosas dos países do Leste é a influência de poderes do Estado, como suas instituições políticas, que neste caso são representadas pelo primeiro vice-presidente do Conselho da Assembleia Federal da Rússia, Alexander Porfirievich Torshin."[43]

Em 15 de dezembro de 2017, o jornal *Dallas News* publicou uma matéria arrasadora sobre as ligações intensas entre doadores russos e funcionários de alto escalão do Partido Republicano. A autora do artigo, Ruth May, escreveu a seguinte explicação na abertura:

"Os relatórios de financiamento de campanha disponíveis para o público revelam conexões inquietantes entre um grupo de ricos doadores associados à Rússia e suas contribuições monetárias para as campanhas do presidente Donald Trump e de vários líderes republicanos. E graças às mudanças nas leis de financiamento de campanhas, essas contribuições políticas são lícitas. Com nosso consentimento, as leis de financiamento eleitoral se tornaram uma ameaça estratégica para o país."[44]

Os relatórios de financiamento das campanhas comprovam que vários doadores russos contribuíram com Trump e os republicanos, incluindo Len Blavatnik, cidadão norte-americano e britânico e um dos principais doadores na campanha de 2016. Blavatnik é considerado o homem mais rico do Reino Unido — com um patrimônio líquido de US$20 bilhões — e, segundo dados da Comissão Federal Eleitoral (FEC), doou um total de US$462.552 entre 2009 e 2014. Em 2015, ele doou US$6,5 milhões para os Comitês de Ação republicanos, especialmente para as campanhas de Mitch McConnell, Marco Rubio e Lindsey Graham.[45] Após a vitória de Trump, sua holding doou US$1 milhão da Access Industries para o Comitê de Inauguração Presidencial de Donald Trump. Um porta-voz da Access Industries afirmou que a doação não significava que a empresa apoiava Trump.[46]

O deputado Adam Schiff (do Partido Democrata da Califórnia), líder democrata no Comitê de Inteligência da Câmara, disse à ABC News: "Como não foram realizadas por estrangeiros, as contribuições são lícitas, mas os investigadores talvez ainda queiram examinar as alegações de influência russa na campanha de 2016. Obviamente, doadores possivelmente associados ao Kremlin seriam de grande interesse para a investigação."[47]

Havia outros doadores, como Andrew Intrater e Alexander Shustorovich, diretor-executivo da IMG Artists, que doou US$1 milhão para o Comitê de Inauguração de Trump.[48] Uma doação de US$250 mil de Shustorovich já havia sido rejeitada pela campanha de George W. Bush devido às suas ligações com o governo russo.[49] Cidadão norte-americano nascido na Rússia e magnata do petróleo, Simon Kukes foi designado CEO da Yukos depois de a empresa ter sido expropriada de Mikhail Khodorkovsky, crítico de Putin; Kukes também foi um dos principais doadores.[50] De acordo com o *Dallas Morning Herald*, em apenas um ciclo eleitoral, Blavatnik, Intrater, Shustorovich e Kukes doaram um total de US$10,4 milhões; 99% para republicanos.[51]

Um aviso: não há absolutamente nada de errado em cidadãos norte-americanos doarem dinheiro para campanhas políticas e comitês de ações políticas com o propósito de vencer eleições e promover seus interesses e suas agendas. Esse é o sistema que queremos proteger. O problema é que o Partido Republicano nega veementemente que tenha tido qualquer contato com a Rússia, agentes russos ou pessoas associadas ao governo russo. Essas negações são claramente ineficientes.

O ex-congressista republicano Joe Scarborough escreveu um artigo manifestando sua insatisfação: "Embora uma tempestade esteja se formando sobre Washington e o mundo, o Partido Republicano de Donald Trump continua sendo cúmplice e atuando freneticamente para minar as instituições norte-americanas e os valores estabelecidos, que um dia também foram defendidos pelos conservadores."[52] Como isso aconteceu? Foi só uma questão de dinheiro?

Paul Erickson, o amigo de Maria Butina e um dos muitos norte-americanos que tentaram organizar um encontro entre Putin e Trump, explicou sucintamente o que estava acontecendo com o partido anticomunista e linha-dura de Ronald Reagan. Ele fez a seguinte declaração à revista *Time*: "Segundo uma importante corrente do movimento conservador e do Partido Republicano, você não deve olhar para essas pessoas com a mesma perspectiva da Guerra Fria." Agora que a Rússia tinha dinheiro, os russos apoiavam a Segunda Emenda e amavam o mesmo Jesus; eram aliados e deviam ser protegidos. Esse impressionante acervo de provas indica que Putin orientou as agências de inteligência russas a promoverem as causas conservadoras apoiadas por Trump, como a agenda dos evangélicos e as reivindicações de uma quinta coluna — a "Direita Alternativa".

CAPÍTULO 13

A Quinta Coluna
Norte-americana

Se o caos passou a ser a nova normalidade para os norte-americanos após o desmantelamento da União Soviética, a posição dos Estados Unidos como potência global foi gravemente prejudicada no final de 2016. Entre os muitos que viram minguar o poder e o prestígio da "luminosa cidade no alto da montanha", o movimento da Direita Alternativa foi o que mais se animou com o iminente fracasso do experimento norte-americano de 242 anos.

Conforme o movimento conservador ganhava força nos Estados Unidos, a plataforma republicana tradicional era empurrada em direção ao abismo. Foram-se os dias em que orçamentos equilibrados e responsabilidade pessoal eram a marca registrada do partido. O partido começou a mudar com a ajuda da Rússia. Os republicanos passaram a focar cada vez mais o ressentimento branco, como seus irmãos Europeus. E, assim como seus primos internacionais, a Direita Alternativa parecia gostar de colaborar com o Kremlin como os nacionalistas europeus se alinhavam com o partido Rússia Unida. Aleksandr Dugin comemorou a ascensão desse novo movimento conservador: "Das sombras emergiram outros Estados Unidos."[1]

Muitos nacionalistas europeus, especialmente na Europa Oriental, utilizam os sistemas internos da democracia para disseminar o caos através de intermináveis debates sobre austeridade, culpando os ciganos por problemas sociais e usando todos os não brancos e estrangeiros sem raízes europeias como bodes expiatórios. A Direita Alternativa norte-americana não é diferente. Os países com as notas mais baixas no Índice da Democracia ou próximos da faixa de democracias problemáticas fomentaram inconscientemente esses debates e quase sempre arcam com as consequências. A desunião e a perda do status global dos norte-americanos eram as principais metas nos planos de Vladimir Putin.

O termo Direita Alternativa é uma expressão genérica e "atenuadora" para designar os brancos conservadores de direita, incluindo os neonazistas e outros grupos que consideram naturais a supremacia branca e o tribalismo etnonacionalista. Embora essa tendência seja formada por diversas facções, as mais expressivas são a Ku Klux Klan e os neonazistas norte-americanos. O líder nazista Richard Spencer acreditava que "os brancos devem ser tão ativistas quanto os negros". Partidário declarado do Nacionalismo Branco, Spencer é o mais novo rostinho imberbe da Direita Alternativa. Outras figuras, como o cofundador do *newright. com* Mike Tokes, formam a agressiva tendência da Nova Direita. Segundo Spencer, a diversidade pretende se opor à identidade branca e não promover a integração universal. Richard Spencer e a direita alternativa se declaravam contrários ao AIPAC, à maioria dos judeus e muçulmanos, ao politicamente correto, ao feminismo e aos imigrantes de países do terceiro mundo.

O objetivo da Direita Alternativa é combinar a supremacia branca e a ideologia neonazista e fomentar a intolerância, o racismo e a xenofobia, mas com uma imagem mais agradável e moderada. Em suas manifestações, seus partidários usam camisas polo e calças cáqui. Eles transmitem a imagem de pessoas normais e sugerem que ser um homem distinto, racista e cheio de ódio é algo viril e chique. Uma versão estranha desse estereótipo é o redator do Breitbart News, Milo Yiannopoulos. Assumidamente gay, o inglês constantemente se gaba de seus amantes negros e bem-dotados. No entanto, está sempre manifestando os mais puros racismo e misoginia. Ao afirmar que a direita alternativa está cheia de adeptos gays e brancos que se relacionam com negros, tornou-se um superstar no Twitter, com mais de um milhão de seguidores. Ele acabou sendo banido por atacar a atriz afro-americana Leslie Jones e foi impedido de palestrar em diversas universidades. No entanto, sua função é instigar protestos, pois as suspensões dos seus discursos geralmente resultam em quebra-quebras promovidos pelos partidários da Direita Alternativa contra seus oponentes.

O fundador da Direita Alternativa é Steve Bannon, diretor-executivo da campanha e ex-conselheiro presidencial da administração Trump. Segundo ele, o Breitbart News, um canal de notícias online voltado para jovens extremistas, é seu lar natural e "a voz da direita alternativa".

Em geral, os conservadores mais jovens são reconhecidos como a Nova Direita. Sua linhagem tradicional inclui os já falecidos William F. Buckley Jr., Barry Goldwater, Phyllis Schlafly e o presidente Ronald Reagan. Até Donald Trump, esses jovens e sua facção republicana universitária, a Young Americans for Freedom, adotavam o bom e velho conservadorismo norte-americano. O grupo foi fundado na década de 1950, e seus membros não acreditavam que a cor da pele era um item essencial da agenda conservadora — mas sim os cortes de impostos e a defesa nacional. Mike Tokes, um jovem herói da tribo engravatada do YouTube, declarou que "os brancos são maioria, e rejeitar as pessoas com base na cor da pele é errado". Os demais componentes da principal força da direita alternativa não são tão altruístas e liberais quanto ele. São alguns dos grupos mais odiados da história norte-americana.

Depois da Guerra Civil, durante a era da Reconstrução, ex-oficiais confederados fundaram um grupo terrorista branco chamado Ku Klux Klan para intimidar os negros libertos. Conforme a democracia se estabelecia no sul dos Estados Unidos, sob o comando dos Republicanos brancos da União (os Democratas de hoje), organizações como a Klan foram criadas para perpetuar a resistência ao progresso dos negros na região. A administração de Ulysses S. Grant erradicou a Ku Klux Klan na década de 1870, mas o grupo ressurgiu nostalgicamente em 1915, inspirado pelo filme mudo *O Nascimento de uma Nação*, de D. W. Griffith. Nos anos 1920 e 1930, a Klan ganhou bastante visibilidade como uma irmandade solidária e por suas demonstrações de ódio veementes e xenofóbicas contra católicos, judeus e estrangeiros, além da sua hostilidade em relação aos afro-americanos e, posteriormente, aos movimentos de direitos civis, nos anos 1950 e 1960. Atualmente, a KKK é liderada por David Duke, embora ele seja um "mago aposentado" da organização. Duke afirma que não apoia a violência, mas seu discurso de ódio incita tumultos e valida a falta de consciência social de muitos dos seus seguidores, que o consideram bem-sucedido financeiramente e, portanto, estável.

Os neoconfederados ansiavam pelo retorno das divisões tradicionais, ainda que arcaicas, baseadas em raça e gênero. Nesse mundo etnocêntrico fantasiado pela Supremacia Branca, há um anseio por uma revitalização histórica da escravidão e da Reconstrução, um período no qual os escravos emancipados tinham direitos, mas só podiam participar de maneira bastante restrita da democracia constitucional, assegurada aos "norte-americanos". Essa narrativa histórica é o que diferencia os neoconfederados de todos os outros racistas da extrema-direita. Os membros da Klan, como David Duke, se sentem inferiores atualmente e se esforçam para recuperar seu modo de vida ultrapassado, submersos em uma nostalgia fútil.

Os supremacistas brancos, também conhecidos como nacionalistas brancos, acreditam que são biologicamente superiores devido ao seu sangue europeu, ao qual atribuem um alto valor. Eles têm uma fixação em estruturas genealógicas. Além disso, não querem acabar com as sociedades multiculturais porque acreditam que estão no topo da hierarquia e desfrutam do privilégio de serem brancos. Os nacionalistas brancos se consideram geneticamente superiores às minorias e, portanto, defendem um etnoestado branco, desprovido de outras culturas.

Os neonazistas, como os nazistas originais, odeiam judeus, não brancos, portadores de necessidades especiais e membros da comunidade LGBT. Eles surgiram nos Estados Unidos após a Segunda Guerra Mundial com o grupo WUFENS (União Mundial da Livre Empresa Nacional Socialista), fundado por George Lincoln Rockwell em 1959, que mais tarde o renomeou como ANP (Partido Nazista Norte-americano) na esperança de atrair mais seguidores. Em 1967, George Rockwell foi assassinado depois de mudar o nome do partido para Partido Nacional Socialista do Povo Branco (NSWPP) e perder ainda mais seguidores — que compreenderam mal a palavra Socialista. Após o assassinato de George Rockwell, a legenda voltou a se chamar Partido Nazista Norte-americano.

Formado por várias facções do WUFENS, o Partido Nazista Norte-americano está sediado em Arlington, na Virgínia, e, embora atualmente haja pouco apoio à causa neonazista, há mais organizações terroristas de direita nos EUA do que organizações terroristas de esquerda, segundo o Southern Poverty Law Center.

Em 2015, Brandon Russell fundou um grupo paramilitar neonazista muito perigoso, conhecido como Atomwaffen Division, em Tampa, na Flórida. O nome da organização significa Divisão de Armas Atômicas, em alemão; em 2018, o grupo já tinha mais de 80 membros. Russell foi preso pelo FBI e pelo Departamento de Polícia de Tampa após a descoberta de dispositivos explosivos fabricados com hexametileno-triperóxido-diamina e dos compostos radioativos tório e amerício em sua garagem. Outro membro do Atomwaffen, Devon Arthurs, idolatrava o atirador responsável pelo massacre na boate Pulse em Orlando, em 2016, e resolveu se converter ao islã. Em maio de 2017, ele assassinou dois membros do Atomwaffen, fez reféns e foi preso. O Vinlanders Social Club, fundado em 2003, é uma grande gangue de skinheads formada majoritariamente por indivíduos dos estados do Arizona e Indiana. De acordo com o SPLC, o número de membros da organização no estado de Minnesota tem diminuído.[2]

Os Protestos de Charlottesville

Logo depois da eleição de Donald Trump, não houve nenhuma organização ou evento crucial para marcar o surgimento da nova base de poder norte-americana no mundo extremista. Isso só ocorreu quando todas as alas da direita alternativa fizeram uma demonstração de poder durante a manifestação Unite the Right, em Charlottesville, na Virgínia. O comício foi marcado para um sábado, 12 de agosto de 2017. Foi anunciado como um evento unificador de nível nacional e como um protesto contra a remoção das estátuas dos heróis confederados em todo o Sul. Esse tema reuniu todas as facções da direita branca. Os manifestantes eram contrários à remoção da estátua de Robert E. Lee de Charlottesville, lar do palácio de Monticello, uma antiga propriedade de Thomas Jefferson, e do seu legado educacional, a Universidade da Virgínia. O SPLC resumiu as reivindicações da liderança do protesto — como na Europa, ele teve início na Rússia:

"... admiradores declarados do autoritário presidente da Rússia, Vladimir Putin, e da agenda nacionalista que ele vem promovendo na Europa e nos Estados Unidos. Algumas figuras da Direita Alternativa têm conexões bastante documentadas com o regime russo, que também vem exercendo uma importante função no financiamento de movimentos europeus de extrema-direita. Posteriormente, após a eleição de 2016, revelou-se que a máquina de propaganda da Rússia mantinha uma relação simbiótica poderosa com a direita alternativa, disseminando sua ideologia e memes através das mídias sociais durante a campanha."[3]

Os protestos começaram depois que uma mensagem de texto enigmática foi enviada pelo líder neonazista Richard Spencer na sexta-feira, 11 de agosto de 2017. O texto dizia: "Eu daria uma chegada perto do campus hoje à noite, se fosse você. Depois das 9 da noite. Campo sem nome."[4] A Direita Alternativa se reuniu para protestar em Charlottesville, mas veio armada para uma guerra racial. Seus membros formavam um caldeirão explosivo de rebelião ao estilo norte--americano e se opunham à visão do *establishment* de uma democracia plural. Às nove da noite, centenas de manifestantes, promovendo a Supremacia Branca e vestindo camisas polo brancas e calças cáqui, se agruparam em pares, carregando tochas tiki e entoando frases como: "Vidas brancas importam", "Os judeus não nos substituirão", "Vocês não nos substituirão" e, curiosamente, "A Rússia é nossa amiga!".[5] Alguns cantavam versões em inglês do fervoroso "hino" da Alemanha nazista, "Sangue e Solo". Mas o grito de guerra mais notável era o repisado "Hail Trump!". Estudantes negros e brancos cercaram a estátua de Robert E. Lee em oposição ao protesto noturno. O pavio foi aceso. O protesto morreu durante a noite, mas, na manhã seguinte, às 11 horas, a Direita Alternativa lotou todo o percurso do protesto, que deveria começar às 17h.

Os extremistas de direita coordenaram suas ações com as dos supremacistas brancos alemães e de outros países europeus usando o aplicativo Discord. Os europeus ofereceram dicas sobre equipamentos e táticas de revolta. A Direita Alternativa veio armada com armas "lícitas". Os mastros das bandeiras eram grossos e sólidos porque, na verdade, deviam servir como tacos. Incrivelmente, a polícia permitiu o uso de escudos táticos. Muitos escudos de madeira e de acrílico foram decorados com símbolos rúnicos de guerreiros nórdicos. Muitos adeptos da direita alternativa acreditam que os símbolos medievais das culturas viking e celta, como barbas trançadas e capacetes com chifres, fazem parte de seu próprio patrimônio. Outros manifestantes levaram armas mais tradicionais, como sprays de pimenta, e um contingente armado desfilou ousadamente portando fuzis de assalto AR-15 e pistolas.

Às 11h, a barragem cedeu. Os partidários da Supremacia Branca formaram fileiras e marcharam contra os manifestantes da oposição. Uma onda de violência generalizada irrompeu. Garrafas, sprays de pimenta e pedras voaram pelo local. A partir de um local desconhecido, uma arma de fogo efetuou disparos contra os manifestantes no meio da confusão, mas a polícia se limitou a observar por cerca de 30 minutos. Às 11h22, a polícia desapartou os dois grupos, mas os conflitos continuaram ao longo do dia. A violência tomou um rumo sinistro às 13h22, quando um carro dirigido por James Fields Jr., um membro de 20 anos do grupo de nacionalistas brancos Vanguard America, percorreu uma rua em alta velocidade e arremeteu contra uma multidão de manifestantes estudantis. O veículo deu ré e atravessou a multidão para escapar. O ataque terminou com uma jovem assistente jurídica chamada Heather Heyer esmagada até a morte e outras 19 pessoas gravemente feridas.[6] Fields foi rapidamente encontrado e preso. Quando entrevistado, ele afirmou "que estava com medo" e que se lançara sobre a multidão para escapar, mas o chefe de polícia disse na coletiva de imprensa que a morte de Heather Heyer não havia sido um acidente, mas um ataque planejado.

O país inteiro se indignou com a Direita Alternativa e sua violência. Políticos de todos os partidos condenaram a violência, mas, quando Donald Trump foi questionado sobre o evento, ele passou um tempo exorbitante tentando culpar o movimento antifascista ANTIFA. Ao ser pressionado, Trump declarou que "há pessoas muito boas nos dois lados". Ele não entendeu por que as pessoas se irritaram tanto com esse comentário. A Ku Klux Klan e os neonazistas ficaram encantados. A Direita Alternativa percebeu que Trump estava do seu lado.

Enquanto as organizações de direita de toda a Europa formavam alianças, os nacionalistas da extrema-direita norte-americana também eram aliciados pelos russos propagandistas do etnonacionalismo. Foi muito conveniente que o presidente recém-eleito estivesse alinhado com esses grupos racistas. A ascensão dessas tendências e o narcisismo de Trump convenceram a elite dos EUA a acreditar em teorias conspiratórias sobre genocídio branco. Com a atividade do feed da conta de Trump no Twitter, essas visões xenofóbicas passaram a integrar a pauta cotidiana da grande mídia norte-americana. A corrente dominante entre os republicanos e a Direita Alternativa adotou o mantra russo-europeu do ódio contra os imigrantes. Durante anos, os republicanos exploraram a falsa ideia de que a imigração mexicana era a causa do desemprego entre os norte-americanos. Mas agora a questão era outra. O organizador do protesto de Charlottesville, Jason Kessler, é formado em psicologia pela Universidade da Virgínia. Ele passou por uma infinidade de empregos mal remunerados, como lavador de pratos, instrutor de academia, caminhoneiro e faz-tudo. Kessler também fracassou como poeta, romancista, roteirista e jornalista. A manifestação atraiu pessoas como ele — membros da KKK, neonazistas norte-americanos, neoconfederados, supremacistas brancos, nacionalistas brancos, neopagãos e militantes da extrema-direita. Seguem algumas das maiores organizações que participaram do protesto:

- Traditionalist Worker Party
- Ku Klux Klan
- Vanguard America
- League of the South
- Identity Evropa
- Proud Boys.[7]

Por que a manifestação foi convocada? Matthew Heimbach e Jason Kessler, organizadores do Unite the Right, estavam certos de que havia um "genocídio branco" em andamento. Eles acreditavam sinceramente na teoria da conspiração propagada pela Supremacia Branca, segundo a qual a imigração estrangeira e o direito ao aborto faziam parte de um complô dos judeus e dos super-ricos para acabar com a raça branca. A ACLU [União Americana pelas Liberdades Civis] havia viabilizado o exercício do direito de Kessler de realizar a manifestação, ao promover o direito constitucional à liberdade de expressão, estabelecido na Primeira Emenda. Heimbach convenceu seus companheiros do Traditionalist Worker Party a participarem do evento e se preparem para atacar os manifestantes da oposição.[8]

Um dos maiores fãs de Trump era David Duke, o ex-Grande Mago da Ku Klux Klan. Duke tentou muitas vezes levar seu racismo para a arena política, começando em 1975 e 1979, quando concorreu ao Senado da Louisiana. Ele concorreu à presidência em 1988 e 1992; primeiro, como democrata, depois como republicano. Ele foi eleito para a Câmara dos Deputados do Estado da Louisiana em 1988, ocupando o cargo de 1989 a 1992. Duke concorreu a uma vaga no Senado dos EUA pela Louisiana em 1990, como candidato do Partido Republicano, mas perdeu para J. Bennett Johnston Jr. Logo depois, Duke se candidatou ao governo da Louisiana em 1991. Perdeu novamente. Em 1992, ele concorreu outra vez ao Senado dos EUA, ficando em quarto lugar nas primárias; Mary Landrieu venceu a eleição. Em 1999, fez outra tentativa e se candidatou a uma vaga na Câmara dos Representantes dos EUA, mas perdeu. Em 2016, tentou novamente ser eleito senador pela Louisiana, mas não alcançou nem 3% dos votos; a eleição foi vencida pelo candidato republicano John Neely Kennedy.

A QUINTA COLUNA NORTE-AMERICANA   257

Em 16 de novembro de 2000, a casa de David Duke na Louisiana foi alvo de um mandado de busca executado pelo FBI enquanto ele estava na Rússia. O FBI atuou com base em informações de doadores, que suspeitavam que os fundos de campanha estavam sendo desviados para apostas em cassinos e reformas na casa do político. Duke já vinha sendo acusado de se apropriar do dinheiro de seus apoiadores havia muitos anos. Por fim, ele foi indiciado pelo crime de fraude fiscal e condenado a uma pena de reclusão mais multa pelos impostos devidos.

Duke se voltou para a Europa em busca de aceitação — diante da crescente repressão aos racistas nos EUA. Ele encontrou aliados em todo o continente e fez doutorado em uma universidade ucraniana, a Academia Inter-regional de Gestão de Pessoal, conhecida por promover o antissemitismo.[9] Apesar da sonoridade do título concedido, a instituição não é credenciada. Mas isso não impediu Duke de ensinar antissemitismo nessa universidade como "Dr. David Duke, PhD".

Duke tem uma intensa admiração pela Rússia, o que se observa em suas declarações: "Na minha opinião, a Rússia e outros países do Leste Europeu têm partidos voltados para questões raciais com grandes chances de chegar ao poder político."[10] A Rússia retribui seu amor. Na verdade, o livro de Duke, *Jewish Supremacism: My Awakening to the Jewish Question* [Supremacismo Judeu: Meu Despertar para a Questão Judaica, em tradução livre], era vendido na Duma russa a US$2,00.[11] Duke possuía um apartamento na Rússia e o alugava para Preston Wiginton, um colega da Supremacia Branca[12] que, de acordo com o Southern Poverty Law Center, era "um importante ativista do poder branco na Rússia e nos EUA".[13]

Duke não era o único racista com uma queda pela Rússia no sul dos EUA. Sam Dickson, um rico advogado da Supremacia Branca de Atlanta, que já descreveu Abraham Lincoln como um "mito" e um "demagogo", era um dedicado admirador de Vladimir Putin.[14] Dickson era conhecido por coagir afro-americanos a fazerem transações imobiliárias desvantajosas, bem como por defender indivíduos e grupos ligados aos supremacistas e nacionalistas brancos.[15] Em 2015, ele discursou em uma convenção promovida pelo partido Rodina (também conhecido como Pátria Mãe), que reuniu vários membros da rede mundial dos nacionalistas brancos em São Petersburgo; o evento ficou conhecido como "Fórum Conservador Internacional". Ele concluiu seu discurso dizendo: "Deus salve o czar". Dickson possuía uma visão muito romântica sobre a Rússia, que pode ser atribuída à sua antiga admiração e ligação com David Duke. Dickson declarou: "Eu admiro o povo russo. Eles são os brancos mais fortes da Terra."[16]

Em seu site, Dickson exibiu uma mensagem na Páscoa de 2017 falando sobre a história da Catedral de Cristo Salvador, em Moscou, e sobre como ela havia sido destruída pelos "bolcheviques" (que muitos supremacistas brancos veem como judeus e minorias liberais que supostamente controlariam a mídia). Dickson descreveu como os pobres, após o colapso da União Soviética, financiaram a restauração daquela que foi a primeira igreja a ser reconstruída na Rússia. Ele escreveu o seguinte texto em seu blog:

"Como eu gostaria que os russos brancos que conheci quando jovem em Atlanta estivessem vivos para ver o dia em que o chefe de Estado da Rússia participou das cerimônias de Páscoa neste santuário! Feliz Páscoa! Podemos nos alegrar, pois o trabalho de Lenin, como seu santuário e sua estátua, agora é passado."[17]

Preston Wiginton é um neonazista para quem a Rússia é "a única nação que entende a RAHOWA", um termo que designa a guerra santa racial. Ele aluga o apartamento de David Duke em Moscou.[18] Wiginton é aliado de radicais russos como Alexander Belov, do grupo antissemita Pamyat.[19] Ele exalta o etnonacionalismo branco promovido pela Rússia e ficou conhecido por ter convidado o ultranacionalista russo Aleksandr Dugin para palestrar na Texas A&M University em abril de 2015, depois de o governo dos Estados Unidos ter imposto sanções a Dugin. O título da palestra foi: "O Liberalismo Norte-americano Deve Ser Destruído: Insights do Professor Aleksandr Dugin, Expert em Kremlin e Assessor Informal do Presidente Putin." Dezessete pessoas compareceram.

Observe que a mesma convenção, organizada pelo partido nacionalista russo Rodina, contou com a presença dos já citados Sam Dickson e Preston Wiginton, mas também de Matthew Heimbach, Jared Taylor e David Duke, em um total de aproximadamente "150 líderes da extrema-direita dos Estados Unidos, da Rússia e da Europa Ocidental, incluindo políticos com visões neonazistas, antissemitas e xenófobas". Essa foi uma iniciativa internacional de grande sucesso, promovida pela Rússia para desacreditar as críticas dos Estados Unidos e de outras nações ocidentais à anexação da Crimeia e à atuação do Kremlin na disseminação de valores cristãos tradicionais.[20] Wiginton tem uma visão radical em relação a Moscou: "A Rússia está sendo invadida pelo terceiro mundo. Felizmente, a Rússia é a única nação que entende a RAHOWA... Por isso, os imigrantes pensam duas vezes antes de ir para a Rússia."[21]

A QUINTA COLUNA NORTE-AMERICANA

Wiginton provavelmente se mudou para Moscou no final de 2006, quando o Stormfront transferiu seu servidor para a Rússia depois ter sido suprimido pelo Google. Foi lá que ele conheceu Alexander Belov, coordenador do Movimento Contra a Imigração Ilegal, um grupo bastante conhecido e formado por várias personalidades da extrema-direita: Wiginton, Duke, Heimbach, Taylor, Spencer e cerca de 200 outros norte-americanos da extrema-direita que participaram do Fórum Conservador Internacional. Na primavera de 2007, Wiginton retornou aos EUA para protestar contra a possível candidatura do afro-americano Barack Obama à presidência. Ele organizou uma série de palestras com nacionalistas e supremacistas brancos, cofinanciadas pelo CCC (Council of Conservative Citizens, um *think tank* racista). Um dos palestrantes que se apresentaram na Universidade Clemson (que de fato deu sua bênção a essa iniciativa racista) foi Nick Griffin; presidente do BNP (Partido Nacional Britânico — conhecido por abrigar negadores do Holocausto), Griffin discursou não só na Clemson, como também na Texas A&M University. Em seguida, ele deu uma palestra na Universidade Estadual de Michigan (MSU) para a organização Young Americans for Freedom (que patrocinou a turnê de Nick Griffin), no dia 26 de outubro.[22] Wiginton muitas vezes encorajava os nacionalistas brancos a se casarem com mulheres russas em vez de norte-americanas: "As verdadeiras mulheres russas, que não são mestiças nem judias, querem homens russos de verdade."[23]

Jared Taylor é o líder do grupo de extrema-direita New Century Foundation e fundador da revista de Supremacia Branca, a *American Renaissance*. Ele alega ter criado o termo "direita alternativa"; verdade ou não, Taylor é de fato um nacionalista radical que tentou normalizar seu racismo extremo através da pseu-dociência. Ele é graduado em Filosofia pela Universidade Yale. Taylor se define como um "realista racial", como seus ex-colegas do National Policy Institute, uma organização fundada por William Regnery II e dirigida por Richard Spencer.

Como outros racistas ocidentais, Taylor encontrou um lar na fortaleza russa. Jared Taylor não foi só convidado para o "Fórum Conservador Internacional" organizado pelo líder do Rodina, Aleksey Zhuravlyov; segundo o *Wall Street Journal*, suas despesas com transporte e hospedagem também foram pagas pelos organizadores.[24] Taylor falou à sua plateia russa sobre a "doença norte-americana" da integração multicultural.[25] Ele afirma no site da *American Renaissance* que a Rússia e os Estados Unidos nunca travaram uma guerra entre si, ignorando todo o sangue derramado nas guerras por procuração e o século marcado pela espionagem e pelas medidas ativas.

Notavelmente, ele usou sua influência na difusão de ligações gravadas em prol de Donald Trump, na eleição de 2016.[26] E embora as campanhas não tenham controle sobre todos os militantes, Taylor recebeu sua validação quando um tuíte seu foi retuitado por Trump antes de o Twitter suspender sua conta.[27]

Taylor definiu os Estados Unidos como "o maior inimigo de todas as tradições do mundo".[28] Segundo ele, "está ocorrendo um despertar mundial do nacionalismo entre os países europeus — e os Estados Unidos estão com eles".[29]

O NACIONALISTA BRANCO Matthew Heimbach atuou por vários anos para aumentar a visibilidade das suas ideias racistas antes de ficar bastante conhecido por seu envolvimento na manifestação Unite the Right, em Charlottesville. Heimbach fundou o grupo White Student Union na Towson University, onde também criou uma divisão da Youth for Western Civilization, em 2011.[30] Heimbach e Matt Parrott, seu sogro, fundaram a Rede da Juventude Tradicionalista (TYN) em maio de 2013. A TYN também criou uma divisão em Bloomington, em Indiana, na Universidade de Indiana, sob a liderança de Thomas Buhls.[31] No final de 2014, Heimbach começou a atuar como diretor de treinamento do grupo League of the South, uma organização de neoconfederados. O principal grupo associado a Heimbach é o Traditionalist Worker Party (TWP), fundado por ele, Parrott e Tony Hovater em janeiro de 2015. Em 2017, o grupo de Matthew Heimbach compareceu ostensivamente à manifestação em Charlottesville. Essa organização aderiu à Frente Nacionalista, uma coalizão de nacionalistas brancos e neonazistas, em 22 de abril de 2016. Essa coalizão também inclui o Movimento Nacional Socialista, a League of the South e o Vanguard America. A Frente Nacionalista promoveu uma manifestação em outubro de 2017, a "White Lives Matter", em Murfreesboro e Shelbyville, no Tennessee.

Heimbach acredita que integra uma força contrarrevolucionária cujo objetivo é retomar o mundo ocidental, dominado por uma revolução que desbancou Deus, os valores tradicionais e, mais importante, o poder branco. Além disso, para ele, as ideias defendidas pelo seu grupo não são insanas, marginais nem extremas. No entanto, ele dissemina mensagens como: "Os judeus não se importam se você é pagão. Os judeus não se importam se você é cristão. Os judeus não se importam se você é nacional-socialista ou libertário porque eles querem destruir a todos."[32]

Matthew Heimbach compartilhava essa visão de mundo ao estilo Putin. Ele já exaltara Putin como o melhor líder europeu do século XXI.[33] Segundo Heimbach, a Rússia liderada por Putin era agora "um eixo para os nacionalistas". Ele declarou em uma entrevista para a revista *Business Insider*: "Eu realmente acredito que a Rússia é a nação que lidera o mundo livre no momento." Em suas palavras, Putin estava "apoiando nacionalistas no mundo inteiro, construindo uma aliança antiglobalista e, ao mesmo tempo, promovendo valores tradicionais e autodeterminação".[34] Para Heimbach, essa batalha deve ser levada ao cenário global, para sua guerra contra o "globalismo". Heimbach compara o apoio da Rússia ao nacionalismo moderno com a COMINTERN, identificando nesse fenômeno uma oportunidade para unir os racistas de todo o mundo através das redes nacionalistas. Para expandir esse movimento, seriam necessários apoio moral e financeiro, ações coordenadas e fomento. Reproduzindo a antiga linguagem dos soviéticos, ele disse a uma pequena plateia de apoiadores: "Vejam o que nossos camaradas estão fazendo ao redor do mundo."

Para Heimbach, Putin é o líder do mundo livre e a Rússia, "nossa maior inspiração".[35] "A Guerra Fria acabou. A União Soviética caiu, e a Rússia agora é o bastião do tradicionalismo, do nacionalismo e do cristianismo"; portanto, era importante que os nacionalistas norte-americanos se alinhassem com a Rússia e contra os Estados Unidos. Na visão de Heimbach, o mal globalista que acomete o mundo vem de Washington, Bruxelas e Tel Aviv. Para ele, a batalha é entre globalistas e nacionalistas.

Heimbach se aproximou de grupos racistas de toda a Europa, como o Aurora Dourada, e do neoeurasianista Aleksandr Dugin. Citando Dugin (que uma vez disse: "Se você apoia o globalismo, você é meu inimigo."), Heimbach declarou: "O globalismo é o veneno, o nacionalismo é o antídoto."[36]

Para Heimbach, "os EUA são o problema". Os EUA são o Império Romano e os nacionalistas, "os novos bárbaros". "Ao hastear a bandeira norte-americana, em apoio a esse tipo genérico de nacionalismo norte-americano, você está de fato promovendo a bandeira do regime que quer a sua destruição." Dugin até enviou a Heimbach um vídeo contendo um discurso para uma das reuniões de lançamento do Traditionalist Worker Party; o título da apresentação era: "Aos meus amigos norte-americanos e nossa luta em comum."[37] Durante sua lua de mel, Heimbach teve reuniões com o partido Aurora Dourada, o Partido dos Trabalhadores da República Tcheca e a Nova Direita da Romênia. Ele é membro do "Movimento Nacionalista e Conservador Mundial", um grupo criado pelos russos e alinhado com o partido Rodina e o Movimento Imperial, ambos da Rússia. De acordo com o *The New York Times*, em dezembro de 2016, Heimbach já havia feito três viagens à Europa para promover estratégias de captação de recursos e organização.[38] Segundo ele, essas visitas o ensinaram a transformar seu movimento em "uma verdadeira força política" que integraria uma rede mundial. Heimbach declarou: "A Rússia já exerce seu poder no cenário global, organizando movimentos nacionalistas que antagonizam com as elites atlantistas"; um eco indiscutível das ideias de Aleksandr Dugin. "Intelectualmente, os russos nos mostraram como isso funciona."[39]

"A internet é a melhor ferramenta do nosso movimento", disse Heimbach, destacando que ela deveria servir para organizar reuniões, planejar ações e promover demonstrações "nas ruas", como ele observara na Europa em sua visita ao Aurora Dourada e no sucesso de grupos antirracistas como o Black Lives Matter.[40]

Ao explicar seus planos aos seguidores, Heimbach essencialmente apresenta os seguintes pontos:

- Identificação de pessoas alinhadas com o seu movimento.
- Uso de propaganda na rua e na internet.
- Mudança para a mesma área geral.

Os nacionalistas brancos precisam conseguir a adesão de mais mulheres, pois o movimento vem sendo dominado pelos homens. No entanto, Heimbach acredita que as mulheres devem aprender sobre modéstia com os homens, promovendo a virtude e a honra ao rejeitarem a "cultura norte-americana da vagabunda". Segundo ele, é necessário fomentar uma "secessão cultural" para retomar os valores tradicionais. Para Heimbach, os novos racistas não pedirão permissão nem perdão. "Seu plano é nos fazer de escravos da plantação internacional." Ele acreditava que seus colegas deveriam protestar contra o ativista antirracismo Tim Wise. "Nunca vamos trair nosso patrimônio", disse ele, desafiadoramente.

A QUINTA COLUNA NORTE-AMERICANA

RICHARD SPENCER DEFINITIVAMENTE não se encaixa no perfil do norte-americano branco e oprimido. Na verdade, ele nasceu em uma família rica e frequentou as melhores escolas. Partidário da Supremacia Branca, Spencer dirige um instituto de promoção do Nacionalismo Branco com o objetivo de implementar uma "limpeza étnica pacífica" por meio de políticas públicas, embora nem todos os nacionalistas brancos adotem uma postura de não violência em suas missões institucionais. Spencer é presidente do National Policy Institute, criado por William H. Regnery em 2005. Regnery financia as atividades de Richard Spencer.[41.]

Ao se desligar da Duke University durante seu doutorado, Spencer começou a divulgar suas opiniões extremistas. Primeiro, ele trabalhou para a revista *American Conservative*, tornando-se editor em 2007, mas foi demitido por Scott McConnell por ser "um pouco extremo demais para nós".[42] Em 2008, passou a trabalhar para a revista *Taki's*. Em 2010, fundou o site AlternativeRight.com, no qual, segundo Spencer, foi criado o termo "alt-right" [abreviação de direita alternativa em inglês]. Em 2011, ele foi contratado como diretor-executivo da Washington Summit Publishers (WSP), uma editora que promove o Nacionalismo Branco criada por Louis Andrews em 2006.[43] A WSP publicava artigos de racistas célebres como o psicólogo norte-americano Kevin MacDonald, o nacionalista branco Samuel Frances, o psicólogo britânico Richard Lynn, o político/professor finlandês Tatu Vanhanen e o separatista branco Michael Hart. Em 2012, a WSP passou a publicar a revista *Radix Journal*, de Spencer.

Dias antes da eleição de Donald Trump, no aniversário de Martin Luther King Jr., Spencer lançou um novo site dedicado aos adeptos da direita alternativa, o AltRight.com. O portal era um veículo para a divulgação de obras de famosos colunistas racistas, como Jared Taylor e Henrik Palmgren, um supremacista branco sueco; como outros projetos de Spencer, o site foi financiado por William Regnery II.

Mas dois eventos revelam a influência de Spencer no movimento norte-americano da Supremacia Branca, e ambos ocorreram em Charlottesville, na Virgínia. A cidade votara pela remoção de uma estátua do traidor confederado e comandante fracassado Robert E. Lee, o que incitou os racistas de todo o país a defenderem seus heróis. Em 13 de maio de 2017, Spencer liderou um grupo de Supremacistas Brancos em uma marcha pelo Lee Park, carregando tochas e entoando cânticos, incluindo o lema "A Rússia é nossa amiga".[44]

Spencer repetiu o feito em 11 de agosto de 2017, durante a infame manifestação Unite the Right, que reuniu Supremacistas Brancos de todo o país. Em 7 de outubro de 2017, ele retornou para mais cânticos, como o slogan "Vocês não vão nos substituir", mas com um grupo bem menor em comparação com o público dos eventos desastrosos de agosto.[45]

Spencer pode ser amigo de Dugin e de outros racistas, mas a comunidade global não está muito disposta a aceitar suas opiniões. Ele e outros racistas foram expulsos da Hungria enquanto tentavam promover um evento.[46] Nos termos de um tratado estabelecido em 1985, o chamado Acordo de Schengen, Spencer foi posteriormente banido pelos 26 países signatários: Áustria, Bélgica, República Tcheca, Dinamarca, Estônia, Finlândia, França, Alemanha, Grécia, Hungria, Islândia, Itália, Letônia, Liechtenstein, Lituânia, Luxemburgo, Malta, Holanda, Noruega, Polônia, Portugal, Eslováquia, Eslovênia, Espanha, Suécia e Suíça.

Várias visitas de Spencer a universidades provocaram protestos, incluindo sua ida à Universidade Vanderbilt em Nashville, no Tennessee, em 2010; à Providence College, em Rhode Island, em 2011; à Texas A&M University em College Station, no Texas, em 2016; à Universidade da Flórida, em setembro de 2017; à Universidade do Estado da Louisiana, em 2017; à Universidade Estadual de Michigan, em 2017; e à Universidade Estadual de Ohio, em 2017. Após a proibição da sua palestra na Universidade da Flórida, uma sentença judicial beneficiou Spencer, que acabou falando a uma plateia mista de apoiadores e universitários em 19 de outubro de 2017. Mas o evento foi alvo de intensos protestos, e o custo da segurança foi estimado em cerca de US$600 mil.

Além disso, o Twitter chegou a atribuir uma marca de verificação à conta de Spencer. A marca azul geralmente é vista como um símbolo de status. Em novembro de 2017, o Twitter retirou a marca de verificação da conta de Spencer e anunciou uma revisão da sua política de atribuição do status de verificado às contas.

Spencer foi casado com Nina Kouprianova, cidadã russo-canadense. Kouprianova ficou conhecida como um troll do Kremlin que escrevia sob o pseudônimo Nina Byzantina; no Twitter, o usuário @NinaByzantina afirma: "Esta conta é pessoalmente protegida por Putin e [Islam] Kadyrov [o senhor da guerra na Chechênia]."[47]

Kouprianova também é tradutora das obras de Aleksandr Dugin. Ela é conhecida por atuar como "porta-voz de Moscou" e disseminar desinformação na forma de histórias que beneficiam claramente o Kremlin em seu blog e no Twitter. Seu marido promove a mesma ideologia política que Aleksandr Dugin: ficar fora da OTAN, dizer não à ONU, manter uma boa relação com Bashar al-Assad (presidente da Síria) e dizer não ao globalismo em geral.

Aleksandr Dugin é colaborador da revista online de Spencer, a *Alternative Right*. Spencer já definiu a Rússia como "a única potência branca do mundo". Em suas palavras: "Acho que devemos ser pró-Rússia, porque a Rússia é a maior potência branca do mundo hoje em dia."[48]

Jason Kessler foi o principal organizador da manifestação Unite the Right, em Charlottesville. Ele escreveu um artigo para o GotNews.com, de Chuck Johnson, com o título: "ANALYSIS: #Russia will be one of America's Greatest Allies During the Trump Administration" [ANÁLISE: #A Rússia será uma das maiores aliadas dos EUA durante a Administração Trump, em tradução livre]."[49] No artigo, Kessler argumentava que a Rússia era uma aliada natural dos Estados Unidos em termos de nacionalismo. Andrew Auernheimer fugiu para a Ucrânia.[50] Ele se uniu a Andrew Anglin na criação de fóruns para o Daily Stormer, um site neonazista.

Os Secessionistas

Louis Marinelli, nativo de Buffalo, no estado de Nova York,[51] era um professor de inglês que se aproximou da Rússia através do movimento secessionista da Califórnia e ajudou a fundar o Sovereign California. Em 2004, ele trabalhou como voluntário na campanha de John Edwards. Algum tempo depois, atuou em campanhas contra o casamento gay e, em 2010, adotou uma postura mais moderada. Ele disse que votou em Trump em 2016. Em 2015, ele anunciou sua candidatura à assembleia da Califórnia nas eleições de 2016. Recebeu pouco mais de 4 mil votos. Depois da derrota, ele apresentou várias propostas de plebiscitos para deliberar sobre a independência da Califórnia dos Estados Unidos. Todas fracassaram. Marinelli lançou o movimento "Yes California Independence Campaign" [Campanha pelo Sim para a Independência da Califórnia, em tradução livre] em 2014, após o referendo sobre a independência escocesa, no mesmo ano.[52]

Sua campanha também passou a utilizar uma hashtag semelhante (#Calexit) após o sucesso da iniciativa britânica do Brexit em promover a saída do Reino Unido da União Europeia. Marinelli foi convidado para uma conferência separatista na Rússia, realizada em 25 de setembro de 2016 e patrocinada por um grupo de fachada ligado ao Rodina, o Movimento Antiglobalização da Rússia.

O ADR, como é conhecido na Rússia, foi criado em 15 de março de 2012 como uma ONG. A organização é financiada por uma verba de US$50 mil alocada pelo Kremlin ao Fundo Nacional de Caridade.[53] O ADR é uma operação sob o comando exclusivo de Alexander Ionov.[54] Ionov é o líder do Movimento Antiglobalização da Rússia e CEO da Ionov Transcontinental, LLC. Ele já participou de outras iniciativas da mesma natureza, como um encontro em fevereiro de 2014 cujo tema era: "Síria e Rússia: Paz para uma amizade inabalável." Ele foi copresidente do Comitê de Solidariedade com os Povos da Síria e da Líbia, sob a coordenação do ex-membro do Rodina, Sergei Baburin. O grupo concedeu títulos de membros honorários a Mahmoud Ahmadinejad e Bashar al-Assad. A viagem de Marinelli à Rússia foi paga por essa organização. Ele até ganhou um escritório sem nenhum custo. O evento realizado em Moscou ficou conhecido como Congresso Internacional de Separatistas. A conferência recebeu o título de "Diálogo entre Nações: O Direito dos Povos à Autodeterminação e à Construção de um Mundo Multipolar". Entre os participantes, estavam separatistas da Califórnia, Havaí, Texas, Porto Rico, Irlanda, Catalunha, Saara Ocidental e Donetsk.

Em conferências anteriores, o ADR recebeu a organização norte-americana United National Antiwar Coalition (UNAC), liderada por Joe Lombardo. Em dezembro de 2014, o grupo convidou membros do Movimento Nacionalista do Texas (TNM) para participar de uma reunião, mas o FBI fez uma busca nos escritórios do TNM. Em 2 de junho de 2016, o ADR colaborou com o partido Rodina na criação de outros eventos, como o "Movimento pelos Direitos Humanos dos Índios nos EUA". O evento contou com a participação de Mashu White Feather, da tribo Cherokee. A neozelandesa Doreen Bennet, da estação de rádio "Voices of Indigenous People", também compareceu. Feodor Biryukov, membro do Rodina (e copresidente do Stalingrad Club), acompanhou Ionov.

Apesar de todas essas ligações com iniciativas do Kremlin, Marinelli declarou: "Não temos nenhuma comunicação ou contato, nem recebemos nenhum tipo de apoio do governo russo ou de qualquer funcionário do governo russo."[55]

Ironicamente, em janeiro de 2014, Vladimir Putin ratificou uma lei proibindo a circulação de ideias separatistas em território russo. A pena pode chegar a cinco anos de prisão. Em dezembro de 2016, o Russia Today fez uma cobertura animada da inauguração da "Embaixada da Califórnia" em Moscou por Marinelli.[56] Apesar da boa acolhida, Marinelli recusou doações de fora do estado. "O povo da Califórnia deve determinar seu próprio futuro", declarou.[57] No entanto, Marinelli reproduz o discurso do Kremlin melhor do que o próprio Putin: "Os políticos em Washington são inimigos" e "esses políticos em Washington são mestres em propaganda".[58] Depois de obter o apoio russo, Marinelli também tentou se aproximar de Julian Assange, depois que o WikiLeaks apoiou os separatistas da Catalunha.[59]

Em 2016, quando Marinelli tentou voltar para a Rússia, sua atual esposa, Anastasia, não pôde acompanhá-lo, pois seu visto havia expirado logo que eles se mudaram para San Diego. Se Anastasia saísse do país, seria proibida de retornar por dez anos; então, Marinelli teve que viajar sem ela quando se mudou para Ecaterimburgo, perto da Sibéria, em 2016.[60]

O texano separatista Nate Smith disse a um jornal russo durante uma viagem a Moscou: "Nós [do Texas] precisamos ser independentes porque somos diferentes." Smith era diretor-executivo do Texas Nationalist Movement.[61] Ao jornal russo *Vzglyad*, Smith se vangloriou de que seu movimento era apoiado por 250 mil pessoas; por isso, o periódico afirmou que, quando se tratava da independência do Texas, o grupo era "a maior e mais importante organização dos EUA". Ele também acrescentou: "Não temos motivos para ficar nos EUA. Nosso estilo de vida é completamente diferente."[61] Ao jornal russo, Smith disse que estava em Moscou a convite do Movimento Antiglobalização da Rússia e que aquela era sua segunda viagem ao país. Ele também afirmou que um grande número de militares do Texas apoiava a independência do estado. Smith foi desonesto ao declarar que "o Texas tem seu próprio exército", referindo-se à Guarda Nacional do Texas. Ele disse ao jornal russo: "O Texas não recebe nada do governo federal dos EUA. Nada." Mas isso claramente não é verdade. De fato, segundo o controlador do Texas, 35,5% da receita líquida do estado em 2016 veio do governo federal.[62]

Segundo Smith, nas administrações em nível local, estadual e federal, "não há ninguém que represente o interesse dos texanos". Na verdade, o Texas tem dois senadores, como os outros estados, e 36 assentos na Câmara dos Representantes.

Em nível estadual, há 150 membros na Câmara dos Representantes do Texas e 31 no Senado texano.

Ao se referir ao sistema educacional do Texas, Smith afirmou que "o governo federal está tentando criar artificialmente uma identidade norte-americana", embora a identidade dos EUA seja mais antiga do que a noção de um Texas independente. Para Smith, o objetivo do movimento era ensinar "nossos filhos a estudarem a história do Texas", que já é ensinada em todo o estado.

Como Louis Marinelli, do grupo secessionista "Yes California", Smith colaborava com Alexander Ionov, do Movimento Antiglobalização da Rússia.

Em muitos aspectos, o Daily Stormer é o cruel irmão mais novo do primeiro site da Supremacia Branca, o Stormfront. Nos primórdios da internet, havia o Stormfront, criado por Don Black, um ex-presidiário e membro da Klan do Alabama que aproveitou da pior forma possível as habilidades de informática que obteve na prisão. Black, que fora preso por planejar a invasão de uma ilha no Caribe dominada por negros, lançou e criou o nome do Stormfront poucas semanas antes do atentado em Oklahoma, que matou quase 200 pessoas (em sua maioria crianças).

Uma nova geração de pequenos nazistas encontrou no Daily Stormer seu Stormfront. Depois que a manifestação Unite the Right, em Charlottesville, alertou o mundo sobre o perigo dos neonazistas e da Supremacia Branca, uma onda de represálias se abateu sobre as empresas de tecnologia que hospedam esses sites, fóruns e perfis de mídia social. Como resultado, o site dos Supremacistas Brancos, Daily Stormer, originalmente lançado em servidores GoDaddy, acabou sendo hospedado em servidores russos.[63] O site ressurgiu como dailystormer. ru. Além disso, grupos ligados à direita alternativa, banidos do Facebook e do Twitter, começaram a instalar sua comunidade no VKontakte, uma plataforma de mídia social russa.[64]

CAPÍTULO 14

Um Ato Desleal

Qalquer profissional de inteligência qualificado concluiria que Trump é o sonho de todo espião. Sua personalidade problemática e sua indiferença em relação a qualquer coisa ou pessoa que não seja ele mesmo são facilmente exploráveis. Talvez a Rússia já considerasse Trump como um ativo em potencial desde 1987. Mal sabiam os russos que, como presidente, Trump seria quase tão eficaz quanto um agente voluntário e confiável.

Quando o 45º presidente dos Estados Unidos Donald J. Trump fala, pouco do que diz não é resultado de sugestões, ações e experiências realizadas pelos russos, cujas operações são cuidadosamente planejadas para beneficiar a Federação Russa. Há uma boa razão para isso. Trump não é motivado por sua afinidade com Putin e sua proximidade com a rede conservadora pan-europeia. Não se trata propriamente de lavagem cerebral. Na verdade, Trump atua cada vez mais como representante dos interesses russos. Para ele, sua base se beneficiará dessa postura, que inclui obter a aprovação de Vladimir Putin e do povo russo, que teria o acolhido melhor do que as pessoas que não votaram nele.

O fato de os russos terem estabelecido um plano para controlar a percepção do público norte-americano e eleger Donald Trump presidente dos Estados Unidos é agora inquestionável. No entanto, a avaliação da Diretoria de Inteligência Nacional sobre o ciberataque, a denúncia de Mueller contra a Internet Research

Agency e as palavras e ações de Trump oferecem fortes indícios que levariam qualquer analista de inteligência a apontá-lo como parte desse complô.

Para o público, ainda pairam dúvidas sobre o nível de culpabilidade e cooperação de Trump em relação à Rússia, embora as provas circunstanciais sejam esmagadoras. É possível conjeturar sobre seu envolvimento como ativo involuntário na época do seu primeiro tuíte, em 2012, no qual prometia Tornar os Estados Unidos Grande Outra Vez, mas em 2018 ficou claro que ele já não era mais involuntário.

No jargão dos profissionais de inteligência, Trump é um Ativo Voluntário. Em termos legais, ele traiu seu juramento de proteger e defender a Constituição. Na linguagem das ruas, ele é visto por muitos como um traidor.

Quem Tomava as Decisões de Trump

Os profissionais da OTAN que lidam com as medidas ativas e a guerra cibernética promovidas pela Rússia recebem um estudo para entender melhor seus adversários ideológicos no campo de batalha da guerra de informação. O *Handbook of Russian Information Warfare* [O Manual da Guerra de Informação Russa, em tradução livre] é uma obra brilhante que explica ao profissional o antigo conceito soviético, agora russo, de "Controle Reflexivo". A OTAN define essa técnica como "... a prática de alterar fatores-chave na percepção do mundo de um adversário para predeterminar suas decisões e beneficiar a Rússia".[1] O Estado-maior da Rússia trocou o nome desse processo para "gestão da percepção".

Os russos vêm aplicando a gestão da percepção contra os Estados Unidos de forma quase contínua desde 2010. Mas, entre 2012 e 2013, sua estratégia se concentrou em influenciar a eleição de 2016. Os russos se encarregaram de estabelecer a imagem que os cidadãos norte-americanos e seu candidato à presidência preferido deveriam ver. Quando executada corretamente pelos russos, a gestão da percepção induz o líder a acreditar que está interpretando situações contrárias aos interesses da liderança norte-americana de forma autônoma. Mas, na verdade, quando os russos promovem uma campanha eficiente nas esferas da política, da propaganda e da informação, o líder efetivamente interpreta as situações por um ângulo fabricado especificamente para ele. Em outras palavras, quando o líder acha que o mundo está indo às mil maravilhas, o processo de controle da informação dos russos não só lhe sugeriu esse otimismo, como também criou as circunstâncias para esse líder acreditar que foi, sem dúvida, uma decisão sua adotar uma atitude otimista em vez de outra postura. Essa operação é executada através da criação de metanarrativas — em que uma situação é articulada em um nível estratégico muito antes de o oponente entrar na equação. Segundo o manual da OTAN: "Para exercer controle sobre as decisões de um oponente, é necessário orientá-lo com base em princípios que fundamentarão logicamente suas decisões, que serão predeterminadas pelo outro lado."[2]

Segundo Charles Blandy, um britânico especialista em guerra de informação, o estudo finlandês *Fog of Falsehood: Russian Strategy of Deception and the Conflict in Ukraine* [A Neblina da Falsidade: A Estratégia Russa de Fraudes e Conflito na Ucrânia, em tradução livre] indica os quatro estágios principais do desenvolvimento de uma campanha de gestão da percepção após a aplicação da força (ou, em tempos de paz, sem utilização de força) contra um oponente:

"Orientar o oponente a elaborar uma avaliação da situação inicial.

Delinear os objetivos do oponente.

Influenciar o algoritmo do processo de tomada de decisões do oponente.

Definir o momento da decisão."[3]

Desde a ascensão de Putin na liderança da Federação Russa, a gestão da percepção tem sido um componente fundamental da guerra psicológica promovida pela inteligência russa e da preparação do novo campo de batalha da informação. A decisão de Putin de implementar essa política dependia de vários fatores; o mais importante era o ambiente político norte-americano, especialmente quanto ao nível de intensidade da oposição aos presidentes George W. Bush e Barack Obama, à disposição do presidente em entender e se opor aos movimentos da Rússia no domínio da informação e ao nível de legitimidade que a mídia global poderia oferecer às técnicas russas de gestão da percepção. De modo geral, George W. Bush era um presidente durão e contava com a equipe de segurança nacional de seu pai, um fervoroso anticomunista. Embora visse "a alma de Putin", a quem deu o apelido de "Pootie-Poot", Bush não teria sido a escolha certa para a criação do ambiente mais adequado para mudar a política dos EUA em relação à Rússia. O presidente Barack Obama e Hillary

Clinton tentaram redefinir as relações tensas do país com a Rússia após a interferência na Geórgia e na Estônia e as constantes tentativas de hackear a administração norte-americana. Eles eram opções ainda piores. Pouco antes das eleições nos EUA, ficou claro que a Rússia vislumbrava a possibilidade de operar contra Washington na esfera da informação, pois a mídia estatal russa se mostrava bastante afinada com os canais de notícias da TV fechada norte-americana. O WikiLeaks ainda era uma organização confiável de promoção da "transparência". Por seu ódio à Hillary Clinton combinado com os incessantes ataques republicanos à honestidade e aos e-mails da democrata, Julian Assange poderia ser útil.

O campo republicano tinha muitos atores, mas apenas um atendia a todos os parâmetros indicados na matriz de gestão da percepção apontada por Charles Blandy. Tratava-se de um velho conhecido da inteligência russa.

Para que uma mudança global ocorresse a partir da introdução de metanarrativas russas na mente de um candidato presidencial norte-americano, ele deveria ser supervisionado pessoalmente pelo espião-chefe da Rússia. Cada ativo, voluntário ou não, era avaliado quanto ao seu perfil e encaminhado aos agentes de inteligência do FSB e do SVR que atuavam com fontes humanas. Segundo Yuri Bezmenov, a antiga KGB (e agora o novo serviço clandestino) preferia os narcisistas conservadores egocêntricos por serem gananciosos e carecerem de princípios morais. Essas vulnerabilidades e falhas de caráter, típicas de uma perfeita tábula rasa ideológica e de alguém que faria tudo que fosse sussurrado em seu ouvido pelo líder russo e sua oligarquia, estavam todas presentes na pessoa mais egoísta do hemisfério ocidental: Donald J. Trump.

Trump era historicamente conhecido por ser um líder transacional disposto a fazer o que fosse necessário para se dar bem. Ele estava sempre pronto para fazer negócios, mesmo que fossem péssimos negócios. Diversas vezes, Trump provou que era, na verdade, um empresário extremamente incompetente — ele conseguiu falir um cassino! Trump fracassou em todos os empreendimentos dos quais participou. Se não fosse a herança de US$200 milhões deixada por seu pai, ele seria um fanfarrão arruinado.

Recrutando Trump com o MICE

A metodologia básica usada por agentes de inteligência de todo o mundo para recrutar uma pessoa de forma involuntária como espião ou ativo pode ser expressa no acrônimo MICE — *money, ideology, compromise/coersion, ego* — dinheiro, ideologia, comprometimento/coerção e ego.[4]

Naveed Jamali, um oficial da inteligência naval dos EUA e ex-agente duplo com passagem pelo FBI, foi recrutado pela inteligência russa para espionar seu país. Durante três anos, ele foi supervisionado por um oficial da GRU, um capitão da marinha designado para a embaixada russa em Nova York. Segundo Jamali: "O objetivo [do agente russo] é cativar uma fonte e estabelecer um relacionamento com ela. À medida que o relacionamento avança, a ligação deve perder visibilidade até ficar oculta, enquanto o agente orienta o ativo na execução das suas tarefas operacionais." Isso explica o relacionamento de Trump e Putin — Trump desconfiava das armações de Putin? Ou acreditava piamente que Putin era seu amigo? Os especialistas em Rússia Fiona Hill e Clifford Gaddy avaliaram com precisão a insensatez dessa empreitada: "A razão mais óbvia para não aceitarmos nenhuma história ou suposto fato como verdadeiro no que se refere a Vladimir Putin é que estamos lidando com um mestre tanto na manipulação e supressão de informações quanto na criação de pseudoinformações."[5]

M — Dinheiro. Querendo ou não, ao receber dinheiro ou outra forma de remuneração, uma pessoa se torna um ativo de uma agência de inteligência. Se resolver se aliar de vez, ingressar na agência e assinar um contrato de serviço, essa pessoa se torna um agente. É possível criar a ilusão de que essa pessoa está trabalhando para autoridades policiais ou regulatórias, embora ela seja, de fato, um agente de um serviço de inteligência hostil; chamamos essa operação de bandeira falsa. Em 1986, Ronald Pelton foi preso pelo FBI e acusado de espionagem. Fluente em russo, ele era analista da NSA e vendeu segredos para a Rússia por cinco anos. Pelton estava profundamente endividado. Depois de se desligar da NSA, ele contatou os russos e vendeu informações ultraconfidenciais relacionadas à segurança nacional por um total de US$37 mil. O espião da CIA na Rússia, Vitaly Yurchenko, descobriu e expôs Pelton.

No caso de Donald Trump, os russos já sabiam que ele era um dos piores negociadores do mundo havia muito tempo. Trump estava quase sempre correndo atrás de dinheiro. Nem sua herança, nem seus muitos empreendimentos, como o Trump Steaks e os vinhos Trump, poderiam obter o nível de respeito que ele achava que merecia. Ele sempre recorria ao mercado imobiliário. Como a Rússia representava uma parte substancial de seu portfólio, o Kremlin sondou o terreno para determinar se ele era um bom candidato para o MICE. Os russos primeiro testaram seu nível de ganância. Trump vendeu uma mansão em Palm Springs para o oligarca russo Dmitry Rybolovlev por US$91 milhões e obteve um lucro de 130% no negócio. Essa foi uma isca financeira perfeita para determinar até onde Trump iria por dinheiro.[6]

É isso que faz de Trump um alvo tão perfeito para as ações de influência de uma potência estrangeira. Trump não tem nenhum controle sobre seus impulsos, sendo, por isso, facilmente manipulável como ativo sujeito ao procedimento padrão dos russos, que observam todas as suas ações e movimentos. Uma boa agência sabe reconhecer uma boa oportunidade. A imprudência e a impulsividade oferecem aos diplomatas, oligarcas e espiões russos a chance de intervir e canalizar parte do mercado dos Estados Unidos para os cofres de Putin.

I — Ideologia. Os ativos recrutados frequentemente se tornam agentes porque desejam ser mais úteis à nação ou à causa com que têm afinidade ideológica.

Aras Agalarov, investidor bilionário do Grupo Crocus, organizador do concurso Miss Universo e oligarca russo, também era dono do restaurante Nobu, em Moscou. Em novembro de 2013, Agalarov organizou discretamente uma reunião privada de duas horas entre Trump e alguns dos homens mais ricos da Rússia. Durante o encontro, o grupo apresentou a Trump a visão de mundo da Rússia. Na reunião estavam Herman Gref, CEO do banco estatal russo, o Sberbank OJSC, e German Khan, um magnata dos setores bancário e petrolífero; o grupo era contrário ao eixo atlanticista ocidental. Suas perspectivas, aliadas às dos conservadores norte-americanos, criaram uma esfera impenetrável de sentimento antiglobalista que seria adotada por Trump. Nas palavras de Jamali: "A abordagem de um ativo pela inteligência russa geralmente começa com reuniões abertas e legítimas. Essas interações iniciais são inócuas e servem para estimular o alvo, acariciando seu ego." Durante essa reunião, Trump ouviu e, aparentemente, adotou as posições da Rússia, como um filhote obediente e ávido pelos petiscos e afagos que recebe. Nessa reunião com a elite global — multibilionários bastante próximos de Vladimir Putin, o homem capaz de viabilizar seu tão sonhado projeto: construir uma Trump Tower em Moscou —, Trump teria aceitado qualquer proposta para se dar bem. Os ativos tendem a ficar bem maleáveis quando dinheiro e ideologia são associados a pessoas que admiram e que podem facilitar seus sonhos; Trump teria vendido o próprio filho para Moscou naquele momento. A reunião no Nobu foi provavelmente a ocasião em que Trump aceitou conscientemente o suborno de Moscou.

C — Coerção/Cooptação/Comprometimento. Quando um ativo estiver iniciando suas operações, é bem possível que seus supervisores lhe expliquem a gravidade da traição; muitos temem ser apanhados por algum erro e que suas famílias sejam prejudicadas pela exposição. Essa abordagem garante a conformidade no desempenho do ativo. Ameaças de morte e tortura física também podem ser utilizadas. Em muitos casos, o oficial de inteligência recorre a materiais de Kompromat (informações comprometedoras), ameaçando expor ou humilhar publicamente o ativo.

Em 1988, as agências de inteligência tchecoeslovacas e soviéticas souberam, por informantes, das aspirações presidenciais de Trump. Segundo a revista alemã *Bild* e o canal tcheco ČT24, os tchecos já coletavam informações sobre Trump desde 1977.[7] A Agência de Segurança do Estado da Tchecoslováquia (StB ou *Státní Bezpečnost*) produziu documentos altamente confidenciais sobre o tema. Agentes tchecos monitoravam Trump e sua esposa Ivana, nascida na Tchecoslováquia. Ela e Trump visitaram seu pai, Miloš Zelníček, nos anos 1970 e 1980, antes de se divorciarem.[8] A StB estava diretamente subordinada à KGB, que somava essas informações aos dados coletados nos Estados Unidos e durante a viagem de Trump à Rússia, em 1988. Esses dossiês de inteligência sobre alvos de alto valor eram mantidos em um arquivo na antiga sede da KGB, na praça Lubianka, quando Putin era diretor do FSB. Esses dossiês foram digitalizados e disponibilizados para as equipes de exploração. Quando Trump visitou Moscou para o concurso Miss Universo de 2013, ele já havia feito negócios com inúmeros russos. Trump tinha alguns simpatizantes de Moscou em sua equipe e estava ansioso para conseguir uma reunião com Putin. Esses fatos eram bem conhecidos. Trump era um concorrente para alguns oligarcas russos, conscientemente ou não. Ele foi categorizado como Alvo de Coleta Especial (HVP-SCT, Special Collection Target). A classificação SCT geralmente é atribuída a chefes de Estado e empresários extremamente ricos, como Bill Gates e George Soros. Também abrange oficiais da CIA e ex-oficiais de agências de inteligência que tenham visitado o país. Pela minha experiência na gestão de alvos de alto valor em nível nacional, posso afirmar que eles exigem um tratamento especial. Talvez a agência tenha monitorado o telefone pessoal de Trump e outras formas de comunicação por voz. Captado conversas por meio de grampos telefônicos em seu hotel e de escutas usadas por pessoas infiltradas para gravar diálogos privados com a celebridade. O FSB pode ter monitorado as atividades de Trump e comunicado em tempo real ao Kremlin qualquer fato importante. O FSB teria uma Equipe de Coleta de Imagens (também conhecida como Equipe de Captação de Kompromat) operando de forma independente, com câmeras fotográficas e filmadoras escondidas nas paredes, para capturar Trump em qualquer situação comprometedora que pudesse ser explorada. Toda mulher que ele beijou foi filmada. Cada traseiro que ele beliscou foi gravado. Cada palavra doce que ele disse a uma amante e cada negócio paralelo que fez passaram a ser propriedade da Federação Russa. Um indício de coação é o fato de que Trump nunca, jamais, menosprezou nem insultou o presidente Putin. A única explicação aceitável para isso é que Moscou tem informações ou provas capazes de destruir a única coisa importante para Trump — seu império financeiro. Essa forma de coerção deve ter sido revelada abertamente a Trump para evitar qualquer dúvida sobre o seu papel no complô. A piada no meio é que Putin obviamente tem um acordo de confidencialidade que Donald Trump jamais violará. Considerando que a inteligência russa poderia ter obtido praticamente qualquer informação constrangedora sobre a estadia de Trump em Moscou, Trump estaria encurralado. Muitos ex-analistas de inteligência dos EUA que atuam na mídia de notícias já opinaram que o comportamento de Trump como presidente valida essa versão.

E — Ego/Empolgação. Com um ego como o seu, Trump poderia facilmente ser influenciado a ir para qualquer lugar e fazer praticamente qualquer coisa, contanto que houvesse a quantidade certa de elogios e promessas de riquezas. A emoção do jogo é um importante fator motivacional para Trump. Ele é o agente do seu próprio caos. Ele se propaga no caos — na empolgação provocada por seus ataques a personalidades, nas idas e vindas com seus inimigos, na adoração das massas. Basta massagear seu ego para ele rolar como um cachorrinho obediente. Trump opera sem ter uma estratégia política real como fonte de excitação. Ele é impulsivo e cultiva crenças sem nenhuma base nem fundamento. A grande atração pessoal do seu mundo é observar as pessoas competindo para ver quem é a mais bem-mandada. Essa irracionalidade faz dele alguém facilmente manipulável por líderes estrangeiros e seus espiões, que utilizam certas palavras e ações para levá-lo a um surto de fúria no Twitter e elogios para transformá-lo em um poço de subserviência.

Para Trump, toda ideia incutida por Moscou era obra do brilhante raciocínio produzido por sua grande e bela mente. Não se pode dar crédito a Putin por controlar todos os aspectos dessa estratégia. Existem muitas variáveis, e o Kremlin teria que contar com a sorte a cada jogada. Mas Putin encarregou o FSB/SVR de tentar, e em 2013, quando souberam que Trump estava cogitando seriamente se candidatar à presidência, eles jogaram os dados.

A metanarrativa promovida pela inteligência russa era simples — o objetivo era convencer Trump de que ele já tinha algumas opiniões formadas sobre os seguintes pontos:

1. A OTAN sufoca a Rússia com bases militares e um cerco agressivo às suas fronteiras.

2. A Rússia é um império novo, rico e glorioso, com um líder forte e destemido, cuja proximidade com Trump pode ajudá-lo a se associar à elite da oligarquia global, para a qual fronteiras não significam nada — apenas o dinheiro importa.

3. A União Europeia, com suas hordas de imigrantes muçulmanos, está acabada — é necessário construir uma nova aliança conservadora, etnonacionalista e branca em todo o mundo com a ajuda de Moscou.

Eles amaciaram Trump e o convenceram a entrar para o "clube exclusivo", argumentando que seu país era pobre e que ele poderia fazer a diferença. Outro método utilizado para moldar sua avaliação da situação foi a intermediação dos seus aliados mais extremos na NRA e dos partidários do movimento evangélico norte-americano, que repetiram a mesma metanarrativa que ele ouvira no concurso de Miss Universo e em todas as suas conversas posteriores — todos diziam que a Rússia era um aliado.

Uma das metas da estratégia russa de gestão da percepção é "Moldar os Objetivos do Adversário" — ou seja, fabricar uma esfera de informação na qual o adversário adotará objetivos criados pelos propagandistas russos.

Durante a campanha de 2016, Trump manifestou ideias que chocaram seus aliados e surpreenderam os meios de comunicação. Ele questionou a utilidade da

OTAN e criticou os países-membros do tratado por não pagarem aos Estados Unidos pela sua defesa. Trump também atacou a viabilidade da União Europeia e se alinhou com a proposta de Marine Le Pen de acabar com o bloco.

Enquanto o mundo condenava a Rússia pela invasão da Crimeia em 18 de março de 2014, Trump elogiava Putin e criticava Obama. Setenta e duas horas após a tomada da Crimeia pelas tropas do exército russo, em 21 de março de 2014, Trump tuitou: "Putin se tornou um grande herói na Rússia e tem a maior popularidade da história. Obama, por outro lado, viu sua popularidade despencar para a menor já vista. TRISTE."

Em outro tuíte, Trump comentou: "Acredito que Putin continuará a reconstruir o Império Russo. Ele não tem respeito por Obama nem pelos EUA!" A expressão "Império Russo" também é usada pela direita alternativa russo-europeia. A expressão promove os objetivos imperiais da Rússia. E essa passou a ser a visão de mundo de Trump.

Em 6 de novembro de 2012, após a derrota de Mitt Romney para Barack Obama, Trump tuitou: "Não podemos deixar isso acontecer. Devemos marchar até Washington e acabar com essa farsa. Nossa nação está totalmente dividida! Em 19 de novembro de 2012, a Donald J. Trump for President, Inc., sua ONG, registrou o "Make America Great Again Political Action Committee" [Comitê de Ação Política para Tornar os Estados Unidos Grande Outra Vez, em tradução livre].

O concurso de Miss Universo foi o cenário perfeito para convencer Trump do seu papel importante na mudança da dinâmica entre Oriente e Ocidente. À primeira vista, ele parecia interessado principalmente em fechar um contrato para construir uma Trump Tower. Ao voltar da Rússia, Trump tuitou: "@AgalarovAras, tive um ótimo final de semana com você e sua família. Você fez um trabalho FANTÁSTICO. TRUMP TOWER MOSCOW será o próximo. EMIN foi SENSACIONAL!"[9]

A Trump Tower Moscow era um sonho cultivado por Trump desde 1988. Havia até uma proposta de construir um spa chamado *Ivanka*. No jargão da inteligência, a Trump Tower Moscow, objeto de desejo de Trump havia 15 anos, poderia ser chamada de "isca". Quando o espião que supervisiona o ativo lhe oferece algo feito do metal raro "inatinginium", está utilizando uma isca. É o objeto reluzente que atrai o peixe para o anzol. Como vimos antes, durante o jantar no Nobu, a

UM ATO DESLEAL 279

oligarquia russa informou Trump sobre seus objetivos para quando o empresário se tornasse o líder dos Estados Unidos. Provavelmente, depois dessa conversa e da promessa de apoio secreto, ele decidiu concorrer à presidência.

Essa ligação ficou ainda mais clara quando, em 22 de janeiro de 2014, Yulya Alferova, uma *apparatchik* do Kremlin que se intitula "assessora do ministro do Desenvolvimento Econômico da Federação Russa", tuitou uma foto em que aparecia ao lado de Trump. Na verdade, ela é ex-esposa de Artem Klyushin, um oligarca russo bastante próximo de Putin. A foto foi tirada durante a reunião de planejamento do concurso Miss Universo, em junho de 2013. Seu tuíte trazia o seguinte comentário: "Tenho certeza de que @realDonaldTrump será um ótimo presidente! Vamos apoiá-lo aqui na Rússia! Os EUA precisam de um líder ambicioso!"[10] Essa declaração de apoio parece ter sido completamente gratuita.

Curiosamente, em junho de 2013, Alferova participou de um jantar privado em Las Vegas promovido por Trump para receber Aras Agalarov e sua esposa, Irina, bem como o filho de Agalarov, Emin; o bilionário de 83 anos Phil Ruffin, casado com a ex-Miss Universo Oleksandra Nikolayenko, de 36 anos; o britânico especialista em relações públicas Rob Goldstone; e o guarda-costas de Trump, Keith Schiller. Após esse encontro, Alferova foi contratada para atuar na organização do concurso.

Trump provavelmente lhe disse que pretendia concorrer à presidência antes de 22 de janeiro de 2014. Como uma boa *apparatchik* do Kremlin, se ela sabia disso, a inteligência russa já havia sido informada bem antes do envio do tuíte. Essa informação teria sido encaminhada diretamente a Vladimir Putin.

Outra prova de que a Rússia teria influenciado profundamente as decisões de Trump foi incluída na denúncia do procurador especial do Departamento de Justiça dos EUA, Robert Mueller; segundo ele, toda a cúpula da administração da Internet Research Agency, uma empresa de fachada mantida pelo FSB, faria parte de uma organização criminosa estabelecida com o objetivo de influenciar as eleições norte-americanas.

Uma prova de que a Rússia estava atuando em prol de Trump também foi listada na denúncia contra a RF-IRA. De acordo com o documento, a contratação inicial de uma equipe com 90 analistas fluentes em inglês para o "Projeto Tradutor", cujo objetivo era moldar a percepção do público norte-americano sobre a Rússia e Trump, ocorreu em agosto de 2013, 60 dias após o anúncio do concurso Miss

Universo. Em janeiro de 2014, na época do tuíte de Yulya Alferova, os russos começaram a planejar sua estratégia cibernética para mudar a percepção do público norte-americano usando perfis fictícios de cidadãos dos EUA nas mídias sociais para favorecer Donald Trump.[11]

Quando Trump começou a pensar na sua candidatura à presidência, no final de 2012, provavelmente estava só especulando. Durante quase dois anos, ele não mencionou essa possibilidade no Twitter, nem deu nenhuma pista nesse sentido. Talvez Trump só estivesse ocupado, mas não foi coincidência que a inteligência russa, incluindo o principal propagandista de Vladimir Putin, já tivesse organizado um sistema para dominar o Twitter e o Facebook e aproveitar o poder exponencial das mídias sociais para favorecê-lo.

Em setembro de 2014, Trump anunciou que concorreria ao cargo de presidente. Ele tuitou: "Eu me pergunto: se eu me candidatar a PRESIDENTE, será que os haters e os perdedores votarão em mim sabendo que eu TORNAREI OS ESTADOS UNIDOS GRANDE OUTRA VEZ? Eu diria que sim!"[12]

A ideia da candidatura pode ter sido de Trump, mas a verdadeira decisão seria viabilizada por um mecanismo cujo objetivo era elegê-lo. Sem perceber, Trump tomou uma decisão que já havia sido preparada para ele há muito tempo.

Trump e a Rússia Estão Conspirando?
A Confissão de Rykov

Muitas acusações têm sido feitas sobre o nível da cooperação entre Donald Trump e sua equipe de campanha e a Rússia, mas a maioria delas se baseia em expectativas e não em fatos. À medida que o procurador especial avança em sua investigação, os fatos podem indicar que Trump não só estava ciente do plano russo para interferir na eleição norte-americana, como também atuava como coordenador ativo do complô para controlar a mentalidade do povo norte-americano e conduzir o país em direção ao rebanho russo.

Dois dias depois da vitória de Donald Trump, Konstantin Rykov, ex-membro da Duma pelo partido de Putin, o Rússia Unida, escreveu um relato equivalente a uma confissão, explicando como a Rússia teria definido a eleição de Donald Trump. Antes da denúncia contra a Internet Research Agency (RF-IRA), essa história era amplamente ignorada e tida como bravata. Agora, a narrativa havia sido essencialmente comprovada pelos detalhes revelados sobre o funcionamento interno da RF-IRA.

Rykov é mais conhecido por ser o propagandista de Vladimir Putin na TV e em outras mídias. Ele já foi chefe do departamento de mídias digitais do Canal Um, a principal rede de televisão da Rússia e o primeiro canal a ser autorizado depois da era soviética. Ele também criou uma rede de sites russos sobre política e se tornou uma celebridade na internet por seus tuítes e publicações no Facebook, muitas sob a alcunha de "Jason Foris". Há rumores de que ele seria o criador do Craigslist russo para serviços de acompanhantes, o Dosug.

Na noite após a vitória de Barack Obama, em 2012, Donald Trump tuitou que estava indignado com a reeleição do presidente afro-americano. Movido pela raiva e pela frustração, ele tuitou: "Devemos marchar até Washington!"

Segundo Rykov, minutos depois do tuíte, ele teria enviado uma mensagem direta privada (DM) para Trump informando que a Rússia estava disposta a ajudá-lo na sua candidatura à presidência. Trump respondeu com outra DM, anexando uma foto em que aparecia fazendo sinal de positivo em um jato particular. Só é possível trocar DMs no Twitter se os dois usuários se seguirem, uma maneira informal de permitir o envio de mensagens privadas. Trump já havia dado essa permissão a Rykov.

Em 2016, Rykov escreveu um post em russo no Facebook que começava da seguinte forma: "É hora de grandes histórias. Vou falar agora sobre quando Donald Trump e eu decidimos libertar os EUA e torná-lo grande outra vez."[13]

O cronograma citado por Rykov correspondia a uma fase de planejamento realizada entre 6 de novembro de 2012 e 8 de novembro de 2016, o período do segundo mandato de Obama. Foi nessa época que, segundo a investigação do FBI, a RF-IRA se estabeleceu e contratou cerca de 100 pessoas para manipular a eleição por meio das mídias sociais. Rykov confirmou que a estratégia consistia em promover uma campanha de gestão da percepção ao estilo da inteligência russa, usando as melhores mentes à disposição. Rykov continuou: "Qual era nosso plano para Donald Trump? Nosso prazo era de quatro anos e dois dias. Era necessário entrar nas mentes e dominar todos os meios possíveis de percepção coletiva da realidade. Nosso objetivo era garantir a vitória de Donald na eleição presidencial dos EUA. Depois, criar uma união política entre os Estados Unidos, a França, a Rússia (e outros estados) e estabelecer uma nova ordem mundial.

Quatro anos e dois dias é muito tempo, e o adversário, muito fraco. Nossa ideia era louca, mas viável."[14]

De acordo com Rykov, Trump de alguma forma o informou sobre o trabalho dos pesquisadores da Cambridge Analytica. Ele disse que os "cientistas britânicos da Cambridge Analytica prometeram criar 5 mil psicotipos humanos representativos [perfis psicológicos] — a 'imagem perfeita' do possível eleitor de Trump. Em seguida, pretendiam analisar essa imagem em comparação com todos os perfis psicológicos para, assim, encontrar a chave universal para ganhar a eleição".[15]

Rykov sugere que teria sido informado pelo próprio Trump sobre esse assunto. "Donald decidiu convidar a divisão especial de ciências da Universidade de Cambridge para executar essa tarefa." Além disso, segundo ele, Trump teria contratado esses serviços por US$5 milhões. "Mas ele teve acesso a uma superarma secreta", disse Rykov. De acordo com Rykov, eles começaram a procurar as melhores pessoas para "inserir esses dados nos fluxos de informação e nas redes sociais". Em suas palavras, eles tiveram o auxílio "de algumas facções de hackers, de jornalistas ligados ao WikiLeaks e do estrategista político Mikhail Kovalev". Em seguida, eles implementaram medidas para evitar a interferência de agências de inteligência estrangeiras e da NSA.[16]

Os russos se empenharam bastante para aprender a universalizar a plataforma de modo que "mesmo pessoas que falam idiomas diferentes possam trocar informações mais rápido, compreender completamente suas conversas, perceber tendências e influenciar seu desenvolvimento...".

De acordo com Rykov, os códigos dos bots utilizados para controlar as mídias sociais foram escritos em um ano, entre 2013 e 2014. Ele também disse que demorou um ano para testar a versão beta e desenvolver um sistema funcional para promover o "uso ofensivo" da mídia social (2014-2015).

De acordo com a denúncia de Mueller contra a RF-IRA, essas datas correspondem aos dados indicados nos registros empregatícios e operacionais dos funcionários. Segundo Rykov, o botnet e o "Media-filter" foram lançados em 18 de agosto de 2015 no site Trump-2016.com. Na mesma época, o FANCY BEAR, software utilizado pela GRU, a agência de inteligência militar da Rússia, estava lançando ciberataques contra os servidores do Comitê Nacional Democrata.

Trump Tornou o Kremlin Grande Outra Vez!

Nas democracias, as leis normalmente servem como salvaguardas contra as investidas de autocratas e tiranos. No entanto, as leis só impõem uma linha defensiva para coibir abusos por parte dos líderes quando são rigorosamente aplicadas e quando uma classe política dotada de valores morais e éticos zela pela sua aplicação. Se a única motivação do líder for seu próprio enriquecimento ou a criação de uma dinastia familiar, então as leis e a classe política devem supervisioná-lo atentamente para não serem aniquiladas.

Na minha opinião, Trump está colaborando voluntariamente com Putin para destruir os EUA e, assim, aumentar os retornos sobre os investimentos da The Trump Organization. Muitas provas indicam que a Rússia e Trump querem criar uma autocracia norte-americana, unifamiliar e centrada no dinheiro, sob a aparência da república original, mas sem a força da lei para coibir e investigar fatos que contrariem os interesses da família governante. As agências de inteligência da China, Rússia, Irã e Coreia do Norte consideram Trump um alvo facilmente compreensível, e sua imprudência favorece a exploração econômica dos EUA e permite a manipulação do seu comportamento, o que pode prejudicar os Estados Unidos e beneficiar nações hostis. Em todo caso, os interesses dos norte-americanos geralmente não têm nenhuma ligação com os interesses da família Trump, a menos que haja dinheiro na jogada.

Trump fez campanha pela saída dos Estados Unidos da Parceria Transpacífico (TPP) — um gigantesco acordo de livre comércio que daria aos EUA acesso aos mercados de todos os países da região do Pacífico — Trump declarou que o acordo era um "desastre em potencial". Ele expressou várias vezes seu intuito de desvincular imediatamente os EUA do acordo. Ash Carter, secretário de Defesa de Obama, destacou que o TPP era importante devido ao seu grande potencial para resultados financeiros e à sua influência sobre os blocos do mercado Ásia-Pacífico. Em seu quarto dia como presidente, Trump assinou um decreto que desvinculou o país do TPP. No entanto, enquanto ele destruía publicamente o livre acesso dos Estados Unidos ao mercado asiático, seu genro e sua filha negociavam secretamente com a China.

Em abril de 2017, o presidente chinês Xi Jinping visitou Trump em Mar-a-Lago. No mesmo dia, os órgãos reguladores chineses reconheceram os direitos de Ivanka Trump, agora funcionária do governo dos EUA, sobre valiosas marcas registradas. Embora ela alegasse que não misturava negócios com seu trabalho no governo, essas declarações pareciam apenas da boca para fora. As marcas registradas de Ivanka poderiam torná-la ainda mais rica, mas violavam diretamente as normas aplicáveis a conflitos de interesses. Em maio de 2017, descobriu-se que a irmã de Jared Kushner, Nicole Kushner Meyer, estava incorrendo em tráfico de influência junto a Trump enquanto tentava convencer investidores chineses a imigrarem para os EUA com vistos do tipo EB-5. Esses vistos controversos permitem que os estrangeiros residam no país em caráter permanente se investirem em empresas norte-americanas. Segundo ela, esse investimento era muito importante para ela "... e sua família".[17] Nos dois casos, a administração Trump não fez nada para punir seus parentes por terem obtido vantagens econômicas contrárias aos interesses dos Estados Unidos usando Trump como cobertura.

Quando o líder de um movimento populista cita "a vontade do povo" para justificar crimes, não há nada que esse tirano não possa fazer. Quando a mente do eleitor é hackeada, todas as ações e comportamentos ilícitos passam a ser permitidos na sua nação.

Como analista político, uma vez brinquei dizendo que Trump parecia contar com uma equipe de Russos Assessores de Tiranos Obstinados e Simplórios (seriam RATOS?) na Casa Branca. Isso pode não estar longe da verdade. Em meio ao turbilhão de controvérsias sobre suas ligações com Moscou, Trump fez inúmeras reuniões com o ministro das Relações Exteriores da Rússia, o embaixador russo, Vladimir Putin e outros dignitários e oligarcas russos enquanto estava sob investigação do FBI por suspeita de conspiração.

No dia seguinte à demissão do então diretor do FBI, James Comey, Trump se encontrou com o ministro das Relações Exteriores Sergey Lavrov e com o embaixador Sergey Kislyak no Salão Oval. Em uma reunião fechada à imprensa norte-americana, ele afirmou ter demitido o diretor do FBI para aliviar a pressão causada pela investigação sobre suas ligações com a Rússia. Além disso, Trump atuou em coordenação com Putin e anunciou que pretendia criar "uma unidade impenetrável de segurança cibernética", com a colaboração da Rússia, para identificar os culpados pelos ciberataques realizados durante as eleições.

Em janeiro de 2018, os diretores do FSB, do SVR e do GRU se reuniram secretamente com seus colegas norte-americanos em Washington a pedido de Trump, embora a Rússia ainda estivesse sob as sanções aplicadas pelos EUA.

Quando quer uma opinião, Trump recorre ao seu colaborador mais confiável... Moscou.

Trump adotou as mesmas ferramentas e métodos do Kremlin que elegeram Putin e outros autocratas diversas vezes. Ele pode ver o que funciona e o que não funciona em países europeus como a Polônia, a Hungria e a Áustria. Pelas suas ações, é evidente que Trump sabe que semear a discórdia deliberadamente entre os cidadãos pode ser bastante vantajoso para ele. Um eleitorado dividido não dará a devida atenção a questões específicas, como os eleitores conservadores e suas tendências autoritárias. A base votará no líder, não em projetos para salvar as baleias, manter as ruas limpas e controlar a venda e o uso de armas de fogo. O que ele determinar será validado pelo eleitorado nas urnas. Os outros eleitores se preocupam com questões pontuais e podem ser ignorados. Ao dividir a oposição promovendo uma onda de discórdia, Trump consegue separar os dois terços da população que pensam democraticamente do bloco compacto formado por seus partidários. Os defensores leais são recompensados, enquanto os oponentes são punidos. Que Trump e seu grupo tenham basicamente adotado medidas comunistas/fascistas típicas da KGB não é surpreendente.

Seu traço mais ditatorial é a violência com que trata seus adversários políticos. Trump já expressou abertamente como gostaria que todos aqueles que ousassem atravessar seu caminho fossem presos. Durante a campanha de 2016, Donald Trump ameaçou Hillary Clinton constantemente com prisões. Já na presidência, ele exigiu (mas não conseguiu) a abertura de investigações contra todos os democratas que o desafiavam, incluindo Hillary Clinton, Obama, Comey, o deputado Adam Schiff, o senador Chuck Schumer, a deputada Nancy Pelosi e o apresentador da MSNBC e ex-deputado republicano Joe Scarborough. Ele criou o cenário perfeito para provocar uma mudança na mente de seus eleitores — sua mensagem era: os inimigos devem ser ofendidos, atacados e degradados. Em seus comícios, os opositores eram alvos de escarros, espancamentos e insultos. Trump incitava seus partidários a surrarem os manifestantes e prometia pagar os custos dos processos movidos contra os agressores. Quando isso acontecia, Trump ignorava os pedidos dos réus. Ainda assim, ele prometeu mudar o sistema norte-americano para permitir a intimidação, os maus-tratos e a exclusão de pessoas com base em raça, cultura e visão política. Trump não se limitou a insultar Hillary Clinton. Ele também ofendeu Barack Obama, Joe Biden, Paul Ryan, Mitch McConnell, John McCain, a senadora Lindsey Graham, seu próprio procurador-geral, Jeff

Sessions, seu conselheiro de Segurança Nacional, o general H.R. McMaster, todo o FBI, a CIA, o Partido Democrata, 65% dos Estados Unidos, o papa e Oprah Winfrey. Para Trump, são todos "haters e perdedores". Por outro lado, ele só não se atreveu a criticar duas pessoas neste planeta: Vladimir Putin... e Rachel Maddow, da MSNBC.

Desde George Washington, todos os presidentes tiveram problemas com a imprensa. Donald Trump não é uma exceção. Mas, do dia em que anunciou sua candidatura até sua posse, em 20 de janeiro de 2017, ele tem sido um severo crítico da cobertura da mídia. A imprensa muitas vezes o retratava como um palhaço, e seu comportamento só confirmava essa impressão. No entanto, assim que venceu a eleição, sua ira tomou um rumo sombrio. Trump declarou guerra à mídia televisiva e à imprensa escrita dos EUA e as definiu como inimigas do povo norte-americano. Ele começou a descrever qualquer reportagem precisa que não o agradasse como "fake news". Por exemplo: "A mídia das FAKE NEWS (os fracassados @nytimes, @NBCNews, @ABC, @CBS, @CNN) não é minha inimiga, é inimiga do povo norte-americano."[18] Trump geralmente faz afirmações sem nenhum fundamento e emite séries com mais de 100 tuítes dizendo que, na maior parte, as principais notícias da mídia são fake news.

Isso nos remete à questão: será que Trump sabe que a liberdade de imprensa é garantida pela Primeira Emenda da Constituição que ele jurou proteger? A Primeira Emenda à Constituição dos EUA garante a liberdade de religião, de expressão e de reunião, bem como o direito de petição ao governo em caso de reparação — o dispositivo abrange linguagem escrita e oral. Trump aparentemente decidiu ignorar essa garantia constitucional e a substituiu pelo "direito de determinar o que é liberdade de expressão".

Trump está, de fato, implementando uma ação testada e aprovada de guerra psicológica e propagandística: se você controla o que é a "verdade", então pode determinar o que é real e o que não é. Trump domina o manual do Kremlin e imediatamente começou a criar uma bolha de informações exclusiva para seus seguidores. Para ter sucesso na sua ação, Trump precisa desacreditar tudo que estiver fora dessa bolha. Trata-se de um controle de informações do mais alto nível. É a ferramenta de um tirano.

Aparentemente, o ataque de Trump às "fake news" é uma forma de manter sua influência junto aos eleitores por meio da contestação de matérias contrárias e prejudiciais à sua imagem. O perigo dessa situação é que Trump está perfeitamente ciente de que suas ações, essencialmente, orientam seus seguidores a acreditarem no que ele diz e não em fatos empíricos. Isso é demagogia.

O impacto global das notícias veiculadas pela CNN faz da emissora o principal alvo dos ataques de Trump entre todas as redes. A CNN é o canal de notícias mais popular na cobertura de crises nacionais e eventos internacionais importantes. Devido ao jornalismo investigativo e ao olhar crítico do canal em relação à onda de mentiras quantificáveis de Trump, a integridade jornalística da CNN tinha que ser desacreditada.[19] Trump tuitou: "A @FoxNews é muito mais importante nos Estados Unidos do que a CNN, mas, fora dos EUA, a CNN International ainda é uma importante fonte de notícias (falsas); esse canal representa muito mal nossa Nação para o MUNDO. Os outros países não assistem a nada verdadeiro nesse canal!"[20]

Para Trump, a mídia é, essencialmente, uma arma de desinformação — uma plataforma para disseminar suas visões ideológicas de extrema-direita. Ele também é um consumidor ingênuo de fake news. A menos que a notícia venha de uma fonte que ele julga confiável, é mentira.

Trump é conhecido por assistir ao programa matinal *Fox & Friends* em busca de opiniões que lhe agradem sobre alguns tópicos e, depois, divulgar esses "comentários originais" em sua conta no Twitter como se fossem dele. Essa postura lembra a forma como uma criança de cinco anos vê o mundo. Tudo que sai da sua mente é original.

Trump com certeza sabe como Putin atacou diretamente seus detratores na imprensa e venceu. Na verdade, Putin usou o FSB e suas agências de mídia estatais para hostilizar os poucos veículos da imprensa com alguma autonomia e eliminar quase completamente a mídia independente na Rússia.

Em 2017, Trump expressou publicamente suas dúvidas sobre o uso das faixas de frequência do país pelos seus opositores e se algo poderia ser feito a respeito disso. Ele tuitou: "Fake news divulgadas pela NBC e pelas demais redes; qual é o momento de contestar suas concessões?" Ele também exigiu que o Departamento de Justiça declarasse que estava investigando a CNN por suspeita de interferência na fusão da Time Warner. Trump mais uma vez recorreu ao seu truque habitual e cogitou publicamente se deveria processar a CNN. Durante um evento, ele declarou: "Essas pessoas são muito desonestas. Devo processá-las?

Bem, elas são falsas. Ouvi dizer que Jeff Zucker vai pedir demissão em breve. Bem, eles são seres humanos horríveis."[21] O ex-embaixador dos EUA na Rússia, Michael McFaul, indicou que essa era uma prática conhecida: "Foi exatamente o que Putin fez na Rússia em 2000."[22]

O Kremlin não teve nenhum problema para encarar a pressão internacional pelos ciberataques e pela sua colaboração na eleição de Trump. A mídia estatal russa, o WikiLeaks e os aliados norte-americanos de Trump ofereceram um nível razoável de negação plausível para os russos. Putin conseguiu preservar o disfarce de adversário estratégico. Os EUA continuam sendo uma potência militar, e sua projeção no Oriente Médio, na Ásia e na Europa pode ser aproveitada por Putin para consolidar o apoio do povo russo à sua nova empreitada global e ao aumento dos gastos com defesa. Toda a oposição da Rússia a Trump parecia mais uma aldeia de Potemkin do que um teatro de Kabuki. Uma aldeia Potemkin é um conjunto de fachadas que escondem a lama e o lixo, enquanto o teatro Kabuki é precisão, arte e beleza. Esse não era o jogo de Putin. Seu jogo era a ação. Como um soturno lutador de rua de São Petersburgo, o governo de Putin operava no ritmo de um robô industrial forjando aço em uma fundição. Coberto de fuligem e imerso no calor, sua eficiência era implacável e não dependia de intervenção humana. Embora seu plano contasse bastante com a sorte, fora bem projetado e considerava a fragilidade criada pelo atual surto de autodepreciação dos norte--americanos.

Putin tinha certeza de que Trump revogaria as sanções e permitiria a ascensão econômica da Rússia, causando, ao mesmo tempo, ruína e caos político nos Estados Unidos. Era do interesse da Rússia manter Trump no cargo, mesmo que houvesse algum atrito. Trump acreditava na visão de mundo de Putin e não nas ideias de Washington, de Reagan... ou de Barack Obama.

Desde o início do mandato de Trump, pairava sobre sua administração uma questão que ofuscava todas as outras. Por quê? Por que a Rússia parecia ter acionado todos os recursos, exceto guerra aberta, para apoiar um homem que mal conseguia ler um teleprompter e cuja sanidade era seriamente questionável? Era uma pergunta que todo jornalista, comentarista, carteiro e costureira se fazia sempre que Donald J. Trump enviava sua tempestade de tuítes matinais, tomava uma decisão aparentemente insana e tagarelava sobre si mesmo na televisão. Por que ele se comportava dessa maneira? É uma questão intrigante. Com base no que acontecen e no que pode acontecer, é bastante razoável concluir que a democracia norte-americana está ameaçada porque ninguém até agora conseguiu responder a essa pergunta: *Por quê?* Para velhos espiões e agentes da máfia, a resposta era simples. Trump estava em dívida.

A Dívida

Em 9 de novembro de 2016, a dívida pessoal e financeira de Trump não se limitava à mera obrigação de retribuir o gesto gentil do líder russo e dos seus aliados que confiaram na sua candidatura. Não, a eleição foi manipulada a seu favor. A Rússia trabalhou durante quatro anos para viabilizar a vitória de Trump por uma pequena margem. Os russos mobilizaram grandes somas de dinheiro, obtidas por vias ilícitas e secretas, e boa parte dos seus serviços de inteligência secretos e clandestinos, bem como o poder e a boa vontade de Vladimir Vladimirovich Putin. Donald J. Trump agora estava em dívida. Ele devia a Moscou pela compra da Cambridge Analytica, do WikiLeaks, de Julian Assange e dos evangélicos, e por todo o dinheiro que recebera da NRA, o maior volume já doado pela organização. Moscou colaborou na estruturação do apoio global que faria de Trump o líder do bloco de oposição à Aliança Atlântica. Ele é o primeiro presidente populista eleito nos EUA, tudo graças a Moscou. Essa dívida lembra a de um traficante que deve milhões ao chefe de um cartel colombiano ou da máfia. Ou a dívida de um viciado em jogo com seu agiota. O preço que Trump deve pagar a Putin é tão alto que, se até agora não surgiram provas contundentes do valor devido, essa expectativa leva o empresário a viver cada dia em um estado de constante apreensão. Todos que andam nessa corda bamba se sentem no topo do mundo até precisarem acordar para fazer a vontade de seu mestre por mais 24 horas. Cada dia que pessoas endividadas como Trump não têm que penhorar suas almas é um alívio, particularmente quando o bem que mais estimam é sua reputação. Não se trata de um caso típico de insolvência financeira. Isso é fácil de remediar. Diante da falência de um banco ou de outro credor tradicional, a elite parte para Mônaco feliz da vida e apaga da memória qualquer menção à dívida anterior.

Trump apostou no número sugerido por um dono de cassino corrupto e levou para casa um enorme prêmio — mas essa fortuna não lhe pertence. Ao chegar à presidência, Trump se tornou um intermediário da Rússia. Se os russos pedissem, ele daria um jeito. O êxito planejado de Trump teria o seu preço? Sim, como é de praxe em pactos com o diabo, o pagamento deve ser acrescido de juros. Essa é a barganha do diabo.

Certamente, a espada de Dâmocles que paira sobre a cabeça de Trump abrange muito mais do que as ações de Moscou durante a eleição presidencial. Sua sobrevivência política e financeira depende totalmente da capacidade de Vladimir Putin de manter a boca fechada e impedir a inteligência dos EUA de acessar seus cofres. Claramente, Trump está se esforçando bastante para manter seus pagamentos em dia, pois deve sua vida, sua liberdade e seus privilégios ao Rei Pirata, que lidera um covil global de ladrões.

As teorias que circulam na imprensa a respeito da proximidade entre o presidente Trump e Vladimir Putin se encaixam em uma das três categorias a seguir:

1) Trump seria um candidato da Manchúria, um agente estrangeiro infiltrado, uma vítima de lavagem cerebral programada para a obedecer Putin? 2) Ou um Companheiro de Viagem, alguém que leu, ouviu e adotou a ideologia neoeurasiana e pensa exatamente como o Kremlin? 3) Ou apenas um idiota receptivo a qualquer sugestão dos agentes de influência e sempre disposto a fazer qualquer coisa para ficar próximo de dinheiro?

Uma coisa é certa: ele não é um candidato da Manchúria. É evidente que Donald Trump atua, de fato, como um participante voluntário nos planos da Rússia para destruir a democracia global. Os russos passaram anos desenvolvendo uma bolha de percepção pró-Moscou para que, quando estivesse pronto para disputar a presidência ou participar da política americana, Trump já tivesse sido doutrinado sobre a política externa mais adequada — a visão do mundo correta era a sugerida pela visão de mundo do Kremlin. Suas interações com o dinheiro, as mulheres, os políticos e as fake news russas já haviam moldado sua percepção sobre quem e o que era a Rússia — um aliado pessoal. À medida que Trump ganhava mais visibilidade, seu filtro cognitivo processava as percepções e os dados que ele assimilava. Esse filtro também foi criado em Moscou, a partir da sua experiência com os russos. Grande parte das notícias sobre a Rússia que chegam a Trump, caso venha de veículos da mídia conservadora e da direita alternativa (como o Breitbart News e a Fox News), é verificada previamente pelos canais do sistema de distribuição da guerra de propaganda promovida pelos russos. Em 2016, a Rússia era capaz de publicar praticamente qualquer matéria contrária a

Hillary Clinton e colocá-la diante de Trump em poucas horas. Quanto à ligação entre Donald Trump e a Rússia, basta dizer que ele não tinha outro referencial para formar suas opiniões. Ele odiava a mídia tradicional. Analfabeto funcional, ele nunca leu artigos e, agora, como presidente, deve ouvir sua equipe apresentando resumos dos relatórios de inteligência. Ele evita qualquer menção a visões sobre política e relações internacionais que não tenham ligação com suas próprias experiências pessoais.

Resumindo: para Trump, os críticos da Rússia são os críticos de Trump. Quem se opõe a Trump é seu inimigo. Fomos testemunhas do clímax da guerra psicológica. A menos que a Rússia opte por uma traição explícita e ataque Trump pessoalmente para minar sua administração, com a liberação de materiais constrangedores do tipo Kompromat, por exemplo, ele continuará sendo leal aos seus amigos da Praça Vermelha. Essa participação voluntária na camarilha de Putin mostra que Donald Trump está longe de ser um candidato da Manchúria. Na verdade, ele é o produto da primeira campanha global de propaganda cibernética a assumir o controle da liderança de um país inimigo. Ele é um candidato cibernético.

O Homem de Moscou em Washington

Donald J. Trump nunca conquistou de fato seu lugar no Salão Oval — ele é um boneco de papelão que oculta o poder real por trás dele, o russo ex-mestre da espionagem, ex-agente da KGB e atual republicano. Trump pode até ocupar o cargo de presidente, mas Vladimir Putin será sempre o agente fantasma que o colocou no poder. Esse pensamento é tão assustador que Trump dedica todos os dias do seu mandato a refutar a acusação de que ele e sua equipe de campanha teriam colaborado com a Rússia para trair a nação e tomar o poder. Seu maior medo deve ser que, mesmo sendo um dos homens mais poderosos do mundo, todos acreditem que ele é propriedade do Kremlin. Ele está certo.

Em seu depoimento perante o Comitê de Inteligência da Câmara, o ex-diretor da CIA John Brennan descreveu o modo como a Rússia lida com seus ativos e agentes: "Eles aliciam as pessoas — dentro da CIA inclusive — para que elas cometam atos de traição; geralmente, os indivíduos que embarcam nessa jornada desleal nem sequer percebem que estão em um caminho traiçoeiro até que seja tarde demais..."[23]

Ao observar Trump, fiquei totalmente convencido da sua transição de ativo involuntário a serviço de Vladimir Putin para ativo colaborador da Federação Russa. Qual das seguintes opções contém os dados que fundamentam essa avaliação? Foi a foto de 2012 em que Trump aparece fazendo sinal de positivo para a oferta de Konstantin Rykov de colaborar com sua campanha? Ou foi quando ele disse a Rykov que a Cambridge Analytica estava desenvolvendo os perfis dos eleitores, que, de alguma forma, caíram nas mãos da RF-IRA? Foram suas inúmeras reuniões com Aras Agalarov? Foi o jantar privado de duas horas com a oligarquia russa e a promessa de que a Trump Tower Moscow sairia do papel? Foram seus comentários casuais a Yulya Alferova em 2014 sobre sua candidatura à presidência? Foi seu apoio público à invasão da Crimeia pela Rússia? Foi o empenho do seu filho para se reunir com a advogada Natalia Veselnitskaya e obter informações comprometedoras sobre Hillary Clinton, violando inúmeras leis? Foi a sequência de mentiras que Trump disse ao povo norte-americano sobre as reuniões do seu filho com agentes russos? Foi quando ele suplicou abertamente para a Rússia hackear e divulgar os e-mails de Hillary Clinton? Foi sua declaração de amor aos crimes do WikiLeaks? Foi quando ele afastou as suspeitas que pairavam sobre seu genro depois que se soube que ele se encontrara com um banco russo que financiava ações de espionagem, tentara obter empréstimos no Qatar e pedira ao embaixador russo sistemas de comunicações especiais que a CIA não conhecesse?

Lembre-se de que Trump elogiou Putin publicamente cerca de 100 vezes no mesmo ano em que insultou mais de 425 pessoas.

Segundo o *The New York Times,* o ex-diretor da CIA John Brennan deu sua opinião técnica sobre a situação: "... o fato de [Trump] ter manifestado essa atitude bajuladora em relação a Putin, sem dizer nada de negativo sobre ele, reforça a minha impressão de que ele teme algo, algo muito grave..."[24]

O *The New York Times* também já destacou a incapacidade do presidente Trump de compreender o significado da palavra ultrassecreto. De acordo com o jornal, Trump "simplesmente não tinha interesse, nem conhecia os aspectos específicos do procedimento dos serviços de inteligência para a obtenção de dados, pois divulgou fontes e métodos específicos de coleta de informações e prejudicou aliados dos EUA". Essa é uma definição quase completa de alguém incapaz de ser presidente dos Estados Unidos. Também é a definição de um perfeito idiota inconsciente, de um simplório com acesso irrestrito a informações, cuja necessidade pessoal de massagear seu ego e obter elogios, adulação e aprovação de homens mais ricos do que ele contraria os princípios fundamentais de segurança de sua nação.

Trump solicitou que sua equipe do Conselho de Segurança Nacional analisasse a viabilidade da retirada das tropas norte-americanas estacionadas na Europa para retribuir o gesto de Putin. Ele também orientou o Diretor de Inteligência Nacional e a CIA a organizarem uma reunião secreta em Washington com os três líderes da inteligência russa; um deles era alvo de sanções dos EUA. Cada um desses fatos pode fundamentar uma acusação formal de conspiração contra os Estados Unidos.

Um experimento mental: substitua a palavra "Rússia" por "ISIS" nas atividades indicadas acima. Se qualquer habitante dos Estados Unidos mantivesse esse mesmo nível de comunicação, coordenação e cumplicidade em uma conspiração ativa com um grupo hostil como o ISIS, a Al-Qaeda ou até mesmo a inteligência chinesa, seria alvo de um mandado de prisão em tempo recorde. No mínimo, um cidadão norte-americano, suspeito de manter contatos ilícitos com agentes estrangeiros destacados para obter acesso ao governo, seria objeto de uma investigação federal para determinar se ele fora movido por um desejo secreto de atuar como espião para uma potência estrangeira, se outros estavam envolvidos na operação e a profundidade dessa infiltração.

Até mesmo Trump teve que admitir que nenhum cidadão norte-americano está acima da lei, nem acima de qualquer suspeita, por mais importante que seja — nem mesmo o presidente. Aí entra em ação o procurador especial e ex-diretor do FBI, Robert Swan Mueller III.

À medida que novas informações forem reveladas pela investigação de Mueller, o nível da cumplicidade de Trump determinará se tudo não passou de coincidência ou se houve mesmo um complô para cometer um ato de traição.

EPÍLOGO

"A Liberdade É uma Luz"

Estamos mal armados. Mal guarnecidos. Mal das pernas.
Mal de planos.
E temos que superar esse mal para conquistar o
impossível!"

—GEORGE WASHINGTON
Hamilton, o musical

Quando menino, eu costumava resolver meus problemas mais complexos e aflitivos em um banco atrás do Independence Hall, na Filadélfia. Ao lado da estátua do comodoro John Barry, tentava entender por que minha família era tão ligada a esta nação. Por que meu pai me havia mostrado a profundidade de seu amor por este país, apesar de ter sido desrespeitado durante toda sua vida por ser negro? Por que seu pai, meu avô, se alistara como voluntário para lutar na Grande Guerra e encarara a missão extenuante de descarregar munição e carregar os mortos na França? Por que seu irmão, meu tio-avô, conduzia carroças de tração animal cheias de explosivos até o front e voltava com cargas imensas de cadáveres de jovens brancos? Por que seu pai, meu bisavô, fugira da plantação em que trabalhava no Tennessee para se alistar em um regimento das US Colored Troops? Um dia, descobri essas respostas enquanto voltava do Independence Hall. Embora tivesse passado pela

Washington Square milhares de vezes na minha juventude, só parei para conhecer o local quando já estava servindo à Marinha. Fiquei sabendo que a praça fora originalmente um cemitério de escravos e que, durante a Revolução, cerca de mil soldados anônimos foram enterrados lá. No espaço da antiga vala comum convertida em parque, há uma estátua de George Washington. Em frente ao monumento, a chama eterna paira sobre o túmulo do primeiro soldado desconhecido. No mural, há uma inscrição: "Sob esta pedra, repousa um soldado do exército de Washington que morreu pela sua liberdade."

Agora, eu me pergunto: como Washington, o pai da nação, o primeiro na guerra, o primeiro na paz, o primeiro nos corações de seus compatriotas, se sentiria em relação a essa divisão que marca os Estados Unidos de hoje? Acredito que ele choraria de vergonha. Ele tremeria de raiva, se levantaria e ergueria sua voz para se opor a todas as ameaças impostas a essa grande nação — tanto estrangeiras quanto domésticas. Como eu, Washington questionaria se, considerando a vida do país, mais uma vez pensaríamos em renunciar a tudo que foi conquistado com sangue, zelo e amor à liberdade em prol da irracionalidade das massas e da língua ferina de um tirano bilionário.

Entre os partidários mais fervorosos de Trump, muitos evocam a bandeira e a Constituição para defender a destruição das liberdades constitucionais. Outros dizem que a situação nos EUA, resultado da sua ignorância, da xenofobia e de um suprimento constante de propaganda financiado pela Rússia, bem como do mandato de Barack Obama, um presidente incrivelmente conciliatório e equilibrado, está próxima de uma catástrofe econômica e cultural. Essa é uma invenção detestável, e nenhum dos seus defensores consegue demonstrá-la com um exemplo real e documentável. Na verdade, muitos acreditam que os maiores desastres do início do século XXI — a terrível reação do governo ao furacão Katrina, o número de mortos na Guerra do Iraque, o colapso econômico de 2008 e a fundação do grupo terrorista ISIS — foram causados pelo primeiro presidente afro-americano ou até mesmo planos diabólicos executados por ele. Nem preciso dizer que nenhum desses incidentes se originou ou ocorreu durante seu mandato. O fato de Obama ter herdado e resolvido esses problemas acabou irritando ainda mais o eleitor branco das classes populares. E como poderia ser diferente? O Partido Republicano e a Fox News informavam a todo momento que o presidente negro havia destruído os Estados Unidos. Ninguém sequer se preocupava em ir até a janela para verificar se a nação estava realmente destruída. Em sintonia com os objetivos das campanhas de propaganda promovidas pelos soviéticos e pelos russos, que injetaram essas fantasias na internet, o eleitor de Trump acredita que a propaganda negativa é real, porque as outras pessoas dentro da bolha criada pela guerra de informação também acreditam nela. Isso vai muito além de um simples viés de confirmação; trata-se de um caso de lavagem cerebral em nível nacional ao estilo soviético.

Esse distanciamento da democracia norte-americana que, ao mesmo tempo, conserva a aparência do legado democrático é impressionante, não apenas por sua transparência, mas também por sua afirmação incisiva do que seria o patriotismo norte-americano em sua melhor forma. Magnetizadas pelo fluxo de informações gerado por Trump e pelos russos, essas pessoas acreditam que o patriotismo norte-americano agora é definido pelas ideias de um rico ex-oficial da KGB comunista e de um vigarista que conseguiu enganar todos os operários que já cruzaram seu caminho. O ator e ativista Ron Perlman resumiu bem a situação quando disse que os EUA deixaram de ser o "Farol na Colina" de Ronald Reagan para se tornarem uma locomotiva de ódio.

Ter paixão na alma para alcançar objetivos que ultrapassam as ambições dos homens e mulheres comuns é certo e justo. Merece admiração. Mas a vida de Donald Trump tem sido um estudo de caso sobre a vocação do coração de um homem para a falsidade e a consequente destruição do experimento norte-americano.

Uma das declarações mais importantes em meio a esse debate sobre segurança nacional foi feita por Joe Scarborough, da MSNBC, em um comentário editorial sobre a presidência de Donald Trump. Segundo Scarborough: "Embora os autores da Constituição tenham previsto a possibilidade de um presidente tirânico, jamais se permitiram imaginar as trevas de um Congresso complacente."[1]

Ele está correto — o sistema não foi projetado para lidar com esse nível de corrupção em dois dos três poderes do governo. Os heróis da independência jamais poderiam ter imaginado que o legado do sistema político norte-americano, baseado em princípios iluministas, orientado pela ciência e moderado pela ponderação no discurso, seria desvirtuado pela renúncia deliberada à imparcialidade dos seus três poderes. Presidentes e Congressos brigam o tempo todo. É assim que tem que ser. Esse atrito foi incluído deliberadamente para incitar o debate e a descoberta. Para equilibrar e modernizar a legislação. Para fortalecer a nação com o poder da democracia. É claro que os constituintes já previam os complôs dos outros Estados-nação, como as grandes potências da Europa, mas a composição das instituições políticas e a independência dos poderes poderiam conter esse tipo de situação. O Congresso não parou de investigar falcatruas durante a Guerra Civil. Mas ninguém — nem Jefferson, Franklin, Madison, Adams, Hamilton ou Washington — jamais poderia ter imaginado que a maioria do Congresso dos EUA e o partido político hegemônico seriam totalmente dominados por um presidente que faz jus a Benito Mussolini. Certamente, eles nunca teriam pensado que os norte-americanos se renderiam pública e abertamente a um adversário europeu, cujos espiões conseguiram disseminar promessas de fortunas tão atraentes que convenceram dois terços do governo a tratarem a Constituição como um item secundário — e George Washington entendia do assunto, pois comandou inúmeros grupos de espiões!

Qualquer que seja o futuro de Donald Trump, uma virada positiva no seu mandato ou uma catástrofe provocada por ele mesmo, seu partido já não acredita mais na democracia fundada pelos heróis da independência. Apesar dos seus elogios ao patriotismo norte-americano de raiz, tal como foi concebido em 4 de julho de 1776, Donald Trump vem adotando políticas, ações e uma retórica mais ao estilo do Rei George III do que de George Washington.

Segure Firme!

Para onde vamos? Quais são as soluções? Elas são mais simples do que imaginamos. Os Estados Unidos foram construídos em torno da ideia do indivíduo, do cidadão, do voluntário, do soldado, do Minuteman, que utiliza todas as ferramentas ao seu alcance para defender sua pequena seção da linha de defesa.

Estamos travando uma luta existencial pela alma da nossa nação. Os adversários da tradicional liberdade equilibrada dos norte-americanos são cidadãos que dão ouvidos a uma nação que já teve como única fonte de informações o jornal "Pravda", um veículo que virou sinônimo de "fake news". Devemos defender os veículos idôneos da mídia de notícias, as reportagens autênticas que podem ser confirmadas empiricamente. O único poder comum a todos os norte-americanos é o direito de votar para combater essa farsa. Se cada eleitor, entre os que costumam votar em candidatos honestos, decentes e defensores das nossas tradições (e não em um xenófobo truculento) — 65 milhões de cidadãos —, convencesse uma pessoa que nunca votou antes, a oposição enfrentaria como um enorme maremoto a crise que ameaça essa grande nação. Essa iniciativa de um eleitor + 1 levaria 130 milhões de eleitores às urnas. Esses números refletiriam a vontade real do povo norte-americano. Estamos em um momento da história norte-americana em que é necessário assumir uma posição. Temos que defender os valores fundadores dos EUA. Os membros da oposição antidemocrática querem transmitir a imagem de que só eles defendem os valores nacionais, colocando em seus carros adesivos com a bandeira amarela de Gadsden, na qual há uma cascavel e a inscrição "Não pise em mim", e decalques com imagens de rifles AR-15 e a mensagem "Venha pegar". Essa imagem não condiz com os Estados Unidos e seus verdadeiros valores. Não se trata de controlar as armas ou não, mas de definir quem ama a verdadeira história dos EUA — inclusive suas imperfeições. Esse debate não gira em torno de questões partidárias, mas de patriotismo, de honra e da defesa da infraestrutura de segurança nacional dos EUA. Para rememorar essa série inspiradora de eventos, leia *O Federalista* e *The Debate on the Constitution* [O Debate Sobre a Constituição, em tradução livre], assista à série de TV norte-americana *Turn: Washington's Spies* e renove seu entusiasmo pelos heróis da nossa independência ouvindo a trilha sonora do musical *Hamilton*! Fique atento às falhas críticas implícitas na farsa e utilize sua voz para confrontá-la. Discuta, proteste e expresse suas opiniões. É preciso. Um experimento mental: imagine tudo que perderá se você, leitor e amante da democracia, não enfrentar esse novo fascismo global, nem defender o legado da Filadélfia. Faça isso por seus filhos e por todos aqueles que lutaram para que suas vozes fossem ouvidas na democracia.

Norte-americanos, europeus e todos que prezam os princípios da liberdade e da democracia devem priorizar a defesa desses valores. Diante de um tirano, devemos agir como os heróis da independência dos EUA e arriscar nosso sangue, nossas riquezas e nossas vidas, enfrentando a corrupção daqueles que adentraram a casa do povo e a transformaram em um covil de vilania e injustiça.

O ano de 2016 foi marcante para a Rússia. Após um ciberataque minuciosamente coreografado, os Estados Unidos, a França, a Áustria e Montenegro deveriam ser integrados à esfera de influência de Moscou quase ao mesmo tempo. Em janeiro de 2018, a União Europeia e a OTAN deveriam estar à beira da dissolução; se Trump e Le Pen tivessem ganhado as eleições, teriam retirado o apoio dos dois países aos blocos. Montenegro deveria ter sucumbido a um golpe sangrento, criando uma base naval no Mar Adriático para a Rússia. Grupos de direita por toda a Europa deveriam ter se manifestado e exigido novas eleições. Nas palavras de Konstantin Rykov: "Será uma nova ordem mundial."

O ataque só foi impedido pelo bom senso dos cidadãos franceses, através da eleição de Emmanuel Macron, e pelas salvaguardas da democracia norte-americana. Os EUA novamente contaram com a ajuda da França, uma nação que já salvara o país em seu nascimento. Mas, como em um ônibus balançando bem próximo de um penhasco na estrada de Caracórum, são as decisões dos passageiros que determinarão sua sobrevivência. Basta um passo em falso para a direita e o equilíbrio de poder no mundo, que vem afastando as ideologias nocivas do nazismo, do fascismo e do autoritarismo desde 1945, pode chegar ao fim.

Segue uma última observação do general George Washington sobre quem somos e o que representamos:

"Cidadãos de um mesmo país, por nascimento ou escolha, este país tem o direito de receber sua afeição. A denominação de norte-americano, que lhes pertence como nacionalidade, deve sempre exaltar o orgulho justo do patriotismo acima de qualquer título atribuído por circunstâncias locais. Com sutis diferenças, sua religião, sua educação, seus hábitos e seus princípios políticos são os mesmos. Todos lutaram por uma causa comum e triunfaram juntos. Sua independência e sua liberdade são produto de deliberações e esforços coletivos — de perigos, sofrimentos e sucessos comuns."

Os EUA e a Europa agora estão sob a ameaça de um perigo comum, uma filosofia que pode facilmente destruir sua história inspiradora. É nosso dever enfrentar e contra-atacar essa ofensiva mortal lançada contra nossa liberdade e nossa independência. Todos aqueles que amam a liberdade e a independência, como nos foram legadas na aurora da democracia, devem resistir e evocar a máxima do Exército dos Estados Unidos — "Defenderei minha pátria" —, a salvação da maior democracia da história está em nossas mãos. Somos a cavalaria pela qual esperamos. Agora pare de ler. Vá em frente. Salve a democracia.

Agradecimentos

Este livro só foi possível graças às contribuições de uma equipe diligente de pesquisadores, verificadores de fatos, especialistas globais e amigos, que dedicaram tempo e atenção ao sucesso da obra. Meus agradecimentos especiais à equipe de pesquisa da PDD, liderada pelo coautor do livro *Hacking ISIS*, meu amigo Chris Sampson. Entre os principais pesquisadores estão Marina Gipps, Nicole Navega, Josh Manning, Robin Brenizer e Heather Regnault.

Agradeço também à minha família na MSNBC; tenho muito orgulho de conhecer cada um de vocês: Joy-Ann Reid, Brian Williams, Rachel Maddow, Chris Matthews, Chris Hayes, Lawrence O'Donnell, Katy Tur, Nicole Wallace, Ali Velshi, Stephanie Ruhle, Joe Scarborough, Mika Brzezinski e Phil Griffin. Vocês são todos patriotas. Lembrem-se: a história está de olho em vocês. Sejam firmes. Sejam implacáveis. Sejam verdadeiros.

Muitos especialistas internacionais e líderes de pensamento me ensinaram bastante sobre as maquinações internas da Rússia e da política norte-americana, em um nível muito mais profundo do que o empregado nos meus argumentos. Os mais notáveis foram Ian Bremmer, do Eurasia Group, e o autor Fred Kaplan, que, em apenas uma discussão, revelou uma compreensão tão notável sobre as ações russas que toda a estrutura do livro foi alterada para descrever melhor a insidiosa meta do Kremlin de influenciar as eleições norte-americanas. Meu amigo David Frum, editor-chefe da revista *The Atlantic*, e sua adorável esposa, Danielle, organizaram mesas-redondas com alguns dos "trumpólogos" mais notáveis de Washington, que fizeram contribuições inestimáveis para os insights contidos nestas páginas. Entre os verdadeiros especialistas em Rússia e Donald Trump estão os jornalistas Julia Ioffe, Anne Applebaum, Tim O'Brien, Roberta Costa,

Sarah Kendzior e Jonathan Alter. Suas palavras e ideias me fizeram compreender o que está acontecendo com os EUA por um novo ângulo. Meus agradecimentos ao ex-comandante supremo da OTAN, o almirante James Stavridis, por ter me explicado por que é tão importante preservar a Aliança do Atlântico e por que precisamos apoiar nossos aliados da OTAN mais do que nunca. Agradeço ao meu amigo e ex-agente do FBI Naveed Jamali e à equipe do *International Spy Museum* pelas informações esclarecedoras sobre a estrutura da Inteligência Russa. Um agradecimento especial aos ex-diretores da CIA, o general Michael Hayden e John Brennan, e, em particular, ao ex-oficial da CIA Phil Mudd, cujas avaliações vívidas e contundentes sobre os riscos associados a Donald Trump serão vistas, no futuro, como advertências históricas contra uma ameaça nacional.

Quero brindar aos meus amigos na Califórnia por terem me ajudado a entender que o patriotismo está dentro dos corações de todos os norte-americanos, independentemente de profissão e posição geográfica; em particular, a Robert e Michele Reiner, ao ator Ron Perlman, ao apresentador Bill Maher (cujo programa, *Real Time,* finalmente fez com que eu fosse reconhecido na rua em Oslo!) e aos seus funcionários Scott Carter e Susan Bennett, à diva do rádio Stephanie Miller, à dupla de humoristas Frances Callier e Angela V. Shelton, também conhecida como Frangela, e ao meu amigo Jean Scally. Também gostaria de agradecer, na Filadélfia, aos meus parceiros revolucionários de raiz, conhecidos como os "Adultos da Resistência", pelas discussões políticas estimulantes durante nossas reuniões matinais no Mount Airy High Point Café; especialmente, ao célebre nativo da cidade Todd Bernstein, bem como a Randy, Doc Saeed, Mark, Peter (o Shah), Steve, Ken e Bob.

Meus mais profundos agradecimentos à minha agente Josanne Lopez e à sua filha e futura espiã Seblé, bem como à minha filha Nadia, cuja ajuda foi inestimável tanto para este livro quanto para nossa sanidade.

Este livro é dedicado à minha esposa Maryse. Sua orientação, amor, companheirismo e seu apoio conjugal durão, ao estilo esposa de militar, me ajudaram a atingir um ponto na carreira em que minha opinião não só é valorizada, como também pode ser chamada de sábia. Nunca me agradeça pelo meu serviço, agradeça a ela.

Notas[1]

Capítulo 1: Na Linha de Fogo

1 The Associated Press, Clinton Adviser Connects Trump's Long-Time Aide to WikiLeaks, Fortune, 12 de outubro de 2016, http://fortune.com/2016/10/11/clinton-john-podesta-roger-stone-wikileaks-russia/.

2 Julian Hattem, Michelle Obama's passport, White House planning materials leaked, The Hill, 22 de setembro de 2016, http://thehill.com/policy/national-security/297207-michelle-obamas-passport-white-house-planning-materials-leaked.

3 Luke Harding, Stephanie Kirchgaessner e Nick Hopkins, British spies were first to spot Trump team's links with Russia, The Guardian, 13 de abril de 2017, https://www.theguardian.com/uk-news/2017/apr/13/british-spies-first-to-spot-trump-team-links-russia.

4 William Mansell, Who Is George Papadopoulos? Read Indictment After Former Trump Aide Pleads Guilty, International Business Times, 30 de outubro de 2017, http://www.ibtimes.com/who-george-papadopoulos-read-indictment-after-former-trump-aide-pleads-guilty-2608099.

5 Robert Windrem, Guess Who Came to Dinner with Flynn and Putin, NBC News, 18 de abril de 2017, https://www.nbcnews.com/news/world/guess-who-came-dinner-flynn-putin-n742696.

6 Rick Noack, How a Dutch intelligence agency secretly hacked into the Kremlin's most notorious hacking group, The Independent, 27 de janeiro de 2018, http://www.independent.co.uk/news/world/europe/netherlands-dutch-russia-kremlin-united-states-robert-mueller-intelligence-a-gencies-cozy-bear-aivd-a8181046.html.

7 Huib Modderkolk, Dutch agencies provide crucial intel about Russia's interference in US-e-lections, de Volkskrant, 25 de janeiro de 2018, https://www.volkskrant.nl/media/dutch-agen-cies-provide-crucial-intel-about-russias-interference-in-us-elections~a4561913/.

8 Mike Eckel, Ex-CIA Chief Brennan Complained to FSB Director In August Of Election Meddling, Radio Free Europe/Radio Liberty, 23 de maio de 2017, https://www.rferl.org/a/u-s-russia-brennan-fsb-election-meddling-collusion/28504859.html.

9 Steve Benen, CIA warned lawmakers about Russia's pro-Trump efforts last summer, MSNBC, 7 de abril de 2017, http://www.msnbc.com/rachel-maddow-show/cia-warned-lawmakers-abou-t-russias-pro-trump-efforts-last-summer.

---

1 N.E. Conteúdo das fontes citadas em inglês.

10 Eric Bradner, Former top CIA official: Putin wants Trump to win, CNN, 11 de setembro de 2016, http://www.cnn.com/2016/09/11/politics/michael-morell-donald-trump-putin-russia/index.html.

11 Mike Eckel, Ex-CIA Chief Brennan Complained to FSB Director in August Of Election Meddling, Radio Free Europe/Radio Liberty, 23 de maio de 2017, https://www.rferl.org/a/u--s-russia-brennan-fsb-election-meddling-collusion/28504859.html.

12 Ellen Nakashima, U.S. government officially accuses Russia of hacking campaign to interfere with elections, The Washington Post, 7 de outubro de 2016, https://www.washingtonpost.com/world/nationalsecurity/us-governmentoff icially-accuses-russia-of-hacking-campaign-to-influence-elections/2016/10/07/4e0b9654-8cbf-11e6-875e-2c1bfe943b66_story.html?utm_term=.6409fb7871ab.

13 Ellen Nakashima, U.S. government officially accuses Russia of hacking campaign to interfere with elections, The Washington Post, 7 de outubro de 2016, https://www.washingtonpost.com/world/nationalsecurity/us-governmentoff icially-accuses-russia-of-hacking-campaign-to-influence-elections/2016/10/07/4e0b9654-8cbf-11e6-875e-2c1bfe943b66_story.html?utm_term=.6409fb7871ab.

14 Evan Perez, Shimon Prokupecz e Wesley Bruer, Feds believe Russians hacked Florida election-systems vendor, CNN, 13 de outubro de 2016, http://www.cnn.com/2016/10/12/politics/florida-election-hack/index.html.

15 Mike Levine e Pierre Thomas, Russian Hackers Targeted Nearly Half of States' Voter Registration Systems, Successfully Infiltrated 4, ABC News, 29 de setembro de 2016, http://abcnews.go.com/US/russian-hackers-targeted-half-states-voter-registration-systems/story?id=42435822.

16 Aaron Blake, The final Trump-Clinton debate transcript, annotated, The Washington Post, 19 de outubro de 2016, https://www.washingtonpost.com/news/the-fix/wp2016/10/19/the-final--trump-clinton-debate-transcript-annotated/?utm_term=.c54 ddc7619c6#annotations:10669010.

17 Frank Newport, Lisa Singh, Stuart Soroka, Michael Traugott e Andrew Dugan, "Email" Dominates What Americans Have Heard About Clinton, Gallup, 19 de setembro de 2016, http://news.gallup.com/poll/195596/email-dominates-americans-heard-clinton.aspx.

18 Andrew Solomon, Travel as the antidote to xenophobia, The Boston Globe, 12 de maio de 2016, https://www.bostonglobe.com/opinion/2016/05/11/travel-antidote-xenophobia/ZMwdqxXi24bSPbLUM0rMxI/story.html.

Capítulo 2: Reportando-se a Moscou

1 Alexander Hamilton, Enclosure: [Objections and Answers Respecting the Administration], Founders Online, 18 de agosto de 1972, https://founders.archives.gov/documents/Hamilton/01-12-02-0184-0002.

2 Michael S. Schmidt, Comey Memo Says Trump Asked Him to End Flynn Investigation, The New York Times, 16 de maio de 2017, https://www.nytimes.com/2017/05/16/us/politics/james-comey-trump-flynn-russia-investigation.html.

3 Reuters, Comey infuriated Trump with refusal to preview Senate testimony: Aides, Reuters, 10 de maio de 2017, https://www.cnbc.com/2017/05/10/comey-infuriated-trump-with-refusal-to-preview-senate-testimony-aides.html.

NOTAS

4 CNN, Trump's letter firing FBI Director Comey, CNN, 10 de maio de 2017, https://www. cnn.com/2017/05/09/politics/fbi-james-comey-fired-letter/index.html

5 Erik Ortiz, Trump Defends Comey Firing, Mocks Democrats for Playing 'So Sad', NBC News, 10 de maio de 2017, https://www.nbcnews.com/politics/donald-trump/trump-defends-comey--firing-mocks-democrats-playing-so-sad-n757281.

6 Erik Ortiz, Trump Defends Comey Firing, Mocks Democrats for Playing 'So Sad', NBC News, 10 de maio de 2017, https://www.nbcnews.com/politics/donald-trumptrump-defends-comey--firing-mocks-democrats-playing-so-sad-n757281.

7 Erik Ortiz, Trump Defends Comey Firing, Mocks Democrats for Playing 'So Sad', NBC News, 10 de maio de 2017, https://www.nbcnews.com/politics/donald-trumptrump-defends-comey--firing-mocks-democrats-playing-so-sad-n757281.

8 Doug Stanglin, Trump's meeting with Russians closed to U.S. Media, not to TASS photographer, USA Today, 10 de maio de 2017, https://www.usatoday.com/story/news/2017/05/10/trumps-meeting-russiansclosed-us-media-but-not-tass-photographer/101520384/.

9 Matt Apuzzo, Maggie Haberman e Matthew Rosenberg, Trump Told Russians That Firing 'Nut Job' Comey Eased Pressure From Investigation, The New York Times, 19 de maio de 2017, https://www.nytimes.com/2017/05/19/us/politics/trump-russia-comey.html.

10 Sabrina Siddiqui e Ben Jacobs, Donald Trump 'shared highly classified information with Russian officials', The Guardian, 16 de maio de 2017, https://www.theguardian.com/us-news/2017/may/15/donald-trump-shared-classified-information-russia-white-house-report.

11 NBC News, Lester Holt's Extended Interview With President Trump, NBC News, 11 de maio de 2017, https://www.nbcnews.com/nightly-news/video/pres-trump-s-extended-exclusive-interview-with-lester-holt-at-the-white-house-941854787582.

12 Ali Vitali e Corky Siemaszko, Trump Interview With Lester Holt: President Asked Comey If He Was Under Investigation, NBC News, 11 de maio de 2017, https://www.nbcnews.com/news/us-news/trumpreveals-he-askedcomeywhether-he-was-under-investigation-n757821.

13 Eugene Scott, Trump threatens Comey in Twitter outburst, CNN, 12 de maio de 2017, http://www.cnn.com/2017/05/12/politics/donald-trump-james-comey-threat/index.html.

14 Michael S. Schmidt e Maggie Haberman, Trump Ordered Mueller Fired, but Backed Off When White House Counsel Threatened to Quit, The New York Times, 25 de janeiro de 2018, https://www.nytimes.com/2018/01/25/us/politics/trump-mueller-special-counsel-russia.html.

15 Peter Baker, Michael S. Schmidt e Maggie Haberman, Citing Recusal, Trump Says He Wouldn't Have Hired Sessions, The New York Times, 19 de julho de 2017, https://www.nytimes.com/2017/07/19/us/politics/trump-interview-sessions-russia.html.

16 Katie Bo Williams, Declassified report: Putin ordered election interference to help Trump, The Hill, 6 de janeiro de 2017, http://thehill.com/policy/national-security/313108-declassified-report-putin-ordered-election-interference-to-help.

17 Natasha Bertrand, Paul Manafort and Rick Gates, indicted in Mueller probe, plead not guilty, Business Insider, 30 de outubro de 2017, http://www.businessinsider.com/paul-manafort-indicted-by-special-counsel-robert-mueller-and-told-to-surrender-2017-10.

Capítulo 3: Tornar a Rússia Grande Outra Vez

1 Fiona Hill e Clifford G. Gaddy, Mr. Putin: Operative in the Kremlin (Washington, DC, Brookings Institution Press, 2013), https:/static.squarespace.com/static/538f6712e4b0c1af-61fbb317/t/53d27f17e4b0498d331ad768/1406304023526/MrPutin.pdf.

2 Andrei P. Tsygankov, Russia's Foreign Policy: Change and Continuity in National Identity (Reino Unido: Rowman & Littlefield, 2013), p. 28.

3 Fiona Hill e Clifford G. Gaddy, Vladimir Putin's Risky Ploy to Manufacture History, The Atlantic, 12 de janeiro de 2012, https://www.theatlantic.com/international/archive/2012/01/vladimir-putins-risky-ploy-to-manufacture-history/251269/.

4 Fiona Hill e Clifford G. Gaddy, Mr. Putin: Operative in the Kremlin (Washington, DC, Brookings Institution Press, 2013), p. 10.

5 Michael Wines, 'None of Us Can Get Out' Kursk Sailor Wrote, The New York Times, 27 de outubro de 2000, http://www.nytimes.com/2000/10/27/world/none-of-us-can-get-out-kursk-sailor-wrote.html.

6 Gleb Pavlovsky, Entrevista com Gleb Pavlovsky, The Putin Files, Frontline, 13 de julho de 2017, https://www.pbs.org/wgbh/frontline/interview/gleb-pavlovsky/.

7 Angela E. Stent, The Limits of Partnership: U.S.-Russian Relations in the Twenty-First Century (Princeton: Princeton University Press, 2014), pp. 82-96.

8 D. Eglitis, "The Baltic States: Changes and Challenges in the New Europe", in Central and East European Politics: from Communism to Democracy, eds. S.L. Wolchik & J.L. Curry (Londres: Rowman & Littlefield, 2015), p. 322.

9 Angela E. Stent, The Limits of Partnership: U.S.-Russian Relations in the Twenty-First Century (Princeton: Princeton University Press, 2014), pp. 103-118.

10 Samuel Charap e Timothy J. Colton, Everyone Loses: The Ukraine Crisis and the Ruinous Contest for Post-Soviet Eurasia, The International Institute for Strategic Studies (Nova York: Routledge, 2017), p. 89.

11 Christian Neef e Matthias Schepp, Medvedev's Betrayal of Russian Democracy, Spiegel Online, 4 de outubro de 2011, http://www.spiegel.de/international/world/the-puppet-president-medvedev-s-betrayal-of-russian-democracy-a-789767.html.

12 Samuel Charap e Timothy J. Colton, Everyone Loses: The Ukraine Crisis and the Ruinous Contest for Post-Soviet Eurasia, The International Institute for Strategic Studies (Nova York: Routledge, 2017), pp. 91-94.

13 Gleb Pavlosky, Entrevista com Gleb Pavlovsky, The Putin Files, Frontline, https://www.pbs.org/wgbh/frontline/interview/gleb-pavlovsky/.

14 Samuel Charap e Timothy J. Colton, Everyone Loses: The Ukraine Crisis and the Ruinous Contest for Post-Soviet Eurasia, The International Institute for Strategic Studies (Nova York: Routledge, 2017), pp. 118-122.

15 Gleb Pavlovsky, Entrevista com Gleb Pavlovsky, The Putin Files, Frontline, 13 de julho de 2017, https://www.pbs.org/wgbh/frontline/interview/gleb-pavlovsky/.

16 The Economist, Igor Sechin, head of Rosneft, is powerful as never before, The Economist, 15 de dezembro de 2016, https://www.economist.com/news/europe/21711921russianoilkingformeraidevladimirputinandfriendrextillersonigor-sechin-head.

NOTAS   307

17 Jack Farchy, Igor Sechin: Russia's second most powerful man, Financial Times, 28 de abril de
    2014, https://www.ft.com/content/a8f24922-cef4-11e3-9165-00144feabdc0.

18 The Economist, Igor Sechin, head of Rosneft, is powerful as never before, The Economist, 15
    de dezembro de 2016, https://www.economist.com/news/europe/21711921-russian-oil-king-
    -former-aide-vladimir-putin-and-friend-rex-tillerson-igor-sechin-head.

19 Al Jazeera, Russia's Vladimir Putin dismisses Sergei Ivanov, Al Jazeera, 12 de agosto de 2016,
    http://www.aljazeera.com/news/2016/08/vladimir-putin-dismisses-chief-staff-sergei-iva-
    nov-160812111051560.html.

20 Mikhail Fishman, Putin Closes Russia's Drug Agency, Casts Aside Longtime Supporter Ivanov,
    The Moscow Times, 19 de maio de 2016, https://themoscowtimes.com/articles/putin-closes-
    -russias-drugs-agency-casts-aside-longtime-supporter-ivanov-52936.

21 Reuters Staff, Medvedev promotes another Putin KGB ally, Reuters, 15 de maio de 2008,
    https://in.reuters.com/article/russia-ivanov-appointment/medvedev-promotes-another-putin-
    -kgb-ally-idINL1581146420080515.

22 The Litvinenko Inquiry: Report into the death of Alexander Litvinenko, https:/www.litvi-
    nenkoinquiry.org/files/Litvinenko-Inquiry-Report-web-version.pdf, p. 100.

23 Susan B. Glasser, Minister No, Foreign Policy, 29 de março de 2013, http://foreignpolicy.
    com/2013/04/29/minister-no/.

24 Anthony Cormier, Jeremy Singer-Vine e John Templon, Trump's Longtime Lawyer Is Defen-
    ding Russia's Biggest Bank, BuzzFeed News, 23 de março de 2017, https://www.buzzfeed.com/
    anthonycormier/trumps-longtime-lawyer-is-defending-russias-biggest-bank.

Capítulo 4: A Filosofia de Putin

1 Gleb Pavlovsky, Entrevista com Gleb Pavlovsky, The Putin Files, Frontline, 13 de julho de
   2017, https://www.pbs.org/wgbh/frontline/interview/gleb-pavlovsky/.

2 Shaun Walker, Kremlin puppet master's leaked emails are price of return to political frontline,
   The Guardian, 26 de outubro de 2016, https://www.theguardian.com/world/2016/oct/26/
   kremlin-puppet-masters-leaked-emails-vladislav-surkov-east-ukraine.

3 Vladimir Ilyich Lenin, The Transition from Capitalism to Communism, The State and Revolution, 1917, Marxists.org.

4 Peter Pomerantsev, The Hidden Author of Putinism, The Atlantic, 7 de novembro de 2014,
   https://www.theatlantic.com/international/archive/2014/11/hiddenauthor-putinism-russia-
   -vladislav-surkov/382489/.

5 Tatiana Stanovaya, The Fate of the Nashi Movement: Where Will the Kremlin's Youth Go?,
   Institute of Modern Russia, 26 de março de 2013, https://imrussia.org/en/politics/420-the-fa-
   te-of-the-nashi-movement-where-will-the-kremlins-youth-go.

6 Peter Pomerantsev, The Hidden Author of Putinism, The Atlantic, 7 de novembro de 2014,
   https://www.theatlantic.com/international/archive/2014/11/hiddenauthor-putinism-russia-
   -vladislav-surkov/382489/.

7 Andrei Soldatov e Irina Borogan, The Red Web: The Struggle Between Russia's Digital
   Dictators and the New Online Revolutionaries (Estados Unidos: PublicAffairs, 2015), p. 111.

8 Viktor Jerofejev, A Suicidal Novel, Central European Forum Salon, 27 de novembro de 2012, http://salon.eu.sk/en/archiv/9151.

9 Yuliya Komska, Can the Kremlin's Bizarre Sci-Fi Stories Tell Us What Russia Really Wants?, Pacific Standard, 15 de abril de 2014, https://psmag.com/social-justice/can-kremlins-bizarre--sci-fi-stories-tell-us-russia-really-wants-78908.

10 Shaun Walker, Kremlin puppet master's leaked emails are price of return to political frontline, The Guardian, 26 de outubro de 2016, https://www.theguardian.com/world/2016/oct/26/kremlin-puppet-masters-leaked-emails-vladislav-surkov-east-ukraine.

11 James Heiser, Putin's Rasputin: The Mad Mystic Who Inspired Russia's Leader, Breitbart, 10 de junho de 2014, http://www.breitbart.com/national-security/2014/06/10/putin-s-rasputin--the-mad-mystic-who-inspired-putin/.

12 Anton Shekhovtsov, The Palingenetic Thrust of Russian Neo-Eurasianism: Ideas of Rebirth in Aleksandr Dugin's Worldview, dezembro de 2018, http://www.academia.edu/194083/The_Palingenetic_Thrust_of_Russian_Neo-Eurasianism_Ideas_of_Rebirth_in_Aleksandr_Dugins_Worldview.

13 Jack Gilbert, We Spoke to the Man Who's Been Labelled 'Putin's Brain', Vice, 28 de abril de 2014, https://www.vice.com/en_uk/article/3b7a93/aleksandr-dugin-russian-expansionism.

14 Jack Gilbert, We Spoke to the Man Who's Been Labelled 'Putin's Brain', Vice, 28 de abril de 2014, https://www.vice.com/en_uk/article/3b7a93/aleksandr-dugin-russian-expansionism.

15 Alexander Dugin, Eurasian Mission: An Introduction to Neo-Eurasianism (Reino Unido: Arktos Media, 2014).

16 Alexander Dugin, Russian Geopolitician: Trump Is Real America, Katehon, 2 de fevereiro de 2016, http://katehon.com/article/russian-geopolitician-trump-real-america.

17 Aleksandr Dugin, Dugin's Guideline—In Trump We Trust, Katehon Think Tank, 4 de março de 2016, https://www.youtube.com/watch?v=aOWIoMtIvDQ.

18 Aleksandr Dugin, Dugin's Guideline—In Trump We Trust, Katehon Think Tank, 4 de março de 2016, https://www.youtube.com/watch?v=aOWIoMtIvDQ.

19 Aleksandr Dugin, Donald Trump's Victory, Katehon Think Tank, 10 de novembro de 2016, https://www.youtube.com/watch?v=uEQINJdR8jo.

20 Aleksandr Dugin, Donald Trump's Victory, Katehon Think Tank, 10 de novembro de 2016, https://www.youtube.com/watch?v=uEQINJdR8jo.

21 Aleksandr Dugin, Donald Trump's Victory, Katehon Think Tank, 10 de novembro de 2016, https://www.youtube.com/watch?v=uEQINJdR8jo.

22 Aleksandr Dugin, Dugin's Guideline—In Trump We Trust, Katehon Think Tank, 4 de março de 2016, https://www.youtube.com/watch?v=aOWIoMtIvDQ.

23 Owen Matthews, The Kremlin's Campaign to Make Friends, Newsweek, 16 de fevereiro de 2015, http://www.newsweek.com/2015/02/27/kremlins-campaign-make-friends-307158.html.

24 Ionut Illascu, Russian Hackers Leak List of Pro-Russian Influence Group Made of High-Profile European Individuals, Softpedia News, 3 de dezembro de 2014, http://news.softpedia.com/news/Russian-Hackers-Leak-List-of-Pro-Russian-Influence-Group-Made-of-High-Profile--European-Individuals-466418.shtml.

NOTAS 309

25 Andrew Osborn, As if Things Weren't Bad Enough, Russian Professor Predicts End of U.S, The Wall Street Journal, 29 de dezembro de 2008, https://www.wsj.com/articles/SB123051100709638419.

26 Andrew Osborn, As if Things Weren't Bad Enough, Russian Professor Predicts End of U.S, The Wall Street Journal, 29 de dezembro de 2008, https://www.wsj.com/articles/SB123051100709638419.

27 Andrew Osborn, As if Things Weren't Bad Enough, Russian Professor Predicts End of U.S, The Wall Street Journal, 29 de dezembro de 2008, https://www.wsj.com/articles/SB123051100709638419.

28 Robert O'Harrow, Jr. e Shawn Boburg, During his political rise, Stephen K. Bannon was a man with no fixed address, The Washington Post, 11 de março de 2017, http://www.washingtonpost.com/investigations/during-his-political-rise-stephen-k-bannon-was-a-man-with-no-fixed-address/2017/03/11/89866f4c-0285-11e7-ad5b-d22680e18d10_story.

29 Joshua Green, This Man Is the Most Dangerous Political Operative in America, Bloomberg, 8 de outubro de 2015, http://www.bloomberg.com/politics/graphics/2015-steve-bannon/.

30 Shawn Boburg e Emily Rauhala, Stephen K. Bannon Once Guided a Global Firm That Made Millions Helping Gamers Cheat, The Washington Post, 4 de agosto de 2017, http://www.washingtonpost.com/investigations/steve-bannon-once-guided-a-global-firm-that-made--millions-helping-gamers-cheat/2017/08/04/ef7ae442-76c8-11e7-803f-a6c989606ac7_story.

31 The Atlantic, Steve Bannon's Would-Be Coalition of Christian Traditionalists, Yahoo!, 23 de março de 2017, https://www.yahoo.com/news/steve-bannons-coalition-christian-traditionalists-085000579.html.

32 Ronald Radosh, Steve Bannon, Trump's Top Guy, Told Me He Was 'a Leninist', The Daily Beast, 22 de agosto de 2016, https://www.thedailybeast.com/steve-bannon-trumps-top-guy--told-me-he-was-a-leninist.

Capítulo 5: Rússia em Ascensão, EUA em Queda

1 Garry Kasparov, Twitter, @kasparov63, https://twitter.com/Kasparov63.

2 Jack Farchy, Putin names NATO among threats in new Russian security strategy, Financial Times, 2 de janeiro de 2016, https://www.ft.com/content/6e8e787e-b15f-11e5-b147-e5e5bba42e51.

3 Matthew N. Janeczko, The Russian Counterinsurgency Operation in Chechnya Part 2: Success, But At What Cost? 1999-2004, Small Wars Journal, 2 de novembro de 2012, http://smallwarsjournal.com/jrnl/art/the-russian-counterinsurgency-operation-in -chechnya-part--2-success-but-at-what-cost-1999

4 Matthew N. Janeczko, The Russian Counterinsurgency Operation in Chechnya Part 2: Success, But At What Cost? 1999-2004, Small Wars Journal, 2 de novembro de 2012, http://smallwarsjournal.com/jrnl/art/the-russian-counterinsurgency-operation-in -chechnya-part--2-success-but-at-what-cost-1999-%E2%80%93-

5 The Economist, Putin's new model army, The Economist, 24 de maio de 2014, https://www.economist.com/news/europe/21602743-money-and-reform-have-given-russia-armed-forces-it--can-use-putins-new-model-army.

6 John Simpson, Russia's Crimea plan detailed, secret and successful, BBC, 19 de março de 2014, http://www.bbc.com/news/world-europe-26644082.

7   Bettina Renz e Hanna Smith, Russia and Hybrid Warfare — Going Beyond the Label, Finnish Prime Minister's Office, janeiro de 2016, https://www.stratcomcoe.org/download/file/fid/4920.

8   Defense Intelligence Agency, Russia Military Power: Building a Military to Support Great Power Aspirations, Defense Intelligence Agency, 28 de junho de 2017, http://www.dia.mil/Portals/27/Documents/News/Military%20Power%20Publications/Russia%20Military%20Power%20Report%202017.pdf.

9   Andrew Osborn, Putin, in Syria, says mission accomplished, orders partial Russian pull-out, Reuters, 11 de dezembro de 2017, https://www.reuters.com/article/us-mideast-crisis-syria--russia-putin/putin-in-syria-says-mission-accomplished-orders-partial-russian-pull-out-i-dUSKBN1E50X1.

10 Carlo Jose Vicente Caro, Moscow's Historical Relationship with Damascus: Why It Matters Now, HuffPost, https://www.huffingtonpost.com/carlo-caro/moscows-historical-relati_b_9065430.html.

11 Henry Austin, Russia threatens to retaliate against US forces in Syria, The Independent, 21 de setembro de 2017, http://www.independent.co.uk/news/world/russia-us-syria-war-putin--trump-target-forces-retaliate-latest-a7960376.html.

12 President of Russia, Expanded meeting of the Defense Ministry Board, President of Russia, 22 de dezembro de 2016, http://en.kremlin.ru/events/president/news/53571.

13 Ryan Browne, U.S. launches long-awaited missile defense shield, CNN, 12 de maio de 2016, https://www.cnn.com/2016/05/11/politics/nato-missile-defense-romania-poland/index.html.

14 Jeremy Bender, The Hazing Epidemic That's Holding Back Russia's Military, Business Insider, 29 de maio de 2014, http://www.businessinsider.com/hazing-is-holding-back-russias-military-2014-5.

15 The Economist, War games, The Economist, 29 de outubro de 2009, http://www.economist.com/node/14776852.

16 Ken Gude, How Putin Undermines Democracy in the West, Chapter and Verse, Newsweek, 18 de março de 2017, http://www.newsweek.com/how-putin-undermines-democracy-west--chapter-and-verse-568607.

17 Yury E. Fedorov, Continuity and change in Russia's policy toward Central and Eastern Europe, Communist and Post-Communist Studies 46, setembro de 2013, p. 323.

18 D. Eglitis, "The Baltic States: Changes and Challenges in the New Europe", in Central and East European Politics: from Communism to Democracy, eds. S.L. Wolchik & J.L. Curry (Londres: Rowman & Littlefield, 2015), p. 336.

19 Yury E. Fedorov, Continuity and change in Russia's policy toward Central and Eastern Europe, Communist and Post-Communist Studies 46, setembro de 2013, p. 323.

20 Holly Ellyatt, Putin abandons United Russia party, will run as an independent in 2018 election, CNBC, 14 de dezembro de 2017, https://www.cnbc.com/2017/12/14/putin-to-run-as-an-independent-in-2018-election.html.

21 Mikhail Zygar, All the Kremlin's Men: Inside the Court of Vladimir Putin (Estados Unidos: PublicAffairs, 2016), p. 64.

22 Arkady Ostrovsky, The Invention of Russia: The Rise of Putin and the Age of Fake News (Nova York: Penguin Books, 2015), p. 30.

NOTAS

23 Denis Grishkin, Rogozin's Rodina Party Reinstated, The Moscow Times, 1º de outubro de 2012, https://themoscowtimes.com/articles/rogozins-rodina-party-reinstated-18170.

24 Casey Michel, Russia Wants Texas and Puerto Rico to Secede, The Daily Beast, 24 de setembro de 2015, https://www.thedailybeast.com/russia-wants-texas-and-puerto-rico-to-secede.

25 CDM, Rogozin's party seeks protection for Shishmakov and Popov, CDM, 13 de outubro de 2017, https://www.cdm.me/english/rogozins-party-seeks-protection-shishmakov-popov/.

26 Ben Farmer, Surveillance photos 'show Russian officers plotting Montenegro coup', The Telegraph, 29 de agosto de 2017, http://www.telegraph.co.uk/news/2017/08/28/surveillance-photos-show-russian-intelligence-officers-plotting/.

27 Julie Corwin, Russia: 'A Youth Movement Needs a Leader', Radio Free Europe/Radio Liberty, 21 de abril de 2005, https://www.rferl.org/a/1058597.html.

28 Andrew Osborn, Pro-Kremlin youth group accused of plagiarising Goebbels, The Telegraph, 15 de novembro de 2010, https://www.telegraph.co.uk/news/worldnews/europe/russia/8134688/Pro-Kremlin-youth-group-accusedofplagiarising-Goebbels.html.

29 Charles Clover, Black Wind, White Snow (Yale University Press, 2016), p. 281.

30 U.S. Department of the Treasury, Treasury Announces New Designations of Ukrainian Separatists and their Russian Supporters, 11 de março de 2015, https://www.treasury.gov/press-center/press-releases/Pages/jl9993.aspx.

31 Associated Press, Inside the radical 'war camps' where Russian fighters are born, New York Post, 18 de outubro de 2016, https://nypost.com/2016/10/18/inside-the-radical-war-camps-where-russian-fighters-are-born/.

32 Josephine Huetlin, Russian Extremists Are Training Right-Wing Terrorists From Western Europe, The Daily Beast, 2 de agosto de 2017, https://www.thedailybeast.com/russian-extremists-are-training-right-wing-terrorists-from-western-europe.

33 Andrew Roth, A right-wing militia trains Russians to fight the next war — with or without Putin, The Washington Post, 2 de janeiro de 2017, https://www.washingtonpost.com/world/europe/aright-wing-militia-trains-russianstofight-the-next-war—withorwithout-putin/2017/01/02/f06b5ce8-b71e-11e6-939c-91749443c5e5_story.html.

34 Entrevista com Stanislav Vorobyov, https://www.zaks.ru/new/archive/view/135459.

35 Entrevista com Stanislav Vorobyov, https://www.zaks.ru/new/archive/view/135459.

36 Anton Shekhovtsov, Russian fascist militants give money to Swedish counterparts, 19 de setembro de 2015, https://anton-shekhovtsov.blogspot.com/2015/09/russian-fascist-militants-give-money-to.html.

37 Justin Spike, Suspected neo-Nazi shoots, kills police officer near Győr, The Budapest Beacon, 26 de outubro de 2016, https://budapestbeacon.com/suspected-neo-nazi-shoots-kills-police-officer-near-gyor/.

38 Dezső András e Szabolcs Panyi, Russian diplomats exercised with Hungarian cop killer's far-right gang, Index, 28 de outubro de 2016, https://index.hu/english/2016/10/28/russian_diplomats_exercised_with_hungarian_cop_killer_s_far-right_gang/.

39 Pierre Sautreuil, Believe It or Not, Russia Dislikes Relying on Military Contractors, War Is Boring, 9 de março de 2016, https://warisboring.com/believe-it-or-not-russia-dislikes-relying-on-military-contractors/.

40 Последний бой «Славянского корпуса», Fontanka.ru, 14 de novembro de 2013, http://www.fontanka.ru/2013/11/14/060/.

41 Feral Jundi, Cool Stuff: A Russian Contractor Gives the Low Down on His Industry, Feral Jundi, 30 de julho de 2015, https://feraljundi.com/2015/07/30/cool-stuff-a-russian-contractor-gives-the-low-down-on-his-industry/.

42 Feral Jundi, Industry Talk: The Slavonic Corps–A Russian PMSC In Syria, Feral Jundi, 14 de janeiro de 2014, https://feraljundi.com/2014/01/14/industry-talk-the-slavonic-corps-a-russian-pmsc-in-syria/.

43 Pierre Sautreuil, Believe It or Not, Russia Dislikes Relying on Military Contractors, War Is Boring, 9 de março de 2016, https://warisboring.com/believe-it-or-not-russia-dislikes-relying-on-military-contractors/.

44 Andrew E. Kramer, Russia Deploys a Potent Weapon in Syria: The Profit Motive, The New York Times, 5 de julho de 2017, https://www.nytimes.com/2017/07/05/world/middleeast/russia-syria-oil-isis.html.

45 Fatima Tlis, Zakharova Downplays Armed Clash with Americans in Syria, Kremlin-linked Audio Recordings Contradict Her Story, Polygraph.info, 16 de fevereiro de 2018, https://www.polygraph.info/a/uswagner-russia-syria-scores-killed/29044339.html.

46 Aaron Mehta, Mattis: Unclear if Russia Directed Attack Against U.S. Allies in Syria, Military Times, 17 de fevereiro de 2018, https://www.militarytimes.com/flashpoints/2018/02/17/mattis-unclear-if-russia-directed-attack-against-us-allies-in-syria/.

47 Fatima Tlis, Zakharova Downplays Armed Clash with Americans in Syria, Kremlin-linked Audio Recordings Contradict Her Story, Polygraph.info, 16 de fevereiro de 2018, https://www.polygraph.info/a/uswagner-russia-syria-scores-killed/29044339.html.

Capítulo 6: Medidas Ativas

1 Soviet Active Measures: Hearings before the Subcommittee on European Affairs of the Committee on Foreign Relations, United States Senate, Ninety-Ninth Congress, 12 e 13 de setembro de 1985, http://www.loc.gov/law/find/nominations/gates/017_excerpt.pdf.

2 Christopher Andrew e Vasili Mitrokhin, The Sword and Shield: The Mitrokhin Archive and the Secret History of the KGB (Nova York: Basic Books, 1999), p. 10.

3 Susan B. Glasser, ExSpy Chief: Russia's Election Hacking Was An 'Intelligence Failure', Politico Magazine, 11 de dezembro de 2017, https://www.politico.com/magazine/story/2017/12/11/the-full-transcript-michael-morell-216061.

4 Secret Police, Revelations from the Russian Archives: Internal Workings of the Soviet Union, Library of Congress, https://www.loc.gov/exhibits/archives/intn.html.

5 Christopher Andrew e Vasili Mitrokhin, The Sword and Shield: The Mitrokhin Archive and the Secret History of the KGB (Nova York: Basic Books, 1999), p. 10.

6 Amy Knight, The KGB, Perestroika, and the Collapse of the Soviet Union, Journal of Cold War Studies 5, nº 1 (Inverno de 2003), pp. 6793.

7 Tennent H. Bagley, Spymaster: Startling Cold War Revelations of a Soviet KGB Chief (Skyhorse Publishing, 2013), p. 171.

8 Tennent H. Bagley, Spymaster: Startling Cold War Revelations of a Soviet KGB Chief (Skyhorse Publishing, 2013), p. 172.

NOTAS 313

9 Christopher Andrew e Vasili Mitrokhin, The Sword and Shield: The Mitrokhin Archive and the Secret History of the KGB (Nova York: Basic Books, 1999), p. 144.

10 Christopher Andrew e Vasili Mitrokhin, The Sword and Shield: The Mitrokhin Archive and the Secret History of the KGB (Nova York: Basic Books, 1999), p. 144.

11 Tennent H. Bagley, Spymaster: Startling Cold War Revelations of a Soviet KGB Chief (Skyhorse Publishing, 2013), p. 167.

12 Tennent H. Bagley, Spymaster: Startling Cold War Revelations of a Soviet KGB Chief (Skyhorse Publishing, 2013), p. 167.

13 John Barron, KGB: The Secret Work of Soviet Secret Agents (Bantam Books, 1974), p. 226.

14 Depoimento de Stanislav Levchenko, Permanent Select Committee on Intelligence—House of Representatives, 14 de julho de 1982, http://njlaw.rutgers.edu/collections/gdoc/hearings/8/82603795/82603795_1.pdf.

15 Soviet Active Measures, Testimony before the House of Representatives Permanent Select Committee on Intelligence, 97th Congress, 13 de julho de 1982 (depoimento de John McMahon), p. 35.

16 Christopher Andrew e Vasili Mitrokhin, The Sword and Shield: The Mitrokhin Archive and the Secret History of the KGB (Nova York: Basic Books, 1999), p. 215.

17 Ladislav Bittman, The KGB and Soviet Disinformation: An Insider's View (Pergamon-Brassey's International Defense Publishers, 1985), p. 25.

18 Ladislav Bittman, The KGB and Soviet Disinformation: An Insider's View (Pergamon-Brassey's International Defense Publishers, 1985), p. 47.

19 Ladislav Bittman, The KGB and Soviet Disinformation: An Insider's View (Permagon-Brassey's International Defense Publishers, 1985), p. 29.

20 Pete Earley, Comrade J: The Untold Secrets of Russia's Master Spy in America After the End of the Cold War (Penguin Books, 2007), p. 195.

21 Ladislav Bittman, The KGB and Soviet Disinformation: An Insider's View, (Pergamon-Brassey's International Defense Publishers, 1985), p. 56.

22 John Barron, KGB: The Secret Work of Soviet Secret Agents (Bantam Books, 1974), p. 239.

23 John Barron, KGB: The Secret Work of Soviet Secret Agents (Bantam Books, 1974), p. 243.

24 Pete Earley, Comrade J: The Untold Secrets of Russia's Master Spy in America After the End of the Cold War (Penguin Books, 2007), p. 195.

25 Ladislav Bittman, The KGB and Soviet Disinformation: An Insider's View (Pergamon-Brassey's International Defense Publishers, 1985), p. 51.

26 Ladislav Bittman, The KGB and Soviet Disinformation: An Insider's View (Pergamon-Brassey's International Defense Publishers, 1985), p. 36.

27 The Moscow Times, Shoigu, Lavrov Deny that Crimean Forces are Russian, The Moscow Times, 6 de março de 2014, https://themoscowtimes.com/articles/shoigu-lavrov-deny-that--crimean-forces-are-russian-32709.

28 ABC News, Ukrainian defense ministry says Russian forces have seized missile defense units in Crimea, ABC News, 5 de março de 2014, http://www.abc.net.au/news/20140305/russia/5301724.

29 Christopher Andrew e Vasili Mitrokhin, The Sword and Shield: The Mitrokhin Archive and the Secret History of the KGB (Basic Books), p. 33.

30 Christopher Andrew e Vasili Mitrokhin, The Sword and Shield: The Mitrokhin Archive and the Secret History of the KGB (Basic Books), p. 37.

31 Christopher Andrew e Vasili Mitrokhin, The Sword and Shield: The Mitrokhin Archive and the Secret History of the KGB (Basic Books), p. 17.

32 John Barron, KGB: The Secret Work of Soviet Secret Agents (Bantam Books, 1974), p. 245.

33 Vanora Bennett, Russian Justice Minister Falls Victim to Sex Scandal, Los Angeles Times, 23 de junho de 1997, http://articles.latimes.com/1997-06-23/news/mn-6203_1_justice-minister.

34 Robyn Dixon, Kremlin Official Suspended Amid a Sex Scandal, Los Angeles Times, 3 de abril de 1999, http://articles.latimes.com/1999/apr/03/news/mn-23855.

35 Julia Ioffe, How State-Sponsored Blackmail Works in Russia, The Atlantic, 11 de janeiro de 2017, https://www.theatlantic.com/international/archive/2017/01/kompromat-trump-dossier/512891/.

36 Michael Idov, Ilya Yashin, Katya Gerasimova, and Russia's Amazing Drugs and Hookers Sex Scandal, The Daily Beast, 23 de março de 2010, https://www.thedailybeast.com/ilya-yashin--katya-gerasimova-and-russias-amazing-drugs-and-hookers-sex-scandal.

37 Ilya Yashin, Улыбайтесь. Вас снимает скрытая камера, 23 de março de 2010, http://yashin.livejournal.com/894296.html.

38 Julia Ioffe, Bears in a Honey Trap: The sex scandal that's rocking the Russian opposition, Foreign Policy, 28 de abril de 2010, http://foreignpolicy.com/2010/04/28/bears-in-a-honey-trap/.

39 Claire Berlinsky, Did Britain Fall into Putin's Trap in Prosecuting a Russian Dissident?, National Review, 11 de maio de 2016, https://www.nationalreview.com/2016/05/russian-dissident-vladimir-bukovsky-sues-uk-government-libel/.

40 Peça processual, Vladimir Bukovsky v. Crown Prosecution Service, 15 de novembro de 2015, http://c2.nrostatic.com/sites/default/files/Bukovsky%20writ.pdf.

41 CNN, U.S. calls purported sex tape 'doctored' and 'smear campaign', CNN, 24 de setembro de 2009, http://www.cnn.com/2009/US/09/24/russia.us.sextape/.

42 Gregory D. Crowe e Seymour E. Goodman, S.A. Lebedev and the Birth of Soviet Computing (1994), IEEE Annals of the History of Computing.

43 Andrei Soldatov e Irina Borogan, The Red Web: The Kremlin's War on the Internet (PublicAffairs, 2015), p. 30.

44 Andrei Soldatov e Irina Borogan, The Red Web: The Kremlin's War on the Internet (PublicAffairs, 2015), p. 30.

45 Los Angeles Times, WORLD: Hackers Guilty of Selling Codes, Los Angeles Times, 15 de fevereiro de 1990, http://articles.latimes.com/1990-02-15/news/mn-1231_1_hackers-guilty.

46 Daniel Domscheit-Berg, Inside WikiLeaks: My time with Julian Assange at the World's Most Dangerous Website (Nova York: Crown Publishers, 2011).

47 Newsweek, 'We're in the middle of a cyberwar', Newsweek, 12 de setembro de 1999, https://www.newsweek.com/were-middle-cyerwar-166196.

48 FBI Indictment, Most Wanted: Evgeniy Mikhailovich Bogachev, 15 de março de 2017, https://www.fbi.gov/wanted/cyber/evgeniy-mikhailovich-bogachev.

49 FBI Indictment, Most Wanted: Alexsey Belan, 15 de março de 2017, https://www.fbi.gov/wanted/cyber/alexsey-belan.

NOTAS

50 FBI Indictment, Most Wanted: Dmitry Aleksandrovich Dokuchaev, 15 de março de 2017, https://www.fbi.gov/wanted/cyber/dmitry-aleksandrovich-dokuchaev.

51 Pavel Sudoplatov, Special Tasks, Little, Brown, 1994, p. xxii.

52 Pavel Sudoplatov, Special Tasks, Little, Brown, 1994, p. 3.

53 Pavel Sudoplatov, Special Tasks, Little, Brown, 1994, p. 3.

54 Natalya Shulyakovskaya, Korzhakov Says Bombings Were Berezovsky's Doing, The Moscow Times, 28 de outubro de 1999, http://old.themoscowtimes.com/news/article/tmt/270814.html.

55 Lizzie Dearden, Alexander Litvinenko: The three other times Russia suspected of involvement in killings on British soil, The Independent, 22 de janeiro de 2016, http://www.independent.co.uk/news/uk/crime/alexander-litvinenko-the-three-other-times-russia-suspectedofinvolvementinkillingsonbritish-a6826796.html.

56 Andrew Monaghan, The UK & Russia: A Troubled Relationship, Conflict Studies Research Centre, 22 de maio de 2007, https://www.da.mod.uk/events/theukrussiaatroubled-relationship-parti.

57 Alex Goldfarb e Marina Litvinenko, Death of a Dissident: The Poisoning of Alexander Litvinenko and the Return of the KGB, Free Press, 2007.

58 BBC, Boris Berezovsky wins Litvinenko poison spy libel case, BBC, 10 de março de 2010, http://news.bbc.co.uk/2/hi/uk_news/8559543.stm.

59 Alex Goldfarb e Marina Litvinenko, Death of a Dissident: The Poisoning of Alexander Litvinenko and the Return of the KGB, Free Press, 2007.

60 Yelena Dikun, Profile of Boris Nemtsov: Russia's newest first deputy premier, The Jamestown Foundation, 18 de abril de 1997, https://jamestown.org/program/profile-of-boris-nemtsov-russias-newest-first-deputy-premier/.

61 BBC, Kremlin critic in ammonia attack, BBC, 23 de março de 2009, http://news.bbc.co.uk/2/hi/europe/7959819.stm.

62 Grani.ru, Сайты Немцова и Милова подверглись атаке после публикации нового доклада, Grani.ru, 15 de junho de 2010, https://graniru.org/Internet/m.178982.html.

63 Boris Nemtsov, Boris Nemtsov: 'This is Vladimir Putin' war', Kyiv Post, 27 de fevereiro de 2016, https://www.kyivpost.com/article/opinion/op-ed/why-does-putin-wage-war-on-ukraine-362884.html.

64 Elena Milchanovska, "Полное интервью Немцова "Собеседнику": Если бы я боялся Путина, то...", Sobesednik.ru, 29 de fevereiro de 2015, https://sobesednik.ru/politika/20150228-polnoe-intervyu-nemcova-sobesedniku-esli-by-ya-boyalsya-puti.

65 BBC, Boris Nemtsov murder: Who are the suspects?, BBC, 3 de outubro de 2016, https://www.bbc.com/news/world-europe-31834026.

66 Tom Peck, Vladimir Kara-Murza, a twice-poisoned Russian dissident, says: 'If it happens a third time, that'll be it', The Independent, 18 de março de 2017, http://www.independent.co.uk/news/uk/politics/russian-dissident-vladimir-kara-murza-poisoned-twice-democracy--campaigner-vladimir-putin-a7637421.html.

67 The Moscow Times, Top Rosneft Exec Found Dead in Moscow, The Moscow Times, 26 de dezembro de 2016, https://themoscowtimes.com/news/top-rosneft-exec-found-dead-in-moscow-56649.

68 Robert Mendick e Robert Verkaik, Mystery death of exKGB chief linked to MI6 spy's dossier on Donald Trump, The Telegraph, 27 de janeiro de 2017, https://www.telegraph.co.uk/news/2017/01/27/mystery-death-ex-kgb-chief-linked-mi6-spys-dossier-donald-trump/.

69 Steele Dossier, Company Intelligence Report 2016/94: Russia: Secret Kremlin Meetings Attended by Trump Advisor, Carter Page in Moscow July 2016.

70 Robert Mendick, Hayley Dixon, Patrick Sawer e Luke Heighton, Poisoned Russian spy Sergei Skripal was close to consultant who was linked to the Trump dossier, The Telegraph, 7 de março de 2018, https://www.telegraph.co.uk/news/2018/03/07/poisoned-russian-spy-sergei--skripal-close-consultant-linked/.

71 BBC, Russian spy: Highly likely Moscow behind attack, says Theresa May, BBC, 13 de março de 2018, http://www.bbc.com/news/uk-43377856.

72 Shehab Khan, Video reemerges of Putin threat that 'traitors will kick the bucket', The Independent, 7 de março de 2018, http://www.independent.co.uk/news/world/europe/vladimir-putin-traitors-kick-bucket-sergei-skripal-latest-video30pieces-silver-a8243206.html.

73 NBC News, Confronting Russian President Vladimir Putin, 10 de março de 2018, https://www.youtube.com/watch?v=z1pPkAOZI50.

74 Mike Eckel, Russian State TV Host Warns 'Traitors' After Skripal Poisoning, Radio Free Europe/Radio Liberty, 8 de março de 2018, https://www.rferl.org/a/russia-skripal-poisoning-russiatvwarning-traitors-kleimenov/29087407.html.

75 Mark Sweney, Russian broadcaster RT could be forced off UK airwaves, The Guardian, 13 de março de 2018, https://www.theguardian.com/media/2018/mar/13/russian-broadcaster-rt-hits-back-at-threat-to-uk-licence.

Capítulo 7: Fake News

1 Vladimir Kvachov, Спецназ России, Военная литература, 2004, http://militera.lib.ru/science/kvachkov_vv/index.html.

2 Conceptual Views Regarding the Activities of the Armed Forces of the Russian Federation in the Information Space, 2011, https://ccdcoe.org/strategies/Russian_Federation_unofficial_translation.pdf

3 Andrey Kartapolov, Lessons of Military Conflict and Prospects for the Development of Means and Methods for Conducting Them, Vestnik Akademii Voennykh Nauk (Bulletin of the Academy of Military Science), nº 2, 2015, pp. 2829.

4 Susan B. Glasser, ExSpy Chief: Russia's Election Hacking Was an 'Intelligence Failure', Politico Magazine, 11 de dezembro de 2017, https://www.politico.com/magazine/story/2017/12/11/the-full-transcript-michael-morell-216061.

5 Soviet Active Measures, Testimony before the House of Representatives Permanent Select Committee on Intelligence, 97th Congress, 13 de julho de 1982 (depoimento de John McMahon), p. 43.

6 Soviet Active Measures, Testimony before the House of Representatives Permanent Select Committee on Intelligence, 97th Congress, 13 de julho de 1982 (depoimento de John McMahon), p. 21.

7 Arkady Ostrovsky, The Invention of Russia: From Gorbachev's Freedom to Putin's War (Viking, 2016), p. 15.

8 Christopher Andrew e Vasili Mitrokhin, The World Was Going Our Way: The KGB and the Battle for the Third World (Basic Books, 2005), p. 340.

9 Soviet Active Measures, Testimony before the House of Representatives Permanent Select Committee on Intelligence, 97th Congress, 13 de julho de 1982 (depoimento de John McMahon), p. 38.

10 Ladislav Bittman, The KGB and Soviet Disinformation: An Insider's View (Pergamon-Brassey's International Defense Publishers, 1985) p. 69.

11 Christopher Andrew e Vasili Mitrokhin, The World Was Going Our Way: The KGB and the Battle for the Third World (Basic Books, 2005), p. 330.

12 Christopher Andrew e Vasili Mitrokhin, The World Was Going Our Way: The KGB and the Battle for the Third World (Basic Books, 2005), p. 333.

13 Ellen Mickiewicz, Changing Channels: Television and the Struggle for Power in Russia (Duke University Press, 1997).

14 Soviet Active Measures, Hearings before the Subcommittee on European Affairs of the Committee on Foreign Relations, United States Senate, Ninety-Ninth Congress, 12 e 13 de setembro de 1985, http://www.loc.gov/law/find/nominations/gates/017_excerpt.pdf.

15 Gleb Pavlosky, Entrevista com Gleb Pavlovsky, The Putin Files, Frontline, https://www.pbs.org/wgbh/frontline/interview/gleb-pavlovsky/.

16 Soviet Active Measures, Hearings before the Subcommittee on European Affairs of the Committee on Foreign Relations, United States Senate, Ninety-Ninth Congress, 12 e 13 de setembro de 1985, http://www.loc.gov/law/find/nominations/gates/017_excerpt.pdf.

17 Rory Carroll, Russia Today news anchor Liz Wahl resigns live on air over Ukraine crisis, The Guardian, 6 de março de 2014, https://www.theguardian.com/world/2014/mar/06/russia-today-anchor-liz-wahl-resigns-on-air-ukraine.

18 Jack Stubbs e Ginger Gibson, Russia's RT America registers as 'foreign agent' in U.S., Reuters, 13 de novembro de 2017, https://www.reuters.com/article/us-russia-usa-media-restrictions-rt/russias-rt-america-registers-as-foreign-agent-in-u-s-idUSKBN1DD25B.

19 Jack Moore, 'We can't even hire a stringer': Russia Today says its U.S. staff leaving in 'masses', Newsweek, 6 de outubro de 2017, http://www.newsweek.com/we-cant-even-hire-stringer-russia-today-says-its-us-staff-leaving-masses-679380.

20 Laetitia Peron, Russia fights Western 'propaganda' as critical media squeezed, Yahoo!, 20 de novembro de 2014, https://www.yahoo.com/news/russia-fights-western-propaganda-critical-media-squeezed-132033487.html.

21 Andrew Feinberg, My Life at a Russian Propaganda Network, Politico Magazine, 21 de agosto de 2017, https://www.politico.com/magazine/story/2017/08/21/russian-propaganda-sputnik-reporter-215511.

22 Ben Nimmo, Question That: RT's Military Mission, Assessing Russia Today's role as an "information weapon", The Atlantic Council's Digital Forensic Research Lab, 7 de janeiro de 2018, https://medium.com/dfrlab/question-that-rts-military-mission-4c4bd9f72c88.

23 Ben Nimmo, Question That: RT's Military Mission, Assessing Russia Today's role as an "information weapon", The Atlantic Council's Digital Forensic Research Lab, 7 de janeiro de 2018, https://medium.com/dfrlab/question-that-rts-military-mission-4c4bd9f72c88.

24 Robert H. Donaldson, Joseph L. Nogee e Vidya Nadkarni, The Foreign Policy of Russia: Changing Systems, Enduring Interests (Nova York: Routledge, 2001) p. 456.

25 Donara Barojan, #BalticBrief: Enhanced Anti-NATO Narratives Target Enhanced Forward Presence, The Atlantic Council's Digital Forensic Research Lab, 7 de fevereiro de 2018, https://medium.com/dfrlab/balticbrief-enhanced-anti-nato-narratives-target-enhanced-forward-presence-fdf2272a8992.

26 Macomb Daily, Protestors Throw Rocks at Selfridge Reservists, The Macomb Daily, 3 de junho de 2006, http://www.macombdaily.com/article/MD/20060603/NEWS01/306039996.

27 Nick Paton Walsh, Protests threaten Nato war games, The Guardian, 12 de junho de 2006, https://www.theguardian.com/world/2006/jun/12/ukraine.russia.

28 Gregory Warner, Ukraine vs. Fake News, NPR, 21 de agosto de 2017, https://www.npr.org/templates/transcript/transcript.php?storyId=544458898.

29 Christopher Paul e Miriam Matthews, The Russian "Firehose of Falsehood" Propaganda Model: Why It Might Work and Options to Counter It, The RAND Corporation, p. 1, https://www.rand.org/pubs/perspectives/PE198.html.

30 Bettina Renz e Hanna Smith, Russia and Hybrid Warfare — Going Beyond the Label, Finnish Prime Minister's Office, janeiro de 2016, https://www.stratcomcoe.org/download/file/fid/4920.

31 William Cook, Russian fake news is causing trouble in Latvia, The Spectator, 27 de dezembro de 2017, https://blogs.spectator.co.uk/2017/12/russian-fake-news-is-causing-trouble-in-latvia/.

32 James Carstensen, Alleged Russian Hacks, Fake Sites Follow Opening of NATOE.U. Center on 'Hybrid' Threats, CNS News, 6 de outubro de 2017, https://www.cnsnews.com/news/article/james-carstensen/alleged-russian-hacks-fake-sites-follow-opening-nato-eu-center-hybrid.

33 Reuters, Bulgaria says will not join any NATO Black Sea fleet after Russian warning, Reuters, 16 de junho de 2016, https://www.reuters.com/article/nato-bulgaria-blacksea/bulgaria-says-will-not-join-any-nato-black-sea-fleet-after-russian-warning-idUSL8N19835X.

34 Stefan Meister, The "Lisa case": Germany as a target of Russian disinformation, Nato Review, https://www.nato.int/docu/review/2016/Also-in-2016/lisa-case-germany-target-russian-disinformation/EN/index.htm.

Capítulo 8: A Internet Research Agency e as Armas Cibernéticas Russas

1 Col. S.G. Chekinov e Lt. Gen. S.A. Bogdanov, The Nature and Content of a New-Generation War, Military Thought (English edition), nº 4, 2013, http://www.eastviewpress.com/Files/MT_FROM%20THE%20CURRENT%20ISSUE_No.4_2013.pdf.

2 Max de Haldevang, Russia's troll factory also paid for 100 activists in the US, Quartz, 17 de outubro de 2017, https://qz.com/1104195/russian-political-hacking-the-internet-research-agency-troll-farmbythe-numbers/.

3 Andrey Soshnikov, С политических троллей Кремля попытаются "сорвать маску" в суде, BBC, 15 de agosto de 2016, http://www.bbc.com/russian/features-37083188.

4 Andrey Zakharov e Polina Rusyaeva, Troll factory spent about $2.3 million to work in the US, RBC, 17 de outubro de 2017, https://www.rbc.ru/technology_and_media/17/10/2017/59e4eb7a9a79472577375776.

NOTAS

5 Scott Shane e Vindu Goel, Vindu Goel, Fake Russian Facebook Accounts Bought $100,000 in Political Ads, The New York Times, 6 de setembro de 2017, https://www.nytimes.com/2017/09/06/technology/facebook-russian-political-ads.html.

6 Alex Stamos, An Update On Information Operations On Facebook, Facebook News, 6 de setembro de 2017, https://newsroom.fb.com/news/2017/09/information-operations-update/.

7 Alex Stamos, Facebook, An Update on Information Operations on Facebook, Facebook Newsroom, 6 de setembro de 2017, https://newsroom.fb.com/news/2017/09/information-operations-update/8 .

8 Lorand Laskai, Year in Review: Tech Companies Grapple with Disinformation, Council on Foreign Relations, 2 de janeiro de 2018, https://www.cfr.org/blog/year-review-tech-companies-grapple-disinformation.

9 Ivan Pavlov, Дела Людмилы Савчук. Команда 29 рассказывает о «фабрике троллей», Team 29, 1º de janeiro de 2017, https://team29.org/court/trolls/.

10 Konstantin Rykov, Facebook, 12 de novembro de 2016, https://www.facebook.com/konstantin.rykov/posts/10210621124674610.

11 Nicholas Confessore e Danny Hakim, Data Firm Says 'Secret Sauce' Aided Trump; Many Scoff, The New York Times, 6 de março de 2017, https://www.nytimes.com/2017/03/06/us/politics/cambridge-analytica.html?_r=0.

12 REPORT: Hillary's Emails Hacked by Russia—Kremlin Deciding Whether to Release 20,000 Stolen Emails (VIDEO).

13 Sorcha Faal, Kremlin War Erupts Over Release of Top Secret Hillary Clinton Emails, What Does It Mean.com, 6 de maio de 2017, http://www.whatdoesitmean.com/index2036.htm.

14 Betsy Woodruff, Trump Data Guru: I Tried to Team Up With Julian Assange, The Daily Beast, 25 de outubro de 2017, https://www.thedailybeast.com/trump-data-guru-i-tried-to-team-up-with-julian-assange.

15 Craig Silverman e Lawrence Alexander, How Teens In The Balkans Are Duping Trump Supporters With Fake News, BuzzFeed News, 3 de novembro de 2016, https://www.buzzfeednews.com/article/craigsilverman/how-macedonia-became-a-global-hub-for-pro-trump-misinfo.

16 Donie O'Sullivan, What Russian trolls could have bought with $100,000 on Facebook, CNN, 7 de setembro de 2017, http://money.cnn.com/2017/09/07/media/what-russian-troll-army-could-buy-facebook-ads/index.html.

17 Ivan Pavlov, Дела Людмилы Савчук. Команда 29 рассказывает о «фабрике троллей», Team 29, 1º de janeiro de 2017, https://team29.org/court/trolls/.

18 Craig Silverman e Lawrence Alexander, How Teens In The Balkans Are Duping Trump Supporters With Fake News, BuzzFeed News, 3 de novembro de 2016, https://www.buzzfeednews.com/article/craigsilverman/how-macedonia-became-a-global-hub-for-pro-trump-misinfo.

19 Donie O'Sullivan, What Russian trolls could have bought for $100,000 on Facebook, CNN, 7 de setembro de 2017, http://money.cnn.com/2017/09/07/media/what-russian-troll-army-could-buy-facebook-ads/index.html.

20 Donie O'Sullivan, Russian trolls created Facebook events seen by more than 300,000 users, CNN, 26 de janeiro de 2018, http://money.cnn.com/2018/01/26/media/russia-trolls-facebook-events/index.html.

21 Ben Collins, Gideon Resnick, Kevin Poulsen e Spencer Ackerman, Exclusive: Russians Appear to Use Facebook to Push Trump Rallies in 17 U.S. Cities, The Daily Beast, 20 de setembro de 2017, https://www.thedailybeast.com/russians-appear-to-use-facebook-to-push-pro-trump-flash-mobs-in-florida.

22 Donie O'Sullivan, Drew Griffin e Curt Devine, In attempt to sow fear, Russian trolls paid for self-defense classes for African Americans, CNN, 18 de outubro de 2017, http://money.cnn.com/2017/10/18/media/black-fist-russia-self-defense-classes/index.html.

23 Sherdog, Omowale "Black Panther" Adewale assists Black Fist Self Defense Project (founder interviewed), Sherdog, 7 de março de 2017, http://forums.sherdog.com/threads/omowale--black-panther-adewale-assists-black-fist-self-defense-project-founder-interviewed.3487585/.

24 Robert Booth, Matthew Weaver, Alex Hern, Stacee Smith e Shaun Walker, Russia used hundreds of fake accounts to tweet about Brexit, data shows, The Guardian, 14 de novembro de 2017, https://www.theguardian.com/world/2017/nov/14/how-400-russia-run-fake-accounts-posted-bogus-brexit-tweets.

25 United States Senate Committee on the Judiciary, Depoimento de Sean J. Edgett, 31 de outubro de 2017, https://www.lgraham.senate.gov/public/_cache/files/4766f54d-d433-4055-9f3d-c-94f97eeb1c0/testimony-of-sean-edgett-acting-general-counsel-twitter.pdf.

26 Twitter, Update on Results of Retrospective Review of Russian-Related Election Activity, 19 de janeiro de 2018, https://www.judiciary.senate.gov/imo/media/doc/Edgett%20Appendix%20to%20Responses.pdf.

27 Natasha Bertrand, Russia-linked Twitter accounts are working overtime to help Devin Nunes and WikiLeaks, Business Insider, 19 de janeiro de 2018, http://www.businessinsider.com/release-the-memo-campaign-russia-linked-twitter-accounts-2018-1.

28 Jason Schwartz, Russia pushes more 'deep state' hashtags, Politico, 6 de fevereiro de 2018, https://www.politico.com/story/2018/02/06/russia-twitter-hashtags-deep-state-395928.

29 Departamento de Justiça dos EUA, Louisiana Man Pleads Guilty to Federal Charge For Threatening Pizza Shop in Northwest Washington, 13 de janeiro de 2017, US Department of Justice, https://www.justice.gov/usao-dc/pr/louisiana-man-pleads-guilty-federal-charge-threatening-pizza-shop-northwest-washington.

30 Matthew Rosenberg, Trump Adviser Has Pushed Clinton Conspiracy Theories, The New York Times, 5 de dezembro de 2016, https://www.nytimes.com/2016/12/05/us/politics/-michael-flynn-trump-fake-news-clinton.html.

31 Adrian Chen, The Agency, The New York Times, 2 de junho de 2015, https://www.nytimes.com/2015/06/07/magazine/the-agency.html.

32 Andy Cush, Who's Behind This Shady, Propagandistic Russian Photo Exhibition?, Gawker, 10 de outubro de 2014, https://gawker.com/whos-behind-this-shady-propagandistic-russian--photo-ex-1643938683.

33 Kentrails Research collective, Trolls on tour: how Kremlin money buys Western journalists, Euromaidan Press, 20 de agosto de 2015, http://euromaidanpress.com/2015/08/20/trollson-tour-how-kremlin-money-buys-western-journalists/#arvlbdata.

34 Alex Jones, Twitter, @realalexjones, https://twitter.com/realalexjones/status/959119134477955073.

NOTAS

35 Sheera Frenkel, The New Handbook For Cyberwar Is Being Written by Russia, BuzzFeed News, 19 de março de 2017, https://www.buzzfeednews.com/article/sheerafrenkel/the-new--handbook-for-cyberwar-is-being-written-by-russia.

36 Col. S.G. Chekinov e Lt. Gen. S.A. Bogdanov, The Nature and Content of a New-Generation War, Military Thought (English edition), nº 4, 2013, http://www.eastviewpress.com/Files/MT_FROM%20THE%20CURRENT%20ISSUE_No.4_2013.pdf.

37 Hannes Grassegger e Mikael Krogerus, Fake news and botnets: how Russia weaponised the web, The Guardian, 2 de dezembro de 2017, https://www.theguardian.com/technology/2017/dec/02/fake-news-botnets-how-russia-weaponised-the-web-cyber-attack-estonia.

Capítulo 9: Hail Hydra!

1 Christian Gysin e Simon Tomlinson, Victims were paralysed by fear as I fired: Breivik recounts island youth camp massacre in horrifying detail, Daily Mail, 20 de abril de 2012, http://www.dailymail.co.uk/news/article-2132656/Anders-Behring-Breivik-trial-Norway-killer-recount-s-Utoya-island-massacre-horrifying-detail.html#ixzz5ABjPAJde.

2 BBC, Joerg Haider: Key quotes, BBC News, 2 de fevereiro de 2000, http://news.bbc.co.uk/2/hi/europe/628282.stm.

3 Aleksandr Dugin, Donald Trump: The Swamp and Fire, Katehon Think Tank, 16 de novembro de 2016, https://www.youtube.com/watch?v=PRakmMpUJ24.

4 Benjamin Haddad, Marine Le Pen Ousts Her Dad, Keeps His Repulsive French Populist Party, The Daily Beast, 22 de agosto de 2015, https://www.thedailybeast.com/marine-le-pen-oust-s-her-dad-keeps-his-repulsive-french-populist-party.

5 Eleanor Beardsley, France's Marine Le Pen Contends Populism Is the Future, NPR, 6 de janeiro de 2017, https://www.npr.org/2017/01/06/508587559/frances-marinelepen-contends--populismisthe-future.

6 Eleanor Beardsley, France's Marine Le Pen Contends Populism Is the Future, NPR, 6 de janeiro de 2017, https://www.npr.org/2017/01/06/508587559/frances-marinelepen-contends--populismisthe-future.

7 Tradução, Marine Le Pen: France will withdraw from NATO, 14 de outubro de 2011, http://bibkatalog.ru/newsblog/2011/10/14/marinelepen-france-will-withdraw-nato.

8 The Moscow Times, Marine Le Pen's Party Asks Russia for €27 Million Loan, The Moscow Times, 19 de fevereiro de 2016, https://themoscowtimes.com/news/marine-le-pens-party-asks--russia-for-27-million-loan-51896.

9 Gabriel Gatehouse, Marine Le Pen: Who's funding France's far right?, BBC News, 3 de abril de 2017, http://www.bbc.com/news/world-europe-39478066.

10 Suzanne Daley e Maïa de la Baume, French Far Right Gets Helping Hand With Russian Loan, The New York Times, 1º de dezembro de 2014, https://www.nytimes.com/2014/12/02/world/europe/french-far-right-gets-helping-hand-with-russian-loan-.html.

11 Gianluca Mezzofiore, Former 'London KGB agent' Yuri Kudimov 'lent €2m to FN's Jean-Marie Le Pen', International Business Times, 1º de dezembro de 2014, http://www.ibtimes.co.uk/former-london-kgb-agent-yuri-kudimov-lent2mfns-jean-marielepen-1477450.

12 Tradução, Marine Le Pen: France will withdraw from NATO, 14 de outubro de 2011, http://bibkatalog.ru/newsblog/2011/10/14/marinelepen-france-will-withdraw-nato.

13 Tradução, Marine Le Pen: France will withdraw from NATO, 14 de outubro de 2011, http://bibkatalog.ru/newsblog/2011/10/14/marinelepen-france-will-withdraw-nato.

14 Tradução, Marine Le Pen: France will withdraw from NATO, 14 de outubro de 2011, http://bibkatalog.ru/newsblog/2011/10/14/marinelepen-france-will-withdraw-nato.

15 Peter Allen, Jean-Marie Le Pen is found guilty of inciting racial hatred after he described a group of Roma gipsies as 'smelly', Daily Mail, 28 de fevereiro de 2017, http://www.dailymail.co.uk/news/article-4269450/Jean-MarieLePen-guilty-inciting-racial-hatred.html.

16 Tessa Berenson, French Far-Right Leader Marion MaréchalLe Pen Sounded a Lot Like Trump at CPAC, Time, 22 de fevereiro de 2018, http://time.com/5170730/marion-marechallepen-cpac/.

17 David Duke, Entrevista com o membro do Parlamento da UE Bruno Gollnisch, 14 de março de 2007, http://davidduke.com/interview-with-eu-parliamentarian-bruno-gollnisch.

18 Jewish Telegraph Agency, French Politico Faces Firing for Calling Existence of Gas Chambers Debatable, Jewish Telegraphic Agency, 18 de outubro de 2004, https://www.jta.org/2004/10/18/archive/french-politico-faces-firing-for-calling-existence-of-gas-chambers-debatable.

19 Matt Wilding, 'Farage Slithered In' – UKIP's Founder Talks About the Early Days of the Party, Vice, 12 de junho de 2016, https://www.vice.com/en_uk/article/qb5xgw/alan-sked-profile-ukip-afl-eu-referendum.

20 Press Association, Nick Griffin expelled from British National party, The Guardian, 1º de outubro de 2014, https://www.theguardian.com/politics/2014/oct/01/nick-griffin-expelled-from-bnp .

21 William Booth e Karla Adam, Trump's retweets elevate a tiny fringe group of anti-Muslim activists in Britain, The Washington Post, 29 de novembro de 2017, https://www.washingtonpost.com/world/trumps-tweets-elevate-a-tiny-fringe-group-of-anti-muslim-activists-in-britain/2017/11/29/02489a42-d515-11e7-9ad9-ca0619edfa05_story.html?utm_term=.d38de9d86a25.

22 Reuters, German far-right party calls for ban on minarets and burqa, The Guardian, 1º de maio de 2016, https://www.theguardian.com/world/2016/may/01/german-far-right-party-ban-minarets-burqa-alternative-fur-deutschland.

23 Anne Applebaum, Peter Pomerantsev, Melanie Smith e Chloe Colliver, "Make Germany Great Again": Kremlin, Alt-Right and International Influences in the 2017 German Elections, Institute for Strategic Dialogue, https://www.isdglobal.org/wp-content/uploads/2017/12/Make-Germany-Great-Again-ENG-061217.pdf.

24 Melanie Amann e Pavel Lokshin, German Populists Forge Ties with Russia, Spiegel Online, 27 de abril de 2016, http://www.spiegel.de/international/germany/german-populists-forge-deeper-ties-with-russia-a-1089562.html.

25 Stephen Brown, Lutz Bachmann, Founder Of German Anti-Muslim Movement PEGIDA, Resigns After Posting Hitler Photo, HuffPost, 21 de janeiro de 2015, https://www.huffingtonpost.com/2015/01/21/lutz-bachmann-pegida-hitler-photo_n_6515542.html.

26 Hana de Goeij e Rick Lyman, Czech Election Won by Anti-Establishment Party Led by Billionaire, The New York Times, 21 de outubro de 2017, https://www.nytimes.com/2017/10/21/world/europe/andrej-babis-ano-czech-election.html.

27 Patrick Strickland, Greece mourns slain anti-fascist rapper Pavlos Fyssas, Al Jazeera, 15 de setembro de 2017, http://www.aljazeera.com/indepth/features/2017/09/greece-mourns-slain-anti-fascist-rapper-pavlos-fyssas-170911080142110.html?xif=.

NOTAS

28 BBC, Joerg Haider: Key quotes, BBC News, 2 de fevereiro de 2000, http://news.bbc.co.uk/2/hi/europe/628282.stm.

29 Manès Weisskircher e Matthew E. Bergman, Austria's election: Four things to know about the result, The London School of Economics and Political Science, 16 de outubro de 2017, http://blogs.lse.ac.uk/europpblog/2017/10/16/austrias-election-four-things-to-know-about-the-result/.

30 Alison Smale, Austria's Far Right Signs a Cooperation Pact With Putin's Party, The New York Times, 19 de dezembro de 2016, https://www.nytimes.com/2016/12/19/world/europe/austrias-far-right-signs-a-cooperation-pact-with-putins-party.html.

31 Alison Smale, Austria's Far Right Signs a Cooperation Pact With Putin's Party, The New York Times, 19 de dezembro de 2016, https://www.nytimes.com/2016/12/19/world/europe/austrias-far-right-signs-a-cooperation-pact-with-putins-party.html.

32 Alison Smale, Austria's Far Right Signs a Cooperation Pact With Putin's Party, The New York Times, 19 de dezembro de 2016, https://www.nytimes.com/2016/12/19/world/europe/austrias-far-right-signs-a-cooperation-pact-with-putins-party.html.

33 Marthe van der Wolf, Dutch Far-right Leader Seeks Ban on Quran, Mosques, Voice of America, 26 de agosto de 2016, https://www.voanews.com/a/netherlands-wilders-mosque-quran-ban/3482009.html.

34 Declaração de Geert Wilders em Milão, 29 de janeiro de 2016, https://www.pvv.nl/index.php/36fjrelated/geert-wilders/8931-milaan-290616.html.

35 Lili Bayer, Exclusive: Controversial Trump Aide Sebastian Gorka Backed Violent Anti-Semitic Militia, The Forward, 3 de abril de 2017, https://forward.com/news/national/367937/exclusive-controversial-trump-aide-sebastian-gorka-backed-violent- anti-semi/.

36 Lili Bayer, Exclusive: Controversial Trump Aide Sebastian Gorka Backed Violent Anti-Semitic Militia, The Forward, 3 de abril de 2017, https://forward.com/news/national/367937/exclusive-controversial-trump-aide-sebastian-gorka-backed-violent-anti-semi/.

37 Anna Nemtsova, How Putin's Using Hungary to Destroy Europe, The Daily Beast, 9 de novembro de 2017, https://www.thedailybeast.com/how-putins-using-hungary-to-destroy-europe.

38 DW, Hungary's European Parliament member Bela Kovacs charged with spying for Russia, DW, 6 de dezembro de 2017, https://www.dw.com/en/hungarys-european-parliament-member-bela-kovacs-charged-with-spying-for-russia/a-41672171.

39 DW, Hungary's European Parliament member Bela Kovacs charged with spying for Russia, DW, 6 de dezembro de 2017, https://www.dw.com/en/hungarys-european-parliament-member-bela-kovacs-charged-with-spying-for-russia/a-41672171.

40 Remi Adekoya, Xenophobic, authoritarian – and generous on welfare: how Poland's right rules, The Guardian, 25 de outubro de 2016, https://www.theguardian.com/commentisfree/2016/oct/25/poland-right-law-justice-party-europe,

41 Rick Lyman e Joanna Berendt, As Poland Lurches to Right, Many in Europe Look On in Alarm, The New York Times, 14 de dezembro de 2015, https://www.nytimes.com/2015/12/15/world/europe/poland-law-and-justice-party-jaroslaw-kaczynski.html.

42 NBC News, Here's the Full Text of Donald Trump's Speech in Poland, NBC News, 6 de julho de 2017, https://www.nbcnews.com/politics/donald-trump/heresfull-text-donald-trumpsspeech-poland-n780046.

43 La Corte di Putin in Italia, Valerio Cignetti, la Fiamma Tricolore a scaldare Edia Rossiya (Russia Unita), La Corte di Putin in Italia, 23 de novembro de 2014, https://italianiputiniani. blogspot.com/2014/11/valerio-cignetti-la-fiamma-tricolore.html.

44 Alan Cullison, Far-Right Flocks to Russia to Berate the West, The Wall Street Journal, 23 de março de 2015, https://www.wsj.com/articles/far-right-flocks-to-russia-to-berate-the--west-1427059613.

45 The Guardian, Italian elections 2018 - full results, The Guardian, 5 de março de 2018, https://www.theguardian.com/world/ng-interactive/2018/mar/05/italian-elections-2018-full-results--renzi-berlusconi.

46 Stephanie Kirchgaessner, Steve Bannon in Rome to 'support far-right candidate' in Italian election, The Guardian, 1º de março de 2018, https://www.theguardian.com/world/2018/mar/01/steve-bannon-in-rome-to-support-far-right-candidate-matteo-salvini.

47 Alan Cullison, Far-Right Flocks to Russia to Berate the West, The Wall Street Journal, 23 de março de 2015, https://www.wsj.com/articles/far-right-flockstorussiatoberate-the-west-1427059613.

48 Alan Cullison, Far-Right Flocks to Russia to Berate the West, The Wall Street Journal, 23 de março de 2015, https://www.wsj.com/articles/far-right-flocks-to-russia-to-berate-the--west-1427059613.

49 Benjamin Hart, Bannon Tells France's National Front: 'Let Them Call You Racist', New York Magazine, 10 de março de 2018, http://nymag.com/daily/intelligencer/2018/03/bannon-tells--national-front-let-them-call-you-racist.html.

Capítulo 10: O Eixo da Autocracia

1 Andrea Kendall-Taylor e Erica Frantz, How Democracies Fall Apart: Why Populism Is a Pathway to Autocracy, Foreign Affairs, 5 de dezembro de 2016, https://www.foreignaffairs.com/articles/2016-12-05/how-democracies-fall-apart.

2 Andrea Kendall-Taylor e Erica Frantz, How Democracies Fall Apart: Why Populism Is a Pathway to Autocracy, Foreign Affairs, 5 de dezembro de 2016, https://www.foreignaffairs.com/articles/2016-12-05/how-democracies-fall-apart.

3 Andrea Kendall-Taylor e Erica Frantz, How Democracies Fall Apart: Why Populism Is a Pathway to Autocracy, Foreign Affairs, 5 de dezembro de 2016, https://www.foreignaffairs.com/articles/2016-12-05/how-democracies-fall-apart.

4 Konstantin Strigunov, The Coca Revolution, Voenno-Promyshlennyyi Kurier, 24 de julho de 2017, https://vpk-news.ru/articles/38011.

5 Christiane Hoffman e Klaus Brinkbäumer, Germany's Foreign Minister 'We Are Seeing What Happens When the U.S. Pulls Back', Spiegel Online, 8 de janeiro de 2018, http://www.spiegel.de/international/germany/sigmar-gabriel-we-are-seeing-what-happens-when-the-u-s-pulls--back-a-1186181.html.

NOTAS 325

Capítulo 11: Operação GRIZZLY GLOBAL

1 Patrick Howell O'Neill, The cyberattack that changed the world, The Daily Dot, 20 de maio de 2016, https://www.dailydot.com/layer8/web-war-cyberattack-russia-estonia/.

2 Brian Krebs, Lithuania Weathers Cyber Attack, Braces for Round 2, The Washington Post, 3 de julho de 2008, http://voices.washingtonpost.com/securityfix/2008/07/lithuania_weathers_cyber_attac_1.html.

3 Sheera Frenkel, The New Handbook For Cyberwar Is Being Written By Russia, BuzzFeed News, 19 de março de 2017, https://www.buzzfeednews.com/article/sheerafrenkel/the-new--handbook-for-cyberwar-is-being-written-by-russia.

4 Patrick Howell O'Neill, The cyberattack that changed the world, The Daily Dot, 20 de maio de 2016, https://www.dailydot.com/layer8/web-war-cyberattack-russia-estonia/.

5 Toby Helm, British Euroscepticism: a brief history, The Guardian, 7 de fevereiro de 2016, https://www.theguardian.com/politics/2016/feb/07/british-euroscepticism-a-brief-history.

6 Toby Helm, British Euroscepticism: a brief history, The Guardian, 7 de fevereiro de 2016, https://www.theguardian.com/politics/2016/feb/07/british-euroscepticism-a-brief-history.

7 BBC, 1967: De Gaulle says 'non' to Britain—again, BBC News, 27 de novembro de 1967, http://news.bbc.co.uk/onthisday/hi/dates/stories/november/27/newsid_4187000/4187714.stm.

8 Sam Wilson, Britain and the EU: A long and rocky relationship, BBC News, 1º de abril de 2014, http://www.bbc.com/news/uk-politics-26515129.

9 European Parliament, The Maastricht and Amsterdam Treaties, European Parliament, http://www.europarl.europa.eu/atyourservice/en/displayFtu.html?ftuId=FTU_1.1.3.html.

10 Prime Minister's Office, Prime Minister's speech on Europe, Gov.UK, 10 de novembro de 2015, https://www.gov.uk/government/speeches/prime-ministers-speech-on-europe.

11 Legislation.Gov.UK, European Union Referendum Act 2015, http://www.legislation.gov.uk/ukpga/2015/36/crossheading/the-referendum.

12 Prime Minister's Office, PM Commons statement on EU reform and referendum: 22 February 2016, GOV.UK, 22 de fevereiro de 2016, https://www.gov.uk/government/speeches/pm-commons-statement-on-eu-reform-and-referendum-22-february-2016.

13 UKIP Leader Nigel Farage on the Leave EU campaigns, UKIP, 9 de outubro de 2015, http://www.ukip.org/ukip_leader_nigel_farage_on_the_leave_eu_campaigns.

14 Better Off Out Website, Who We Are, http://www.betteroffout.net/about/who-we-are/.

15 Jack Sommers, Nigel Farage Interviewed By George Galloway, Who Agreed With Him On Everything They Discussed, HuffPost, 13 de fevereiro de 2016, http://www.huffingtonpost.co.uk/2016/02/13/nigel-farage-george-gallowayeusputnik_n_9227554.html.

16 Carole Cadwalladr, Arron Banks: 'Brexit was a war. We won. There's no turning back now', The Guardian, 2 de abril de 2017, https://www.theguardian.com/politics/2017/apr/02/arron--banks-interview-brexit-ukip-far-right-trump-putin-russia.

17 Matthew Nitch Smith, Jo Cox's alleged killer was a 'dedicated supporter' of an American Neo-Nazi group, Business Insider UK, 17 de junho de 2016, http://uk.businessinsider.com/jo-cox-killer-and-american-neo-nazi-national-alliance-2016-6.

18 The Lisbon Treaty, Article 50, http://www.lisbon-treaty.org/wcm/the-lisbon-treaty/treatyonEuropean-union-and-comments/title6final-provisions/137- article50.html.

19 Michael McFaul, Michael McFaul: How Brexit is a win for Putin, Kyiv Post, 27 de junho de 2016, https://www.kyivpost.com/article/opinion/op-ed/michael-mcfaul-how-brexit-is-a-win--for-putin-417252.html.

20 Robert Booth, Matthew Weaver, Alex Hern, Stacee Smith e Shaun Walker, Russia used hundreds of fake accounts to tweet about Brexit, data shows, The Guardian, 14 de novembro de 2017, https://www.theguardian.com/world/2017/nov/14/how-400-russia-run-fake-accounts-posted-bogus-brexit-tweets.

21 United States Senate Committee on the Judiciary, Depoimento de Sean J. Edgett, 31 de outubro de 2017, https://www.lgraham.senate.gov/public/_cache/files/4766f54d-d433-4055-9f3d-c-94f97eeb1c0/testimony-of-sean-edgett-acting-general-counsel-twitter.pdf.

22 United States Senate Committee on the Judiciary, Depoimento de Sean J. Edgett, 31 de outubro de 2017, https://www.lgraham.senate.gov/public/_cache/files/4766f54d-d433-4055-9f3d-c-94f97eeb1c0/testimony-of-sean-edgett-acting-general-counsel-twitter.pdf.

23 Robert Booth, Matthew Weaver, Alex Hern, Stacee Smith, Shaun Walker, Russia used hundreds of fake accounts to tweet about Brexit, data shows, The Guardian, 14 de novembro de 2017, https://www.theguardian.com/world/2017/nov/14/how-400- russia-run-fake-accounts-posted-bogus-brexit-tweets.

24 United States Senate Committee on the Judiciary, Depoimento de Sean J. Edgett, 31 de outubro de 2017, https://www.lgraham.senate.gov/public/_cache/files/4766f54d-d433-4055-9f3d--94f97eeb1c0/testimonyofsean-edgett-acting-general-counsel-twitter.pdf, p. 6.

25 Adam Payne, Russia used a network of 150,000 Twitter accounts to meddle in Brexit, Business Insider UK, 15 de novembro de 2017, http://uk.businessinsider.com/russia-used-twitter-accounts-to-meddle-in-brexit-investigation-shows-2017-11.

26 Robert Booth, Matthew Weaver, Alex Hern, Stacee Smith e Shaun Walker, Russia used hundreds of fake accounts to tweet about Brexit, data shows, The Guardian, 14 de novembro de 2017, https://www.theguardian.com/world/2017/nov/14/how-400-russia-run-fake-accounts-posted-bogus-brexit-tweets.

27 Karla Adam e William Booth, Rising alarm in Britain over Russian meddling in Brexit vote, The Washington Post, 17 de novembro de 2017, https://www.washingtonpost.com/world/europe/rising-alarm-in-britain-over-russian-meddling-in-brexit-vote/2017/11/17/2e987a-30-cb34-11e7-b506-8a10ed11ecf5_story.html.

28 Robert Booth, Matthew Weaver, Alex Hern, Stacee Smith e Shaun Walker, Russia used hundreds of fake accounts to tweet about Brexit, data shows, The Guardian, 14 de novembro de 2017, https://www.theguardian.com/world/2017/nov/14/how-400-russia-run-fake-accounts-posted-bogus-brexit-tweets.

29 Agence France-Presse, UK Cyber Security Chief Blames Russia for Hacker Attacks, SecurityWeek, 15 de novembro de 2017, https://www.securityweek.com/uk-cyber-security-chief-blames-russia-hacker-attacks.

30 Andrew Picken, Revealed: Bogus accounts' 400,000 tweets on Scottish independence, The Sunday Post, 19 de novembro de 2017, https://www.sundaypost.com/fp/bogus-accounts--400000-tweets-on-independence/.

31 Rowena Mason, Theresa May accuses Russia of interfering in elections and fake news, The Guardian, 14 de novembro de 2017, https://www.theguardian.com/politics/2017/nov/13/theresa-may-accuses-russia-of-interfering-in-elections-and-fake-news.

NOTAS

32 Laura Daniels, How Russia hacked the French election, Politico, 23 de abril de 2017, https://www.politico.eu/article/france-election-2017-russia-hacked-cyberattacks/.

33 Departamento de Estado dos EUA, Soviet Influence Activities: A Report on Active Measures and Propaganda, 1986-87, agosto de 1987, https://www.globalsecurity.org/intell/library/reports/1987/soviet-influence-activities-1987.pdf.

34 Alex Hern, Macron hackers linked to Russian-affiliated group behind US attack, The Guardian, 8 de maio de 2017, https://www.theguardian.com/world/2017/may/08/macron-hackers-linked-to-russian-affiliated-group-behind-us-attack.

35 Bethania Palma, Was the French Election Hacked by Russia?, Snopes.com, 10 de maio de 2017 https://www.snopes.com/2017/05/10/french-election-russian-hack/.

36 Andy Greenburg, The NSA Confirms It: Russia Hacked French Election 'Infrastructure', Wired, 9 de maio de 2017, https://www.wired.com/2017/05/nsa-director-confirms-russia-hacked-french-election-infrastructure/.

37 Claudio Guarnieri, Digital Attack on German Parliament: Investigative Report on the Hack of the Left Party Infrastructure in Bundestag, netzpolitik.org, 19 de junho de 2015, https://netzpolitik.org/2015/digital-attack-on-german-parliament-investigative-report-on-the-hack-of-the-left-party-infrastructure-in-bundestag/.

38 Jennifer Baker, Ruskies behind German govt cyber attack—report, The Register, 4 de junho de 2015, https://www.theregister.co.uk/2015/06/04/ruskies_are_behind_german_government_cyber_attack/.

39 Patrick Beuth, Kai Biermann, Martin Klingst e Holger Stark, Merkel and the Fancy Bear, Die Zeit Online, https://www.zeit.de/digital/2017-05/cyberattack-bundestag-angela-merkel-fancy-bear-hacker-russia/komplettansicht.

40 Fabian Reinbold, Is Moscow Planning Something? Germany Prepares for Possible Russian Election Meddling, Spiegel Online, 7 de setembro de 2017, http://www.spiegel.de/international/germany/how-germany-is-preparing-for-russian-election-meddling-a-1166461.html.

41 Constanze Stelzenmüller, The impact of Russian interference on Germany's 2017 elections, The Brookings Institution, 28 de junho de 2017, https://www.brookings.edu/testimonies/the-impact-of-russian-interference-on-germanys-2017-elections/.

42 Constanze Stelzenmüller, The impact of Russian interference on Germany's 2017 elections, The Brookings Institution, 28 de junho de 2017, https://www.brookings.edu/testimonies/the-impact-of-russian-interference-on-germanys-2017-elections/.

43 Anne Applebaum, Peter Pomerantsev, Melanie Smith e Chloe Colliver, "Make Germany Great Again": Kremlin, Alt-Right and International Influences in the 2017 German Elections, Institute for Strategic Dialogue, 2017, https://www.isdglobal.org/wp-content/uploads/2017/12/Make-Germany-Great-Again-ENG-061217.pdf.

44 Anne Applebaum, Peter Pomerantsev, Melanie Smith e Chloe Colliver, "Make Germany Great Again": Kremlin, Alt-Right and International Influences in the 2017 German Elections, Institute for Strategic Dialogue, 2017, https://www.isdglobal.org/wp-content/uploads/2017/12/Make-Germany-Great-Again-ENG-061217.pdf.

45 Anne Applebaum, Peter Pomerantsev, Melanie Smith e Chloe Colliver, "Make Germany Great Again": Kremlin, Alt-Right and International Influences in the 2017 German Elections, Institute for Strategic Dialogue, 2017, https://www.isdglobal.org/wp-content/uploads/2017/12/Make-Germany-Great-Again-ENG-061217.pdf.

46 Anne Applebaum, Peter Pomerantsev, Melanie Smith e Chloe Colliver, "Make Germany Great Again": Kremlin, Alt-Right and International Influences in the 2017 German Elections, Institute for Strategic Dialogue, 2017, https://www.isdglobal.org/wp-content/uploads/2017/12/Make-Germany-Great-Again-ENG-061217.pdf.

47 Karsten Schmehl e Ryan Broderick, A German YouTuber Tried to Make His Far-Right Hashtag Go Viral and It Was A Huge Flop, BuzzFeed News, 4 de setembro de 2017, https://www.buzzfeednews.com/article/karstenschmehl/these-secret-chats-show-who-is-behind-the-meme-att.

48 Blake Hester, Discord Shuts Down Its Alt-Right Server After Charlottesville Protests, Rolling Stone, 15 de agosto de 2017, https://www.rollingstone.com/glixel/news/discord-shuts-down--alt-right-server-after-charlottesville-w497856.

49 Seán Clarke, German elections 2017: full results, The Guardian, 25 de setembro de 2017, https://www.theguardian.com/world/ng-interactive/2017/sep/24/german-elections-2017-latest-results-live-merkel-bundestag-afd

50 Jon Henley, Russia waging information war against Sweden, study finds, The Guardian, 11 de janeiro de 2017, https://www.theguardian.com/world/2017/jan/11/russia-waging-information-war-in-sweden-study-finds.

51 Jon Henley, Russia waging information war against Sweden, study finds, The Guardian, 11 de janeiro de 2017, https://www.theguardian.com/world/2017/jan/11/russia-waging-information-war-in-sweden-study-finds.

52 Jon Henley, Russia waging information war against Sweden, study finds, The Guardian, 11 de janeiro de 2017, https://www.theguardian.com/world/2017/jan/11/russia-waging-information-war-in-sweden-study-finds.

53 Jon Henley, Russia waging information war against Sweden, study finds, The Guardian, 11 de janeiro de 2017, https://www.theguardian.com/world/2017/jan/11/russia-waging-information-war-in-sweden-study-finds.

54 Andrew Rettman e Lisbeth Kirk, Sweden raises alarm on election meddling, EUobserver, 15 de janeiro de 2018, https://euobserver.com/foreign/140542.

55 Ben Farmer, Surveillance photos 'show Russian intelligence officers plotting Montenegro coup', The Telegraph, 29 de agosto de 2017, http://www.telegraph.co.uk/news/2017/08/28/surveillance-photos-show-russian-intelligence-officers-plotting/.

56 Ben Farmer, Reconstruction: The full incredible story behind Russia's deadly plot to stop Montenegro embracing the West, The Telegraph, 18 de fevereiro de 2017, http://www.telegraph.co.uk/news/2017/02/18/reconstruction-full-incredible-story-behind-russias-deadly-plot/.

57 Kate McCann, Boris Johnson claims Russia was behind plot to assassinate Prime Minister of Montenegro as he warns of Putin's 'dirty tricks', The Telegraph, 12 de março de 2017, http://www.telegraph.co.uk/news/2017/03/12/boris-johnson-claims-russia-behind-plot-assassinate-prime-minister/.

58 Barbara Surk, Bomb Thrown at U.S. Embassy in Montenegro; Attacker Kills Himself, The New York Times, 21 de fevereiro de 2018, https://www.nytimes.com/2018/02/21/world/europe/montenegro-embassy-attacked.html.

NOTAS

Capítulo 12: A Cabeça de Ponte do Ataque Russo aos EUA

1   Elias Isquith, Rudy Giuliani: Unlike Obama, Putin is "what you call a leader", Salon, 4 de março de 2014, https://www.salon.com/2014/03/04/rudy_giuliani_unlike_obama_putin_is_%E2%80%9Cwhat_you_call_a_leader%E2%80%9D.

2   John Barron, KGB: The Secret Work of Soviet Secret Agents (Bantam Books, 1974), p. 231.

3   Yuri Bezmenov, Soviet Subversion of the Free World Press, Thomas Andrews, 1984, https://www.youtube.com/watch?v=Cnf0I2dQ0i0.

4   Yuri Bezmenov, Soviet Subversion of the Free World Press, Thomas Andrews, 1984, https://www.youtube.com/watch?v=Cnf0I2dQ0i0.

5   Elizabeth Dias, Vice President Mike Pence Met Privately With Top Russian Cleric, Time, 12 de maio de 2017, http://time.com/4776717/mike-pence-russian-cleric-hilarion-alfeyev/.

6   John Aravosis, Vladimir Putin and the Falwell Bloc, Americablog, 29 de dezembro de 2014, http://americablog.com/2014/12/vladimir-putin-falwell-bloc.html .

7   Rosalind S. Helderman e Tom Hamburger, Guns and religion: How American conservatives grew closer to Putin's Russia, The Washington Post, 30 de abril de 2017, https://www.washingtonpost.com/politics/how-the-republican-right-found-alliesinrussia/2017/04/30/e2d83ff6-29d3-11e7-a616-d7c8a68c1a66_story.html.

8   J. Lester Feder e Susie Armitage, Emails Show "Pro-Family" Activists Feeding Contacts To Russian Nationalists, BuzzFeed News, 8 de dezembro de 2014, https://www.buzzfeednews.com/article/lesterfeder/emails-show-pro-family-activists-feeding-contacts-to-russian.

9   Rosalind S. Helderman e Tom Hamburger, Guns and religion: How American conservatives grew closer to Putin's Russia, The Washington Post, 30 de abril de 2017, https://www.washingtonpost.com/politics/how-the-republican-right-found-alliesinrussia/2017/04/30/e2d83ff6-29d3-11e7-a616-d7c8a68c1a66_story.html.

10   Scott Lively e Kevin Abrams, The Pink Swastika: Homosexuality in the Nazi Party, 5ª ed, http://www.scottlively.net/tps/.

11   Scott Lively, Letter to the Russian people, 15 de outubro de 2007, http://www.defendthefamily.com/pfrc/archives.php?id=5225300.

12   Natasha Bertrand, 'A model for civilization': Putin's Russia has emerged as 'a beacon for nationalists' and the American alt-right, Business Insider, 10 de dezembro de 2016, https://www.businessinsider.com/russia-connections-to-the-alt-right-2016-11.

13   Natasha Bertrand, 'A model for civilization': Putin's Russia has emerged as 'a beacon for nationalists' and the American alt-right, Business Insider, 10 de dezembro de 2016, https://www.businessinsider.com/russia-connections-to-the-alt-right-2016-11.

14   Erasmus, The axis between Russian Orthodox and American evangelicals is intact, The Economist, 14 de julho de 2017, https://www.economist.com/blogs/erasmus/2017/07/praying-together-staying-together.

15   Rosalind S. Helderman e Tom Hamburger, Guns and religion: How American conservatives grew closer to Putin's Russia, The Washington Post, 30 de abril de 2017, https://www.washingtonpost.com/politics/how-the-republican-right-found-alliesinrussia/2017/04/30/e2d83ff6-29d3-11e7-a616-d7c8a68c1a66_story.html.

16   Rosalind S. Helderman e Tom Hamburger, Guns and religion: How American conservatives grew closer to Putin's Russia, The Washington Post, 30 de abril de 2017, https://www.

washingtonpost.com/politics/how-the-republican-right-found-alliesinrussia/2017/04/30/e2d83ff6-29d3-11e7-a616-d7c8a68c1a66_story.html.

17 Alex Altman e Elizabeth Dias, Moscow Cozies Up to the Right, Time, 9 de março de 2017, http://time.com/4696424/moscow-right-kremlin-republicans/.

18 Tim Mak, Top Trump Ally Met With Putin's Deputy in Moscow, The Daily Beast, 7 de março de 2017, https://www.thedailybeast.com/top-trump-ally-met-with-putins-deputy-in-moscow.

19 Constitution of the Russian Federation art. 45.2, http://www.constitution.ru/en/10003000-03.htm.

20 Rosalind S. Helderman e Tom Hamburger, Guns and religion: How American conservatives grew closer to Putin's Russia, The Washington Post, 30 de abril de 2017, https://www.washingtonpost.com/politics/how-the-republican-right-found-alliesinrussia/2017/04/30/e2d83ff6-29d3-11e7-a616-d7c8a68c1a66_story.html

21 Rosalind S. Helderman e Tom Hamburger, Guns and religion: How American conservatives grew closer to Putin's Russia, The Washington Post, 30 de abril de 2017, https://www.washingtonpost.com/politics/how-the-republican-right-found-alliesinrussia/2017/04/30/e2d83ff6-29d3-11e7-a616-d7c8a68c1a66_story.html.

22 Order of Holy King Milutin to Mr. Alexandar Torshin, Serbian Orthodox Church, 2 de dezembro de 2014, www.spc.rs/eng/order_holy_king_milutin_mr_alexandar_torshin.

23 Alex Altman e Elizabeth Dias, Moscow Cozies Up to the Right, Time, 9 de março de 2017, http://time.com/4696424/moscow-right-kremlin-republicans/.

24 Rosalind S. Helderman e Tom Hamburger, Guns and religion: How American conservatives grew closer to Putin's Russia, The Washington Post, 30 de abril de 2017, https://www.washingtonpost.com/politics/how-the-republican-right-found-alliesinrussia/2017/04/30/e2d83ff6-29d3-11e7-a616-d7c8a68c1a66_story.html.

25 Rosalind S. Helderman e Tom Hamburger, Guns and religion: How American conservatives grew closer to Putin's Russia, The Washington Post, 30 de abril de 2017, https://www.washingtonpost.com/politics/how-the-republican-right-found-alliesinrussia/2017/04/30/e2d83ff6-29d3-11e7-a616-d7c8a68c1a66_story.html.

26 Peter Stone e Greg Gordon, FBI investigating whether Russian money went to NRA to help Trump, McClatchy DC Bureau, 18 de janeiro de 2018, http://www.mcclatchydc.com/news/nation-world/national/article195231139.html.

27 Trump answers question on Russia at FreedomFest 2015, YouTube, 13 de julho de 2015, https://www.bing.com/videos/search?q=maria+butina+question+trump+freedom+fest&&view=detail&mid=A63FC0A0957CFA913D0AA63FC0A0957CFA913D0A&&FORM=VRDGAR.

28 Rosalind S. Helderman e Tom Hamburger, Guns and religion: How American conservatives grew closer to Putin's Russia, The Washington Post, 30 de abril de 2017, https://www.washingtonpost.com/politics/how-the-republican-right-found-alliesinrussia/2017/04/30/e2d83ff6-29d3-11e7-a616-d7c8a68c1a66_story.html.

29 Maria Butina, Twitter, @Maria_Butina, https://twitter.com/maria_butina/status/619961053170958336.

30 Peter Stone e Greg Gordon, FBI investigating whether Russian money went to NRA to help Trump, McClatchy DC Bureau, 18 de janeiro de 2018, http://www.mcclatchydc.com/news/nation-world/national/article195231139.html.

NOTAS   331

31 Tim Mak, Top Trump Ally Met With Putin's Deputy in Moscow, The Daily Beast, 7 de março de 2017, https://www.thedailybeast.com/top-trump-ally-met-with-putins-deputy-in-moscow.

32 Peter Stone e Greg Gordon, FBI investigating whether Russian money went to NRA to help Trump, McClatchy DC Bureau, 18 de janeiro de 2018, http://www.mcclatchydc.com/news/nation-world/national/article195231139.html.

33 Peter Stone e Greg Gordon, FBI investigating whether Russian money went to NRA to help Trump, McClatchy DC Bureau, 18 de janeiro de 2018, http://www.mcclatchydc.com/news/nation-world/national/article195231139.html.

34 Peter Stone e Greg Gordon, FBI investigating whether Russian money went to NRA to help Trump, McClatchy DC Bureau, 18 de janeiro de 2018, http://www.mcclatchydc.com/news/nation-world/national/article195231139.html.

35 José María Irujo, The Spanish connection with Trump's Russia scandal, El País, 3 de abril de 2017, https://elpais.com/elpais/2017/03/31/inenglish/1490984556_409827.html.

36 Rosalind S. Helderman e Tom Hamburger, Guns and religion: How American conservatives grew closer to Putin's Russia, The Washington Post, 30 de abril de 2017, https://www.washingtonpost.com/politics/how-the-republican-right-found-alliesinrussia/2017/04/30/e2d83ff6-29d3-11e7-a616-d7c8a68c1a66_story.html.

37 Rosalind S. Helderman e Tom Hamburger, Guns and religion: How American conservatives grew closer to Putin's Russia, The Washington Post, 30 de abril de 2017, https://www.washingtonpost.com/politics/how-the-republican-right-found-alliesinrussia/2017/04/30/e2d83ff6-29d3-11e7-a616-d7c8a68c1a66_story.html.

38 Rosalind S. Helderman e Tom Hamburger, Guns and religion: How American conservatives grew closer to Putin's Russia, The Washington Post, 30 de abril de 2017, https://www.washingtonpost.com/politics/how-the-republican-right-found-alliesinrussia/2017/04/30/e2d83ff6-29d3-11e7-a616-d7c8a68c1a66_story.html.

39 Peter Stone e Greg Gordon, FBI investigating whether Russian money went to NRA to help Trump, McClatchy DC Bureau, 18 de janeiro de 2018, http://www.mcclatchydc.com/news/nation-world/national/article195231139.html.

40 Elizabeth Dias, Vice President Mike Pence Met Privately With Top Russian Cleric, Time, 12 de maio de 2017, http://time.com/4776717/mike-pence-russian-cleric-hilarion-alfeyev/.

41 Laura Strickler, White House refuses to release photo of Trump signing bill to weaken gun law, CBS News, 15 de fevereiro de 2018, https://www.cbsnews.com/news/white-house-refused-to-release-photo-of-trump-signing-bill-to-weaken-gun-law/.

42 Eric Cortellessa e Stuart Winer, Five members of Jewish community among 17 killed in Florida massacre, The Times of Israel, 15 de fevereiro de 2018, https://www.timesofisrael.com/five-membersofjewish-community-confirmed-among17killedinflorida-massacre/.

43 José María Irujo, The Spanish connection with Trump's Russia scandal, El País, 3 de abril de 2017, https://elpais.com/elpais/2017/03/31/inenglish/1490984556_409827.html.

44 Ruth May, How Putin's oligarchs funneled millions into GOP campaigns, Dallas News, 15 de dezembro de 2017, https://www.dallasnews.com/opinion/commentary/2017/12/15/putins-proxies-helped-funnel-millions-gop-campaigns.

45 Ruth May, How Putin's oligarchs funneled millions into GOP campaigns, Dallas News, 15 de dezembro de 2017, https://www.dallasnews.com/opinion/commentary/2017/12/15/putins-proxies-helped-funnel-millions-gop-campaigns.

46 Ruth May, How Putin's oligarchs funneled millions into GOP campaigns, Dallas News, 15 de dezembro de 2017, https://www.dallasnews.com/opinion/commentary/2017/12/15/putins--proxies-helped-funnel-millions-gop-campaigns.

47 Ruth May, How Putin's oligarchs funneled millions into GOP campaigns, Dallas News, 15 de dezembro de2017, https://www.dallasnews.com/opinion/commentary/2017/12/15/putins--proxies-helped-funnel-millions-gop-campaigns.

48 Ruth May, How Putin's oligarchs funneled millions into GOP campaigns, Dallas News, 15 de dezembro de 2017, https://www.dallasnews.com/opinion/commentary/2017/12/15/putins--proxies-helped-funnel-millions-gop-campaigns.

49 Max de Haldevang, Trump's inaugural committee took $1 million from Russian-American whose money the GOP rejected, Quartz, 19 de abril de 2017, https://qz.com/963801/trumps--inauguration-committee-took-1-mln-from-alexander-shustorovich-a-russian-american-who-se-money-the-republicans-rejected/.

50 Ruth May, How Putin's oligarchs funneled millions into GOP campaigns, Dallas News, 15 de dezembro de 2017, https://www.dallasnews.com/opinion/commentary/2017/12/15/putins--proxies-helped-funnel-millions-gop-campaigns.

51 Ruth May, How Putin's oligarchs funneled millions into GOP campaigns, Dallas News, 15 de dezembro de 2017, https://www.dallasnews.com/opinion/commentary/2017/12/15/putins--proxies-helped-funnel-millions-gop-campaigns.

52 Joe Scarborough, Even now, Republicans are ignoring the storm clouds. The Washington Post, 26 de janeiro de 2018, https://www.washingtonpost.com/opinions/even-now-republicans-a-re-ignoring-the-storm-clouds/2018/01/26/a6b727e6-02d9-11e8-8acf-ad2991367d9d_story.html?utm_term=.03885b6a8bba.

Capítulo 13: A Quinta Coluna Norte-americana

1 Aleksandr Dugin, Donald Trump's Victory, Katehon Think Tank, 10 de novembro de 2016, https://www.youtube.com/watch?v=uEQlNJdR8jo.

2 David Holthouse, Preston Wiginton Emerges in Russia Promoting Race Hate, Southern Poverty Law Center, 20 de maio de 2008, https://www.splcenter.org/fighting-hate/intelligen-ce-report/2008/preston-wiginton-emerges-russia-promoting-race-hate.

3 David Neiwert, When white nationalists chant their weird slogans, what do they mean?, Southern Poverty Law Center, 10 de outubro de 2017, https://www.splcenter.org/hatewatch/2017/10/10/when-white-nationalists-chant-their-weird-slogans-what-do-they-mean.

4 Joe Heim, Recounting a day of rage, hate, violence and death, The Washington Post, 14 de agosto de 2017, https://www.washingtonpost.com/graphics/2017/local/charlottesville-timeline/.

5 Joe Heim, Recounting a day of rage, hate, violence and death, The Washington Post, 14 de agosto de 2017, https://www.washingtonpost.com/graphics/2017/local/charlottesville-timeline/.

6 Tom Porter, Charlottesville: Heather Heyer Named as Anti-Racist Killed in Car Ramming at Alt-Right Demo, Newsweek, 13 de agosto de 2017, http://www.newsweek.com/heather-he-yer-named-woman-killed-car-ramming-alt-right-counter-demo-650220.

7 Southern Poverty Law Center, The people, groups and symbols of Charlottesville, Southern Poverty Law Center, 15 de agosto de 2017, https://www.splcenter.org/news/2017/08/15/peo-ple-groups-and-symbols-charlottesville.

NOTAS

333

8   Robert King, Indiana white nationalist called 'the next David Duke' isn't stopping with Charlottesville, IndyStar, 27 de agosto de 2017, https://www.indystar.com/story/news/2017/08/27/indiana-white-nationalist-called-the-next-david-duke-isnt-stopping- charlottesville/573817001/.

9   Nathaniel Popper, David Duke Offers 'Antisemitism 101' at a Ukrainian University, The Forward, 3 de novembro de 2006, https://forward.com/news/7416/david-duke-offers-antisemitism-101ataukra/10 .

10 CBS News, David Duke, To Russia With Hate, CBS News, 2 de fevereiro de 2001, https://www.cbsnews.com/news/david-duke-to-russia-with-hate/.

11 Natasha Bertrand, 'A model for civilization': Putin's Russia has emerged as 'a beacon for nationalists' and the American alt-right, Business Insider, 10 de dezembro de 2016, https://www.businessinsider.com/russia-connections-to-the-alt-right-2016-11.

12 Natasha Bertrand, 'A model for civilization': Putin's Russia has emerged as 'a beacon for nationalists' and the American alt-right, Business Insider, 10 de dezembro de 2016, https://www.businessinsider.com/russia-connections-to-the-alt-right-2016-11.

13 David Holthouse, Preston Wiginton Emerges in Russia Promoting Race Hate, Southern Poverty Law Center, 20 de maio de 2008, https://www.splcenter.org/fighting-hate/intelligence-report/2008/preston-wiginton-emerges-russia-promoting-race-hate.

14 Sam Dickson, Shattering the Icon of Abraham Lincoln, Journal of Historical Review, http://vho.org/GB/Journals/JHR/7/3/Dickson319-344.html.

15 Alexander Zaitchik, How Klan Lawyer Sam Dickson Got Rich, Southern Poverty Law Center, 19 de outubro de 2006, https://www.splcenter.org/fighting-hate/intelligence-report/2006/how-klan-lawyer-sam-dickson-got-rich.

16 Alan Feuer e Andrew Higgins, Extremists Turn to a Leader to Protect Western Values: Vladimir Putin, The New York Times, 3 de dezembro de 2016, https://www.nytimes.com/2016/12/03/world/americas/alt-right-vladimir-putin.html.

17 Sam Dickson, Easter Message, 17 de abril de 2017, http://www.sam-dickson.com/Easter2017.htm.

18 Natasha Bertrand, 'A model for civilization': Putin's Russia has emerged as 'a beacon for nationalists' and the American alt-right, Business Insider, 10 de dezembro de 2016, https://www.businessinsider.com/russia-connections-to-the-alt-right-2016-11.

19 David Holthouse, Preston Wiginton Emerges in Russia Promoting Race Hate, Southern Poverty Law Center, 20 de maio de 2008, https://www.splcenter.org/fighting-hate/intelligence-report/2008/preston-wiginton-emerges-russia-promoting-race-hate.

20 Deana Kjuka, Link Exposed Between Charleston Killer And Haters' Convention In Russia, Radio Free Europe/Radio Liberty, 24 de junho de 2015, https://www.rferl.org/a/charleston--dylann-roof-russia-conservative-forum-citizens/27091137.html.

21 David Holthouse, Preston Wiginton Emerges in Russia Promoting Race Hate, Southern Poverty Law Center, 20 de maio de 2008, https://www.splcenter.org/fighting-hate/intelligence-report/2008/preston-wiginton-emerges-russia-promoting-race-hate.

22 David Holthouse, Preston Wiginton Emerges in Russia Promoting Race Hate, Southern Poverty Law Center, 20 de maio de 2008, https://www.splcenter.org/fighting-hate/intelligence-report/2008/preston-wiginton-emerges-russia-promoting-race-hate.

23 David Holthouse, Preston Wiginton Emerges in Russia Promoting Race Hate, Southern Poverty Law Center, 20 de maio de 2008, https://www.splcenter.org/fighting-hate/intelligence-report/2008/preston-wiginton-emerges-russia-promoting-race-hate.

24 Alan Cullison, Far-Right Flocks to Russia to Berate the West, The Wall Street Journal, 23 de março de 2015, https://www.wsj.com/articles/far-right-flocks-to-russia-to-berate-the--west-1427059613.

25 Vídeo do YouTube, Race Situation in America—Jared Taylor in Russia, AustralianRealist, 12 de maio de 2015, https://www.youtube.com/watch?v=vbA4OSAezfI.

26 Stephen Piggott, White Nationalists Continue to Support Trump Through Robocalls, Southern Poverty Law Center, 12 de janeiro de 2016, https://www.splcenter.org/hatewatch/2016/01/12/white-nationalists-continue-support-trump-through-robocalls.

27 Hayley Tsukayama e Craig Timberg, 'Twitter purge' suspends account of far-right leader who was retweeted by Trump, The Washington Post, 18 de dezembro de 2017, https://www.washingtonpost.com/news/the-switch/wp/2017/12/18/twitter-purge-suspends-account-of-far--right-leader-who-was-retweeted-by-trump/.

28 Natasha Bertrand, 'A model for civilization': Putin's Russia has emerged as 'a beacon for nationalists' and the American alt-right, Business Insider, 10 de dezembro de 2016, https://www.businessinsider.com/russia-connections-to-the-alt-right-2016-11.

29 Alan Feuer e Andrew Higgins, Extremists Turn to a Leader to Protect Western Values: Vladimir Putin, The New York Times, 3 de dezembro de 2016, https://www.nytimes.com/2016/12/03/world/americas/alt-right-vladimir-putin.html.

30 ADL, Traditionalist Youth Network, ADL, https://www.adl.org/education/resources/backgrounders/traditionalist-youth-network.

31 ADL, Traditionalist Youth Network, ADL, https://www.adl.org/education/resources/backgrounders/traditionalist-youth-network.

32 Matthew Heimbach, Matthew Heimbach at Camp Comradery 2015: "Our Struggle, Our Future", 19 de setembro de 2015, https://www.youtube.com/watch?v=N-BU2UFdkWQ.

33 Casey Michel, US Hate Group Forging Ties with the "Third Rome", Eurasianet, 15 de julho de 2016, https://eurasianet.org/node/79686.

34 Natasha Bertrand, 'A model for civilization': Putin's Russia has emerged as 'a beacon for nationalists' and the American alt-right, Business Insider, 10 de dezembro de 2016, https://www.businessinsider.com/russia-connections-to-the-alt-right-2016-11.

35 Alan Feuer e Andrew Higgins, Extremists Turn to a Leader to Protect Western Values: Vladimir Putin, The New York Times, 3 de dezembro de 2016, https://www.nytimes.com/2016/12/03/world/americas/alt-right-vladimir-putin.html.

36 Alan Feuer e Andrew Higgins, Extremists Turn to a Leader to Protect Western Values: Vladimir Putin, The New York Times, 3 de dezembro de 2016, https://www.nytimes.com/2016/12/03/world/americas/alt-right-vladimir-putin.html.

37 Vegas Tenold, The Little Fuhrer: A day in the life of the newest leader of white nationalists, Al Jazeera, 26 de julho de 2015, http://projects.aljazeera.com/2015/07/hate-groups/.

38 Alan Feuer e Andrew Higgins, Extremists Turn to a Leader to Protect Western Values: Vladimir Putin, The New York Times, 3 de dezembro de 2016, https://www.nytimes.com/2016/12/03/world/americas/alt-right-vladimir-putin.html.

NOTAS 335

39 Alan Feuer e Andrew Higgins, Extremists Turn to a Leader to Protect Western Values: Vladimir Putin, The New York Times, 3 de dezembro de 2016, https://www.nytimes.com/2016/12/03/world/americas/alt-right-vladimir-putin.html.

40 Matthew Heimbach, Matthew Heimbach at the Maryland Council of Conservative Citizens, 2 de abril de 2015, https://www.youtube.com/watch?v=nVpnwDIxlB8.

41 Aram Roston e Joel Anderson, The Moneyman Behind the Alt-Right, BuzzFeed News, 23 de julho de 2017, https://www.buzzfeednews.com/article/aramroston/hes-spent-almost-20-years-funding-the-racist-right-it.

42 Josh Harkinson, Meet the White Nationalist Trying To Ride The Trump Train to Lasting Power, Mother Jones, 27 de outubro de 2016, https://www.motherjones.com/politics/2016/10/richard-spencer-trump-alt-right-white-nationalist/.

43 Southern Poverty Law Center, The New Racialists, Southern Poverty Law Center, 11 de agosto de 2006, https://www.splcenter.org/fighting-hate/intelligence-report/2006/new-racialists.

44 CBS News, Mayor: Torch-lit protest in Charlottesville, Va. "harkens back to the days of the KKK", CBS News, 15 de maio de 2017, https://www.cbsnews.com/news/charlottesville-protest-richard-spender-kkk-robert-e-lee-statue/.

45 Trevor Hughes, Far right's Richard Spencer returns to Charlottesville, tiki torch in hand, USA Today, 7 de outubro de 2017, https://www.usatoday.com/story/news/nation/2017/10/07/white-nationalists-charlottesville-again/743624001/.

46 Martin Gelin, White Flight, Slate, 13 de novembro de 2014, http://www.slate.com/articles/news_and_politics/foreigners/2014/11/jared_taylor_richard_spencer_and_american_white_supremacists_in_europe_why.html.

47 Natasha Bertrand, 'A model for civilization': Putin's Russia has emerged as 'a beacon for nationalists' and the American alt-right, Business Insider, 10 de dezembro de 2016, https://www.businessinsider.com/russia-connections-to-the-alt-right-2016-11.

48 Joan Walsh, Islamophobes, White Supremacists, and Gays for Trump—The Alt-Right Arrives at the RNC, The Nation, 20 de julho de 2016, https://www.thenation.com/article/islamophobes-white-supremacists-and-gays-for-trump-the-alt-right-arrives-at-the-rnc/.

49 Jason Kessler, ANALYSIS: #Russia Will Be One of America's Greatest Allies During the Trump Administration, GotNews, 11 de janeiro de 2017, http://gotnews.com/analysis-russia-will-one-americas-greatest-allies-trump-administration/.

50 Ben Schreckinger, GOP Researcher Who Sought Clinton Emails Had Alt-Right Help, Politico Magazine, 11 de julho de 2017, https://www.politico.com/magazine/story/2017/07/11/gop-researcher-who-sought-clinton-emails-had-alt-right-help-215359.

51 Adam Taylor, He's the founder of a Californian independence movement. Just don't ask him why he lives in Russia, The Washington Post, 19 de fevereiro de 2017, https://www.washingtonpost.com/news/worldviews/wp/2017/02/19/hes-the-founder-of-a-californian-independence-movement-just-dont-ask-him-why-he-lives-in-russia/.

52 The Scotsman, Yes Scotland logo adopted by California independence movement, The Scotsman, 24 de fevereiro de 2016, https://www.scotsman.com/news/yes-scotland-logo-adopted-by-california-independence-movement-1-4037382.

53 Melody Gutierrez, Advocate's Russian ties cause concern in state secession movement, San Francisco Chronicle, 3 de fevereiro de 2017, https://www.sfchronicle.com/politics/article/Advocate-s-Russian-ties-cause-concern-in-state-10907521.php.

54 Melody Gutierrez, Advocate's Russian ties cause concern in state secession movement, San Francisco Chronicle, 3 de fevereiro de 2017, https://www.sfchronicle.com/politics/article/Advocate-s-Russian-ties-cause-concern-in-state-10907521.php.

55 Katie Zezima, 'California is a nation, not a state': A fringe movement wants a break from the U.S., The Washington Post, 18 de fevereiro de 2017, https://www.washingtonpost.com/politics/californiaisanation-notastateafringe-movement-wantsabreak-from-theus/2017/02/18/ed85671c-f567-11e6-8d72-263470bf0401_story.html.

56 RT, 'Calexit': Yes California movement opens 'embassy' in Moscow, RT, 18 de dezembro de 2016, https://www.rt.com/usa/370698-calexit-california-embassy-moscow/.

57 Andrew E. Kramer, California Secession Advocate Faces Scrutiny Over Where He's Based: Russia, The New York Times, 21 de fevereiro de 2017, https://www.nytimes.com/2017/02/21/us/yes-california-calexit-marinelli-russia.html.

58 Melody Gutierrez, Advocate's Russian ties cause concern in state secession movement, San Francisco Chronicle, 3 de fevereiro de 2017, https://www.sfchronicle.com/politics/article/Advocate-s-Russian-ties-cause-concern-in-state-10907521.php.

59 Natasha Bertrand, California separatist leader: 'We welcome the vocal support of Julian Assange', Business Insider, 9 de outubro de 2017, https://www.businessinsider.nl/california-exit-secession-leader-calexit-julian-assange-2017-10/.

60 Adam Taylor, He's the founder of a Californian independence movement. Just don't ask him why he lives in Russia, The Washington Post, 19 de fevereiro de 2017, https://www.washingtonpost.com/news/worldviews/wp/2017/02/19/hes-the-founder-of-a-californian-independence-movement-just-dont-ask-him-why-he-lives-in-russia/.

61 Patrick Reevell, Texas, California Separatists Attend Kremlin-Funded Conference, ABC News, 27 de setembro de 2016, http://abcnews.go.com/International/texas-california-separatists-attend-pro-kremlin-conference/story?id=4239506662.

62 Kevin McPherson e Bruce Wright, Federal Funding in Texas, Comptroller Texas, https://comptroller.texas.gov/economy/fiscal-notes/2017/november/federal-funding.php.

63 Angelo Young e Matthew Sheffield, Neo-Nazi blog The Daily Stormer tries to move to Russian domain, Salon, 16 de agosto de 2017, https://www.salon.com/2017/08/16/neo-nazi-blog-the-daily-stormer-tries-to-move-to-russian-domain/.

64 Katie Zavadski, American Alt-Right Leaves Facebook for Russian Site VKontakte, The Daily Beast, 3 de novembro de 2017, https://www.thedailybeast.com/american-alt-right-leaves-facebook-for-russian-site-vkontakte.

Capítulo 14: Um Ato Desleal

1 Keir Giles, Handbook of Russian Information Warfare, NATO Defense College (Roma, 2016), p. 19.

2 Keir Giles, Handbook of Russian Information Warfare, NATO Defense College (Roma, 2016), p. 20.

3 Katri Pynnöniemi e András Rácz, Fog of Falsehood: Russian Strategy of Deception and the Conflict in Ukraine, FIIA Report nº 45, p. 38.

4 Randy Burkett, An Alternative Framework for Agent Recruitment: From MICE to RASCLS, CIA Center for the Study of Intelligence, Studies in Intelligence vol. 57. nº 1, março de 2013,

NOTAS

https://www.cia.gov/library/center-for-the-studyofintelligence/csi-publications/csi-studies/studies/vol.57no.1a/vol.57no.1apdfs/Burkett- MICE%20to%20RASCALS.pdf.

5   Fiona Hill e Clifford G. Gaddy, Mr. Putin: Operative in the Kremlin (Washington, D.C., Brookings Institution Press, 2013), p. 7, https://books.google.com/books/about/Mr_Putin.html?id=ND8PBAAAQBAJ&printsec=frontcover&source=kp_read_button#v=onepage&q&f=false.

6   HuffPost, Trump Sells $100M Palm Beach Mansion, HuffPost, 28 de março de 2010, https://www.huffingtonpost.com/2010/01/26/trump-flips-100m-palm- bea_n_437234.html.

7   Kate Connolly, Czechoslovakia spied on Donald and Ivana Trump, communist-era files show, The Guardian, 15 de dezembro de 2016, https://www.theguardian.com/us-news/2016/dec/15/czechoslovakia-spied-on-donald-trump-ivana-files.

8   Česká televize 24, Archivy StB: Trump se chtěl stát prezidentem v roce 1996, Česká televize 24, 1º de dezembro de 2016, https://ct24.ceskatelevize.cz/domaci/1970461-archivy-stb-trump-se-chtel-stat-prezidentem-v-roce-1996.

9   Donald J. Trump, Twitter, @realDonaldTrump, 11 de novembro de 2013, https://twitter.com/realDonald Trump/status/3999395059924628480.

10 Yulya Alferova, Twitter, @AlferovaYulyaE, 22 de janeiro de 2014, https://twitter.com/alferovayulyae/status/426103699572678656?lang=en.

11 Robert S. Muller III, U.S. v. Internet Research Agency, et al, 16 de fevereiro de 2017, https://www.scribd.com/document/371672481/USvInternet-Research-Agencyetal.

12 Donald J. Trump, Twitter, @realDonaldtrump, 26 de setembro de 2014, https://twitter.com/realDonaldTrump/status/515635087275474944.

13 Konstantin Rykov, Facebook, 12 de novembro de 2016, https://www.facebook.com/konstantin.rykov/posts/10210621124674610.

14 Konstantin Rykov, Facebook, 12 de novembro de 2016, https://www.facebook.com/konstantin.rykov/posts/10210621124674610.

15 Konstantin Rykov, Facebook, 12 de novembro de 2016, https://www.facebook.com/konstantin.rykov/posts/10210621124674610.

16 Konstantin Rykov, Facebook, 14 de novembro de 2016, https://www.facebook.com/konstantin.rykov/posts/10210643558675446.

17 Marilyn Geewax e Jackie Northam, Kushner Family Business Pitch In China Prompts Questions About Investor Visas, NPR, 8 de maio de 2017, https://www.npr.org/2017/05/08/527451591/kushner-family-business-pitchinchina-prompts-questions-about-investor-visas.

18 Donald J. Trump, Twitter, @realDonaldTrump, 17 de fevereiro de 2017, https://twitter.com/realdonaldtrump/status/832708293516632065?lang=en.

19 Jonathan Easley, War between Trump, media set to intensify, The Hill, 28 de dezembro de 2017, https://thehill.com/homenews/administration/366608-war-between-trump-media-set-to-intensify.

20 Lisa de Moraes, CNN Video Blasts Donald Trump's New Attack On International Journalists, Deadline, 27 de novembro de 2017, http://deadline.com/2017/11/cnn-responds-donald-trump-attack-international-video-1202215030/.

21 Aric Jenkins, President Trump Calls CNN Staff 'Horrible Human Beings' in Leaked Audio From RNC Fundraiser, Time, 1º de julho de 2017, http://time.com/4842997/donald-trump--cnn-horrible-human-beings/.

22 Michael McFaul, Twitter, @McFaul, https://twitter.com/McFaul?ref_src=twsrc%5Egoogle%7Ctwcamp%5Eserp%7Ctwgr%5Eauthor.

23 Kate Irby, Former CIA head explains how Russia lures people to commit treason without knowing it, McClatchy DC Bureau, 23 de maio de 2017, http://www.mcclatchydc.com/news/politics-government/article152136047.html.

24 Veronica Stracqualursi, ExCIA boss says Russians could have personal dirt on Trump, CNN, 21 de março de 2018, https://edition.cnn.com/2018/03/21/politics/brennan-trump-russia/index.html.

Epílogo: "A Liberdade É uma Luz"

1 Joe Scarborough, Joe Scarborough: A Storm Is Gathering, 29 de dezembro de 2017, The Hartford Courant, https://www.courant.com/opinion/op-ed/hc-op-ed-scarborough-trump--churchill-20171229-story.html.

Índice

A

Aleksandr Bortnikov, 22
Aleksandr Dugin, 68–70, 261
Aleksandr Torshin, 240–241
Alexander Downer, 19
Alexander Dugin, 180
Alexander Valterovich Litvinenko, 116
Alexander von Humboldt, 26
Alexey Belan, 114–115
Aléxis Tsípras, 181
algoritmo, 221, 271
Anatoly Sobchak, 47
Anders Behring Breivik, 163–165
Andrej Babiš, 178
Andrzej Duda, 188
Angela Merkel, 219–222
antissemitismo, 185, 257
assassinatos, 115
autocracia, 26, 197

B

Barack Obama, 9, 60, 168, 271
Béla Kovács, 186
Benito Mussolini, 189
Bernie Sanders, 12
Boris Berezovsky, 116–122
Brexit, 205–210
Bruges Group, 173
Bruno Gollnisch, 172

C

Cambridge Analytica, 143–148, 282
Carter Page, 20
censura, 67, 70
Christopher Steele, 20
Clifford Gaddy, 43, 47, 273
coerção, 275–276
companheiro de viagem, 28
comprometimento, 275–276
comunismo, 37, 43–46, 130
conflitos, 81–83
conservadorismo, 25
conspiração, 23, 222, 293
controle da informação, 270–271
cooptação, 275–276
corrupção, 47–48
COZY BEAR, 10, 155
CYBER BEARS, 2, 114

D

Dan Fried, 37
David Duke, 174, 251, 256–257
Debbie Wasserman Schultz, 12
demagogia, 287
democracia, 43, 45, 66–67, 102, 194
desinformação, 50–51, 71, 104–108
Devin Nunes, 39
dinheiro, 273–274
diplomacia, 31, 61–62

direita alternativa, 73, 249

ditadura, 37

Dmitri Alperovitch, 11

Dmitri Medvedev, 52

Dmitry Peskov, 131–132

Donald F. McGahn II, 36

Donald Trump, 27–39, 59, 241–242

dossiê sobre Donald Trump e sua
campanha, 20

Dossiê Steele, 120

E

economia, 51, 77–78
economia russa, 38–39

Eduard Shevardnadze, 52

ego, 276–280

eleições, 142–143

elites russas, 44

empolgação, 276–280

engenharia social, 144–148

envenenamento, 53

espionagem, 27–28, 46–47, 62–64

Estado Islâmico (ISIS), 13, 80, 139, 196

Evgeniy Bogachev, 114–115

exportações, 51

extrema-direita conservadora, 41–42,
60–61, 66

F

fake news. *Consulte* notícias falsas

FANCY BEAR, 10–14, 217

fascismo, 43, 66, 165–166, 174

Fidesz, 185
Fidelitas, 185

Fiona Hill, 43, 47, 273

Fox News, 186

Frauke Petry, 176

FSB (Serviço Federal de Segurança), 10–11,
47, 97, 272, 275

G

Geert Wilders, 183–184

George Papadopoulos, 19, 39

George W. Bush, 44–45, 51, 271

gestão da percepção, 205, 270–293

Giorgos Roupakias, 180

Gleb Pavlovsky, 50, 53, 66, 131

grupos extremistas, 88

Guccifer 2.0, 11, 15–16

guerra
guerra cibernética, 60, 80–81
guerra de informação, 59, 72–76
guerra híbrida, 52–54, 80–81, 125, 201

H

hackers, 112

Hillary Clinton, 7–9, 12, 61, 292

homofobia, 233–236

Hugo Chávez, 198

I

identidade cultural, 65

ideologia, 274–275

idiota útil, 28

Igor Panarin, 71–72

Igor Sechin, 55

igreja, 48, 234

informações roubadas, 61

invasões, 45

Ivan Ivanovich Agayants, 100–101

Ivan Timofeev, 19

J

James Clapper, 18

James Comey, 32

Janusz Korwin-Mikke, 189

Jared Kushner, 20, 31, 38, 144

Jared Taylor, 259–260

ÍNDICE

Jean-Marie Le Pen, 169
John Brennan, 17, 291
John Podesta, 16
John Tyndall, 174
Joseph Mifsud, 19

K
KGB, 10–11, 14–15, 46–47
Konstantin Malofeev, 70–71
Konstantin Rykov, 280–282
Ku Klux Klan, 251–252

L
Ladislav Bittman, 105–106
Larry King, 132
Leonid Brezhnev, 47
liberalismo, 65–66
liberdade
    liberdade de expressão, 50–51
    liberdade de imprensa, 50–51

M
Margaret Thatcher, 175
Marine Le Pen, 41, 169
Matthew Heimbach, 260
medidas ativas, 97–103
    Operação SINDIKAT, 107
    Operação TRUST, 107
mercado global, 44
metanarrativas, 271–272, 277
Michael Flynn, 20, 38, 159
Michael Morell, 22–23
Michelle Obama, 13
mídia, 15–16, 50–51, 66–76
    mídias sociais, vii, 124–125, 282
Mike Flynn, 32
Mikhail Khodorkovsky, 56
militares, 31, 78–79
Miloš Zeman, 177–178

missões diplomáticas, 42
movimento secessionista, 265–266

N
nacionalismo, 26, 61
Nancy Pelosi, 15
nazismo, 165–166, 174
Nick Griffin, 174
Nikita Khrushchev, 127
Nikolai Patrushev, 58
Nikolaos "Nikos" Michaloliakos, 180
notícias falsas, 59, 108–122, 124–138

O
Oleg Erovinkin, 120
Olga Kryshtanovskaya, 58–59
Olga Polonskaya, 19
Osama bin Laden, 196
OTAN, 52–53

P
Paul Manafort, 20, 38, 54
Pavlos Fyssas, 180
Pedro I, 43–45
poder militar, 42
política externa, 43
populismo, 25, 30, 72, 168, 169, 197–199
Primavera Árabe, 139
Produtos de Propaganda (PPs), 125

R
racismo, 26
Ratko Mladić, 52, 224
revoluções culturais, 51–54
Rex Tillerson, 31, 37, 56
Richard Spencer, 263
Rick Gates, 38
Robert Oulds, 173
Robert Swan Mueller III, 35

Rod Rosenstein, 35
Russian Federation Internet Research Agency, 141–162

S
Sally Yates, 32
sanções, 37–40, 54
Sebastian Gorka, 185
separatistas, 266–268
Sergei Borisovich Ivanov, 56–57
Sergei Gorkov, 63–64
Sergei Kislyak, 33, 62–64
Sergei Lavrov, 33, 53, 63–64
Sergey Shoigu, 161
Slobodan Milošević, 52, 224
Stanislav Levchenko, 127
Steve Bannon, 72–76, 125, 144, 251
subornos, 42

T
terrorismo, 44–45
think tank, 173
Tratado de Maastricht, 173

V
Viktor Ivanov, 57, 57–58
Viktor Yanukóvych, 53
Viktor Yushchenko, 53
Vladimir Ilyich Lenin, 67, 115
Vladimir Putin, 9
Vladislav Surkov, 66–68, 180

W
WikiLeaks, 12, 15, 132, 292
Willy Brandt, 109

X
xenofobia, 196, 251

Y
Yevgeny Prigozhin, 59, 90, 93, 151

CONHEÇA OUTROS LIVROS DA ALTA BOOKS!

Negócios - Nacionais - Comunicação - Guias de Viagem - Interesse Geral - Informática - Idiomas

Todas as imagens são meramente ilustrativas.

SEJA AUTOR DA ALTA BOOKS!

Envie a sua proposta para: autoria@altabooks.com.br

Visite também nosso site e nossas redes sociais para conhecer lançamentos e futuras publicações!
www.altabooks.com.br

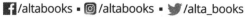
/altabooks ▪ /altabooks ▪ /alta_books

ALTA BOOKS
EDITORA

Impressão e Acabamento:
GRÁFICA STAMPPA LTDA.
Rua João Santana, 44 - Ramos - RJ